마틴 푸크너는 대담한 동시에 짜릿할 정도로 지적인 작가이다. 수천 년의 인류 문화를 조망하는 그의 여정은 흥미진진하고 눈을 뗄 수 없다. 문화의 교류와 차용이 얼마나 아름답고 필연적인지를 드러내는 이 역작은 점점 더 음울하고 폐쇄적으로 변하는 시대를 향한 완벽한 해독제이다.

에이미 추아, 《정치적 부족주의》 저자

마틴 푸크너는 특별하고 귀중한 재능을 가진 작가이다. 그는 대담한 지적 능력, 눈부신 박식함, 폭넓은 사고로 단련된 통찰력, 거대한 문제를 해결할 작은 실마리를 발견하는 인문주의자의 눈을 갖고 있다. 푸크너는 탁월하게 선택된 장면들 사이를 대담하게 뛰어다니며 문화적 변화란 무엇인지에 대해 보여준다. 그에 따르면 문화적 변화는 우연적이고 연약하며 예측할 수 없는 것이다. 또한 사람과 사물과 사유를 교환하려는 우리의 의지에 따라 변화할 수 있는 것이다.

펠리페 페르난데스아르메스토, 《옥스퍼드 세계사》 저자

시의적절하게 등장한 이 책은 숨 막히는 세계사 기행으로 우리를 안내한다. 또한 우리가 과거를 판단하는 것처럼 언젠가 우리도 판단을 받을 것이며, 우리의 문화유산을 무시하거나 지우려 하는 건 우리를 빈곤하게 만들 뿐이라는 사실을 상기시킨다.

루이스 메넌드, 《메타피지컬 클럽》 저자, 퓰리처상 수상 작가 사상, 서사, 음악 등의 문화가 어떻게 전달되는지를 획기적이고 매혹적으로 분석했다. 시간의 흐름에 따라 그러한 문화가 어떻게 살아남고, 변화하고, 사라지고, 차용되고, 다듬어지고, 재조합되고, 접합하는지 알 수 있다. 이 책을 읽는 행위는 왕성한 지적 호기심을 가진 세계적 명성의 교수에게 인문학 역사 강의를 듣는 것과 같다. 나는 모든 페이지에 밑줄을 그으며 읽었다.

앤서니 도어, 《클라우드 쿠쿠 랜드》 저자

마틴 푸크너의 친근하고 이해하기 쉬운 문체 덕분에 유려하고 매력적이며 독자들이 즐길 수 있는 책이 탄생했다. 문화의 상호 교류에 대한 경쾌한 찬사 이면에는 저자의 두려움이 담겨 있다. 분노에 가득한 후손들이 과거와 타지의 문화를 거부하고, 순환 대신 고립을 선택하는 파괴적이고 폐쇄적인 시대에 대한 두려움 말이다.

〈월 스트리트 저널〉

전 세계 어디에서나 동등하게 즐길 수 있는 강력하고 다층적인 작품이다. 마틴 푸크너는 천재적인 이야기꾼인데, 그가 엮은 이야기는 거의 우화에 버금가는 구성을 자랑한다. 발단과 전개, 결말이 있고, 인물들에게는 동기와 야심, 그리고 승리와 비극이 있다. 각각의 장은 독자들이 다음 페이지로 빠르게 넘어가도록 만든다. 저자는 또한 명료하고 유려한 산문을 만드는 데에도 신경을 쓴다. 《컬처, 문화로 쓴 세계사》는 탁월한 사유가 어떻게 서사 구조를 통하여 명쾌하게 표현될 수 있는 보여주는 사례이다.

〈보스턴 글로브〉

저자는 외국의 서사를 수입하여 자신들의 문화로 바꾼 긍정적인 사례들을 생생하게 들려준다. 문화 혼합의 힘에 관한 구체적인 이야기들이 일관성 있는 서사 구조와 공감을 자아내는 상상력으로 구성되었다.

〈로스앤젤레스 리뷰 오브 북스〉

15개의 흥미진진한 연대기적 장을 통하여 푸크너는 문화의 접목, 차용, 저장, 재발견, 쇠퇴, 부흥을 탐구한다. 그의 목표는 모든 사람은 누군가의 영향을 받고, 모든 독창성은 다른 곳에서 빌린 것으로부터 그 기원을 찾을 수 있다는 걸 보여주는 것이다. 중요한 것은 무엇을 빌리느냐가 아니라 어떻게 빌리느냐이며, 빌린 것으로 무엇을 만드느냐이다. 다시 말해, 우리의 목적을 위하여 과거를 어떻게 사용했는지 생각해야 한다는 것이다.

〈파이낸셜 타임스〉

인류 문화의 역사를 망라하는 거대한 책이다. 한편으로 이 책은 문화적 전유의 가치와 필요라는 중심 주제를 설명하기 위해 일부는 유명하고, 일부는 생소한 15개의 에피소드에 초점을 맞추고 있기도 하다. 오늘날의 문화적 분위기에서 이 책은 다소 용감한 내용을 말하고 있다. 이 매혹적인 책이 제기하는 가장 중요한 질문은 바로 문화를 보존하고 관리해야 할 자원으로서 중립적으로 대하는 시대가 진정 새로운 문화를 생산할 수 있는지 여부이다.

〈하버드 매거진〉

고대 그리스의 극장에서 남아시아 여신의 조각상, 케이팝의 부상에 이르는 역사를 통해 마틴 푸크너는 자신의 전공 분야인 인문학이 어떻게 지식의 전 세계적 전파를 가능하게 하고, 문명의 성장을 가능하게 하는지 설명한다. 시간과 거리를 초월한 이들(가령 인도에서 불경을 가지고 중국에 돌아온 현장법사)은 지금도 끊임없이 대화를 나누고 있다.

〈타임〉

흥미진진하다. 우아한 서술과 광범위한 지식으로 가득 찬 이 생생한 역사서는 표현에 대한 인간의 열망을 조명한다.

〈퍼블리셔스 위클리〉

마틴 푸크너의 새로운 책은 문화를 집단, 국가, 종교, 인종이 소유할 수 있다는 주장에 대한 강력한 질책이다. 능숙한 이야기꾼인 저자는 모든 인류가 자신들의 생각을 제대로 표현하기 위해 남의 것을 능숙하게 훔쳐서 사용했다는 사실을 서사적인 형태로 보여준다.

〈뉴욕 타임스〉

수 세기를 흐르는 문화에 담긴 인간의 창의성을 세심하면서도 광범위한 시각으로 보여준다.

〈커커스〉

이 책은 수천 년의 인류 역사를 가로지르는 여정으로 독자들을 데려가며, 언어, 예술, 음악의 전환점들에 대해 알려준다.

〈하버드 가제트〉

컬처 Culture
문화로 쓴 세계사

컬처
Culture
문화로 쓴 세계사

하버드대 마틴 푸크너의 인류 문화 오디세이

마틴 푸크너 지음 | 허진 옮김

어크로스

일러두기

- 원서에서 이탤릭체로 강조한 부분은 볼드체로 표시했다.
- 인명 및 지명은 본토 언어를 기준으로 국립국어원의 '외래어표기법 및 표기 용례'를 따라 표기하되 '트로이'와 같이 관습적으로 사용하는 표기법이 있는 경우 그에 따랐다.

사랑받는 이에게

서문

문화는 어떻게 작용하는가?

여기, 문화를 보는 하나의 관점이 있다. 바로 지구에는 여러 인간 집단이 살고 있고 각 집단은 공통의 풍습으로 하나가 된다는 관점이다. 저마다 독특한 관습과 예술을 지닌 문화는 그 문화 속에서 태어난 사람들의 것이자 외부의 간섭에서 지켜내야 하는 것이다. 이러한 관점에서는 문화가 일종의 자산이며 그 문화 안에서 살아가는 사람들의 소유라고 가정한다. 이 관점의 한 가지 장점은 사람들이 유산을 소중히 여기도록 하고, 미심쩍은 상황에서 취득한 물건은 정당한 소유자에게 돌려주도록 박물관에 압력을 가하는 등 유산을 지킬 기력을 제공한다는 것이다. 국가의 전통을 지키기 위해 노력하는 이민 배척주의자부터 외부인에게 문화적 자산을 침범하지 말 것을 언명함으로써 문화 전유를 막으려는 사람들까지 문화를 소유할 수 있다는 가정을 옹호하는 사람들의 연합은 놀랄 만큼 광범위하다.

문화를 보는 또 다른 관점은 문화를 소유할 수 있다는 생각을 거부한다. 이 관점을 잘 보여주는 인물은 인도에 가서 불교 경전을 가지고 돌아온 중국인 현장법사이다. 그리스 철학을 번역한 아랍과 페르시아 학자들도 이 관점을 받아들였다. 수많은 작가와 교사, 예술가들이 자신의 문화와 멀리 떨어진 외부에서 영감을 찾으며 이 관점을 실행에 옮겼다. 우리 시대에는 나이지리아 작가 월레 소잉카를 비롯해서 유럽 식민주의 여파 속에서 작업해 온 수많은 예술가들이 이 관점을 지지한다.

이러한 인물들은 문화란 한 공동체의 자산으로만 만들어진다기보다 다른 문화와의 만남에 의해 만들어진다고 본다. 또한 개개인의 직접적인 경험뿐만 아니라 그 경험을 새로운 방식으로 이해하고 표현하게 만들어주는 차용된 형식과 사상으로도 이루어진다고 여긴다. 자산으로서의 문화라는 렌즈를 통해서 보면 이 인물들이 침입자, 전유자, 심지어는 도둑으로 보일지도 모른다. 그러나 그들은 문화가 순환을 통해서 발전한다는 사실을 직감으로 알았기에 겸손하고 헌신적인 자세로 묵묵히 자기 일을 해나갔다. 그들은 자산과 소유권이라는 잘못된 생각이 한계와 제약을 만들어내고, 그로 인해 표현 형태가 빈약해진다는 사실을 잘 알았다.

《컬처, 문화로 쓴 세계사》(이하,《컬처》)는 위대한 저작을 찬양하는 책도, 서구 정전正典을 옹호하는 책도 아니다. 이 책에 등장하는 문화를 보는 관점은 그보다 더 난잡하고, 내가 생각하기에는 더 흥미롭다. 문화는 접촉을 통해 결합되어 광범위한 영향력을 끼치고, 깨진 전통을 조각조각 이어 붙여서 혁신을 이끌어낸다. 이러한 관점을 옹호하는 인물들은 인정받지 못하는 경우가 많았고, 그중 몇몇은 심지어 오늘날에도 소수의 전문가들밖에 알지 못한다. 나 역시 확립된 정전 너머를 들여다보기 전, 이 책의 주인공들 손에 이끌려 사람들이 많이 다니지 않는 길과 숨겨진 골목길로 들어가기 전에는 몰랐던 사람들이 많다. 내가 그들에게 배운 것은 착취적 관광을 제한하고, 다른 문화를 무례하게 이용하는 것을 피하고, 궁지에 몰린 전통을 보호하고 싶다면 자산과 소유권이 아닌 다른 언어를, 문화가 실제 작동하는 방식에 맞는 언어를 찾아야 한다는 사실이다.

이 책에 등장하는 이들의 업적으로부터 새로운 문화 이야기가 탄생한다. 그것은 시간과 장소라는 제약을 뛰어넘어 서로 놀라울 정도로 연결되어 보이지 않는 영향력을 끼치는 이야기이다. 항상 아름다운 이야기는 아니며 아름답게 그려서도 안 되지만 이것이 우리가 가진 유일한 이야기다. 문화를 만드는 종種으로서 인간의 역사, 바로 우리의 이야기다.

들어가며

기원전 3만 5000년경 쇼베동굴에서

인간이 지구에 등장하기 오래전 남프랑스 쇼베동굴에는 물이 가득했다. 시간이 지남에 따라 물은 침식되기 쉬운 석회암에 깊은 골짜기를 만든 다음 전부 빠져나가 아르데슈강 높은 곳에 동굴을 남겨놓았다. 방문객들이 찾아오기 시작했고, 몇천 년 동안 곰 가족들이 깊은 굴에 들어가 동면했다. 곰들이 사라지고 나서는 늑대 한 마리가 다녀갔다. 한번은 아이벡스가 캄캄한 내부 깊숙이 들어가서 펄쩍 뛰어올라 쾅 착지하다가 좁고 작은 동굴로 미끄러졌다.[1] 아이벡스는 막다른 곳임을 깨닫고 겁에 질려 재빨리 뒷걸음질쳐서 자유의 몸이 되었고, 돌아서서 딱 멈추었다.

곰들과 늑대, 아이벡스가 동굴을 버린 뒤 인간이 처음으로 그곳에 들어갔다.[2] 횃불을 들고 들어가 서로 연결된 동굴들을 비춰보았더니 바닥이 놀랍도록 평평했고 땅과 천장에는 몇천 년 동안 물이 똑똑 떨어지면서 만든 기묘한 기둥이 자라고 있었다.[3] 깜빡거리는 불빛이 앞서 이 동굴에 거주했던 동물들의 자국을 드러냈다. 횃불을 든 자들은 사냥과 채집으로 먹고살았기 때문에 자국을 읽는 데는 선수였다. 360킬로그램이나 나가는 어른 곰들이 잤던 자리가 움푹 파여 있었고 벽에 날카로운 발톱으로 긁은 자국도 있었다. 늑대도 흔적을 남겼고, 아이벡스의 불운은 부드러운 진흙 바닥에 깜짝 놀란 발자국으로 기록되어 있었다.

인간은 동물이 남긴 자국을 읽기만 하지 않았다. 거기에 무언가를 더하면서 동굴을 새로운 환경으로 바꾸는 기나긴 과정이 시작되었다.[4] 인간은 곰이 그랬던 것처럼 동굴 표면, 즉 진흙이 얇게 덮인 오래된 석회암을 손가락이나 간단한 도구로 긁어 형체와 풍경을 새기기도 했다.[5] 그들은 앞서 동굴에 살았던 동물들을 기리듯이 곰과 늑대, 아이벡스의 실루엣을 그렸지만 표범과 사자, 매머드와 오록스, 순록과 코뿔소처럼 다른 동물들도 불러왔다. 홀로 또는 떼를 지어 배고픈 포식자에게 바짝 쫓기는 모습이었다.

새기기만 한 것이 아니라 불이 꺼지면서 생긴 숯을 이용해 더욱 정교한 형체와 풍경을 그렸고, 때로는 진흙과 재를 섞어 윤곽 안쪽을 채우기도 했다. 동굴 벽은 평평하지 않았으며, 예술가들은 이 울퉁불퉁함을 이용해 갑작스레 모퉁이를 돌아 질주하는 말 떼를 그려서 보는 사람들을 놀라게 했다. 한 작품을 그리는 동안 점점 솜씨가 좋아진 예술가들은 사자의 주둥이나 말갈기를 점점 더 정확하게 포착해냈다. 그들은 동굴 여기저기에 전략적으로 그림을 배치했고, 횃불을 든 사람들에게 최대의 효과를 내도록 종종 높은 곳에 그렸다. 어둑한 공간에서 횃불을 들고 움직이면 그림이 하나씩 나타나는 것이다.[6]

곰과 달리 인간은 동굴에서 살지 않았다(불을 피운 자리에서 동물 뼈와 같은 요리의 흔적이 발견되지 않았다). 이들이 피운 불은 동굴을 밝히고 그림 그릴 숯을 만드는 데에만 사용되었다. 인간은 3만 7000년 이상 전에 이 작업을 시작했고 코뿔소, 아이벡스, 매머드 등 특정 동물을 그리는 방법에 대한 공동의 감각에 따라 몇천 년 동안 작업을 이어갔다.

그러다가 3만 4000년 전 산 사면의 일부가 무너지면서 입구가 봉쇄되었다.[7] 당시 동굴 안에 화가는 없었지만 이는 많은 세대에 걸쳐 이어진 작업과 인간을 단절시킨 재난이었다. 하지만 우리에게는 행운이었다. 여러 세대를 거치며 인간과 동물이 계속 동굴을 이용했다면 작품을 변형시키거나 파손했을 텐데 입구가 막히면서 보존되었기 때문이다.

쇼베동굴은 문화가 어떻게 작동하는지 그 중심 역학을 보여준다. 아마도 인간은 아무렇게나 남겨진 곰의 흔적에서 영감을 받아 동굴에 그림을 그리가 시작했을 테지만 시간이 흐르면서 놀라울 정도의 연속성이 생겼고 세대를 거듭해 전해지는 의도적인 예술이 되었다. 이것이 곰과 인간의 근본적 차이다. 곰(과 동굴에 들어왔던 다른 동물들)은 찰스 다윈이 처음 설명했던 자연 진화 과정을 통해 발달했는데 그것은 몇십만 년, 심지어는 몇백만 년 단위로 측정되는 무척 느린 과정이다.

물론 인간 역시 느린 진화 과정을 겪는다. 하지만 다른 동물과 달리 우리는 또 다른 진화 과정을, 언어와 문화 기술을 바탕으로 하는 과정을 만들어냈다. 두 번째 과정은 유전자 변이가 일어날 때까지 기다릴 필요 없이 정보와 기술을 한 세대에서 다음 세대로 전달하는 능력에 달려 있다. 이것은 인간의 생물학적 구성을 변형시키지 않거나 최소한만 변형시키면서 지식을 축적하고, 저장하고, 다른 이들과 공유하도록 만들어주는 전파 과정이다. 이 두 번째 과정은 생물학적 진화보다 무한히 빠르며 그 덕분에 인간은 (생물량이 인간을 초과하는 지렁이, 미생물과 함께) 지구에서 가장 널리 퍼진 종이 될 수 있었다.

문화의 저장과 전파를 위해서 인간은 DNA가 아닌 다른 수단으로 지식을 저장하고 다음 세대로 넘겨주어야 한다. 이를 위해 인간은 기억술, 즉 교육과 외부 기억 장치를 이용해서 지식을 전파하는 기술을 개발했다. 쇼베동굴이 바로 그러한 장치, 즉 인간이 여러 세대에 걸쳐 누구도 혼자서는 성취할 수 없는 프로젝트에 힘을 보태는 곳이다. 각 세대 예술가들은 기술을 배우고 앞 세대 예술가의 작업을 이어받아서 계속했으며, 이전 세대가 만든 것을 보존하고 개선했다. 인간이 단 하나의 동굴에서 몇천 년 동안 같은 양식으로 작업한다는 것은 우리로서는 상상도 하기 힘든 일이다. 그러나 초기 인류는 지식의 저장과 보존 그리고 사상 전파의 중요성을 무척 첨예하게 의식했다.

쇼베동굴 같은 곳에서 여러 세대에 걸쳐 이루어진 공동 작업을 통해 무엇이 전파되었을까? 인간은 처음부터 노하우know-how를, 즉 도구를 만들고 불을 피우는 기술과 같이 자연을 다루는 방법과 자연에 대한 지식을 전파했다. 시간이 지나면서 노하우가 점점 커져서 곡물 경작과 마침내는 과학 기반 기술까지 등장했다. 이처럼 노하우가 점점 늘어남에 따라 사원, 도서관, 수도원, 대학과 같이 지식을 보존하고 다른 이들에게 가르치는 것을 전문으로 하는 더욱 정교한 기관이 필요해졌다.

그러나 쇼베동굴 벽에 기록된 것은 노하우가 아니다. 그것은 오늘날 우리가 예술과 종교의 결합이라고 설명하는 것에 더욱 가깝다. 동굴 예술가들은 여러 칸이 이어진 동굴 가운데 한 칸에서 제단 장식처럼 튀어나온 바위에 곰의 두개골을 올려놓았다. 이곳에서 행해진 의식의 흔적이다. 어느 그림에는 소의 머리를 가진 인간과 비슷한 형체가 여성과 얽혀 있는 모습을 그려놓기도 했다. 분명 다산과 관련이 있을 이 한 쌍은 포식자에게서 달아나는 짐승 떼 같은 다른 벽화들과 달리 창작자들이 사는 세상을 재현하지 않는다. 이것은 신화를, 특히 중요한 이야기와 관련된 이미지를 재현한다. 또한 추상적인 기호들도 있다. 어쩌면 이 기호들 역시 그것을 동굴 밖 일상생활과는 무척 다른 상징적 질서의 일부로 만드는 이야기들이나 의식을 통해 의미를 획득했을 것이다.

두개골, 신화적 인물, 추상적 상징은 이 동굴이 의식, 빛의 효과, 이야기, 음악과 관련된 특별한 경험의 무대였음을 암시한다.[8] 선사 시대 동굴에서 피리와 타악기가 발견되었으며, 벽에 남은 표시의 일부는 특정 음향 효과를 내는 장소를 알려주어 가수와 음악가가 서야 할 위치를 가르쳐주었을지도 모른다.[9] 인간은 자신만의 현실을 만들어내고 벽에 그려진 것처럼 포식자와 끊임없이 싸우는 바깥세상에서의 삶을 이해하기 위해 쇼베 같은 동굴들로 갔다. 이들이 동굴에 간 것은 노하우를 조금 더 얻을 수 있다는 기대 때문이 아니었다. 자기 존재의 근본적인 질문들에 대한 답을 찾기 위해서였다. 왜 이 세상에 태어났는가, 다른 동물들과 특정한 관계에 놓여 있는 이유는 무엇인가, 생과 사는 무엇이고 기원과 종말은 무엇인가, 그들은 어째서 우주와 자신의 관계를 이해할 능력과 이해하고자 하는 욕구를 가지고 있는가. 동굴은 인간이 의미를 만드는 장소였다. 그것은 방법에 대한 지식 노하우know-how가 아니라 이유에 대한 지식 노와이know-why라고 부를 만한 것이었다.

시간이 지남에 따라 동굴 속 그림과 상징, 의식으로 시작된 것이 다른 관습으로 발전했다. 노하우가 늘어나면서 인간은 거주 공간을 만들 수 있게 되었고, 그중 일부는 피난처로 사용했지만 일부는 의식을 행하고(사원과 교회), 공연을 하고(극장과 공연장), 이야기를 하는 특별한 경우에만 방문했다. 노하우를 발전시킬수록 우주에서 우리 위치를 이해하는 새로운 방법, 우리 존재를 의미 있게 만드는 새로운 방법도 더욱 발전했다.

오늘날의 관점에서 보았을 때 노하우의 이야기는 도구, 과학, 기술 그리고 자연계를 이해하고 다루는 능력과 관련이 있다. 노와이의 이야기는 의미를 만드는 활동인 문화의 역사와 관련된다. 그것은 인문학의 영역이다.

쇼베에서 산사태가 일어나고 몇천 년 후, 아마도 또 다른 산사태로 인해 동굴 입구가 잠시 드러났고 또 다른 인간들이 그것을 발견했다. 몇천 년이라는 간격이 있었기에 이들은 동굴에 처음 그림을 그린 예술가들과 무척 달랐다. 다른 문화 출신이라서 신화와 이야기, 의식, 상징, 세상을 이해하는 방법이 달랐던 후대의 인간들은 아마도 머나먼 선조가 그린 정교한 그림을 보면서 지금의 우리처럼 어리둥절했을 것이다. 그러나 무언가가 그들을 동굴로 이끌었다. 그들은 이 머나먼 과거의 이해할 수 없는 유적에 자신이 아는 문화를 적용하여 해석하려 애썼을 것이다. 심지어 기존 그림에 새로운 그림을 더해 동굴 속 작품을 이어갔을지도 모른다.

그러다가 또다시 산사태가 일어나 2만 8000년 동안 동굴이 봉쇄되면서 이 풍성한 그림들을 숨기는 동시에 보존했다. 그 후 1994년이 되어서야 장-마리 쇼베가 이끄는 아마추어 탐험가들이 동굴을 발견했고, 현재 동굴의 이름은 그에게서 따온 것이다.

산사태는 문화 전파가 얼마나 취약한지 알려준다. 문화 전파는 보통 한 세대에서 다음 세대로 이어지는 소통에 의지한다. 생물학적 진화는 천천히 진행되지만 DNA에 적응 변화를 더욱 영구적으로 보존하는 반면 문화 전파는 인간이 만든 기억과 교수법에 의존한다. 이러한 기법과 그 기법을 실행하는 기관은 사람들이 흥미를 잃으면 너무나 쉽게 쇠퇴하고 외부의 힘에 의해 파괴되기도 한다. 산사태 때문이든 기후 변화나 전쟁 때문이든 전파 통로가 끊어지면 지식은 사라진다. 동굴벽화와 같은 흔적, 한때 후대에게 무엇을 전파하고자 했는지 어렴풋이 알려줄 수 있는 물질적 유적이 **존재**하지 않으면 지식은 사라진다. 동굴의 장식은 더 큰 문화의 파편, 설명이 없는 파편일 뿐이다. 사람에게서 사람으로 전해지는 이야기가, 이러한 흔적의 온전한 의미를 알려줄 공연과 의식, 신화가 빠져 있다. 그러나 흔적일 뿐이라도 아무것도 없는 것보다는 낫다. 흔적 덕분에 두 번째로 동굴을 발견한 사람들과 세 번째로 발견한 우리가 앞선 시대의 무언가를 엿볼 수 있다.

동굴 예술가들은 진흙이나 염료에 손을 담갔다 빼서 벽에 자신의 흔적을 남겼다. 아마 곰이 남긴 흔적을 떠올리며 그렇게 했을 것이

쇼베동굴에서 발견된 손자국의 네거티브 임프린트. 특정한 개인의 표식이 있다.
(사진: Claude Valette)

다. 또 바위에 손을 놓고 염료를 뿌려서 나머지와 확연히 구분되는 윤곽을 남기기도 했다. 몇몇 손자국은 한 사람의 것이라고 생각해도 될 만큼 독특하다. 이 자국들은 개인적 표현이다. **내가 여기 있었다. 내가 이 상징적 세계를 만드는 데 기여했다. 나는 미래를 위해 이 자국을 남긴다.**

두 번째 사람들이 쇼베동굴의 입구를 발견했다는 사실은 문화 전파의 또 다른 중요한 측면을 말해 준다. 바로 복원이다. 쇼베 이후에도 자연재해나 인간이 일으킨 재난으로 수많은 동굴과 사원, 도서관이 파괴되었다. 파괴 행위가 일어날 때마다 문화 전파의 통로가 하나씩 단절되었는데 만약 그 통로가 복원된다 해도 오랜 기간이 지난 뒤의 일이었다. 이는 두 번째로 쇼베동굴을 발견한 사람들처럼 인간이 그동안 잊혔던 문화 유적을 수없이 발견했다는 뜻이다. 이 경험은 무척 널리 퍼져 있고 놀라울 만큼 생산적임이 밝혀졌다. 고대 이집트는 대부분 머나먼 과거에 세운 거대한 피라미드의 그림자 속에 숨어 있었다. 중국 문인들은 주周나라 왕조의 황금시대를 숭배했다. 아즈텍 사람들은 멕시코 분지에서 발견한 사원 유적을 귀중하게 여겼다. 근현대 이탈리아인들은 화산이 파괴했을 뿐만 아니라 화산재로 덮어 그대로 보존해 놓은 폼페이에 매료되었다. 과거를 들여다보면서 이해하고, 심지어는 되살리려고 노력하자 종종 놀라운 혁신과 개혁이 일어났다. '개혁'이라는 말 자체가 본래 '돌아간다'라는 뜻이었다.

인문학이라는 학문은 새롭게 복원된 과거를 되살리고자 하는 욕망에서 탄생했고, 실제로 그렇게 한 적도 여러 번 있다. 중국 학자 한유(768~824년)는 유교의 좋은 본보기를 잃었다는 생각에 불교를 거부하고 유교 고전으로 돌아가자고 주장했다.[10] 그를 비롯한 학자들에게 옛 문헌을 되살린다는 것은 완전히 새로운 비평과 해석, 교육을 확립한다는 뜻이었다. 근동에서는 철학자 이븐 시나(980~1037년)가 그리스 철학을 포함한 이슬람 이전 시대의 문헌을 번역하고 해석하는 운동에 참여하여 이슬람 환경에서 다양한 지식 형태를 새롭게 종합했다.[11]

유럽에서도 비슷한 일이 일어났다. 몇몇 이탈리아 시인과 학자들이 고전 필사본을 찾기 시작했는데 그중 일부는 아랍 주해자들 덕분에 이탈리아로 들어왔다. 이 호기심 많은 이탈리아인들은 옛 필사본을 찾아서 편집하고 자신이 배운 것에 따라 자기네 문화를 바꿈으로써 잃어버린 세계(즉 그들이 잊고 있던 세계)를 서서히 발견했다. 후대의 학자들은 고전 지식이 잊혔던 시기에 중세라는 이름을 붙임으로써 단절을 표시했다. 그 후 재탄생, 즉 르네상스가 이어졌다. 이러한 용어가 숨기는 것이 있다. 바로 이탈리아 르네상스는 예외적인 재탄생의 시대가 아니라 어렴풋한 정도로밖에 이해하지 못하는 과거의 파편들과 만나는 또 한 번의 경험일 뿐이며, 이른바 중세 시대나 암흑시대에도 복원이 이루어지고 있었다는 사실이다. 문화사 전체는 단절과 복원으로 이루어져 있다.

≡

이 책은 저장, 상실, 복원의 상호작용에 초점을 맞추면서 문화 이야기를 들려준다. 즉 쇼베동굴 같은 곳에 아주 오래전 인간이 남겨둔 흔적부터 이집트의 피라미드, 그리스의 극장, 불교와 기독교 사원, 섬 도시 테노치티틀란(멕시코), 이탈리아 스투디올로와 파리의 살롱처럼 인간이 만든 문화적 공간까지, 또 현재의 우리가 과거를 맛보고 싶을 때 방문할 수 있는 박물관, 호기심의 방(진귀하거나 희귀한 물건을 수집해서 모아두는 방 – 옮긴이), 수집품 컬렉션에 이르기까지 특별한 장소와 의미를 만드는 제도에 초점을 맞춘다는 뜻이다. 이 모든 곳은 예술과 인문학적 지식을 생산하고, 보존하고, 변화시키고, 다음 세대로 전파하는 제도의 역할을 했다.

이러한 제도는 조각과 그림부터 이야기, 음악, 의식儀式에 이르기까지 여러 가지 저장 기법을 토대로 세워졌는데, 아마도 그중 가장 강력한 기법은 문자일 것이다. 다양한 쓰기 기술이 개발되면서 메소포타미아와 이집트의 필사 학교, 아랍의 도서관, 중세의 필사실('글을 쓰는 곳'), 르네상스 수집품, 계몽주의 백과사전, 인터넷의 발명으로 이어졌다. 인쇄술은 중국에서 처음 개발되었다가 북유럽에서 재발명되었는데, 그 덕분에 많은 사람들이 문자로 기록한 이야기를 접할 수 있었을 뿐 아니라 그림도 널리 퍼질 수 있었다. 문자와 인쇄술뿐만 아니라 구술 전통과 비공식적인 지식망도 오늘날까지 존속하면서 다음 세대에게 지식을 전달하는 두 번째 주요 방법이 되었다.

기억술과 저장술이 아무리 뛰어나도 문화재와 관습은 계속 사라지고 파괴되고 버려지기 때문에 이후 세대는 자신들이 더는 이해하지 못하는, 혹은 일부만 엉터리로 보존된 문화적 표현을 해석해야 한다. 이러한 쇠퇴와 상실로 인해 오해가 널리 퍼질 수밖에 없고, 새로운 세대는 과거에 대해 잘못된 믿음을 만들어낸다.

물론 전파의 단절과 오류는 한탄할 만한 일이지만 그렇다고 해서 문화의 진화를 멈추지는 못했다. 오히려 이는 생산적인 힘으로 작용해 새롭고 독창적인 창작으로 이어질 수 있었다. 생물학적 적응이 유전자배열의 (무작위적) 오류를 통해 진행되듯이, 문화적 적응은 전파 오류를 통해서 진행된다. 오류는 문화의 실험 방법이며, 이 덕분에 새로운 세대는 자신의 관심사를 과거에 투영하고 과거의 전승을 중요하게 여긴다.

문화 전파를 둘러싼 하나의 드라마가 보존, 상실 그리고 (종종 오류에 취약한) 복원이라면 또 다른 드라마는 여러 문화의 상호작용이다. 이는 전쟁과 침략뿐 아니라 교역과 여행을 통해서 이루어지며 새로운 문화 형태를 만들어내기도 한다. 위대한 문명 가운데 일부는 다른 문명으로부터 차용함으로써 발전했다. 예를 들어 인도의 어느 왕은 페르시아에서 기둥을 세우는 기술을 들여왔고, 로마인들은 그리스에서 문학과 연극과 신을 들여왔다. 중국인이 불교 경전을 찾으러 인도에 갈 때 일본 외교관들은 문헌과 건축 양식, 새로운 종교 예식을 배우러 중국으로 건너갔고, 에티오피아인들은 히브리인과 기독교 성경을 연결하는 이야기를 만들어냈으며, 아즈텍인들은 멕시코 분지에서 옛 문화들을 발견하여 차용했다.

문화 상호작용의 장점이 명확해지자 선견지명을 가진 통치자들은 의도적으로 상호작용을 장려했다. 일본 황제들은 중국으로 외교 사절단을 보냈고, 바그다드의 하룬 알 라시드는 지중해와 근동에서 지식을 흡수하여 지혜의 창고를 만들었다. 이러한 문화적 차용에는 항상 오해와 오류가 뒤따랐지만 오히려 생산적인 경우가 많았고, 새로운 형태의 지식과 의미 생산으로 이어졌다.

문제가 되는 것은 문화의 만남이 파괴, 절도, 폭력으로 이어지기도 한다는 사실이다. 특히 유럽 식민지 제국주의의 부상이 그런 경우였다. 제국주의로 인해 세계 여러 지역 사람들이 문화적 자산을 비롯한 자산과 노동력을 빼앗아가려는 낯선 이들과 맞닥뜨리게 되었다. 그러나 일반적으로 두 문화가 접촉할 경우 광범위한 폭력이 뒤따랐지만 공격받는 문화는 놀라운 저항 및 회복 전략을 만들어냈으며, 고통스러울 정도로 느린 생물학적 진화와 달리 문화적 적응은 아주 빠르게 일어난다는 사실을 증명했다.

이 책에서 대략적으로 살피는 문화사는 오늘날 우리에게 수많은 교훈을 준다. 자연의 힘이나 방치, 고의적 파괴로 인해 중요한 기념물들이 사라지는 일이 점점 더 빈번하게 일어나지만 어떤 면에서 우리는 머나먼 과거의 지식을 추적해서 복원하는 일에 그 어느 때보다도 열심이다. 새로운 저장 기술 덕분에 텍스트와 이미지, 음악을 최소 비용으로 저장하는 것이 가능해졌고 페이스북이나 트위터, 유튜브 같은 소셜 미디어의 도움으로 이렇게 저장된 콘텐츠를 더 편하게 그 어느 때보다도 널리 공유할 수 있게 되었다. 예전에 만들어진 문화 유물과 관습을 지금처럼 많은 사람이 쉽게 이용할 수 있었던 적은 없었다.

디지털 기술로 인해 문화 콘텐츠가 풍성해지는 것은 사실이지만 오래된 파일 형식, 웹사이트, 데이터베이스를 읽을 수 없게 되는 속도 또한 가공할 정도로 빨라졌기에 과연 우리가 조상들보다 과거를 정말로 잘 보존하고 있는지 의문이 들기도 한다. 문화의 저장과 배포 기술은 바뀌었지만 문화가 작용하는 방식, 즉 저장되고 전파되고 교환되고 복원되는 방식을 지배하는 법칙은 변하지 않았다. 인류의 거의 모든 문화가 끊임없이 서로 접촉하는 세상에서도 보존과 파괴, 상실과 복구, 오류와 적응의 상호작용은 줄어들지 않고 계속된다. 우리는 과거와 그 과거가 무엇을 의미하는지를 두고, 누가 문화를 소유하고 그 문화에 접근할 수 있는지를 두고 그 어느 때보다 치열하게 싸운다.

우리는 독창성과 온전함, 전유와 혼합에 관해 논의하다가 때로 문화가 소유물이 아니며 다른 사람들도 자기 나름의 방식대로 사용할 수 있도록 건네주는 것이라는 사실임을 잊는다. 문화는 과거의 작은 파편들을 가져와 새롭고 놀라운 의미 생산 방식을 만들어내는 거대한 재활용 프로젝트이다. 이 책은 후대가 발견하기를 기대하고 만든 고대 석주石柱를 훔친 술탄에 대해서, 역사에서 지워진 이집트 왕비를 발굴한 아랍의 고고학자에 대해서, 만들어진 방식과 상관없이 모든 지식을 수집한 칼리프에 대해서, 그리스 이야기를 거짓으로 꾸며낸 그리스인과 로마 이야기를 거짓으로 꾸며낸 로마인에 대해서, 십계명을 이용해 자기 부족의 기원에 대해 새로운 이야기를 들려주는 에티오피아 여왕에 대해서 이야기한다. 이러한 문화사의 일화에는 항상 의미를 만드는 어려운 일을 힘들게 해내는 사람들이 등장한다. 우리는 그들을 어떻게 기억하고 판단해야 할까?

무엇보다 먼저 겸손해야 한다. 쇼베동굴 이후 너무나 많은 것이 만들어졌지만 살아남은 것은 너무나 적다. 오만한 후대의 사람들이 당대의 종교적·사회적·정치적·윤리적 이상에 어긋난다는 이유로 옛 문화 유물과 관습을 방치해서 그렇게 된 경우가 너무나 많다. 우리라면 더 잘해 낼 수 있을까? 더욱 다양한 문화적 표현이 번성하도록 만들 수 있을까?

문화사가 주는 가장 중요한 교훈은 문화가 그 잠재력을 모두 실현하려면 종종 오류와 몰이해, 파괴가 뒤따른다 해도 과거와 그리고 서로와 관계를 맺어야 한다는 것이다. 과거의 문화, 서로의 문화와 절연한다는 것은 문화를 살아 있게 하는 산소를 제거하는 것이나 마찬가지다.

모든 창작자는 미래를 믿는다. 미래에는 가치가 달라질 수밖에 없지만 그렇다 해도 후대가 자신의 작품을 파괴하지 않으리라 믿는 것이다. 《컬처》의 목표는 우리가 인류 공동의 유산을 다음 세대로, 또

그다음 세대로 계속 전달하기 바라면서 인간이 하나의 종으로서 지금까지 만들어온 숨 막히도록 다양한 문화 작업을 독자들에게 보여주는 것이다.

차례

1

이집트의
네페르티티 왕비와
얼굴 없는 신

그녀를 제일 처음 본 사람은 모함마드 에스-세누시Mohammed es-Senussi 였다. 점심시간이 끝난 직후 에스-세누시와 일꾼들은 심하게 손상된 왕의 흉상을 파냈고, 그 근처에서는 부서지기 쉬운 조각들을 발견했다. 분명 평범한 발굴지가 아니었다. 가장 조심스럽고 숙련된 발굴자였던 에스-세누시는 이곳에 묻힌 섬세한 조각상들을 훼손할까 봐다른 사람들을 전부 내보내고 혼자 작업을 계속했다. 잔해가 1미터 정도 쌓여 있었는데 에스-세누시는 지금까지 여러 번 그랬듯 조심스럽게 괭이를 휘둘러 잔해를 치웠다. 그는 평소와 마찬가지로 한때 흰색이었으나 이제 낡은 티가 나는 넉넉한 튜닉 차림이었고 커다란 머리와 짧게 깎은 까만 머리카락을 모자로 덮고 있었다. 그가 동쪽 벽을 향해 천천히 작업을 진행하자 조각상 파편이 여러 개 나왔다.[1]

에스-세누시와 그가 이끄는 발굴단은 이 지역에서 1년 넘게 발굴 작업을 하다가 커다란 주택 유적을 발견했는데 알고 보니 조각상과 작은 입상, 부조가 많은 매장지였다. 에스-세누시가 지금 작업 중인 작은 방은 그런 유물들이 유난히 빼곡하게 들어찬 듯했다. 마른 진흙과 모래 속에서 더 조그만 파편들이 나오더니 놀랄 만큼 생생하게 채색한 실물 크기 조각상의 목 부분이 보였다.

에스-세누시는 괭이를 내려놓고 손으로 작업을 계속했다. 인상적일 만큼 키가 크고 비대한 사람의 특별히 섬세할 것 없는 손이었지만 그는 연약한 파편을 아주 세심하게 다룰 줄 알았다. 에스-세누시는 흙바닥에 무릎을 꿇고 손가락으로 조각상 주변을 더듬었다. 고깔 모양 왕관이 서서히 드러났다.

빽빽하게 묻혀 있는 다른 물건들을 먼저 파내야 했기에 쉽지 않은 일이었지만 에스-세누시는 얼굴을 바닥으로 향한 여성의 흉상을 알아볼 수 있었다. 조각상을 파내어 뒤집자 얼굴이 보였다. 에스-세누시는 3244년 만에 처음으로 그녀의 얼굴을 본 사람이었다. 1912년 12월 6일 일지에는 이렇게 적혀 있다. "이제 막 색칠한 것 같다. 뛰어난 솜씨. 설명하려 애써도 소용없다, 직접 보아야만 한다."[2]

에스-세누시의 눈에 들어온 것은 놀라울 정도로 정확한 대칭을 이루는 얼굴로 청동색 피부와 튀어나온 광대뼈, 타원형 눈, 통통하지만 날카롭게 그려진 입술을 가지고 있었다. 입가에 주름이 살짝 있지만 미소라고 하기에는 부족했다. 귀가 약간 부서지고 한쪽 눈이 없을 뿐, 흉상의 보존 상태는 기적에 가까웠다. 이름은 없었지만 왕관을 쓴 것으로 보아 에스-세누시가 들고 있는 것은 분명 왕비였다. 에스-세누시가 사람들을 불러서 무엇을 발견했는지 보여준 다음에 찍은 사진을 보면 그는 왕비를 품에 안은 채 한 손으로는 무게를 받치고 한 손으로는 커다란 머리의 균형을 잡고 있다. 그는 무척 자랑스

조각가 투트모세의 복합 주택에서 출토된 네페르티티 흉상을 든 에스-세누시.
(Universitätsarchiv, Universität Freiburg)

러운 표정으로 자신의 보물을 조심스럽게 내려다본다. 왕비는 그와 마주 보는 것이 아니라 차분한 표정으로 먼 곳을 바라보고 있다. 자신이 불러일으킨 흥분에도 전혀 흔들림이 없으며, 자신이 가장 유명한 유물의 얼굴이라는 사실을 또는 곧 그렇게 되리라는 사실을 모르는 듯하다.

이 조각상은 당시 이어지고 있던 수수께끼의 일부였다. 이것이 발견된 알-아마르나는 고대 이집트의 두 거대 도시인 북쪽 멤피스와 남쪽 테베에서 각각 똑같은 거리만큼 떨어져 있었다. 알-아마르나 유적은 멤피스 근처 기자의 거대한 피라미드들이나 테베의 궁전과 신전에 비하면 별로 중요하지 않았기 때문에 오랫동안 방치되었다. 그러나 한 세기 전에 건물과 무덤 터가 서서히 발견되었고, 고고학자들은 여기에 이름 모를 대도시가 있었을지도 모른다고 추측했다.[3] 에스-세누시가 발굴한 것과 같은 조각상들과 무덤을 보면 이 도시에 왕과 왕비가 살았으리라 추정되었다. 여러 해 동안 찾은 끝에 드디어 도시의 이름을 알려주는 명문銘文이 발견되었다. 에스-세누시가 발굴한 조각상은 고귀한 여인, 최고의 찬사를 받으시는 분, 상이집트와 하이집트의 여주인, 아멘호테프 4세의 아내 네페르티티 왕비였다. 이 신비로운 왕비는 누구일까?

이집트인들은 왕과 왕비를 기록으로 남겼으나 네페르티티도 아멘호테프 4세도 확인되지 않았다. 발굴이 계속되면서 더 많은 수수께끼가 드러났다. 도시는 진흙 벽돌을 이용해서 빠르게 지은 것이 분명했고, 따라서 거의 아무것도 남지 않았다. 아마도 도시를 건설한 이들에게 버림받은 듯했다. 또 다른 수수께끼는 네페르티티 흉상을 비롯한 이 도시의 조각상들이 고대 이집트에서 발견된 조각상과는 다르다는 사실이었다. 게다가 완벽한 얼굴에서 왜 눈 하나만 없을까? 왕비의 한쪽 눈에 사례금이 내걸렸지만 에스-세누시를 비롯해 그 누구도 찾지 못했다.

한 가지 사실은 비교적 빠르게 밝혀졌다. 에스-세누시가 발굴한 것은 어느 조각가의 창고였다. 고대 이집트 조각가들은 자기 작품에 서명을 남기지 않았지만 이 복합 주택에서 발견한 마구馬具의 이름표에 투트모세라는 주인의 이름이 적혀 있었다. 그리하여 투트모세는 드물게도 우리가 이름을 아는 고대 예술가가 되었다. 복합 주택의 크기로 보아 그는 부유한 사람이었다. 복합 주택 전체가 담장에 둘러싸여 있고 출입문은 하나밖에 없었는데 아마 경비가 그 문을 지켰을 것이다. 큰 마당은 견습생이 사는 좁은 공간과 작업장 등 여러 건물과 이어졌다. 가장 인상적인 것은 투트모세가 가족들과 함께 지낸 공간으로, 이 공간에서 이어지는 정원으로 나가면 커다란 우물이 있었다. 물이 귀한 이 땅에서 우물은 무척 중요했다. 그의 생활공간 바로 옆에는 곡물 창고가 있었고 보리와 밀을 보관하는 대형 항아리가 네 개 있었다. 곡물로 1년 내내 가족과 작업장 일꾼들을 먹여 살리기만 한 것은 아니었다. 화폐 없는 경제에서 곡물은 황금처럼 부를 저장하는 역할을 했고, 물물교환으로 거의 무엇이든 살 수 있었다.[4]

투트모세의 저명함을 보여주는 또 다른 지표는 나일강의 번잡한 부두에서 멀리 떨어진 이 복합 주택의 위치다. 부두 앞에는 밀, 보리, 맥주, 가축 등 배로 운반한 각종 물건을 보관하는 장소가 있었다. 그 주위에 작업장이 밀집한 지역이 있었지만 투트모세의 복합 주택은 그곳에 있지 않았다. 그의 집은 더 멀리, 거의 시내 가장자리에 위치한 조용한 거주 구역에 있었다. 그의 작업장 뒤로 멀리 떨어진 곳에 일꾼들의 마을이 있고, 그 옆에는 힘들게 석재를 자르는 채석장이 있었다. 작업장에서 네페르티티의 다른 조각상들도 발견된 것으로 보아 투트모세는 왕비의 특별한 후원을 받았던 것으로 보인다. 에스-세누시 같은 발굴자들의 끈질긴 작업 결과 이집트 역사상 가장 독특한 이야기가 서서히 밝혀졌다.

네페르티티와 아멘호테프 4세는 이곳에서 남쪽으로 약 320킬로미터 떨어진 테베(현재의 룩소르)에서 자랐는데, 당시 테베는 주민이

8만 명에 이르는 세계 최대의 도시 중 하나였다. 테베는 북쪽의 나일 강 어귀부터 남쪽의 테베까지 약 1290킬로미터에 걸친 이집트 중심부의 남쪽 거점이었다. 한때는 수단과 교역하는 장소에 불과했지만 네페르티티가 등장하기 훨씬 전에 수도가 되었고, 커다란 신전들은 스핑크스가 늘어선 대로와 거대한 기둥을 뽐냈다. 파라오와 귀족들은 몇백 년째 강 건너 왕들의 계곡에 매장되었다. 네페르티티와 아멘호테프 4세에게는 테베에서 자란다는 것이 역사의 후대로서 과거의 기념물들 사이에서 자란다는 뜻이었다.

테베 어디에나 고대 역사가 존재했지만 이집트 북쪽 끝 기자에 비하면 아무것도 아니었다. 고왕국의 왕들은 1000년도 더 전에 그곳에 거대한 피라미드를 세 개 지었고, 그중 하나를 거대한 스핑크스가 지켰다. 사실 이집트의 거의 모든 것이 과거의 무게를 느끼도록 만들어져 있었다. 이집트는 다른 어떤 문화권보다도 시간을 거스르는 일에 막대한 자원을 투자했다. 파라오뿐 아니라 귀족 그리고 여유가 되는 자는 누구든지 영원을 바라보고 있었다(신전과 묘실 건설에 동원된 일반인들의 열망에 대해서는 알려진 바가 거의 없다). 산을 파서 만든 무덤과 피라미드 안쪽 깊숙이 숨겨진 묘실에는 음식부터 나체의 여성까지 나중에 필요할지도 모르는 것들을 전부 갖추어놓았다.[5] 지금까지 모든 인간 사회는 죽은 이를 매장하고 기억했지만 이집트에서는 죽은 이를 매장하고 기억할 뿐 아니라 보존했다.

아멘호테프 4세의 아버지 아멘호테프 3세는 이 같은 과거 숭배를 대표하는 인물이었다. 그는 멀리 메소포타미아까지 수많은 속국을 가진 통일 이집트를 물려받았다. 막대한 자원을 가졌던 아멘호테프

3세는 테베 북부의 거대한 고대 카르나크 신전을 중심으로 야심 찬 건설 프로젝트를 시작했다.[6] 과거의 기념물은 복원하는 것이 의무였기에 그는 카르나크 신전의 일부를 복원했다.[7] 단순한 복원으로는 만족하지 못했던 아멘호테프 3세는 더욱 웅장한 양식으로 신전들을 다시 지었고, 거대한 주랑이 있는 고대 룩소르 신전도 그중 하나였다.

기원전 1351년 아멘호테프 3세가 세상을 떠나자 규정에 따라 아들 아멘호테프 4세가 아버지의 미라 작업과 매장 의식을 주재한 다음 왕좌에 올랐다. 그는 네페르티티와 결혼하고 그녀를 정비로 지정했다. 파라오에게 결혼은 일종의 정치였기에 그때까지 수많은 파라오들이 자기 누이나 친척과 결혼해 정비로 삼은 다음 유익한 동맹을 맺기 위해 외국 공주들과 두 번째 결혼을 했다. 네페르티티는 왕족이 아니었지만 권세를 가진 서기이자 행정관인 아이Ay의 피후견인 또는 딸로 자랐다.[8] 이집트 궁정은 강한 여성에게 익숙했다. 아멘호테프 3세의 어머니는 막후의 실세였고 남편이 죽은 후에도 궁정에서 영향력을 휘둘렀다. 아멘호테프 4세가 즉위하고 네페르티티와 결혼함으로써 혈통의 영속이 확실해졌다.

그러나 네페르티티와 아멘호테프 4세는 영속에 관심이 없었다. 두 사람은 적어도 건물과 제도에 있어서만큼은 전통에서 벗어나고 싶었다. 먼저 그들은 가장 눈에 띄는 기념물이자 주요 신 아몬에게 바친 카르나크 신전을 전략적으로 무시했다.[9] 아몬 신전을 관리하는 사제들은 영향력이 무척 컸다. 아몬 신이 사는 신전을 무시한다는 것은 권력의 핵심을 겨냥한다는 의미였다. 네페르티티와 아멘호테프 4세는 한발 더 나아가 비교적 중요하지 않았던 아톤 신을 격상시켰다.

몇 년이 지나자 아몬 신과 거대한 신전이 중심을 차지하던 테베의 구질서가 뒤집히고 새로운 아톤 신 숭배가 중심 무대를 차지했다.

다신교를 믿는 고대 이집트에서 신이 변화하는 것은 드문 일이 아니었다. (아몬 역시 초기의 두 신이 합쳐져서 탄생했다.) 그러나 신중하게 점진적으로 변해야지 이렇게 폭력적으로 아몬을 끌어내리고 아톤을 최고의 위치로 끌어올려서는 안 될 일이었다. 하지만 네페르티티와 아멘호테프 4세는 이 갑작스러운 역전으로도 만족하지 못했다. 그들은 다른 신 모두를 무시했고 점차 아톤만이 중요한 신이라고 여기게 되었다. 놀라운 일은 아니었지만 구질서와 이해관계로 얽힌 모든 사람, 이를테면 아몬 신의 수많은 사제들뿐 아니라 대다수 지배 엘리트까지 불만을 품고 반격했다.

이렇게 권력 다툼이 한창일 때 네페르티티와 아멘호테프 4세는 급진적 결정을 내려 모든 것을, 신전, 조상이 묻힌 무덤, 아몬에게 바친 수많은 기념물을 비롯해 과거의 기념물로 점철된 도시 전체를 버리고 떠나기로 했다. 두 사람은 조각가 투트모세를 포함해 궁정 전체를 챙겨서 배에 올랐고, 새로 시작하기 위해 나일강 하류로 약 320킬로미터 내려갔다.[10]

네페르티티와 아멘호테프 4세가 처음 도착했을 때에는 정착지가 아예 없고 한 면은 나일강에, 다른 세 면은 위압적인 절벽에 면한 사막뿐이었다.[11] 새로운 도시는 독특하게도 허허벌판에 세운 계획도시가 될 예정이었다.

새로운 도시는 과거의 짐에서 해방되어 도시의 이름을 따온 새로운 신에만 집중하게 되었다. 도시의 이름은 아케타톤Akhetaten, 즉 태양(아톤)의 지평선이었다. (현재의 명칭인 아마르나는 이후 그곳에 정착한 부족에서 따왔다.) 아톤 대신전과 소신전을 중심으로 도시를 세우고, 대궁전이 두 신전 사이에 위치했다. 이 상징적 일직선 주변을 나머지가 둘러쌌다. 태양의 지평선 아케타톤은 정확한 기하학적 축을 가진 새로운 도시였고, 신전과 정부 건물은 직각을 이루었으며 작업장과 일꾼들의 마을 위치도 확실하게 계획했다. 네페르티티와 아멘호테프 4세는 옛 수도를 버렸지만 거대한 건축 프로젝트에 대한 열정은 버리지 않았다. 도시 전체를 건설하겠다는 그들의 계획은 어느 모로 보나 기자의 거대한 피라미드만큼 거대했다.

그러나 기자와는 한 가지 중요한 차이가 있었다. 모든 일이 빨리 진행되어야 했으므로 당장 이용할 수 있도록 서둘러 싸게 만들었다는 점이다.[12] 그 결과 거의 모든 것을 진흙 벽돌로 제작했고, 기둥과 커다란 신전에만 석재를 썼다. 그렇다고 해서 궁전이 우아하지 않았다는 뜻은 아니다. 궁전 벽을 정교하게 장식했고, 왕의 침실도 마찬가지였다. 네페르티티는 왕족이 아니라는 점뿐 아니라 남편과 같은 침실을 썼다는 점에서도 독특한 왕비였다. 이것은 어쩌면 두 사람이 온 나라를 뒤흔든 혁명의 일부였을지도 모른다.[13] 이 지역은 이집트 중에서도 특히 물이 부족했지만 궁전이 강가에 위치했기 때문에 네페르티티와 아멘호테프 4세는 바람을 즐길 수 있었다. (네페르티티는 수많은 이집트 왕비들처럼 머리를 밀었기 때문에 사막의 열기 속에서 조금 더 시원하게 지낼 수 있었고 상황에 맞는 가발을 쓰기에도 용이했다.[14]) 아멘호테프 4세는 혁명을 완성하기 위해 조상들의 이름을 버리고 스스로에게 아케나톤Akhenaten이라는 이름을 붙였다. 네페르티티는 이름을 바

석회암으로 만든 아케나톤 습작. 아케타톤 시대에는 길쭉한 머리와 튀어나온 코가 일반적이었음을 보여준다.(뉴욕 메트로폴리탄미술관)

꾸지 않았지만 태양 또는 원반이라는 단어(아톤)를 덧붙여서 네페르네페루아톤Neferneferuaten이 되었다. 아톤의 아름다움은 완벽하다는 뜻이었다.[15] 왕과 왕비는 새로운 신에게 새로운 신전을 바쳤고 새 도시를 절대 떠나지 않기로 맹세했다.

네페르티티와 아케나톤은 과거와 결별하기 위해서 자신들의 모습을 새로운 양식으로 표현하려 했다. 따라서 투트모세처럼 새로운 일을 수주하고 싶었던 조각가들에게 새로운 도시는 무척 매력적이었다. 고대 이집트에서는 시각적 재현 방식이 아무 변화도 없이 몇백 년 동안이나 그대로 이어졌다. 피라미드, 스핑크스, 오벨리스크, 관 장식과 묘실 장식은 물려받은 레퍼토리였다. 파라오들은 3차원의 조각에서는 한 발을 앞으로 내디뎠고 2차원의 부조에서는 고개를 옆으로 돌려 특징적인 옆얼굴을 드러냈다. 조각가와 화가에게는 혁신이 권장되지 않았다. 독창성은 가치가 아니라 실패였다.

새로운 도시에서는 이 모든 것이 바뀌었다. 투트모세와 동료들은 전통에서 벗어나 네페르티티와 아케나톤이 조상들과는 다른 통치자임을 전달할 방법을 찾고 있었으므로 다른 예술 양식이 필요했다. 새로운 양식은 현대의 눈으로 보면 종종 과장되고 기이해 보인다.

네페르티티와 아케나톤의 옆얼굴을 보면 턱과 입이 길쭉해서 개의 주둥이를 닮았다. 머리는 앞으로 내밀었고 목은 부자연스러울 정도로 길다. 가장 이상한 것은 역시나 부자연스러울 정도로 길어 보이는 뒤통수이다. 에스-세누시가 발굴한 투트모세의 네페르티티 채색 흉상 역시 이러한 특징에 따라 기다란 왕관을 쓴 채(그 아래 숨겨진 머리 모양이 어떤지 누가 알겠는가) 긴 목을 앞으로 내밀고 있다. 또 다른 혁신은 아케나톤을 양성적으로 묘사한 것이었다. 그는 종종 가슴과 넓은 골반을 가진 모습으로 그려졌기 때문에 19세기 고고학자들은 그를 여성으로 착각하곤 했다.[16]

이집트 미술과 조각은 자연주의가 아니었다. 그러므로 이집트인들이 옆으로 걸었다고 믿을 이유가 없듯이 네페르티티와 아케나톤이 실제 조각상처럼 생겼다고 생각할 이유가 없다.[17] 고대 이집트에서 회화와 조각은 글에 가까운 것으로, 매우 추상적인 시각적 의사소통 체계였다. 상형 문자 역시 생각과 소리의 조합을 나타내는 표준화된 이미지였으므로 이집트인은 회화, 부조, 조각상을 상징적으로 읽는 것에 익숙했다. 예를 들어 네페르티티와 아케나톤의 쭉 뻗은 머리와 길쭉한 얼굴은 왕관을 쓸 운명이었던 것처럼 왕관 모양에 딱 맞는

태양신 아톤의 빛을 쬐는 아케나톤, 네페르티티, 세 딸. 석회암 부조.(베를린 노이에스 박물관 이집트관. 사진: Gary Todd, World History Pics.com)

다고 볼 수도 있다. 또는 왕족이라는 신분이 제2의 천성이 되어 사람들과 생김새가 달라졌기 때문에 머리가 왕관 같은 모양으로 변했다고 볼 수도 있다. (피부색 역시 자연주의적으로 표현하지 않았다. 이집트 예술가들은 밝은 갈색부터 거의 검정에 가까운 색까지 다양한 색을 썼지만 표현하는 인물의 인종과는 상관없었다. 이는 이집트인들이 국민으로서의 지위를 생물학적 인종 개념과 연결하지 않았기 때문이기도 하다. 이집트어를 말하고 이집트인처럼 살면 누구나 이집트인이었다.[18])

새로운 이미지는 또한 새로운 신 아톤과 관련이 있기 때문에 중요했다. 다른 신들은 보통 매개자로 여겨졌다. 그러나 이제 새로운 도시에 굳건히 자리 잡은 네페르티티와 아케나톤은 그러한 체계를 버리고 그들의 신 아톤과 다른 모든 사람을 잇는 유일한 매개자로 직접 나섰다.[19] 두 사람은 여러 이미지에서 아톤의 빛을 듬뿍 쬐는 모습으로 그려진다. 생명을 주는 신의 힘을 직접적으로 받는 유일한 인간들이었다. 또 두 사람의 자녀가 등장하는 이미지도 많은데 흥미로운 가족의 모습을 표현하는 것 역시 무척 예외적 일이었다. 귀족들 집에서 발견된 이러한 이미지들은 그 앞에서 기도를 드리고 의식을 행하는 일종의 성물로 이용되었을 가능성이 높다.[20]

투트모세가 만든 네페르티티 흉상 역시 비슷한 역할을 했을지도 모르지만 그가 조수와 견습생들에게 왕비를 어떻게 표현해야 하는지 보여주는 모형으로 이용되었을 개연성이 더 높다. 그렇다면 한쪽 눈은 투트모세가 자기 솜씨를 보여주기 위해서 일부러 남겨두었다는 설명이 가능하다. 에스-세누시는 투트모세의 집터에서 여러 가지 모형과 미완성 작품을 발견했는데 그것을 보면 석조 조각상이 만들어진 과정을 파악할 수 있다. 투트모세는 먼저 밀랍이나 진흙으로 얼굴을 만들었다. 그런 다음 아마도 네페르티티에게 직접 보여주기 위해서 석고상을 만들었고, 그다음에야 돌에 조각을 새겼다.[21]

네페르티티의 흉상을 모형이라고 생각하면 이것이 무척 대칭적인 이유도 설명된다. 대칭을 최고의 아름다움을 보여주는 증거로 생각하는 사람도 많았다. 그러나 이 모형은 투트모세를 비롯한 조각가들이 완성한 네페르티티의 조각상들과는 무척 다르다. 조각가들은 손가락 너비로 비율을 측정했는데, 네페르티티 조각상은 그러한 측정 체계에 딱 들어맞는다.[22] 이는 네페르티티 흉상이 일종의 추상임을 암시한다. 즉 왕비를 묘사한 다른 작품들을 이해하기 어렵게 만드는 작풍과 상징적 의미를 전부 제거한 시연용 모형인 것이다. 네페르티티와 아케나톤의 새로운 이미지들은 아톤을 새로운 신, 즉 새로운 종류의 신으로 상정하는 데 도움을 준다. 다시 말해 아톤 역시 새로운 시각적 형태로 표현해야 했다는 뜻이다. 아톤은 본디 매의 머리를 가진 신이었지만 점차 태양 같은 원반 형태를 띠게 되었다. 예술가들은 이 생각을 더욱 밀어붙여 빛 자체로 아톤을 나타냈다.

이러한 추상화 과정은 시각적으로 나타낼 수 없었고 따라서 새로운 신은 궁극적으로 조각이 아닌 글로 표현되었다. 그것이 바로 아케타톤의 어느 묘실에 새겨진 〈아톤찬가〉이다. 보통 죽은 사람을 저승으로 인도하는 〈사자의 서〉 구절을 새기는 위치에 이 찬가가 대신 새겨져 있었다. (아케타톤의 일부 개인 무덤에는 〈사자의 서〉 151장의 주문이 새겨져 있다.)[23] 다른 찬가들이 초기 태양신에 대한 칭송, 즉 어둠의 패배와 멋진 일출, 우울한 일몰에 대한 설명으로 시작되듯 이 찬가는 아톤에 대한 칭송으로 시작된다. 그러나 곧 한 걸음 더 나아가 아톤을 식물과 동물부터 인간에 이르기까지 이 땅의 모든 생명을 살리는 존재로 격상시킨다. 아톤은 다음과 같은 신이다.

> 여자의 몸 안에서 씨가 자라게 하고
> 정자에서 사람을 만들어내고
> 어미의 자궁에 들어 있는 아들을 먹이고
> 아들을 달래 눈물을 멈추네.
> 자궁 속의 유모,
> 숨결을 주시는 분,
> 자신이 만든 모든 것을 키우시네.[24]

아톤은 모든 것을 키우며, 모든 호흡을 가능하게 만드는 원동력으로서 생명 그 자체를 키운다.

찬가는 아톤을 추상화하고 그에게 권능을 집중시키는 것으로 끝내지 않는다. 아톤은 모든 생명을 먹여 살릴 뿐 아니라 땅 자체를 창조한 신이다. "당신 혼자서 스스로 원하는 바와 같이 땅을 만드셨네/모든 민족과 모든 동물과 모든 무리를." 아톤은 창조주로, 다른 신의 도움도 없이 모든 것을 혼자서 만들었다. 일신교에 익숙한 우리로서는 이런 생각이 얼마나 급진적이었는지 가늠하기 어렵다. 여러 신이 나란히 존재하면서 서로 복잡한 관계를 맺는 다신교에 익숙한 사회에서 이러한 생각은 이해하기 힘들 정도로 큰 충격이었을 것이다.

〈아톤찬가〉는 아케나톤이 썼다고 알려져 있는데 그가 아톤과 무척 밀접했다는 점을 고려하면 그럴듯한 생각이지만 이집트에서 가장 중요한 서기와 관련이 있던 네페르티티가 썼을 가능성도 있다. 과거에 왕족의 아내들은 보통 종교 의식에서 작은 역할이나 기껏해야 종속적 역할을 수행했지만 아톤 숭배에서는 네페르티티의 역할이 남편의 역할과 동등했다.[25] 흥미롭게도 〈아톤찬가〉는 애초에 여성의 육체에, 아직 태어나지 않은 그 안의 생명에 영양분을 제공하고 먹여 살리는 것에 초점을 맞춘다. 심지어 출산 과정까지 설명한다. "아이가 태어난 날/숨을 쉬려고 자궁에서 나왔을 때/당신은 그 입을 벌리고/필요한 것을 주었네." 아톤은 점점 더 초월적 신으로 변하지만 여기서는 그가 태어난 아이에게 생명을 불어넣는 모습이 자세히 그려지는데 경험이 있어야만 이를 묘사할 수 있다. 〈아톤찬가〉는 "위대한 왕비", "두 땅의 여인/영원히 죽지 않는 네페르네페루-아톤 네페르티티" 네페르티티를 부르면서 끝난다.

아케타톤에서 일어난 예술 혁명은 의미 생산 연합체로서 예술과 종교의 밀접한 관계를 떠올리게 만든다. 우리는 과거를 살펴볼 때 현재의 생각과 범주를, 사실 그것을 인식도 못했을 사회에 적용하는 경향이 있다. 예술과 종교의 구분이 그중 하나로, 바로 예술을 종교에서, 종교를 예술에서 분리할 수 있다는 생각이다. 아케타톤 혁명은 머나먼 과거에서나 오늘날의 수많은 사회에서나 의미 생산이 예술과 신앙이라는 깔끔하게 구분된 영역을 넘나드는 근본적 질문들과 관계된 활동임을 보여준다.

아케타톤 혁명은 갑자기 시작된 것처럼 갑자기 끝이 났다. 네페르티티와 아케나톤은 이집트 제국의 유지보다는 새로운 도시의 건설과 새로운 신의 숭배, 새로운 조각상 의뢰에 더욱 관심이 많았다. 점차 군사적 도움이 필요해진 속국들이 전역에서 편지를 보내왔다. 주로 당시 중동의 공용어였던 아카드어로 점토판에 적은 설형 문자 편지였다. 테베의 숙적들은 분명 두 사람의 무관심을 이용했을 것이다.[26]

여기에 질병까지 덮쳤다. 밀집된 도시 생활로 인해 결핵, 말라리아, 그 밖의 이름 모를 전염병이 이집트를 휩쓸었다. 혹자는 네페르티티와 아케나톤이 전염병에서 벗어나기 위해 새로운 도시를 건설했다고 추측하기도 한다. 그러나 전염병은 그들을 따라갔고 곧 새로운 도시에도 전염병이 돌았다.[27] 네페르티티와 아케나톤은 이러한 재앙에도 새로운 도시를 절대 떠나지 않겠다는 맹세를 꿋꿋하게 지켰다. 아케나톤은 세상을 떠난 뒤 의식에 따라 매장되었으며, 그의 육체는 미리 지어둔 왕족의 무덤에 보존되었다. 아케나톤은 과거와 완전히 단절되지 않았기에 전통적 방식으로 영원을 생각했다. 그는 어쩌면 새로운 도시가 일단 자리를 잡고 나면 더욱 영구적으로 재건되리라 생각했을지도 모른다.

파라오가 세상을 떠나면 늘 그렇듯 후계가 중요한 문제였다. 아케나톤의 뒤를 이은 두 파라오는 각각 1년도 통치하지 못하고 금방 세상을 떠났다. 네페르티티가 그중 하나였다는 추측도 있다. 아직 어렸던 아케나톤의 아들 투탕카톤Tutankhaten이 고위 서기이자 행정관인 아이의 지도하에 왕좌에 오르자 정세가 안정되었다(아이는 훗날 직접 왕좌에 올랐다).

그러나 안정을 위해서는 네페르티티와 아케나톤이 만든 모든 것을 되돌려야 했다. 투탕카톤은 아버지의 신앙을 버리고 아몬 신에게 돌아갔음을 알리기 위해서 이름을 투탕카몬Tutankhamun으로 바꾸었다. 더욱 중요한 점은 궁정과 그에 속한 모든 것을 테베로 다시 옮겼다는 사실이다. 그러나 그는 아톤 숭배를 전적으로 금지하지는 않았으며, 20세기 초 극적으로 발견된 그의 무덤에서는 아버지의 비범한 실험에 대한 추억 때문인지 아톤의 그림도 나왔다. 하지만 모든 면에서 아톤 시대는 종말을 맞이했다.

궁정이 이전하자 다른 사람들도 이 척박한 사막 지역에 살 이유가 없었고, 따라서 아케타톤은 점차 버려졌다. 왕가의 후원으로 먹고살던 투트모세가 아케타톤을 떠난 것은 확실하다. 하지만 그는 서두르지 않았고, 무엇을 가져가고 무엇을 남겨둘지 신중하게 선택했다.[28] 미완성 작품의 석고상은 쓸모가 없으므로 큰 비용을 들여 테베나 멤피스로 가져가지 않았다. 미완성이든 완성이든 아케나톤과 아톤의 조각과 부조는 전부 무용지물이 되었으니 역시 남겨두었다.

아름다운 네페르티티 흉상 모형도 마찬가지였다. 투트모세는 그 이후로 이 흉상을 이용해 손가락으로 비율을 측정하는 정확한 방법을 견습생들에게 보여주지도, 얼굴에 눈을 그려 넣는 법을 시연하지도 않았을 것이다. 그는 혁명적이었던 왕과 왕비를 섬긴 세월을 기리며 모든 조각상을 조심스럽게 창고에 넣고 벽을 세워 봉했다. 궁정은 아케타톤과 이 도시가 상징하는 모든 것을 버렸지만 투트모세는 자신이 두고 가는 작품들이 약탈자들 손에 더럽혀지기를 원치 않았다. 네페르티티 흉상은 그렇게 봉해진 창고 안에 안전하게 남아 있었다. 그러다 목조 선반이 부서지면서 그 위에 놓여 있던 흉상이 땅에 떨어졌고, 나일강이 실어온 진흙이 그 위에 조금씩 쌓였다. 다행스럽게도 진흙은 3000년 동안 흉상을 보존했고, 마침내 에스-세누시가 크지만 섬세한 손으로 진흙을 치우고 흉상을 뒤집어 놀라움에 찬 눈으로 바라보았다.

아무리 노력해도 과거를 없애는 일은 쉽지 않다. 때때로 과거는 몇천 년 동안 지하에 묻힌 채 다시 발굴될 날을 기다린다.

너희는 내 앞에서 다른 신을 모시지 못한다

이집트의 통치자와 서기들은 이집트 제국의 변방에 사는 사람들에게 그다지 관심을 기울이지 않았다. 그러나 변방에 사는 사람들은 그렇지 않았다. 반정착민 유목 집단들은 자신의 운명이 이집트 대군주들의 운명과 밀접하게 연관되어 있음을 알았다. 그러한 집단 가운데 하나가 특히 이집트가 큰 역할을 한 자기 민족 이야기를 들려주었다. 이 이야기에는 야곱의 아들 요셉이라는 목동이 등장해서 이집트에 노예로 팔려간다. 의욕이 넘치고 부지런한 일꾼이었던 요셉은 이집트 제국에서 출세하여 결국 가장 높은 자리까지 올라간다. 그는 자원을 신중하게 관리하여 (이름이 밝혀지지 않은) 파라오의 관심을 끈다.

요셉이 비축을 활용한 것은 놀라운 일이다. 이집트가 저장 혁명에서 이익을 본 것은 역사적 사실이기 때문이다. 저장 혁명의 바탕에는 농업이 있다. 인간은 이를 통해 도시에 정착하고 붐비는 공간에서 살아갈 수 있었다. 수자원뿐 아니라 영양분 가득한 범람원까지 제공하는 나일강은 이러한 새로운 생활 방식에 완벽했다.

곡물과 여타 식량의 저장으로 또 다른 종류의 비축, 즉 부의 비축이 가능해졌다. 유목 민족은 비교적 평등했으며 지도자가 있긴 해도 부의 차이는 사람들이 등에 지거나 말에 싣고 다닐 수 있는 것에 국한되었다(물론 말을 여러 마리 가질 수는 있었다). 그러나 이제 저장 혁명이 일어나면서 원칙적으로는 부의 차이가 무한히 커질 수 있었다.[29] 땅과 노동력을 통제하는 사람은 곡식을 저장하여 어마어마한 부를 쌓는 것이 가능했다.

이야기에 따르면 요셉은 저장의 힘을 이해했고 파라오를 설득해서 풍년이 들면 흉년에 대비해 곡물을 저장하도록 했다. 가뭄이 닥쳤을 때 요셉은 이집트인들을 먹이고 세력을 확장할 수 있었다. 힘든 시기가 오자 요셉은 동족 유목민을 가나안에서 이집트 중심부로 데려와 정착시켰다. 요셉이 사망하자 지위에 걸맞게 이집트식으로 방부 처리된 후 매장되었다.

요셉이 죽고 우호적인 파라오까지 세상을 떠난 후 이집트는 외국인에게 적대적으로 변했다. 그중에서 모세라는 이는 다행히도 새로운 파라오의 양자가 되어 왕족의 일원으로 교육받고 특권을 누렸다. 그는 우여곡절 끝에 파라오를 설득해 동족들과 함께 선조의 고향 가나안으로 돌아가도록 허락받았으며 그때부터 동족과 그들의 유일신 종교를 이끌었다.

이집트 서기들이 남긴 많은 기록 어디에도 가나안 출신 목동들에 대한 언급은 없다. 그런 기록이 남아 있기를 기대하는 사람도 없을 것이다. 드넓은 이집트 제국의 변방에서 온 반목축민은 파라오들과 국무 기록에 아무런 흔적도 남기지 않고 왔다가 갔다. 이집트인은 민족 개념이 없었기 때문에 필요에 따라 외국 여성과 결혼하고 외국인 노예를 샀다. (혹자는 네페르티티라는 이름이 '아름다운 이가 왔다'라는 뜻으로 그녀가 외국에서 왔음을 의미한다고, 그녀가 메소포타미아 출신일지 모른다고 추측하기도 한다.) 목동들과 이집트 군주의 복잡한 관계에 대한 유일한 기록은 목동들이 가나안에 정착하여 도시 예루살렘을 중심으로 작은 왕국을 건설한 뒤 후대에 남긴 글에서만 찾을 수 있다. 그 글이 바로 히브리 성경이다.[30]

그들의 성경에 따르면 이 집단의 두 중요한 인물, 즉 모세와 요셉은 이집트의 행정관이자 서기이다. 이집트어로 '어린이'라는 뜻의 이름을 가진 모세는 전통에 따라 자기 민족의 이야기를 써 내려간 인물로, 문자와 상관없는 생활을 했던 집단에 이집트의 필경 문화를 도입했다.

히브리 성경에서 정의하는 종교는 유일신을 바탕으로 하며 당시의 그 어떤 종교와도 무척 달랐다. 그러나 네페르티티의 단명한 신 아톤은 유일한 예외다.[31] 무척 밀접하게 연결된 두 문화가 일신교라는 형태로 당시에는 무척 새로웠던 실험을 한 것이 과연 우연이었을까? 물론 이집트의 기록에는 아톤 숭배 실험이 삭제되어 있다. 히브리 성경은 (이집트가 모세와 요셉의 삶에서 크나큰 역할을 했음을 인정하지만) 자기 민족이 이집트에서 독립한 사실을 강조하고 싶었을 터이며, 이집트 모델에 대한 언급은 피하고 싶었을지도 모른다. 차용이 발생한 후 그 흔적은 모두 사라지고 만다.

19세기 말에 아톤 숭배 실험이 세상에 알려진 후 많은 문화계 인물들이 아톤 숭배와 유대교의 연관 가능성에 흥미를 느꼈다. 노벨상 수상 작가 토마스 만은 10년이 넘는 시간을 투자하여 요셉과 형제들의 이야기를 네 권짜리 소설로 썼고 요셉을 아케나톤의 궁정 인물로 만들었다.[32] 동시대의 지크문트 프로이트는 한발 더 나아가 모세가 이집트인이라고 주장했다. 아톤 숭배 실험의 충실한 지지자였던 모세가 아케나톤 사망 후 망명하여 가나안 사람들의 유일신교로 개종했고, 그 신앙이 천천히 변해서 우리가 아는 유대교가 되었다는 것이다.[33]

나는 그렇게 멀리 갈 필요가 없다고 생각한다. 네페르티티와 아케나톤, 투트모세 같은 조각가들이 만든 아톤 숭배는 급진적이기는 해도 유대교와 그 뒤를 잇는 기독교나 이슬람에서 우리가 연상하는 일신교와는 전혀 달랐다. 네페르티티와 아케나톤은 다른 신들을 무시했지만 "너희는 내 앞에서 다른 신을 모시지 못한다"는 히브리 성경의 첫 번째 계명처럼 다른 신을 숭배하는 것을 금지하지는 않았다.[34] 유대교와 달리 아톤 숭배는 일반인의 의무가 아니었으며 궁정 신하들과 엘리트 계층만의 의무였다(일꾼들 집에서는 네페르티티나 아케나톤, 아톤의 조각상이 발견되지 않았다). 다른 이집트 신을 섬기는 이들은 새로 지은 수도 바깥에서 숭배를 계속했다.

또한 우리가 아는 유대교나 이슬람교와 달리 아톤 숭배 실험에는 신의 묘사를 금지하는 급진적인 법이 없었다(그렇지 않았다면 조각가들이 아톤의 빛을 듬뿍 쬐는 네페르티티와 아케나톤을 묘사하지 못했을 것이다). 마지막으로 유대교와 기독교, 이슬람교는 문헌, 즉 성경을 바탕으로 발전했다. 이집트는 일부 문헌을 신과 연관시켰지만 〈사자의 서〉와 〈아톤찬가〉는 신과 사람들 사이의 매개체이자 유일한 출전인 히브리 성경이나 《코란》과 전혀 달랐다.[35]

그러나 매우 밀접하게 얽힌 두 문화가 시대는 달랐을지라도 우리가 일신교라고 부르는 것을 발전시켰다는 흥미로운 사실은 여전히 남는다. 어쩌면 제일 중요한 것은 영향의 문제, 직접적인 차용의 문제가 아닐지도 모른다. 모두는 누군가에게 영향을 받는다. 모든 독창성은 다른 사람에게 빌린 것에서 비롯된다. 문화 저장 기술이 발전하여 과거를 마음대로 활용할 수 있게 된 이후 우리 모두는 후발 주자일 뿐이다. 중요한 것은 우리가 **무엇**을 차용했느냐가 아니라 **어떻게** 차용했느냐, 또 우리가 발견한 것으로 무엇을 하느냐이다. 망명한 유대 민족이 아톤 숭배 실험을 접했다 해도 그들이 이를 이용해 만들어낸 것은 전혀 다른 결과물이었으며, 어찌 됐든 위대한 성취로 기억될 가치가 있다.

다른 문화를 차용하는 방식의 중요성은 과거를 차용하는 방식, 즉 과거를 기억하는 방식과 관련이 있다. 네페르티티와 아케나톤은 왕의 계보에서, 조각상에서, 다른 모든 기록에서 삭제되어 거의 잊혔다. 혹시 이 급진적인 두 사람에 대한 언급이 존재한다면 그것은 비난을 위해서였다. 이후 몇천 년 동안 아케나톤은 '아마르나의 범죄자'로만 알려졌다.[36] 이러한 삭제는 놀랄 만큼 효과적이었고 역사에서 네페르티티와 아케나톤, 두 사람의 실험을 제거해 냈으며 수수께끼만을 남겼다. 이는 19세기와 20세기에 접어들어서야 서서히 풀리기 시작했다. 과거와 단절하기 위해 최선을 다한 왕과 왕비가 과거에서 지워지다니 참으로 씁쓸한 아이러니다.

네페르티티와 아케나톤을 지운 것이 일신교 실험 때문이었다면 이제 그들을 기억하는 이유도 바로 그 때문이다. 우리는 일신교가 만든 세상에서 살고 있기에 이집트 역사 속 이 짧은 시기를 무척 중요하게 여긴다. 세상 사람들이 계속 다신교 안에서 살았다면 아톤 실험은 그저 호기심의 대상이나 역사의 각주에 지나지 않았을 것이다. 사람들은 스스로의 가치관과 경험에 따라 과거를 본다. 아케타톤을 과거에 저항하는 위대한 반란이자 처음으로 잠깐 들여다본 새로운 세계로 만든 것은 바로 미래, 우리의 미래였다.

아케타톤 이야기는 과거가 가만히 앉아서 발견되거나 무시당하기만을 기다리진 않는다는 사실을 상기시킨다. 우리는 과거를 두고 끊임없이 싸운다. 네페르티티와 아케나톤이 아몬 신전을 버리고 무너지게 놔두었듯이 두 사람의 후계자들은 새로운 도시가 쇠퇴하도록 내버려두었다. 어떤 사람에게는 범죄자인 이가 또 어떤 사람에게는 혁신의 영웅이 된다. 우리는 과거를 이용하면서 우리의 필요와 편견에 따라 그것을 끊임없이 세웠다가 무너뜨린다.

역설적이게도 당대 이집트인들이 네페르티티와 아케나톤, 두 사람의 신 아톤을 의도적으로 삭제하고 그들의 도시를 버리는 바람에 도시가 오히려 보존되었다. 분명 도굴꾼들은 아케타톤의 많은 무덤을 파괴했다. 투탕카몬이 아버지의 미라를 테베로 이장한 것도 도굴에 대한 우려 때문이었다.[37] 버려진 도시가 무방비 상태로 약탈에 취약해지리란 사실을 알았던 것이다.

그러나 버려진 도시, 심지어는 약탈당한 도시는 사람들이 계속 살아가는 도시보다 훨씬 많은 것을 후대의 고고학자들에게 알려준다. 지속적인 사용은 놀라울 만큼 파괴적이다. 예술 모형을 재활용하고 오래된 건물의 자재를 이용해서 새 건물을 짓기 때문이다. 아케타톤에서는 저렴하고 내구성이 떨어지는 건축 자재를 썼기 때문에 남은 것이 많지는 않다. 그러나 누구도 건드리지 않고 시간 속에 얼어붙은 도시는 왕족의 삶과 일반인의 삶을 똑같이 들여다보고 투트모세 같은 조각가의 작업 방식을 파악할 전례 없는 통찰의 기회를 제공한다.

현재 네페르티티 흉상은 베를린 노이에스 박물관의 작은 방 하나를 독차지하고 있다. 어둑하고 조심스러운 간접조명이 환한 색을 끌어낸다. 네페르티티가 그곳에 가게 된 사연도 보존과 파괴의 역학에 대해서 말해 준다. 에스-세누시의 발굴 작업은 프로이센 고고학자들의 자금을 지원받아 그들의 감독하에 이루어졌다. 고대 이집트에 매료되어 발굴에 열을 올렸던 유럽인들 가운데 가장 마지막으로 온 사람들이었다.

나폴레옹의 이집트 침략 이후 장 프랑수아 샹폴리옹이 몇천 년 동안 인간의 지식에서 잊혔던 상형 문자를 해독하자 유럽인들은 대거 이집트에 몰려들었다. 수많은 유럽인 이집트 학자들은 식민국의 힘을 이용해 발굴한 유물을 도굴꾼처럼 유럽 박물관으로 보내고도 아무 처벌을 받지 않았고, 보존을 위해서였노라고 정당화했다. 이집트 등 이렇게 강탈하는 과학자들이 찾아간 여러 나라들은 아주 느린 속도였지만 문화재 절도 금지법을 제정했다. 프로이센이 자금을 대고 에스-세누시가 네페르티티를 찾아낸 1912년 발굴에서는 귀중한 유물이 나오면 일부는 이집트가 갖고 일부는 독일에 보내기로 했다. 네페르티티는 독일행 무더기에 들어가게 되었다.

독일에서 네페르티티는 소란스럽고 위험한 한 세기를 보냈다. 고고학자들은 파괴적일 수밖에 없다. 그들이 유적지를 보존하는 흙을 파내고 나면 그곳은 영원히 노출되고 소란스러워진다. 더없이 꼼꼼한 기록과 조심스러운 절차만이 과거를 침해하는 이러한 조사를 정당화할 수 있다. 한편, 네페르티티 흉상처럼 부서지기 쉬운 물건은 일단 발굴되고 난 후에는 가혹한 날씨부터 인간의 파괴 행위까지 지표면의 모든 생명체가 마주하는 위험에 노출된다. 네페르티티는 베를린에서 두 번 세계대전을 겪었다. 2차 세계대전이 끝날 무렵 베를린이 거의 전파全破되었을 때 노이에스 박물관도 폭격을 당했다. 다행히 네페르티티 흉상을 포함한 대부분의 문화재를 금고에 치워둔 후였다.

공산주의 국가 시절 노이에스 박물관은 동베를린에서 폐허 상태로 방치되다가 2008년이 되어서야 조심스럽게 재건되었다. 정확히 우리가 지금 고대 조각상들을 다룰 때처럼 무엇이 낡은 유물이고 무엇이 새 유물인지 구분하는 방식이었다. 그러므로 오늘날 네페르티티를 보러 가는 사람은 폐허가 된 박물관을 지나고 계단을 올라 최근에야 자연에 노출된 안뜰을 지난 다음 차분한 흉상이 시대의 격변과 상관없다는 듯 놓여 있는 어둑한 방에 도착한다. 하지만 생각해 보면 네페르티티는 격변과 혁명에 익숙하다. 그녀는 새로운 신과 새로운 예술을 만들고 새로운 도시를 건설할 때 중심 역할을 했다. 인간이 했던 가장 놀라운 실험을 시작한 지 불과 몇 년 되지 않았을 때 거의 무無에서부터 만든 도시였다. 그 실험의 진정한 의미는 머나먼 미래가 되어야 제대로 평가받게 된다.

2

플라톤, 비극을 불태우고
역사를 발명하다

"오, 솔론, 솔론" 이집트 여신 이시스의 사제들이 아테네에서 찾아온 손님을 비웃었다. "당신네 그리스인은 항상 아이 같아요. 나이 많은 그리스인 같은 건 없습니다." 솔론이 그 말에 대한 설명을 요청하자 사제들이 대답했다. "당신들은 영혼이 젊어요, 전부 다 말입니다. 그 영혼 안에 오랜 전통에서 비롯된 태곳적 믿음이 하나도 없으니까요."[1]

이 이야기에 따르면 아테네 민주주의 창시자 중 하나였던 솔론은 태곳적 지혜가 담긴 금언을 얻고자 나일 삼각주의 으리으리한 도시 사이스를 찾아갔다. 지난 몇백 년 동안 그리스 도시 국가들은 지중해 동부에 교역소와 정착지를 건설했는데 이는 떠오르는 그리스 문화의 전초지였다. 그리스인은 보통 다른 문화를 깔보면서 '야만인barbarians'이라고 불렀다. 본래 이 말은 단순히 그리스어를 말하지 않는다는 뜻이었지만 이내 열등하다는 부정적 의미를 갖게 되었다.

그러나 때때로 이집트만은 그리스의 오만함에서 열외였다. 그리스인들조차 이집트가 매우 오래되고 신비로운 나라이며 사제가 지키는 신성한 문자 체계를 가지고 있다고 생각했다. 솔론이 이집트를 찾아간 것도 그래서였다. 그리고 그는 자신이 원했던 바를 얻었다. 이시스의 사제들이 그에게 이집트는 아주 오래전부터 이어진 문화 전통을 누리고 있다고 가르쳐주었다. 이집트의 기록에 따르면 이집트 문화는 8000년 전에 시작되었고 그때 이후 문화가 대대로 이어지도록 보장하는 제도를 만들었으며, 무엇보다도 그들이 지금 이야기를 나누고 있는 이곳처럼 두루마리를 보관하는 거대한 신전들을 건축했다(사제들은 네페르티티의 경우처럼 가끔 왕의 계보에서 이름을 지운다는 말은 하지 않았다). 그리스를 포함해 이집트만큼 운이 좋지 못한 문화권에서는 화재와 홍수가 발생했지만 이집트는 두 자연재해에서 안전했고 나일강의 주기적인 범람을 잘 통제했으며 오히려 범람이 농업에 이로웠다. 안정적 환경이라는 축복을 받은 이집트는 장수하는 문화를 만들어냈다. 이집트에 비하면 그리스는 후발 주자이자 어린아이에 지나지 않았다.

이집트 사제들의 말도 일리는 있었다. 솔론의 고국 그리스는 최근에야 널리 보급된 문자 체계를 갖게 되었다(그전까지는 선형 문자 A와 선형 문자 B라고 부르는 이전 문자를 제한적으로만 사용했다). 그리스는 아주 오랫동안 카리스마 넘치는 가수들에게 의지했다. 그들은 음악을 곁들인 신화 이야기를 암송하며 때로는 오늘날의 록스타만큼이나 유명해졌다. 숙련된 가수들은 긴 이야기를 각각의 에피소드로 나누어 기억했고, 주요 등장인물에는 암송하는 동안 내내 반복할 수 있는 문구를 붙였다. 구전 전통은 인간이 언어를 개발한 이후 줄곧 사용해

온 핵심 저장 기법이었고 놀라울 만큼 효과적이었다. 트로이 전쟁 이야기도 이런 방식을 통해 대대로 전해졌다. 그러나 적어도 이 이야기에 따르면 이집트 사제들은 문자를 기반으로 한 문화의 대표자 대부분이 그러하듯 구전 전파를 찰나적이고 믿을 수 없는 것으로 경시했다.

페니키아(현재의 레바논) 무역 상인들은 소리를 바탕으로 한 새로운 문자 체계를 그리스에 전해 주었다. 그 뒤 몇백 년이 흐르면서 다른 문자 체계보다 훨씬 간편한 이 알파벳은 혁신적인 것으로 판명되었다. 기존 문자 체계는 전문 필경사만의 영역이었으나 새로운 알파벳이 들어오면서 읽기와 쓰기를 훨씬 빨리 배울 수 있게 되자 식자율이 높은 시대가 시작되었다.

그러므로 어떤 의미에서는 이집트 사제들의 말이 옳았다. 그리스는 연속적으로 이어진 문자 문화 전통이 없었고, 옛 문자 체계를 잊거나 버리고서 새로 수입한 문자 체계를 도입한 것처럼 보였다. 아마도 이시스의 사제들은 어렵고 오래된 이집트 문자와 너무나도 다른 새로운 알파벳을 단순하다며 무시했을 것이다.

솔론과 이집트 사제들의 대화를 전하는, 아니 발명한 사람은 철학자 플라톤이었다. 플라톤은 《티마이오스》 속 대화에서 이 이야기를 들려주면서 분명 어리고 쉽게 잊는 그리스를 비웃는 이집트 사제들에 이입하고 있다. 그는 거기서 그치지 않았다. 플라톤은 이집트 사제가 깜짝 놀란 솔론에게 그리스가 사실은 이집트만큼이나 오래되었다고 알려주게 만든다. 그리스 역시 깊은 역사를 가지고 있었다. 하지만 그 또한 잊혀버렸다. 그리스는 과거를 저장해서 현재로 전달하는 문화 기술과 제도가 없었기 때문에 위대한 과거를 알지 못한 채 영원한 젊음에 갇혀 있었다. 다행히도 이집트가 아테네의 고대 역사를 기록했고, 이제 이시스의 사제들은 솔론에게 그 사실을 알려줄 준비가 되어 있었다. 여기서 플라톤은 무척 뻔뻔한 행동을 한다. 그리스의 빛나는 역사를 꾸며내어 이집트인 사제들의 입에서 나오게 만든 것이다.

그 이야기에 따르면 아테네는 한때 무척 강력하고 잘 조직된 국가였다. 가장 영웅적이었던 업적은 아테네가 이집트를 비롯한 몇몇 나라들과 더불어 지금은 사라진 아프리카 해안의 섬나라 아틀란티스의 공격에 맞서며 선도적 역할을 한 것이었다. 아테네는 아틀란티스에 용맹하게 맞서 싸웠고 큰 희생을 치르며 공동의 적을 물리쳤다. 그 후 아틀란티스는 지진과 홍수로 가라앉았고, 이 위대한 업적이 담긴 아테네의 기록 역시 지진과 홍수 탓에 전부 사라졌다. 이집트의 온전한 기억, 오래된 글, 사제들 덕분에 아틀란티스에 대한 지식이 살아남아서 지금 솔론에게 전해질 수 있었다. 플라톤은 네페르티티와는 정반대 딜레마에 직면했다. 네페르티티는 이집트의 오랜 과거를 짐으로 느꼈지만 플라톤은 그러한 과거를 갈구했다. 하지만 그러한 과거가 존재하지 않았기에 이야기를 꾸며낸 다음 사이스의 문서고에서 기록을 찾을 수 있다고 주장했다.

그러나 영원한 젊음을 즐기는 문화가 왜 문제일까? 이를 문화가 과거라는 짐 없이 새로운 예술과 표현을 창조하게 해주는 커다란 자산으로 볼 수도 있다. 어떤 면에서는 바로 이것이 솔론과 플라톤 사이 200년 동안 일어난 일이었다. 그동안 그리스에서 숨이 막힐 듯한 창의력이 폭발해 여러 가지 혁신이 일어났고, 무엇보다도 새로운 형태의 연극이 탄생했다.[2] 그러나 플라톤에게는 아무 의미 없는 일이었다. 그는 고대를 우러러보았고 호메로스의 서사시와 그리스 비극, 민주주의 등 현재 우리가 그리스의 업적으로 칭송하는 많은 것들을 포함해 동시대인들을 깎아내리고자 아테네와 아틀란티스의 전쟁 이야기를 만들어냈다. 플라톤은 종종 고전 그리스를 대표하는 사람으로 여겨진다. 그러나 사실 플라톤은 예외적 인물로 이집트를 찬양했으며 오래된 문자 체계와 사원들, 사제들을 갈망했다. 그는 이집트를 찬양함으로써 자신의 문화를 공격했다.

≡

플라톤이 그리스와 그리스 예술을 항상 못마땅해한 것만은 아니다. 청년 플라톤은 훗날 자신이 경멸하게 될 문화 활동, 무엇보다도 아테네 연극에 푹 빠져 있었다. 그의 전기에 따르면 플라톤은 스무 명 정도로 구성된 합창단의 단장이었다. 합창단은 함께 연기하고 춤을 추면서 더 큰 공동체를 대표했다. 합창단 단장을 맡는다는 것은 터무니없는 비용을 감당할 부유한 후원자의 도움을 받아 의상과 가면, 숙소를 책임지고 마련했다는 뜻이다. 연극은 대규모 관객 앞에서 상연하는 무척 공적인 예술이었기 때문에 합창단 단장은 사람들에게 칭송받았다. 플라톤은 젊은 나이에 직접성을 중요하게 여기는 궁극의 현장 예술의 중심이 되었다.[3]

그리스 연극은 도시의 가장 화려한 축제에서 상연되었다. 겨울 폭풍이 끝나고 다시 항해가 가능해지는 봄이 되면 향연과 연극의 수호자 디오니소스 신에게 바치는 주신제가 열렸다. 수많은 사람들이 축제에 참가했는데, 가까운 마을에서 걸어오거나 당나귀며 노새를 타고 오기도 하고 근처 섬이나 먼 정착지와 교역소에서 배를 타고 오기도 했다. 어디서 오든 제일 좋은 옷을 입었고 때로는 연극 가면을 쓰기도 했으며 여유가 되는 사람은 마차를 타고 다녔다.

(남성으로만 구성된) 시민뿐 아니라 여성, 메티코이metikoi(숙련된 노동뿐 아니라 육체노동을 많이 하는 외국인), 둘로이douloi(대체로 농업 분야에서 일하는 노예)까지 아테네 사회 전반이 축제에 광범위하게 참여하도록 권장되었다.[4]

플라톤은 합창단 단장으로서 축제를 조직하는 중요한 역할을 맡았다. 축제는 디오니소스 조각상이 거리를 행진하면서 시작되었다. 군중은 조각상 양옆에 서서 염소와 양을 제물로 바치는 의식을 구경한 다음 조각상을 따라 디오니소스 대극장까지 언덕을 올라갔다. 디오니소스 대극장은 산허리를 깎아 만든 야외 경기장으로, 향기로운 사이프러스와 올리브 나무가 주변을 둘러쌌다. 그곳에서 항해 제국 그리스의 힘의 원천인 항구가 내려다보였다. 위쪽에는 고대의 성채, 즉 아크로폴리스가 서 있었다.

그러나 플라톤은 합창단 단장 역할에 만족하지 않았다. 그는 비극을 썼고, 축제에서 자기 작품을 상연하고 싶어 했다.[5] 플라톤은 그리스 희곡의 황금시대가 끝날 무렵에 살았다. 그의 앞 세대인 3대 비극작가 아이스킬로스, 소포클레스, 에우리피데스는 새롭고 강력한 비극의 공식을 만들었다. 주인공은 주로 왕이나 지위가 높은 사람으로,

남자 배우가 과장된 표정이 그려진, 목소리를 증폭시키는 가면을 쓰고 연기했다. 무대에는 풍경이나 소품이 거의 없었지만 뒤쪽 창고가 점차 용도가 변해 배경 역할을 하게 되었다.[6] 창고는 스케네skene라고 했으며 이것이 '배경scene'이라는 영어 단어의 어원이다. 배우 두세 명만 연극에 참여할 수 있었는데 이들은 창고 덕분에 다른 인물로 변신할 수 있었다. 폭력적 장면은 무대 위가 아니라 무대 밖에서, 즉 스케네에서 일어났고 다 끝난 다음 시체를 싣고 나와 관객에게 보여주는 식이었다. 플라톤이 이끌던 합창단처럼 남자 시민 열다섯 명 정도로 구성되어 춤을 추고 대사를 읊는 합창단은 일반 시민을 나타냈고 등장인물의 행동에 대해 평했다.

아테네 사람들은 트로이에 맞서 그리스를 이끌었던 아가멤논이 10년간의 힘든 전쟁을 마치고 고국에 돌아가는 모습을 볼 수 있었다. 또 다른 연극에서는 유혈이 낭자한 내전이 끝난 뒤 테베의 통치자가 된 크레온과 비록 자기 남동생이 도시를 배신했으나 제대로 매장해야 한다고 주장하는 안티고네가 다투는 장면을 보기도 했다. 테세우스에게 배신당한 아내 메데이아가 자식들을 살해해 남편에게 복수하는 광경을 벌벌 떨며 지켜볼 때도 있었다.[7]

춤과 대사, 합창단과 배우, 가면과 음악의 조합은 사람들 마음을 빼앗았다. 이 특별한 장소에 모인 군중은 동료 시민들이 합창단에서 공연하는 것을 지켜보았는데 이는 스스로의 중요성을 인식하며 자기 자신을 지켜보는 것이기도 했다. 연극은 때로 너무나 효과적이어서 군중을 화나게 만들고 소동을 일으켰다. 서로 다른 계층의 아테네인 1만 7000명이 한곳에 모였으니 자극적인 공연 한 번만으로도 쉽게 불이 붙을 수 있었다. 따라서 당국은 연극에서 문제를 일으킬 가능성이 큰 동시대의 주제를 다루지 못하도록 법으로 정했다. 가까운 과거를 배경으로 쓴 비극 가운데 지금까지 살아남은 것은 단 한 편밖에 없다. 바로 아이스킬로스의 〈페르시아인들〉이다. (그리스 비극이 온전한 텍스트로 남아 있는 경우는 무척 드물다. 살아남은 것은 도서관에서 수집해 사본을 만든 작품들이다.) 〈페르시아인들〉 역시 소동을 일으켰을지도 모른다. 이 연극은 페르시아에 대한 그리스의 승리를 그려내지만 페르시아를 배경으로 하고 패자들의 관점에서 이야기를 풀어나간다. 지금까지 남아 있는 후기 비극은 모두 신화적 과거를 배경으로 하는데, 아마도 아테네 관객의 화를 돋우지 않기 위해서였을 것이다. 그러나 희극을 비롯한 다른 유형의 희곡들은 계속해서 현대 아테네를 배경으로 삼았고, 시대적 배경과 상관없이 모든 희곡이 바로 지금 이곳에서 일어나는 것처럼 상연되었다.

공연 기반 문화 속에서 살았던 그리스인은 연극에 쉽게 동요했다. 그들은 행진과 의식, 찬가 낭송에 정기적으로 참여했고, 디오니소스 축제에서도 찬가를 낭송했다. 그리스 연극은 계속해서 종교적 축제 기간에 상연되었지만 극작가들은 점차 특정 신이나 의식과 관계없는 주제를 다루기 시작했다. 이는 연극과 종교의 밀접한 관계가 완전히 단절되지는 않았을지라도 점차 느슨해져 갔다는 뜻이다. 관계가 느슨해졌다는 것은 곧 디오니소스 축제가 열리지 않을 때에도 그리스 연극을 이해하고 감상할 수 있었음을 뜻했고, 그리스 연극이 이동성과 적응력이 뛰어난 예술 형태가 되었다는 의미였다. 따라서 그리스 연극을 탄생시킨 디오니소스 숭배에 대해 알지 못하는 추종자들이 생겨나기도 했다.

그리스 비극은 특정 극장과 관객을 위해 만들어진 무척 지역적인 예술 형태였으므로 그것이 그리스 문화 너머에까지 영향을 끼쳤다는 사실은 무척 놀랍다. 게다가 배우를 몇 명 쓸 수 있는지(두세 명), 합창단 규모는 어느 정도인지(열두 명에서 열다섯 명), 어떤 극장에서 상연해야 하는지(스케네만 빼면 아무것도 없는 무대), 폭력적 사건은 어디에서 일어나야 하는지(무대 밖에서), 이야기가 어떤 형태를 취해야 하는지(지위가 높은 사람이 몰락하는 이야기) 규칙으로 명확히 정해져 있었으므로 더욱 놀랍다. 어쨌거나 이 특수한 형식은 그 기원을 넘어 널리 뻗어나갔다. 그리스 비극이 널리 퍼진 것은 문자 덕분이었다. 이제 연극을 상연할 뿐만 아니라 읽을 수도 있게 되었기 때문이다. 알파벳뿐만 아니라 교역과 정복 덕분에 그리스의 글이 널리 퍼지면서 문자로 기록된 희곡도 함께 퍼져나갔고, 결국 머나먼 곳의 여러 도서관에 보존되었다.

다른 문화 전통도 비슷한 단계를 거친다. 플라톤이 그토록 숭배하던 이집트 역시 종교 축제에서 춤과 노래, 이야기를 결합한 일종의 공연을 했고 그 일부가 문자로 기록되었다. 남아시아의 경우 칼리다사의 〈샤쿤탈라〉처럼 산스크리트어로 쓴 연극은 서사시에 바탕을 두었고, 역시 규칙과 관습의 제약을 받는 일본 연극 노能는 그리스 비극에 견줄 만한 연극 형태로 발전했다. 궁극적으로 이러한 연극 모두 본래의 맥락에서 점점 더 멀어졌고, 특히 20세기 들어 서로 뒤섞이기도 했다. 감독들은 그리스 비극과 일본의 노를 결합했으며, 나이지리아 극작가 월레 소잉카는 그리스 비극을 요루바 공연 전통과 접합하기도 했다.

그러나 이러한 발전은 미래의 일이었다. 플라톤의 책에 등장하는 이집트 사제들이 그리스 연극과 연극이 의식儀式에서 독립하는 경향에 대해서 들었다면 그리스인들은 깊은 역사의식이 없기 때문에 그에 대한 부담 없이 새로운 목적을 위해 자기들의 이야기를 각색한다며 자신들의 의심이 맞았다고 확신했을 것이다.

≡

플라톤은 연극에 깊숙이 참여했지만 인생을 바꾸는 만남으로 인해 그 열정이 흔들렸다. 자신의 비극 작품을 제출하러 가는 길에 악명 높은 말썽꾼 소크라테스와 열띤 논쟁을 벌이는 사람들을 우연히 만난 것이다. 소크라테스는 조각가와 산파의 아들이었고 특이한 옷을 입고 다녔으며 가끔은 샌들도 신지 않은 맨발로 걸어다녔다. 그러나 이렇게 독특한데도 혹은 그 독특함 때문에 그는 시장이나 남자 시민들이 알몸으로 운동하는 체육관gymnasium 앞에 늘 자리를 지키고 있었다(그리스어 동사 gymnazein은 체육관을 뜻하는 영어 단어 gymnasium의 어원으로 '알몸으로 운동하다'라는 뜻이다).[8] 소크라테스는 간단한 질문을 던져 사람들을 대화에 끌어들였다. 그의 질문은 사람들이 모순된 말을 하고 있거나 그들이 가장 소중히 여기는 믿음이 아무 의미도 없음을 깨닫지 못하고 있다는 사실을 종종 드러냈다.

소크라테스는 평범한 사람들의 생각뿐 아니라 문화계의 가장 중요한 권위자들, 무엇보다도 호메로스에게 도전했다. 가수들이 대대로 들려주었던 트로이 전쟁과 오디세우스의 힘든 귀향 이야기는 그리스에 표음 문자가 들어온 직후 문자로 기록되어 일관성 있는 작품이 되었다. 그렇게 기록된 이야기에 호메로스라는 이름이 붙었지만 사실 그가 실존했다는 외적 증거는 거의 없다. 그러나 두 편의 서사시 《일리아스》와 《오디세이아》는 실제 저자가 누구였든 그리스 문화의 근간이 되었다. 극작가들은 호메로스에게 커다란 영향을 받았고 조각가와 화가들은 종종 호메로스의 서사시 장면들을 빌려와 저장용 항아리, 큰 그릇, 잔 같은 일상 용품뿐 아니라 신전까지 장식했다. 시간이 흐르면서 호메로스는 문화계에서 가장 중요한 권위자가 되었고 수많은 그리스 비극이 호메로스의 세상을 배경으로 삼았다.

그러나 소크라테스는 호메로스(또는 그의 필경사)가 적은 것이 반드시 옳지는 않다고 주장했다. 누구나 질문을 던지고, 가정을 철저히 조사하고, 결과를 캐낼 권리가 있었다. 사람들은 그런 소크라테스에게 항상 고마워하지는 않았다. 짜증을 내며 대화를 중단하는 사람도 있었다. 그러나 소크라테스는 항상 새로운 대화 상대를 찾아냈고, 심지어 아테네 특권층 젊은이들이 그를 추종했다. 어쩌면 그랬기 때문에 플라톤이 소크라테스에게 호기심을 느끼고 그의 말을 들으러 다가갔는지도 모른다.

소크라테스가 비난한 모든 문화 제도 중에서도 연극이 최악이었다. 소크라테스는 연극의 힘을, 특히 플라톤처럼 민감한 젊은이들에게 끼치는 힘을 경계했다. 그는 대규모 관객이 폭력에 쉽게 자극받을까 봐 우려했다(비극에서 동시대 주제를 다루지 못하게 한 초기 당국과 무척 비슷하다). 소크라테스는 감정을 가장하면서 다양한 역할에 능숙하게 스며드는 배우를 믿지 않았다. 더욱 근본적으로 그는 극장이란 관객에게 실시간으로 일어나는 진짜 사건을 목격하고 있다는 환상을 심어주는 공간이라고 생각했다. 사실은 일등 상을 탈 생각밖에 없는 야망 넘치는 극작가들이 전부 꾸며낸 것인데도 말이다.

소크라테스의 이야기를 들을수록 플라톤은 이 투박한 스승에 매료되었고, 대화가 끝날 때쯤 소크라테스의 제자가 되기로 결심했다. 문제는 단 하나였다. 합창단 단장이자 이제 막 비극 작품을 완성한 플라톤은 연극의 광팬으로 현장에서 적발된 셈이었다. 이제 연극과 철학 중 하나를 택해야 했다. 플라톤이 갑작스레 그토록 열심히, 힘들게 쓴 비극 원고에 불을 붙였다. 희곡이 불에 타오르는 동안 플라톤은 마치 중요한 의식을 치르듯 외쳤다. "불의 신이여, 이리 오소서. 플라톤에게는 당신이 필요합니다."⁹ 그는 철학을 선택한 것이다.¹⁰ 그 불길 속에서 플라톤의 두 번째 커리어가 탄생했다. 그를 유명하게 만들어줄 커리어, 비평가 겸 반대자, 이집트를 공개적으로 숭상하고 그리스의 대안 역사를 만들어낼 사람으로서의 커리어였다. 이처럼 플라톤이 아테네의 가장 중요한 문화 제도에 등을 돌리게 만든 사람은 소크라테스였다.

플라톤은 소크라테스의 추종자라는 새로운 역할을 수행하면서 연극뿐 아니라 그것과 관련이 있다고 여겨지는 그리스의 또 다른 제도를 공격했다. 바로 민주주의였다. (특권을 가진 남성 아테네 주민만이 합창단에 들어갈 수 있었으므로 그들만 투표권을 가진다고 연극과 민주주의의 관계를 거꾸로 적용할 수도 있었다.)¹¹ 연극과 민주주의의 관계가 실제로 얼마나 밀접했든지 간에 한 가지 사실만은 분명했다. 플라톤은 소크라테스의 제자가 된 다음 연극과 민주주의 모두에 등을 돌렸다. 그는 말년에 시칠리아의 그리스 식민지 시라쿠사의 독재자 디오니소스 1세의 고문을 맡으려고 했다. 하지만 일이 잘 풀리지 않았고 몇몇 출전에 따르면 결과적으로 노예로 팔려갔다고 했다(나중에 한 친구가 그를 사서 해방시켜 주었다).

민주적으로 선출된 아테네 지도층이 소크라테스에게 새로운 신들을 들여와 청년들을 오도한다는 날조된 죄목으로 사형선고를 내리자 플라톤으로서는 민주주의에 반대할 이유가 하나 더 생겼다. 제자와 추종자들은 절박한 마음에 간수를 매수해서 소크라테스를 탈출시킬 계획을 세웠지만 본인이 거부했다. 대신 그는 마지막 순간에 제자들과 함께했고 몇몇 제자가 울기 시작했다. 소크라테스는 지금까지 늘 해온 일을 하고 있었다. 즉 어떤 이의 죽음이라는 특정한 상황을 차근차근 살피면서 그와 관련된 원칙들을 검토했다.

소크라테스를 따르고자 극작가의 길을 포기한 플라톤은 그날 그의 곁에 없었다. 어쩌면 스승이 죽는 모습을 견딜 수 없었을지도 모르고, 이미 다른 방식으로 소크라테스에 대한 추모를 시작했을지도 모른다. 스승에 대한 글을 씀으로써 말이다. 처음에 플라톤은 재판에 대해서 그리고 판사들에게 놀아나지 않으려 하는 소크라테스에 대해서 썼다. 나중에는 탈출 계획과 소크라테스의 비통한 마지막 순간에 대해서 썼다. 시간이 지나면서 플라톤은 소크라테스를 철학의 화신으로 변모시켰고, 특히 소크라테스의 죽음을 둘러싼 사건들을 이용했다. 비극 작가 출신이었던 그는 죽음이 소크라테스를 철학의 비극적 영웅으로 만들어주리란 사실을 깨달았다.[12]

플라톤은 소크라테스가 자주 가던 장소들, 즉 도시 바깥의 산책로나 북적대는 항구와 시장에서 대화가 이루어졌다고 설정하여 독자의 상상 속에서 스승이 생생하게 살아나도록 만들었다. 비극을 썼던 그는 이제 철학적 대화라는 더욱 파괴적인 글을 엮었다.[13] 플라톤은 말하자면 철학적 희곡을 써서 고전 그리스의 문화적 성취를 폄훼했다. 그는 배우를 비난하고, 호메로스의 노래를 암송하는 가수를 비난하고, 교사들을 비난하며 소피스트라고 불렀다.[14] 플라톤에게 철학의 진정한 의미는 바로 모든 것에 대한 비판이었나.

문자도 비판의 대상이었다. 플라톤은 문자에 의지할수록 기억이 쇠퇴한다고 주장하면서 문자가 순전히 좋기만 한지 의문을 제기했다. 하지만 이 주장 역시 글로 썼기 때문에 본인도 자신의 충고를 따르지 않는 셈이었다. 플라톤도 그 사실을 알았기에 그리스의 대체 역사를 주장할 때처럼 이번에도 이집트 사제의 입을 빌렸다. 이집트는 문자 경험이 오래되었으니 그 결함도 더욱 잘 알 터였다.

모든 것에 대한 플라톤의 철학적 비판은 결국 현실 전체로 확장되어서 우리가 사는 세상은 그림자에 불과하며 이데아의 세상이 존재한다는 상상으로 이어졌다. 플라톤 철학으로 알려지게 되는 이 이론은 그의 대안적 상상 가운데 가장 웅대한 사상이었다. 아틀란티스가 그리스의 실제 역사에 대한 대안이었듯이 이데아의 세상은 현실에 대한 대안이었다. 플라톤은 현실을 무너뜨리기만 한 것이 아니라 그 이후의 철학을 형성하는 철학 체계를 세웠다.

플라톤은 모의 현실을 만들어내는 당대의 가장 강력한 매체인 연극에 반대하고 문자의 광범위한 사용을 우려했으나 그의 철학적 대화는 그리스 비극과 함께 도서관과 개인 장서에서 살아남았다. 무엇보다도 솔론이 이집트 사제들과 대화를 나누었다는 사이스 근처 알렉산드리아 도서관도 그의 저작을 소장했다.[15] 그리스 희곡과 플라톤의 대화가 살아남은 데는 이집트 상형 문자보다 사용하기 쉬운 그리스 알파벳 덕분에 훨씬 높아진 식자율이 크게 작용했다. 이는 희곡과 철학적 대화가 널리 유통되었다는 뜻이다. (같은 이유로 이집트는 훨씬 더 쉬운 민중 문자를 개발했다.) 글을 널리 배포하는 것은 이집트 사원 같은 학문의 보루에 보관하여 철저하게 지키는 것만큼이나 효과적인 생존 메커니즘이었다.

그러나 문화가 살아남는 또 다른, 어쩌면 더욱 효과적인 방법이 있었으니 바로 모방이었다. 즉 새로운 세대가 문화적 관행을 지켜나가도록 영감을 주는 것이다. 예를 들어 교육과 같이 사람에서 사람으로 전해지는 방법을 쓸 때에는 석판이나 알파벳에 의존하기보다 최대한 많은 사람에게 전하는 것에 기대를 걸었다. 그래서 플라톤은 아테네 외곽 올리브 나무 숲에 철학 학교를 세웠다. 이곳은 아카데미아라는 이름으로 알려졌고, 이에 따라 아카데미아라는 단어는 다양한 철학 학파를 가리키는 용어가 되었다. 플라톤의 제자 중에서 아리스토텔레스가 스승의 철학을 크게 바꾸었다. (아리스토텔레스는 연극에 대해서도 더욱 긍정적이었고 우리에게 비극을 아주 자세히 설명해 준다. 할리우드 각본가들도 그의《시학》을 여전히 이용한다.)

현재까지 전해지는 플라톤과 아리스토텔레스의 사상은 대부분 교육을 중요시하고 새로운 세대에게 호소력을 갖는 것들이다. 이들의 유산은 이집트 사제들처럼 문자와 사원을 신뢰하는 모든 사람에게 중요한 교훈을 주었다. 도서관과 사원은 파괴될 수 있고 문자 체계는 이집트 상형 문자가 그랬듯 잊힐 가능성이 있으니 문화의 저장에만 의지하지 말라는 것이다. 알렉산드리아 도서관마저 화재로 불타서 수많은 그리스 문헌이 파괴되었고, 기독교 수도사들이 기독교 이전 시대의 문헌은 필사를 거부하는 바람에 또다시 수많은 작품이 사라졌다. 플라톤의 사상이 살아남은 이유는 부분적으로는, 그가 한 세대에게 영감을 주고 그들이 또 다른 이들에게 영감을 주어 그의 철학이 널리 알려지고 공유되었기 때문이다.

이러한 전파 방식 덕분에 플라톤은 철학계 안팎에서 후대 사상가와 작가에게 다양한, 때로는 예상치 못한 영향력을 행사했다. 유토피아 사회 건설에 몰두한 몽상가들은 아틀란티스 신화에서 영감을 받았고 과학 소설 작가들은 대안적 미래라는 면에서 플라톤에게 끌렸다. 플라톤은 연극에 직접 몸담은 뒤에 모의 현실을 비판했는데, 이 비판은 새로운 매체에 맞게 업데이트되었다. 1998년 영화 〈트루먼 쇼〉에는 미국의 전형적인 교외 지역에서 자랐으나 스스로 현실이라고 생각했던 것이 사실 정교한 리얼리티 TV 쇼였음을 깨닫는 인물이 등장한다. 1년 뒤에 나온 영화 〈매트릭스〉는 컴퓨터 시뮬레이션을 주제로 삼아 컴퓨터가 만들어낸 가상 현실의 실체를 파악하고자 하는 인물들에게 빨간 약을 내밀었다. 최근 페이스북이 발표한 메타

버스가 실현되면 극작가이자 철학자인 동시에 거짓 역사와 대안 미래의 창시자인 플라톤은 분명 할 말이 많을 것이다.

3

아소카 왕,
미래에 메시지를 보내다

1356년 델리

피루즈 샤 투글루크Firoz Shah Tughlaq 술탄에게 사냥은 즐거운 일이었고 자신의 솜씨와 용기, 힘을 보여줄 수 있는 취미이자 국무였다. 그는 도시 외곽에 커다란 사냥 캠프를 차리고 시중을 들 종자들을 잔뜩 데려다 놓은 다음 사냥감을 찾아 정찰대를 보냈다. 정찰대가 늑대, 사자, 호랑이 같은 멋진 포식 동물의 위치를 파악하면 술탄은 신중하게 사냥단을 꾸려 사냥감을 포위하게 만든 다음 손수 죽였다. 그러고 나서는 사슴이나 야생 당나귀처럼 작은 동물들을 추적했다.[1] 가장 만만찮은 사냥감은 코끼리였다. 한번은 코끼리를 일흔세 마리나 사냥한 적도 있는데 코끼리가 너무 많아서 험한 산지 넘어 델리까지 운반하기가 힘들 정도였다. 그는 코끼리들을 델리에 자랑스럽게 전시했다.[2] 술탄은 사냥을 하면 기분이 좋아졌고 신하들도 그 사실을 알았다. 술탄에게 용서를 구하고 싶으면 사냥할 때가 제일 좋았다. 운이 좋으면 술탄이 용서만 해주는 게 아니라 멋진 아라비아 말을 선물로 줄지도 몰랐다.[3] 술탄이 그럴 때 도량이 커졌던 이유는 아마도 중앙아시아에서 빠른 말을 타고 와서 인도아대륙 대부분을 정복한 선조들과 자신을 이어주는 것이 사냥이란 사실을 알았기 때문일지도 모른다.

그날은 델리에서 멀리, 북쪽으로 160킬로미터 정도 떨어진 히말라야 산기슭까지 사냥을 나갔다. 술탄은 사냥 도중 토프라 마을 근처에서 예상치 못한 놈을 만났다. 그것은 바로 호랑이도 코끼리도 아니라 거대한 석주였다. 기둥은 땅에서 기적적으로 솟아난 것 같았고 하늘을 향해 곧게 뻗어 있었다. 12미터가 넘는 거대한 사암 기둥의 능숙하게 다듬은 겉면을 만져보니 놀랄 만큼 매끄러웠다. 누가 이것을 만들었을까? 어떻게 쓰러지지 않고 서 있을까?

술탄은 델리로 돌아온 뒤에도 신비로운 기둥 생각을 떨칠 수가 없었다. 그의 왕국에는 성채 유적이나 정착지 유물처럼 그의 이슬람교도 선조가 정복하기 이전의 인도 문명을 보여주는 머나먼 과거의 흔적들이 있었다. 그러나 이 석주는 그러한 과거의 잔해들과는 달라 보였다. 너무나 크고 그 자체로 완벽했으며 세월의 흔적을 느낄 수 없었다. 그것을 어떻게 해야 할까? 기둥은 이슬람 건축 양식이 아니었다.[4] 지금 이 땅의 통치자가 누구인지 보여주기 위해서 그것을 무너뜨려야 할까?

하지만 파괴 행위는 그의 천성에 어긋났다. 최근 제국의 어느 지역에서 반란이 일어났지만 피루즈 술탄은 싸우는 대신 독립을 허락했다. 그는 전쟁을 하는 대신 건물과 기반 설비 건설에 집중하여 운하와 우물을 파고, 휴게소와 공원을 만들고, 도시 전체를 건설했다. 피루즈 술탄은 석주를 어떻게 할지 고민한 끝에 그동안 자신이 해오던 사업과 일맥상통하는 계획을 내놓았다. 석주를 델리의 궁전으로 옮겨 모스크 근처에 두기로 한 것이다. 운송은 불가능에 가까운 도전일 터이며, 석주를 쓰러뜨리는 것보다 훨씬 효과적으로 그의 역량을 증명할 것이다.[5]

뼛속까지 건설자였던 피루즈 술탄은 상세한 계획을 세우고 몇백 명을 동원했다. 우선 그는 석주가 넘어지지 않도록 비단 밧줄로 고정하라고 지시했고 일꾼들은 땅을 파기 시작했다. 석주가 그토록 오랫동안 똑바로 서 있었던 이유가 이내 밝혀졌다. 하나의 거대한 석판으로 만든 받침대가 땅속에 묻혀 있었던 것이다. 그들은 받침대를 파낸 다음 석주를 천천히 땅으로 기울여서 특별 제작한 면 지지대에 눕혔다. 그런 다음 갈대와 나무껍질로 석주를 조심스럽게 감싸고 딱 맞게 만든 마차에 실었다. 이제 이동할 준비가 되었다.

마차 자체가 경이로웠으며, 너무 길었기 때문에 바퀴가 마흔두 개나 필요했고, 각각의 바퀴에는 거대한 밧줄을 매달아 200명이 끌었다. 적어도 목격자의 설명에 따르면 그랬다. 석주는 몇천 명의 근력으로 한 걸음씩 움직이며 야무나강으로 조금씩 다가갔다. 피루즈 술탄은 석주에서 눈을 떼지 않았다. 소함대가 이 거대한 화물을 새로운 수도 피로자바드(현재의 델리)에 옮겼고, 석주는 그 성문 안에 들어가 마침내 자마 모스크 근처에 도착했다.

마지막 과제는 석주를 다시 똑바로 세우는 것이었다. 석재로 지지 구조물을 만든 다음 이번에도 수많은 사람들이 두꺼운 밧줄과 목조

아소카 왕이 명문을 새겨 토프라에 세운 석주. 피루즈 샤 투글루크가 피로자바드, 즉 현재 델리의 코틀라(요새)로 옮겼으며 지금도 그곳에 남아 있다.(사진: Varun Shiv Kapur)

도르래를 이용해서 조금씩 당기자 석주가 건물들 사이에 우뚝 섰다. 피루즈 술탄은 마지막으로 여기에 황금 반구를 씌웠다. 그러자 석주는 술탄의 자비로운 통치를 상기시키듯 햇빛을 반사했다.

술탄은 이 석주를 옮긴 업적 덕분에 자신의 명성이 영원히 이어지리라 생각했고, 석주는 800년이 지난 지금도 우뚝 서 있다. 미래와 대화하고 싶은 모든 이를 위한 교훈이 있으니 내구성이 좋은 재료로 관심을 끌 만한 것을 만들어라. 그러면 미래의 통치자들이 그것을 보존할 테고 후대가 그 기원과 역사에 호기심을 가질 것이다.

피루즈 술탄은 미래를 고민했지만 과거도 궁금했다. 석주에는 깔끔한 명문이 새겨져 있었는데 그가 모르는 문자 같았다. 고대의 메시지가 무슨 뜻인지 궁금했던 피루즈 술탄은 이슬람 이전의 각기 다른 문화에 정통한 학자들, 즉 산스크리트어를 비롯해 인도아대륙의 여러 언어를 아는 학자들을 불러서 해독을 맡겼다. 그러나 누구도 그 글을 읽지 못했다. 당황한 현자들은 그 대신 거대한 인물(고대 인도의 대서사시《마하바라타》에 나오는 비마)이 이 석주를 지팡이로 썼다는 이야기를 늘어놓았다. 그들이 말할 수 있는 전부였다.[6] 이와 비슷한 석주들이 또 있었는데 술탄은 이 건축 메시지에 말을 덧붙이고 싶었는지 그중 하나에 자신의 말을 새겼다.

고대의 기둥들과 수수께끼 같은 메시지에 놀란 사람은 피루즈 술탄이 처음은 아니었다. 몇 세기 전 또 다른 사람이 석주를 발견했는데, 바로 불교의 기원을 찾으려고 중국에서 인도까지 온 현장법사였다. 7세기 중엽 석주를 여러 개 발견한 그는 700년 뒤 피루즈 술탄과 똑같은 질문을 했다. 뭐라고 새겨져 있을까? 현장법사는 그것을 읽거나 번역할 수 있다고 주장했지만 그 번역은 무척 부정확했던 것 같다.[7] 현장법사는 술탄이 그랬듯이 아마도 현지에서 구전으로 전해지는 이야기에서 정보를 얻었겠지만 그에게는 이점이 하나 있었다. 시대적으로 석주의 기원과 더 가까웠다는 사실이다. 640년에 구전으로 전해진 지식에 따르면 석주들을 남긴 인물은 고대 서사시에 나오는 거인이 아니라 마우리아의 위대한 왕 아소카였다.[8]

술탄이 석주의 기원을 알았더라면 그가 살던 1356년에 이미 1600년이나 되었다는 사실에 깊은 인상을 받았을 것이다. 석주는 중량과 인상적인 크기, 단단한 석조 받침대 덕분에 살아남았지만 거기에 새겨진 글은 잊히고 말았다.

석주를 만든 아소카 왕은 마우리아 왕조를 세운 할아버지와 아버지에게서 거대한 왕국을 물려받아 기원전 268년부터 기원전 232년까지 통치했다.[9] 불교 승려들은《아소카 전설Legend of Ashoka》이라는 문헌에서 그의 업적을 칭송했다(현장법사는 이 책에서 아소카 왕을 알게 되었다).[10] 이 문헌에 따르면 왕은 갑자기 변했다. 본래 아소카 왕은 폭력을 통해 자기 왕국의 경계를 지키고 넓혔다. 그는 잔인한 아소카라는 별명을 얻었고 추하고 잔혹한 왕으로 악명을 떨쳤다.[11] 그의 잔인함은 외부의 적만이 아니라 자기 백성을 향하기도 했다. 불충을 의심하여 부하 500명을 죽이거나 어느 여자가 불손하게 군다는 느낌을 받아서 여자 500명을 죽인 적도 있다고 전해진다.

그러던 아소카가 어느 날 우연히 불교 승려를 만나 부처의 신봉자가 되었다. 그는 가까운 이들에게도 불자가 되라고 설득했고, 부처가 태어난 곳이나 그 아래에서 깨달음을 얻었던 보리수 등 부처와 관련이 있는 장소로 여러 번 순례를 떠났다. 또한《아소카 전설》에 따르면 그는 부처의 유물을 모았고 이를 모시기 위해 8만 4000개의 스투파(석가모니의 사리나 유골을 모시거나 특별한 영지靈地를 나타내기 위해 또는 그 덕을 기리기 위해 세운 건축물 – 옮긴이)와 돔 모양 사원을 세웠다. 그는 세상을 떠나기 직전 국가의 재산 대부분을 여러 불교 사원에 나누어주었다.《아소카 전설》은 불교 교리에 따라 아소카의 전생 이야기도 들려준다. 이전 환생에서 젊은 아소카는 실존 인물인 부처를 만났다. 당시 무척 가난했던 아소카는 이 빛나는 존재에게 무언가를 주고 싶었으나 줄 수 있는 것이라곤 흙 한 줌밖에 없었다. 흙이라는 더러운 제물은 그가 선과 악, 잔인한 아소카와 정의로운 아소카가 뒤섞인 존재임을 설명한다.[12]

《아소카 전설》은 역사적으로 정확하다고 보기 어렵고 석주도 구체적으로 언급되지 않는다. 하지만 이 책은 석주의 기원을 어느 정도 밝혀주었다. 석주는 부처와 관련된 장소를 표시하고 기념하겠다고 결심한 아소카의 건립 계획에 딱 들어맞는다.[13] 그러나 19세기에 들어 아소카가 새긴 명문을 해독하자 석주가 불자인 왕의 경건함뿐만 아니라 고대에서 가장 독특하고 드문 목소리를 내고 있음이 드러났다. 즉 왕의 통치와 세상의 존재에 대해 무척 새로운 사상을 공포하고 있었던 것이다.[14]

석주의 명문에서 아소카는 행복, 선행, 진실 같은 개념을 가장 먼저 언급하며 도덕성 문제를 숙고한다. 그는 다르마(자연계의 법칙과 인간의 질서를 이르는 불교 용어로, '법法'이라고도 한다 – 옮긴이)를 반복해서 언급하는데 이 용어는 본래 브라만 사제들이 왕의 의무라는 뜻으로 사용했지만 불교에서는 부처의 가르침을 뜻하게 되었다.[15] 아소카는 잔인함과 분노 같은 격정을 피하면 세상 모든 곳에서 고통이 줄어든다고 선언한다. 아소카 왕의 언어는 사색적이고 철학적이고 종교적이며 여타 고대의 공개 선언들과는 무척 다르다.

아소카는 왕으로서 백성들에게 살아 있는 모든 것이 존중받아야 한다고 말했고, 이를 바탕으로 모든 계층의 인간에서 동식물까지 확장되는 복지 제도를 설명했다. 이는 무척 비범하고 급진적인 것으로, 아소카보다 몇백 년 앞서 부처가 설파한 사상이었다. 이 사상은 인간 사회의 바탕을 이루는 모든 것과 어긋났다.[16] 인간은 동등하게 대우받지 못했고 적어도 《아소카 전설》에 따르면 아소카 본인 역시 적들과 불충한 하인들, 반항적인 배우자들을 죽이고도 아무런 처벌을 받지 않았다.[17] 동물에 대한 대우는 더욱 심해서 식량으로 도축되거나 의식 때문에 희생당했고, 숲은 목재용으로 날마다 벌채되었다.

속세를 떠난 불교 승려가 이러한 질서를 비난하는 것과 왕이 비난하는 것은 전혀 다른 문제다. 아소카 왕은 이 새로운 믿음이 놀랄 만큼 급진적이라는 사실을 깨닫고 어느 정도 타협했다. 그는 석주에서 모든 고통이 아니라 **불필요한** 고통을 피해야 하며 **특정** 동물의 도축만 금지한다고 명시했다. 그는 석주의 얼마 안 되는 귀한 표면에 죽여서는 안 되는, 얼핏 보면 무작위적인 동물을 일일이 열거했는데 앵무새, 박쥐, 여왕개미, 메기 그리고 "유용하지 않거나 먹을 수 없는 모든 네발짐승"이 포함되었다.[18] 아소카 왕의 백성들이 안도의 한숨을 쉬는 것이 느껴지는 듯하다. 브라만 사제들은 돈을 받고 동물을 제물로 바치는 의식을 행하여 수입을 얻었고, 지역 경제가 돌아가려면 숲과 가축이 필요했으며, 생활 방식과 문화 전체가 이러한 자원을 바탕으로 성립했다.[19] 새로운 타협안 덕분에 백성들은 그럭저럭 헤쳐나갈 수 있는 재량권이 생겼다. 그러나 아소카가 어조를 누그러뜨렸다고 해서 삶의 근본적인 변화를 포기했다고 생각했다면 백성들이 틀렸다. 아소카 석주는 그가 다르마라는 새로운 개념의 실천에 자기 왕국의 총력을 쏟고 있었음을 분명히 보여준다.[20]

아소카는 운 좋게도 할아버지와 아버지로부터 인도아대륙에서 최초로 중앙집권화된 통일 왕국을 물려받았다. 왕국은 아프가니스탄까지 확장되었다. 보편적 복지를 실행하고 싶었던 아소카는 왕국을 제국 관료제로 새롭게 재편하여 각종 특사를 두고 그들에게 제멋대로 구는 지방 통치자들을 굴복시킬 권한을 주기로 했다. 특사는 아소카 왕에게 직접 보고했기에 그는 전례가 없을 정도로 집중된 통치권을 가졌다. 후대에 피루즈 술탄이 발견한 석주는 아소카 왕의 나라가 얼마나 드넓은지 만천하에 알렸다.[21]

아소카 왕이 꿈꾸는 복지 국가가 토프라의 석주에만 설명되어 있지는 않았다. 아소카 왕은 행인들이 오가는 길가의 바위에 선언문을 새겼다. 이러한 표지는 글을 읽지 못하는 많은 사람들에게도 중앙의 통치자가 이 영토를 지배하고 있음을 알렸다. 그러나 가장 주목을 받은 것은 석주였다. 아소카 왕은 전략적 위치에 석주를 세워 새로운 다르마가 널리 퍼질 영토를 표시했다(피루즈 술탄은 첫 번째 석주보다 작은 석주를 하나 더 발견해서 역시 델리로 옮겼다).

아소카의 백성들에게는 석조 기둥이 특히 놀라웠을 것이다. 당시 인도에서는 대부분 진흙 벽돌과 나무로 건물을 만들었다. 그런 자재를 사용하면 정교한 여러 층짜리 집과 궁전을 세울 수 있었지만 오래가지는 않았다. 따라서 인도의 초기 문명과 건축 양식에 대한 지식은 별로 남아 있지 않고 인더스 계곡을 따라 자리 잡은 도시들과 라자스탄, 구자라트, 하리아나에 대한 힌트 정도가 전부다. 아소카 왕이 석재를 사용하기로 결정함으로써 시간을 견딜 가능성, 즉 미래 세대가 이 기둥을 보고 그의 뛰어난 건축 능력에 감탄할 가능성이 열렸다.

아소카 왕은 페르시아 여행자와 장인들에게서 석조 기둥이라는 아이디어를 얻었을 가능성이 높다.[22] 의식을 위한 웅장한 도시로 건설한 페르시아 수도 페르세폴리스에는 군데군데 기둥과 원주를 세웠는데, 높이가 약 20미터나 되는 것들도 있었다. 일반적으로 기둥 위에는 동물의 두상을 올렸고 글을 새긴 경우도 많았다. 아소카 석주는 대부분 무너지거나 부서졌지만 페르시아의 기둥처럼 본래는 동물 조각이 붙어 있었다. 인도에는 기둥을 만들어서 세우기는커녕 석재로 건물을 만드는 전통조차 없었으므로 아소카는 페르시아 일꾼들을 시켜 석주를 만들고 꼭대기에 올릴 사자를 조각했을 것이다. 석주는 아소카 왕의 통치 말기에, 그가 바위에 글을 새겨 다르마를 공표한 뒤에 만들어졌다. 어쩌면 바위에 새긴 법칙法勅이 사람들의 관심을 충분히 끌지 못했기 때문에 아소카 왕은 더욱 인상적인 형태가, 그때껏 그 땅에서 아무도 본 적 없는 무언가가 필요하다고 느꼈을지도 모른다.[23] (그가 그리스의 기둥과 이집트의 오벨리스크에 대해 알았을 가능성도 있다.)

석주와 바위에 새긴 일부 법칙은 아소카가 제국을 더욱 엄격하게 지배하기 위해서 만든 행정 구조를 자세히 설명했다. 또 다른 법칙은 그가 고귀한 이상에 국가의 자원을 투입하여 인간과 동물의 행복을 위해 만든 제도를 자세히 설명했다. 세 번째 법칙은 자이나교, 불교, 힌두교, 아지비카교 등 인도아대륙의 다양한 신앙에 대한 관용을 촉구하면서 아소카 왕이 급진적 사상으로 제국을 분열시키려는 뜻이 아님을 알려주었다.《아소카 전설》은 그를 신실한 부처의 제자로 그린다. 그러나 아소카 석주는 불교의 영향을 받았지만 결코 불교에 한정되지 않는 독립적 정신과 이상을 보여준다.

아마도 가장 놀라운 것은 아소카가 몇몇 명문에서 무척 개인적 어조로 통치 초기의 정복 당시 드러냈던 잔인함에 대해 스스로를 책망하는 부분일 것이다. 어쩌면 나중에 이 이야기가《아소카 전설》에 포함되리라 예상했는지도 모른다.

신들에게 사랑받는 자 프리야다르시(아소카) 왕은 통치 8년째에 칼링가를 정복했다. 15만 명이 포로로 잡히고 10만 명이 살해당했으며 그 몇 배나 되는 사람이 죽었다. 프리야다르시 왕은 칼링가를 정복한 직후 다르마 공부와 다르마에 대한 사랑, 다르마를 통한 교화에 헌신하게 되었다. 신들에게 사랑받는 자, 칼링가의 정복자는 이제 마음 깊이 후회한다. 지금까지 정복당하지 않았던 민족을 정복하려면 살육, 죽음, 추방을 피할 수 없기에 깊은 슬픔과 후회를 느낀다.[24]

성공한 전쟁에 대해서 고통을 일으킨 것을 깊이 후회한다고 선언하는 왕이라니, 통치자가 백성에게 이렇게 말하는 것은 정말 새로운 일이었다.

이 같은 개인적 어조는 아소카가 왕권 개념에 도입하고 싶었던 변화의 일부였다. 아소카는 칼링가를 정복하면서 자신의 아버지와 할아버지와 다름없는 전형적 왕처럼 굴었고 전문 서적《아르타샤스트라》(공공 행정, 정치 과학, 경제 정책, 군사전략에 대한 고대 인도 산스크리트어 서적 - 옮긴이)에서 설명하는 이상적 왕권을 구현했다.[25] 전쟁과 정복은 제국을 통치하고 확장하는 적법한 수단으로 여겨졌다. 아소카 왕은 정복 과정에서 저지른 폭력을 후회했지만 칼링가를 제국에서 풀어주지는 않았다. 그는 단지 전쟁을 고려할 때 도덕적 차원도 계산에 넣기 시작했을 뿐이다.

아소카는 불교를 이용해 백성들을 새롭게 단결시켰고 너무나도 다양하고 광대한 제국을 통합시키는 이상을 제시했다. 다르마는 단순히 브라만 사제나 불교 승려들이 생각하는 의미가 아니었다.[26] 명문은 새로운 통치 양식을 보여주었고 아소카로 하여금 왕권에 대한 생각이 바뀌었다고 주장할 수 있게 했다.

지배 계급의 신념 체계만을 바꾸었던 네페르티티와 달리 아소카는 모든 백성의 정신과 마음을 바꾸고 싶었다. 그는 새로운 사고방식뿐 아니라 새로운 생활 방식까지 제도화하려고 노력했는데 전자도 충분히 힘들었지만 후자는 더없이 힘들었다. 그러므로 아소카 왕이 백성들에게 직접 이야기해야 했다. 이렇게 공적인 글은 이집트 사제가 쓰는 글이나 대도서관의 저장 기술과는 무척 달랐다. 과거의 통치자들은 법률을 새긴 비석을 세웠는데 그 역사는 메소포타미아의 〈함무라비 법전〉까지 거슬러 올라간다(기원전 1754년). 그러나 아소카는 다르마와 문자를 새로운 방식으로 이용하여 영토를 표시할 뿐 아니라 땅이 그의 심정 변화를 이야기하게 만들었다. 석주와 바위 덕분에 풍경에 자신의 이야기를 직접 새겨 넣을 수 있었다.

당시 문자가 널리 퍼지지 않았다는 사실을 고려하면 아소카의 공식 명문은 특히 과감한 시도였다. 인도아대륙의 초창기 문자는 대부분 고대 세계의 종이였던 부패하기 매우 쉬운 야자나무 잎에 쓰였기에 비밀에 싸여 있다.[27] 추상적 기호를 적은 진흙 파편이 일부 남아 있지만 그 기호가 온전한 문자 체계의 일부인지, 만약 그렇다면 무엇을 뜻하는지는 아직도 밝혀지지 않았다.[28]

널리 사용되는 문자가 없었던 인도는 (문자가 생기기 전에 그리스가 그랬던 것처럼) 정교한 기억술을 바탕으로 문명을 만들었다. 가장 오래된 세계 창조 이야기《베다》는 구전을 통해 대대로 조심스럽게 보존되었다. 처음 배우는 사람은《베다》를 순차적으로, 심지어 거꾸로도 암송하는 법을 익혀야 했다.《베다》와 같은 이야기들은 주해와 함께 놀라울 만큼 정확하게 보존되었다. 위대한 학자 파니니는 소리와 의미의 구조를 설명하는 최초의 언어학 논문을 썼고 이는 대대로 구전되었다.[29]

체계적으로 조직된 부처의 제자들은 부처가 살아 있을 때 했던 말을 한마디도 빠뜨리지 않고 암기하여 그의 가르침을 대대로 전했다. 그들은 주기적으로 대회의를 소집하여 기억하는 것을 서로 비교하고 세상을 떠난 스승의 대화를 보존했다. 그러다가 드디어 문자 체계가 등장했고 불교 경전부터 국왕의 포고까지 모든 것을 기록하는 데 널리 쓰였다. 카로슈티 문자는 아람 문자를 바탕으로 하는데, 아소카는 암각법칙 두 편에 이 문자를 이용했다.[30]

≡

아소카 왕이 통치하기 80년 전, 알렉산드로스 대왕이 동쪽으로 페르세폴리스를 거쳐 오늘날의 아프가니스탄으로, 또 인도 북서부까지 파죽지세로 몰아치면서 페르시아와 인도의 정치와 문화는 단절되었다. 짧은 기간이었지만 알렉산드로스 대왕이 그리스에서 인도에 이르는 제국을 건설함에 따라 본질적으로 다른 문화들 사이의 접촉이 늘어났다.[31] 가장 지속적 영향을 미친 것은 문자였는데 그리스 알파벳이 확산되면서 글쓰기가 용이해졌다. (알렉산드로스 대왕은 아리스토텔레스의 가르침을 받았고 스승이 주석을 단 호메로스를 가지고 다니면서 매일 밤 침대 맡에 두고 잤다.[32]) 그리스 알파벳은 피루즈 술탄이 발견한 거대한 석주와 아소카 왕의 암각법칙 대부분에 사용된 브라만 문자에 영향을 주었을 가능성이 높다.[33]

아소카는 브라만 문자만을 장려하지 않았고 어떤 문자를 이용할지 실용적으로 결정했다. 알렉산드로스 대왕이 정복한 후 인도로 이주한 그리스인들이 살던 국제도시 탁실라 근처의 암각법칙은 그리스 알파벳을 이용해 그리스어로 새겨져 있다.[34] 결국 아소카 왕은 알렉산드로스 대왕이 남긴 왕조의 계승자였고, 따라서 목적에 맞으면 그리스 문자를 거리낌 없이 이용했다. 아소카 왕은 다양한 문자 체계를 영리하고 유연하게 이용했지만 한 가지 문제가 남아 있었다. 그는 어떤 문자든 그것을 이해하는 사람이 상대적으로 적다는 사실을 알고 있었다. 어떻게 하면 글을 모르는 대중에 가닿을 수 있을까? 그는 특사가 주기적으로 법칙을 소리 내어 읽어야 한다고 글로 써서 공포함으로써 이 문제를 해결했으며, 암각법칙 대다수를 많은 군중이 모일 수 있는 곳에 세웠다.[35] 아소카 왕은 새로운 소통 기술을 이용해 백성들에게 다가갈 수 있었고, 그들의 행동과 생각에 영향을 끼치고자 했다. 알렉산드로스 대왕이 시작한 문화 교류는 점점 가속화되었고 아소카 왕은 이 교류망을 이용해 페르시아와 그리스에서 들여온 기술을 선별하고 인도의 과거와 결합해 새로운 것을 만들어냈다. 문화적 기술을 새로운 목적에 맞게 변형시키고 뚜렷한 목적을 위해 특정한 방법으로 사용했던 것이다.

문화는 종종 먼 과거와 직면하면서 발전한다. 인간은 네페르티티와 아케나톤처럼 과거를 거부하기도 하고, 그리스의 플라톤처럼 과거를 발명하기도 하고, 과거를 복원시켜 다시 이해하거나 새로운 환경에 맞춰 변형하기도 한다. 아소카 석주는 위의 예들과 다르지만 관련된 극적인 방식을 보여준다. 즉 피루즈 술탄이 그랬던 것처럼 이해하기 힘든 옛 시대의 파편을 발견해서 새로운 목적을 위해 사용하는 것이다. 문화 접촉이 지리적으로 넓은 지역에 걸쳐 확산되면서 이해하지 못하는 문화유산을 발견하는 사람들이 점점 더 많아졌다. 그러한 파편을 거부하고 (모르는 것은 모르는 대로 남겨둔 채) 자기들이 아는 것만으로 만족스럽게 지내기도 했으나 호기심을 가지고 최대한 이해하려고 애쓰는 경우가 더 많았다. 때로는 자기네 목적에 맞게 변형해서 이용하기도 했다.

알렉산드로스 대왕 이후 유라시아 교류망이 강화되고 곧 그의 왕국 너머까지 확대되면서 고대 세계에서 가장 크고 긴밀한 네트워크가 만들어졌다.[36] 이로 인해 농작물과 가축을 비롯해 기술과 문화적 표현 형식을 포함하는 모든 것의 교역이 가능해졌고 질병까지 전파되었다.[37] 인도 북부, 페르시아, 메소포타미아, 근동은 모두 비슷한 기후대였기에 농작물과 가축이 쉽게 적응했다(하지만 모두가 그런 것은 아니었다. 그리스 여행자들의 경우 불교는 별로 언급하지 않았지만 코끼리 때문에 인도의 왕들을 우러러보았다).[38] 이로 인해 인더스 계곡에서 시작해 비옥한 초승달 지역에 이르기까지 초기 문명의 접촉이 확산되었다. 알렉산드로스 대왕에서 피루즈 술탄에 이르는 정복과 점령의 역사에 기록되어 있듯이 접촉은 폭력적일 때가 많았다. 그러나 문명의 접촉은 또한 석주와 문자에서 새로운 왕권 개념과 종교 개념에 이르기까지 기술과 문화의 교환과 발전을 촉진했다.

어떤 면에서 유라시아 문화권은 이 교류망에 속했기 때문에 아메리카나 아프리카처럼 동서가 아닌 남북으로 뻗어 기후대가 다양한 대륙의 문화권보다 유리해졌다.[39] 또한 아프리카와 아메리카에서는 대체로 횡단과 항해가 훨씬 더 힘들었다. 물론 비교적 고립된 상태로 사는 사람들도 작물을 키우고, 동물을 가축화하고, 새로운 기술과 문화 관습을 발전시킨다. 게다가 장거리에 걸친 문화 접촉에는 폭력뿐 아니라 질병의 확산 같은 상당한 단점도 뒤따랐기 때문에 고립이 축복처럼 보였을지도 모른다.[40] 그러나 장기적으로 보면 문화 접촉은 역동적인 과정을 촉발하여 인간이 상호작용하고 서로에게 이익을 얻는 방식을 증대시켰다.

새로운 교류망에서 아소카 왕이 다른 문화를 받아들이기만 한 것은 아니다. 그는 석주를 만들고, 다양한 문자를 자신의 목적에 맞게 이용하는 기술을 발전시켰으며, 이를 불교의 구전 전통과 결합하여 해외로 전파했다.[41] 고통을 극복하고 깨달음을 얻어야 한다는 불교 사상은 특정 집단이나 계층을 향한 것이 아니었으므로 외부로 전파하기에 적합했다. 아소카 왕은 초기 불교의 가장 중요한 지지자가 되어 보편적 호소력을 가진 종교의 선교 활동에 왕의 힘을 실어주었다.[42] 어느 암각법칙에서 그는 자신의 철학이 누구에게나 호소력을 갖는다고 자랑스럽게 선언한다.

이제 어디에서나 사람들이 신들에게 사랑받는 자[아소카]가 가르치는 다르마를 따른다. 신들에게 사랑받는 자의 사절이 다녀가지 않은 곳에서도 사람들은 그가 전하는 다르마의 가르침과 계율, 다르마의 실천에 대한 이야기를 듣고 그것을 따르며, 앞으로도 계속 그렇게 할 것이다. 이 정복은 모든 곳에서 승리했으며 크나큰 기쁨을 준다. 다르마의 정복만이 줄 수 있는 기쁨이다.[43]

또 다른 암각법칙에서 아소카 왕은 자신이 문화적 기술을 빌려왔던 페르시아와 그리스에 새로운 왕권 사상, 즉 다르마를 전했다고 선언한다. 아소카는 성공적 수출품으로서 불교의 잠재력을 정확히 알아보았지만 그것이 전파되는 방향은 제대로 짚지 못했다. 서구에는 불교를 언급하는 문헌이 별로 없고 페르시아에 불교 전통이 남아 있긴 하지만 아소카의 다르마가 메소포타미아, 그리스, 이집트에 지속적 영향을 미쳤다는 증거는 거의 없다.

아소카는 서쪽을 보고 있었지만 불교의 대성공은 동쪽에서 기다리고 있었다. 불교 승려들은 중국에, 또 한국과 일본은 물론 동남아시아까지 가서 부처님 말씀을 퍼뜨렸다(그리하여 결국 현장법사라는 순례자를 인도로 이끌었다). 불교의 수출은 더욱 발달된 교역망인 실크로드를 만들고, 실크로드는 유라시아 대륙의 통합을 가속화했다.[44]

아소카는 공간뿐 아니라 시간을 초월하여 영향력을 행사하고자 했다. 결국 석주에 법칙을 새기는 것의 가장 큰 매력은 자신의 생각을 미래에 전하는 데 있었다. 후대에 피루즈 술탄이 델리로 옮긴 거대한 석주에서 아소카 왕은 이렇게 선언했다. "나는 다르마 법칙을 영원히 남기기 위해 여기에 새길 것을 명하노라." 이 말은 1500년 뒤 피루즈 술탄이 느꼈던 욕망과 거의 똑같다. 그는 최후의 날에 석주가 자신의 기념물이 되기를 바랐던 것이다.[45] 아소카는 또 다른 암각법 칙에서 같은 생각을 더욱 자세히 설명했다. "돌기둥이나 돌판이 있으면 어디든 이 다르마 법칙을 새겨 영원히 남겨야 한다."[46] 돌에 문자를 새기면서 영원은 새로운 의미를 갖게 되었다. 아소카의 글은 최초의 브라만 문자 기록이며 지금까지 남아 있는 인도 왕의 글 중에서 가장 오래된 것이다.

그러나 아소카 왕은 구전에 비해서는 긴 문자의 수명을 과대평가했다. 이는 문자 기반 문화에서 드문 일이 아니다. (플라톤도 문자를 과대평가했지만 비판적 입장이었다.) 그가 생각지 못했던 것은 문자가 시간의 부식(돌에 새기면 해결될 수 있는 문제다)을 견뎌야 할 뿐 아니라 그것을 해독할 사람이 존재해야 한다는 사실이었다. 미래를 향해서 이야기하고 싶으면 학교 등 문자를 대대로 전달하는 수단을 가진 문자 문화 자체가 지속되리라 믿어야 했다. 아소카 왕의 암각법칙은 물리적으로 살아남았지만 해독이 불가능했다. 아소카와 석주의 관계는 구전 전통을 통해서 후대에 전해졌지만 석주에 새긴 글은 읽을 수 없게 되었다.

마침내 문자의 영속성에 대한 아소카 왕의 믿음을 입증할 사건이 일어났다. 1830년대에 역시 폭력적 문화 접촉이 발생하면서 그가 남긴 문자가 해독된 것이다. 19세기가 되자 이슬람의 통치가 끝나고 인도는 거대한 영국 동인도회사의 지배를 받게 되었다. 동인도회사는 식민주의라는 새롭고 착취적인 형태로 인도아대륙을 이용해서

주주들을 부유하게 만들었다.[47] 영토와 민족을 통치하려면 문화적 지식이 필요했기에 동인도회사는 인도의 머나먼 과거를 연구하면서 문헌과 문화 유물을 수집했고 그 대다수를 런던에 보냈다(네페르티티 흉상을 베를린으로 보낸 것과 마찬가지다). 이러한 문화 징발 행위에 브라만 문자를 해독하려는 노력도 뒤따랐다. 고고학자이자 철학자, 동인도회사 관리였던 제임스 프린셉은 통계를 이용하고 노르웨이 학자 크리스티안 라센Charistian Lassen의 연구에 도움받아 브라만 문자 해독에 크게 기여했다.[48] 장 프랑수아 샹폴리옹이 로제타석을 이용해 이집트 상형 문자를 해독했던 것처럼 라센은 인도-그리스 왕 아가토클레스(재위 기원전 190년~기원전 180년) 시대의 그리스-브라만 언어가 모두 새겨진 동전을 이용했다. 그렇게 해서 아소카 왕이 세상을 떠난 지 2000년 만에 그의 목소리를, 왕권에 대한 사상과 불교를 전파하려는 노력을 다시 읽을 수 있게 되었다.

아소카 왕은 과거와 문화 접촉에 대해 수많은 질문을 제기한다. 한 문화가 다른 문화에 선교사를 보내면 어떤 일이 벌어질까? 아소카 석주 같은 문화재를 본래 자리에 그대로 놓아두어야 할까, 새로운 장소로 옮겨야 할까? 피루즈 술탄은 석주를 가져다 자신의 목적에 맞게 이용했다. 하지만 생각해 보면 석주는 미래에 후대가 발견해서 이용하도록 만든 것이었다고, 아소카 왕이 정확히 그 목적으로 그곳에 세웠다고 주장할 수도 있다. 문화 접촉에는 복잡하고 불안하게 뒤얽힌 파괴와 창조가 뒤따르고, 각 세대는 이를 헤쳐나가야 한다. 지금 와서 되돌아보면 과거를 파내어 새로운 목적을 위해 이용하는 과정에서 문화를 단절시키고, 오해하고, 오독하고, 차용하고, 절도하는 경우가 많았다. 비범한 아소카 왕과 그가 세운 석주에서 배워야 할 진정한 교훈은 이처럼 복잡한 파괴와 창조의 뒤얽힘을 인식하는 것이다. 아소카 석주는 세워지고, 버려지고, 오해받고, 잊히고, 재발견되고, 옮겨지고, 마침내 다시 해독되었다. 석주의 메시지가 영원히 잊히지 않기를.

4

폼페이의
남아시아 여신

크기는 약 24센티미터로 작은 편이지만 만듦새가 아주 복잡한 조각상은 난해한 포즈로 앞을 바라보는 여성의 모습이다. 그녀는 오른 발 위에 왼발을 꼬고, 오른팔은 등 뒤로 뻗고, 왼손은 위로 들고 있다. 고개는 왼쪽으로 살짝 틀었다. 양옆에는 그녀의 허리까지밖에 안 오는 시종 두 사람이 있으며 그중 하나는 화장품 통을 들고 있다. 긴 머리를 땋은 여자는 화려한 보석을 두르고 있다. 양쪽 발과 팔에는 링을 끼고. 목에는 진주 목걸이를 했으며. 허리에는 벨트를 찼다. 지금은 멸종 위기에 처한 아시아 코끼리의 상아로 만든 이 조각상에는 인도 북서부에서 사용하던 카로슈티 문자(아소카 왕도 북부에 세운 암각 법칙 두 개에 이 문자를 사용했다)로 스리sri라는 글자가 새겨져 이것이 어디에서 왔는지 알려준다. 아마도 이 여인은 락슈미Lakshmi나 다산과 관련된 남아시아 여신과 정령들 중 하나일 것이다.[1]

남아시아 북서부 출신의 이 조각상은 서쪽으로 여행을 시작했다. 그녀는 아마 육로를 거쳐 박트리아에서 페르시아로, 그런 다음 메소포타미아를 향해 높은 산지를 넘고 사막을 건너 오늘날의 튀르키예에 도착했을 것이다. 만약 해로를 택했다면 먼저 육로를 통해 남쪽으로 인도양까지 내려간 후 배를 타고 페르시아만으로 갔거나 아라비아반도를 빙 둘러 계절풍과 해적에 맞서며 홍해로 갔을 것이다.[2] 상인들이 그곳에서 그녀를 받아 동쪽 사막 건너서 나일강으로 갔을 것이고, 다시 바닥이 평평한 배로 알렉산드로스 대왕이 건설한 거대한 항구도시 알렉산드리아로 옮겼을 것이다. 그런 다음 그녀는 알렉산드리아에서 노 젓는 배에 실려 지중해를 건너고 로마 제국 심장부에 입성했을 것이다.[3]

1세기 당시 로마 제국은 남쪽으로 이집트와 팔레스타인, 동쪽으로 그리스, 소아시아, 메소포타미아, 북쪽으로 골 지역, 서쪽으로 이베리아반도까지 확장되었다. 로마 제국의 부상은 불가항력적으로 보였고 로마의 영토는 곧 최대 면적에 다다른다. 제국 내에서 인구의 이동과 재화의 교역이 활발히 이루어졌고 몇천 킬로미터나 떨어져 사는 사람들이 하나의 네트워크에 속하게 되었다.

그러나 이렇게 확장된 네트워크도 로마인들의 사치품 수요를 만족시키기에는 부족했으므로 무역업자들은 인도를 비롯해 훨씬 먼 지역들과도 관계를 맺었다. 인도에서 수입하는 물품에는 면화, 원석, 생사, (중국에서 사왔을) 비단옷뿐 아니라 요리나 의료용으로 사용하는 후추, 생강, 강황, 카더멈 같은 향신료도 있었다.[4] 인도에서 로마 동전이 발견되었는데, 이는 로마의 경우 인도와 교역할 물건이 거의 없었으므로 화폐를 써야 했다는 증거이다.[5] 그리스 모자이크화와 동양의 사치품을 갖춘 폼페이의 빌라들은 이러한 무역 불균형을 완벽하게 보여준다. 로마인들은 이 같은 물건에 화폐를 지불하며 인도를 향신료와 약품, 마법의 나라로 진귀하게 여겼다.[6]

로마에서 남쪽으로 약 240킬로미터 떨어진 폼페이는 수도 로마와 복잡한 관계였다. 근처에 위치한 베수비오 화산 덕분에 폼페이의 토양은 특히나 비옥해서 기원전 800년경부터 정착민이 산기슭에 모여들었다. 근방에 살레르노만이 있어서 지중해에 쉽게 접근할 수도 있었다. 유력한 북부 이탈리아 문명이 남쪽으로 퍼지면서 폼페이는 기원전 523년에 에트루리아 땅이 되었다. 그러나 로마의 세력이 커지면서 서서히 로마 제국에 통합되었다. 이는 폼페이 사람들이 로마 방식을 채택하기 시작했다는 뜻이었다. 폼페이는 내전에 패배한 뒤 독립적 지위를 포기하고 속주로 공식 편입되었다.

인도 조각상이 도착했을 때 폼페이는 활기차고 로마화된 도시였다. 지붕이 달린 아트리움 양식의 중앙 안뜰을 갖춘 집들이 많았다. 가장 붐비는 지역에는 술집과 식당이 있었는데 그중 한 곳에는 우아한 대리석 바가 있었다(2020년에 '스낵 바'의 흔적이 새로 발굴되었다).[7] 우리는 인도 조각상이 폼페이로의 기나긴 여정을 언제 끝냈는지 정확히 모르지만 79년 가을 전에 도착했다는 사실만은 안다. 바로 그때 화산이 폭발했기 때문이다.

화산 폭발은 작은 진동으로 시작했다. 불과 17년 전 큰 지진이 나서 폼페이 전역이 파괴된 적이 있었으니 익숙한 경고였다. 그러나 진동이 너무 약했거나 사람들이 심각한 사태의 조짐으로 인식하지 못했던 것 같다. 마침내 화산이 분출하면서 구성 물질에 따라 때로는 밝고 때로는 어두운 고밀도의 구름을 뿜어냈다. 구름은 소나무 줄기처럼 공중으로 솟아올랐다. 이 불길한 구름 나무는 놀랍게도 약 32킬로미터나 치솟았고 줄기에서 가지가 뻗어 나와 사방으로 퍼지면서 덮개처럼 태양을 차단하더니 점점 더 넓어졌다. 북동쪽에서 바람이 불자 덮개는 해안을 따라 남쪽으로 이동했다. 바람의 방향은 치명적이었다. 유독가스 가득한 용암 거품이 굳어서 만들어진 가벼운 화산암과 재가 폼페이에 비처럼 내렸다. 몇몇 주민들은 지옥 같은 폭격을 피해 집 안에 숨었다. 그러나 재와 돌이 쌓이기 시작하자 많은 사람들이 귀중품을 챙겨 베개로 머리를 덮은 채 물에 적신 천으로 입을 가리고 도시에서 빠져나갔다.

전반적인 공황 상태에서 아무도 인도 조각상에 관심을 기울이지 않았다. 조각상은 아마도 작은 가구의 부속품이었을 테니(뒤쪽에 구멍이 뚫린 것으로 보아 더 큰 물건의 일부였음을 알 수 있다) 챙겨가기 힘들었을 것이다. 또는 조각상의 주인은 현명하게도 귀중한 물건을 전부 남겨둔 채 즉시 도망쳤을지도 모른다.

몇 시간 동안 재와 돌이 비처럼 내렸고 잔해가 높이 쌓였지만 도시를 불바다로 만들어버릴 뜨거운 용암 줄기가 분화구에서 흘러나오지는 않았다. 배를 타고 도망치기 위해 해안으로 달려가던 몇몇 주민은 아마 그 사실에 용기를 얻어 물건을 더 챙기려고 불타는 도시로 돌아갔을 것이다. 그것은 치명적 오판이었다. 첫 분출 이후 열여덟 시간이 지나자 다음 단계가 시작되었기 때문이다. 화산 한쪽 측면이 뜨거운 가스와 용암을 분출했고, 용암은 산 사면을 따라 빠르게 흐르면서 최대 260도에 달하는 온도로 모든 것을 태웠다. 가스는 제일 먼저 헤르쿨라네움시를 덮쳤다. 1차 분출 때에는 바람의 방향 덕분에 빗발치는 재와 돌이 날아오지 않았지만 이제 가스가 지나가면서 헤르쿨라네움을 모조리 불태웠다. 가스 구름이 너무 빨리 움직였기 때문에 도시에 남아 있거나 도시로 돌아간 사람들은 피난처를 찾을 시간도 없이 가스에 닿자마자 타버렸다. 온도가 극도로 높아서 옷과 피부, 살이 순식간에 탔다. 근육이 열기에 수축된 다음 불에 타서 뼈와 분리되었기 때문에 시체는 기묘한 자세를 취했다. 뇌가 폭발해서 두개골이 달걀 껍데기처럼 깨졌다.

가스 구름은 헤르쿨라네움을 끝장낸 다음 폼페이로 향했다. 몇 킬로미터 떨어진 폼페이에 도착했을 때에는 구름 온도가 조금 낮아졌기 때문에 폼페이 주민들은 다른 죽음을 맞이했다. 뜨거운 가스에 질식해서 바닥에 쓰러져 죽었지만 옷도 타지 않고, 근육이 급속도로 수축하지도 않았으며, 뇌가 폭발하지도 않았다. 화산이 계속 뿜어낸 재가 시체들을 덮더니 결국 약 2.7미터까지 쌓였다. 폼페이와 헤르쿨라네움은 버려졌고, 두 번 다시 사람이 살지 않았다.

폼페이 멸망에 다행스러운 점이 하나 있다. 당시 열일곱 살밖에 되지 않았던 어느 목격자가 훗날 위대한 작가가 되었던 것이다. 바로 소小 플리니우스였다. 그는 충분한 거리를 두고 화산 폭발을 지켜보았기에 살아남았다. 나중에 플리니우스는 어느 역사가의 요청에 따라 화산 분출을 정확하게 설명하고 생생하게 묘사하는 편지를 썼다. 그의 관찰 덕분에 우리는 폼페이의 삶을 갑작스럽게 중단시킨 2단계 화산 폭발을 재구성할 수 있었다.[8]

플리니우스의 깃펜이 폼페이 멸망을 보존한 방법 가운데 하나였다면 또 하나의 방법은 화산 분출 그 자체였다. 화산 분출로 도시 자체가 봉인되었고, 모든 것이 재의 보호를 받으며 그대로 남아 로마 제국의 일상의 단면을 우리에게 보여준다. 지진, 홍수, 화산은 파괴적이므로 역사적 보존이란 관점에서는 좋지 않다. 하지만 인간의 지속적 사용은 그러한 재난보다 더욱 철저히 파괴한다. 폼페이가 재에 파묻히지 않았다면 사람들이 그곳에서 계속 살았을 것이고, 기존 집들을 무너뜨리고 새 집을 짓느라 예술과 문화의 모든 흔적이 사라졌을 것이다.

시간이 흐르면서 화산재는 조각상을, 폼페이 전체를 자연의 힘과 인간으로부터 보호하는 봉인 역할을 했다. 조각상이 붙어 있던 가구는 불탔지만 상아 여신은 살아남았고 화산재에 파묻혀 기적적으로 상처 하나 입지 않았다. 그녀는 1800년 동안 그곳에 숨겨져 있었다. 화산이 아니었으면 이 조각상이 얼마나 오래 살아남았을까? 정확히 말하기 어렵다. 아마 망가지거나 새로운 사치품이 유행하면서 버려졌을 것이다.

폼페이가 마치 타임캡슐처럼 제공하는 단면이 너무나 이례적이기 때문에 역사가들은 '폼페이 선입관'에 대해서 말한다. 우리가 서기 79년 로마의 일상에 대해서 아는 것 대부분이 이 지방 도시 하나에 바탕을 두고 있다. 폼페이만 보고 로마 제국 전체를 추론할 경우 오도의 가능성이 있다. 그러나 폼페이는 너무나 훌륭한 타임캡슐이었기에 쓰지 않을 수가 없었다.

폼페이가 보여주는 로마는 전 세계에서, 심지어는 적국에서도 예술과 재화를 끌어오는 제국이다. 폼페이에서 발굴한 외국 예술품은 인도 조각상만이 아니었다. 초기에 발굴한 사원들 중 하나는 이집트 여신 이시스의 신전이었다. 벽에 이집트 상형 문자를 새기거나 그려 놓았는데 아마 아무도 읽지 못했을 것이다.[9] 로마는 다신교를 믿었으므로 외국의 신을 받아들이는 것도 드문 일이 아니었다. 새로운 숭배자들은 종종 자기 입맛에 맞춰 새로운 이름과 특성을 신들에 부여했다. 그래서 이집트 신 이시스와 오시리스는 둘의 아들이자 보통은 매의 머리를 가진 것으로 그려지는 하늘과 왕권의 신 호루스와 합쳐져 일종의 삼위일체가 되었다. 이집트 신전은 로마가 외국의 영향에, 심지어 오랜 숙적 카르타고의 영향을 받아들이는 데 얼마나 열려 있었는지 보여준다. 어쩌면 외국 신들을 로마의 신전에 편입시킨 것은 군사적 승리를 나타내는 표시였을지도 모른다. 인기 많던 디오니소스 숭배가 금지당한 것을 보면 알 수 있듯이 이는 때로 어려운 일이기도 했다.

이집트의 영향은 그리스의 영향에 비하면 별것 아니었다. 로마는 화산 분출이 일어나기 약 200년 전 카르타고를 멸망시킨 해(기원전 146년)에 그리스 역시 물리쳤다.[10] 마침내 카르타고를 이겨서 의기양양해진 로마는 작지만 다루기 어려운 적, 즉 코린토스가 이끄는 주요 그리스 도시 국가 연맹인 아카이아동맹에 눈을 돌렸다. 기병 3500명과 보병 2만 3000명으로 이루어진 로마 군단은 북부 마케도니아에서부터 공격을 시작해 아카이아동맹을 패배시킨 다음 펠로폰네소스 반도에 위치한 코린토스로 진군하여 점령했다. 코린토스의 패배와 멸망은 영속적 결과를 가져왔다. 이제 로마가 지중해 동부를 장악했고 장기적으로 그리스의 군사적·정치적 힘은 쇠퇴했다. 수치스럽게도 코린토스 남자들은 대부분 죽임을 당하고 여자들은 노예가 되었

그리스 희극작가 메난드로스를 그린 프레스코화. 현재 메난드로스의 집이라고 부르는 폼페이 개인 빌라에서 발견되었다.(사진: Wolfgang Rieger)

으며 도시는 완전히 파괴되었다.

그러나 로마는 그리스를 패배시켰다고 해서 그리스 문화를 경멸하지는 않았다. 반대로 어떤 시민이든 폼페이를 한 바퀴 돌면서 그림만 봐도 그리스 문화 속성 강좌를 듣는 것이나 마찬가지였을 것이다. 어떤 집에서는 아테네 청중을 자극해 소크라테스와 플라톤을 깜짝 놀라게 만들었던 에우리피데스의 연극 장면들을 즐길 수도 있다.[11] 축축한 회벽에 물감을 칠한 다음 말리는 전형적 프레스코화였다. 회

폼페이 파우누스저택에서 발견한 모자이크화. 알렉산드로스 대왕과 페르시아의 다리우스가 맞붙은
이수스 전투의 한 장면. 헬레니즘 원본의 복제화.(나폴리 국립고고미술관. 사진: Marie-Lan Ngyuen)

화 양식과 재로 된 보호막 덕분에 폼페이 모자이크화와 프레스코화
는 2000년이 지난 지금도 깜짝 놀랄 만큼 생생한 색채와 표현을 간
직하고 있다.

또 어떤 집은 그리스에서 수입한 가장 놀라운 문화, 즉 연극을 특
히 멋지게 보여준다. 그리스 희극작가 메난드로스의 초상화를 믿기
힘들 만큼 잘 보존하고 있어서 메난드로스의 집이라고 불리는 이곳
은 웅장한 실내 안마당과 입구의 기둥, 인도 조각상 주인의 집보다
훨씬 크고 넉넉한 아트리움을 뽐낸다. 폼페이에서 종종 발견되는 황
토색 천연 안료로 그려진 메난드로스는 한쪽 팔꿈치를 의자 등받이
에 올려 머리를 가볍게 지탱하고 한 손으로는 아마도 연극 대본으로
추정되는 것을 들고 있다. 한쪽 어깨에는 토가를 아무렇게나 드리운
모습이다. 이 집에는 메난드로스 초상화 외에도 트롱프뢰유 기법으
로 기둥과 아치, 벽감, 상상 속 풍경을 향해 열려 있는 창문을 그린 그
림이 있다.

폼페이 사람들은 메난드로스뿐 아니라 그리스 연극의 다양한 요소에 관심을 가졌다. 이들은 다른 지역 로마인들처럼 그리스 극장의 반원형 관객석, 측면 출입구, 반원형 무대, 무대 뒤쪽 스케네를 따라 만들었지만 관객들이 무대 뒤 풍경을 보지 못하도록 무대를 완전히 봉쇄했다. 몇 세기 동안 로마 극장은 축제 때 세우는 임시 목조 구조물이었고, 화산 폭발 전이긴 했으나 후대가 되어서야 그리스 극장 같은 석조 극장을 만들었다. 폼페이는 주민이 약 1만 2000명인 지방 도시에 불과했지만 극장이 두 개나 있었고 진정한 로마의 발명품인 검투사 대회를 열 수 있는 커다란 원형경기장도 있었다.[12]

그리스가 로마에 끼친 영향은 다른 분야, 특히 교육으로 확대되었다. 로마의 군사적 승리 이후 많은 그리스 교육자들이 로마에 노예로 끌려와 아이들을 가르쳤다. 폼페이 식자층은 주로 그리스에서 교육을 받았으므로 그리스어를 쓰고 그리스 작가의 원전을 인용할 수 있었다.[13] 폼페이에서 발굴한 프레스코화 중에는 호메로스의 두 서사시, 특히 《일리아스》의 한 장면을 보여주는 그림이 많고 그리스 신들에 대한 지식은 대부분 호메로스의 작품에서 얻은 것이었다. 잘 보존된 또 한 편의 프레스코화는 로마인들이 사랑했던 알렉산드로스 대왕을 그린 현존하는 가장 오래된 그림이다. 폼페이에는 그리스 신들에게 바치는 신전도 많았다. 이제 그리스 신들은 로마식 이름과 때로는 새로운 기능까지 갖게 되었다. (인도 조각상의 주인은 그녀를 그리스 여신 아프로디테에 해당하는 로마 여신 비너스라고 해석했을 가능성이 높다.[14])

그리스인들은 가장 세력이 강할 때에도 (플라톤이 우러러보았던 이집트를 제외하면) 다른 문화권에 거의 관심을 보이지 않았고 외국어를 거의 배우지 않았기 때문에 로마가 그리스의 모든 것에 심취했다는 사실은 무척 놀랍다. 한때 에트루리아의 지배를 받았던 폼페이와 로마를 비롯해 이탈리아의 수많은 지역에는 에트루리아의 흔적이 남아 있었다. 역사에서 드러나는 공통된 경향을 생각하면 로마가 이탈리아반도 고유의 문화적 자원에, 예를 들면 에트루리아 문화에 끌리는 편이 더 자연스러웠을지도 모른다. 그러나 그런 일은 일어나지 않았고 로마는 다른 역사적 기반에서 다른 언어로 만들어진 문화를 자기네 전통에 접목하는 쪽을 택했다.

자기 지역의 과거가 아니라 그리스를 택한 것은 지리적 문제를 생각해도 놀랍다. 물론 이탈리아반도, 그중에서도 시칠리아에 그리스 정착지가 여러 곳 존재했고 그 역사는 고대까지 거슬러 올라간다. 시라쿠사는 기원전 734년에 건설되었고 그리스 문화가 초기 로마에 들어오는 통로 역할을 했다(지금도 가장 잘 보존된 그리스 사원은 시칠리아에 있다). 카르타고 패배 후 시라쿠사는 로마에 넘어갔으나 그리스적 특징을 유지했다. 그러나 다른 그리스 정착지들과 마찬가지로 시라쿠사는 그리스가 로마에 끼친 크나큰 영향을 설명하기에는 너무 작은 곳이다.

무엇보다도 로마가 그리스 문화를 이용한 사실은 군사력과 문화 수입의 관계에 대한 우리의 직관에 어긋난다. 문화 침략은 알렉산드로스가 아시아의 그리스 정착지에서 그랬듯 종종 제국이 정복을 통해 세력을 확장하고 자기네 문화를 외국 땅에 가져갈 때 일어난다. 몇 세기 전까지 에트루리아의 도시로서 에트루리아 예술을 만들고 에트루리아 신들에 기도하던 폼페이는 외국 문화의 침략을 받는 쪽이었고 떠오르는 로마 도시 국가에 의해서 로마화되었다. 그러나 로마와 그리스 사이에서는 그 반대 일이 벌어졌다. 코린토스의 그리스 동맹국은 패배했지만 그리스는 문화적 영향력을 유지했을 뿐 아니라 심지어 확대했다. 놀라울 정도로 굳건한 군사적 승리를 쟁취한 로마인들은 종교와 예술부터 문학까지 문화의 모든 면에서 옛 숙적을 따르기로 했다.[15] (올림피아의 열두 신을 비롯한 초기 그리스 문화의 수입은 에트루리아를 통해 이루어졌다.) 로마 시인 호라티우스는 아우구스투스에게 보낸 편지에서 로마에 그리스 문화가 존재한다는 사실이 놀랍다는 말을 재치 있게 표현했다. "포로 그리스가 야만인 정복자를 사로잡아 투박한 라티움(로마시 남동쪽에 있던 고대 국가 – 옮긴이)에 예술을 가져다주었군요."[16] 그리스가 로마에 영향을 끼쳤다는 평범한 이야기에는 인간의 역사에서 훨씬 드문 무언가가 숨어 있다. 바로 패배한 적의 문화를 자신의 제도와 관습에 적극적·의도적으로 접목하는 나라다.

이러한 접목에는 연극도 포함되었고, 리비우스 안드로니쿠스라는 이름의 작가 겸 배우가 그리스적 주제를 이용해 〈아킬레우스〉 〈아이기스토스〉 〈안드로메다〉 〈트라야누스〉 같은 그리스 양식의 연극을 쓰고 공연하면서 시작되었다.[17] 그는 그리스 작품을 본보기 삼아 희극도 썼다. 리비우스 안드로니쿠스는 그리스인 노예였다가 자유인이 되면서 주인의 이름 리비우스에서 따온 로마식 이름을 썼을 가능성이 높다. 그의 전기는 정치적 힘과 문화적 영향력이 서로 얽혀 있음을 증언한다.[18]

리비우스 안드로니쿠스의 연극이 주목을 받으면서 다른 작가들, 특히 테렌티우스와 플라우투스가 그의 본보기를 따랐는데 둘 다 그리스인이 아니었다. 테렌티우스(푸블리우스 테렌티우스 아페르)는 북아프리카 카르타고에서 태어났고 플라우투스는 현재 북부 이탈리아에 해당하는 지역에서 태어났다. 두 사람은 그리스 모델을 바탕으로 하는 로마 희곡을 쓰면서 메난드로스의 희곡을 각색한 작품과 그리스 모델에서 영감을 받은 새로운 작품들을 쏟아냈는데 후자가 조금 더 많았다. (플라우투스의 희곡 53편이 알려져 있는데 실제 남은 것은 20편밖에 되지 않는다. 그가 쓴 희곡이 130편이라는 주장도 있다.)[19] 테렌티우스와 플라우투스가 메난드로스를 무척 유명하게 만들었기 때문에 폼페이 메난드로스의 집주인은 이 극작가에게 자기 집에서 가장 자랑스러운 곳을 내주기로 했다.[20] 메난드로스의 연극이 폼페이에서 상연되었을 가능성은 별로 없어 보인다. 그는 주로 리비우스 안드로니쿠스, 플라우투스, 테렌티우스 같은 추종자들을 통해 알려졌다. 폼페이에서 찾아볼 수 있는 그리스 연극의 다른 장면들도 마찬가지이다. 이러한 장면과 연극은 문화적 엘리트만이 알아볼 수 있는 기준점이 되었다. 교양 있는 로마인이라면 실제 상연되는 연극을 보러 간 적이 없어도 이런 이름들은 알아야 했다. (또한 로마 연극은 에트루리아 춤과 공연 전통을 활용하기도 했다.[21])

그리스와 로마의 접목은 호메로스까지 확대되었다. 《오디세이아》를 번역함으로써 목표로 한 대중의 기대에 부응한 사람은 이번에도 리비우스 안드로니쿠스였다. 우리의 기준에 따르면 그의 번역은 신과 인간의 이름부터 음보까지 모든 것을 로마화한 의역이었다. 리비우스는 그리스의 6음보를 거부하고 로마의 음보를 택하여 《오디세이아》가 로마에 쉽게 들어올 수 있게 만들었다.

다른 언어로 된 다른 문화권의 텍스트를 번역하는 것이 우리에게는 세상에서 가장 자연스러운 일일지도 모른다. 어쨌거나 현재 우리는 대부분 번역을 통해 그리스와 로마 문학을 읽는다. 문학은 번역을 통해 그 탄생지 바깥에서 유통되면서 세계문학이 된다.[22] 그러나 고대에는 다른 문화권의 문학을 번역하는 일이 드물었다.[23] 가장 흔한 예외는 농업과 의학, 종교 문헌 같은 실용 지식에 대한 매뉴얼 번역이었다. 불교 문헌은 인도어에서 중국어로 번역되었고, 알렉산드리아에 살면서 그리스어를 쓰는 유대인들은 히브리 성경을 그리스어로 번역했다. 그러나 다른 문화권의 정전正典 전체를 번역한 경우는 한 번도 없었다. 아니, 적어도 그러한 일이 있었다는 기록은 존재하지 않는다. 현재 우리가 번역을 통해 다른 문화권의 문학을 일상적으로 즐기고 있다면 우리는 인류 역사에서 로마인들이 처음으로 했던 일을 하는 것이다.[24] 번역은 로마인들의 놀라운 문화적 접목 실험의 일부였다. 그리스 문화에서 로마 문화로 자연스럽게 발전했다는 잘못된 생각이 퍼진 것은 이 실험이 성공했기 때문이다. 문화적 접목이 잘 통했던 것이다.[25]

접목은 예상치 못한 결과를 낳았다. 연극, 서사시, 조각, 회화 같은 문화재는 보통 그것을 만들어내는 문화와 함께 발전하면서 국내 소비자들의 변화하는 환경에 적응한다. 식자율이 높아지자 구전 이야기 모음집이 등장했고, 구전 서사시는 텍스트로 변모해 후대 문학이 초기 텍스트를 참조할 수 있게 하는 동시에 이를 구식으로, 이전 시대의 산물로 여기게 만들었다.

한 문화가 다른 곳에서 온 다양한 예술 전체를 받아들일 경우 본디 긴 시간에 걸쳐 서서히 발전했던 예술 작품들이 한꺼번에 들어와 눈부시고 혼란스러운 선택지들을 접목된 문화에 들이민다. 선택지가 많다는 것은 놀라운 혜택처럼 보일지도 모르지만 당황스러운 일일 수도 있다. 로마에서는 두 가지 반응 모두를 관찰할 수 있다. 분명 많은 로마인들이 그리스의 영향을 받은 연극과 문학을 환영했지만 그리스 문화의 유입은 순수함의 상실이며, 로마가 독창적인 문학을 발달시킬 수 없도록 만드는 걸림돌이라고 생각하는 사람들도 있었다.[26] 대★ 카토(기원전 234년~기원전 149년)를 비롯한 몇몇 사람은 그리스 문화의 유입 자체를 거부했다. 또 어떤 이들은 쌍둥이 로물루스와 레무스가 암늑대의 젖을 먹고 자랐다는 가장 초기의 로마 건국 설화로 돌아가 로마가 부상하고 그리스 문화를 들여오기 오래전 로물루스의 거처였다며 소박한 오두막을 북적거리는 로마 한가운데 세우기도 했다.[27] 많은 로마인들은 잃어버린 근원에 향수를 느끼는 동시에 번역되어 들어오거나 외국 작품을 바탕으로 새롭게 만들어진 어지러울 정도로 다양한 문학을 즐겼다.

로마와 그리스 문화의 접목은 중대한 문제를 제기했다. 로마인들은 그토록 열정적으로 수용한 문화와 관련해서 스스로의 역사를 어떻게 생각해야 할까? 이 질문에 대답한 사람은 베르길리우스였다. 그는 로마의 기원에 대한 더욱 완전한 이야기, 그리스와의 묘한 관계를 설명할 이야기가 필요하다는 사실을 깨달았다. 늑대 젖을 먹고 자란 로물루스와 레무스의 신화만으로는 충분하지 않았다. 베르길리우스는 《일리아스》와 《오디세이아》 같은 서사시 형태로 그 이야기를 쓰겠다고 마음먹었다.

베르길리우스가 이러한 선택을 할 수 있었다는 사실 자체가 리비우스 안드로니쿠스의 번역으로 인해 용이해진 문화적 접목 실험의 효과였다. 보통 기원에 대한 서사시는 구전으로 시작되어 더욱 긴 문자 기록으로 서서히 바뀐다. 몇 세기 전 호메로스의 서사시도 그렇게 등장했고, 메소포타미아의 《길가메시서사시》부터 인도의 《마하바라타》와 《라마야나》에 이르기까지 다른 서사시들도 이렇게 생겨났다. 서사시는 한 명의 작가가 다른 서사시를 본보기로 삼아 계획적으로 쓰는 것이 아니었다.

그러나 베르길리우스는 그렇게 하기로 결심했다. 지역의 전설을 모아서 호메로스 양식의 대서사시를 쓰기로 한 것이다.[28] 이것은 근본적으로 새로운 서사시, 후발 주자의 서사시였다. 더욱 이상한 점은, 베르길리우스는 자신의 과거가 아니라 또 다른 문화권의 과거에서 후발 주자였다는 점이다. 아마 플라톤이 이집트에 대해서 느낀 것과 비슷한 감정이었을 것이다.

후발 주자에게는 다양한 본보기와 선택지 중에서 마음대로 고를 수 있다는 크나큰 이점이 있다. 베르길리우스 앞에는 호메로스의 대서사시 두 편이 놓여 있었고, 그는 두 편 가운데 무엇이든 골라서 선택할 수 있는 독특한 위치였다. 호메로스는 《일리아스》에서 트로이 전쟁이 끝날 무렵 전리품을 나눌 때 아킬레우스가 무시당하는 느낌을 받아 전투에서 물러났다고 이야기한다. 그가 전투에서 빠지자 트로이가 유리해졌으며 아킬레우스의 마음이 풀린 뒤에야 그리스가 우세를 되찾아 최종적으로 승리를 거둔다. 또한 호메로스는《오디세이아》에서 주인공이 길고 힘든 방랑 끝에 온갖 방해를 물리치고 천천히 집으로 돌아가는 이야기를 들려준다.

베르길리우스는 두 서사시를 모두 활용해 장차 로마의 건립자가 될 주인공이《오디세이아》에서처럼 한동안 지중해를 방랑하며 적대적 신들과 태풍에게 괴롭힘을 당하도록 했다. 그 과정에서 주인공은 오디세우스가 님프 칼립소의 섬에서 고향을 거의 잊어버렸던 것처럼 카르타고의 여왕 디도 때문에 탈선할 뻔한다. 또 베르길리우스의 주인공이 이탈리아에 도착해 주민들과 여러 번 전투를 치르는 부분에서는《일리아스》와 트로이 공성전이 연상되기도 한다. 베르길리우스는 플롯과 장면을 가져왔을 뿐 아니라 뮤즈를 부르거나 신들이 자주 개입하는 부분도 차용했고 호메로스의 유명한 직유법과 시인이 마음껏 상상의 나래를 펼 수 있는 확장된 은유들도 빌려온다.

베르길리우스는 로마의 문화적 접목을 '사실에 입각해서' 설명하고 정당화하기 위해서 호메로스의 서사시 두 편을 합쳐 새로운 로마 서사시를 만들었을 뿐 아니라 한발 더 나아갔다. 서사시의 플롯을 호메로스가 그리는 세상과 직접적으로 연결한 것이다. 베르길리우스의 서사시는 호메로스와 비슷하게 '이야기가 한창 진행되는 중간에' 아이네이아스가 시칠리아를 바라보는 장면에서 시작하지만 다시 사건이 시작되는 시점의 불타는 트로이로 돌아간다. 호메로스가 묘사한 도시의 폐허는 베르길리우스가 호메로스의 세상과 아이네이아스의 후손이 로마를 건국할 이탈리아를 직접적으로 이을 수 있는 완벽한 배경이었다. 베르길리우스는 플라톤이 그랬던 것처럼 자신의 문화를 위해 거짓 배경을 만들어냈다.

베르길리우스는 이 교묘한 플롯 장치를 이용하면서 깜짝 놀랄 만한 결정을 내렸다. 그리스 문화의 중요성을 생각하면 당연히 그리스 영웅 중 하나를 주인공으로 선택해야 했지만 그는 그렇게 하지 않았다. 만약 그랬다면 베르길리우스는 독자에게 이런 신호를 보낸 셈이었을 것이다. 자, 우리의 기원은 사실 에트루리아의 과거나 도시 로마의 선사 시대가 아니라 고대 그리스인들에 있다, 고대 그리스인 하나가 배를 타고 로마에 와서 우리의 혈통과 제국을 만들었다. 그러나 베르길리우스는 그런 노선을 택하지 않았다. 대신 그는 패자를 택했다. 바로 트로이의 아이네이아스였다. 사실 호메로스는 트로이인을 욕하지 않았다. 그는 그리스인으로서 그리스 청중을 위해 그리스가 마침내 승리를 거둔 거대하고 희생이 많이 따른 전쟁에 대해서 썼지만 트로이가 근본적으로 다르다는 느낌은 전혀 없었다. 트로이 전쟁은 문화 전쟁이나 종교 전쟁이 아니었고, 서로 다른 정치 체계나 민족 집단 사이의 싸움도 아니었다. 호메로스가 보여주듯이 트로이인과 그리스인은 같은 언어를 말하고 같은 신에게 기도를 드렸으며 똑같은 가치관을 가졌고, 서로를 동일한 가치를 가진 집단으로 인식했다. 이 모든 점이 이후의 전쟁문학, 특히 현대 전쟁문학과는 무척 다르다.

그렇다 해도 베르길리우스가 아이네이아스를 선택한 것은 놀랍다. 우리가 《일리아스》에서 마지막으로 본 그의 모습은 싸움을 포기하고 불타는 트로이에서 도망치는 것이었다. 떠오르는 제국의 설립자로는 어울리지 않는 듯하다. 베르길리우스는 왜 20년에 걸친 모험을 끝낸 오디세우스가 좀이 쑤셔서 이타카를 떠나 로마를 설립했다고 쓰지 않았을까?

로마를 아이네이아스와 연관시킨 사람은 베르길리우스가 처음이 아니다. 로마의 기원이 트로이라는 전설이 있으며, 아우구스투스 황제는 다른 로마 황제들과 마찬가지로 자기 이름의 모호한 어원을 근거로 아이네이아스에게서 기원을 찾았다. 베르길리우스는 이러한 전설과 계보학을 합쳐서 온전한 이야기로 엮었고, 그것은 곧 정전이 되었다.

베르길리우스는 아이네이아스를 선택함으로써 귀중한 것을 얻었다. 바로 그리스와의 거리감이었다. 그는 로마의 선사 시대를 그리스 선사 시대에 봉합하는 동시에 이야기의 짜임에 새로운 실을, 그리스와 관계없이 트로이와 로마를 연결하는 실을 엮어 넣어 승자인 그리스를 로마 건국이라는 드라마의 구경꾼으로 만들었다. 호메로스의 서사시에서 그리스인들은 승리에 취해 아이네이아스가 달아나도록 내버려둔다. 그리스인들의 이야기에서 아이네이아스의 역할은 끝났다. 그러나 베르길리우스에게는, 로마의 입장에서는 그렇지 않았다. 로마로서는 이야기가 막 시작되었을 뿐이었다. 이 서사시는 그리스가 압도적으로 중요했음에도, 또 베르길리우스가 그리스의 근간을 이루는 두 이야기에서 큰 영감을 받았음에도 불구하고 결국 로마가 그리스와는 다르다는 사실을 보여주었다. 트로이 전쟁의 패자를 선택한 것은 나약함의 표현이 아니라 우리 로마인들은 그저 그리스를 흉내 내는 것이 아니라 그리스를 의도적이고 적극적으로 이용해 우리 자신의 이야기를 들려주고 있다는 자신감의 표현이었다. 그들은 선조로 설정한 트로이인들에 대해서도 똑같은 태도를 취했다. 《아이네이스》끝부분에서 트로이인은 자신의 언어와 문화를 포기하고 이탈리아에 동화되어야 했다.

로마의 근간을 이루는 이야기가 된 베르길리우스의 《아이네이스》는 문화 접목의 영광을, 그 가능성과 미묘한 방법을 보여준다. 문화 접목은 패배나 열등함으로 인한 행동일 필요가 없다. 로마 문화의 다른 분야도 마찬가지이다. 테렌티우스와 플라우투스는 영향력 면에서 (19세기 초 그리스 비극이 부흥하여 다시 상연될 때까지) 몇백 년, 아니 몇천 년 동안 그리스 극작가들의 그 어떤 작품보다도 뛰어난 희곡을 썼다.[29] 로마 건축가들은 그리스 모델을 바탕으로 새로운 건물과 사원 양식을 만들어냈고, 로마 조각가와 화가들도 마찬가지였다. 플루타르코스는 그리스인과 로마인을 한 쌍으로 묶어 그들이 얼마나 비슷한지 보여주는 위인전을 씀으로써 두 문화를 하나로 결합했다.

복잡한 프레스코화, 아트리움 건물, 극장을 갖춘 폼페이는 로마의 문화적 접목의 결과를 보며 감탄하기에 가장 좋은 곳이다. 폼페이 광장 옆 커다란 건물에 새겨진 베르길리우스의 명문은 로마의 신화적 기원이 트로이의 아이네이아스라고 설명한다. 프레스코화부터 극장에 이르기까지 폼페이 전체가 이러한 문화 실험의 증거다.

오늘날 우리는 국가 통치 기술과 (도로에서 목욕탕에 이르는) 기반시설, 군사 조직, 정치적 통찰력 때문에 로마를 우러러본다. 그러나 로마의 가장 놀라운 유산은 접목 기술이다. 사실 미국처럼 역사적·지리적으로 거리가 먼 문화들이 로마에서 영감을 찾으려 한 것은 로마가 그리스 문화를 접목시켰듯이 그들도 광대한 거리를 뛰어넘어

로마 문화를 접목시키고 문화 접목이라는 로마의 유산에 간접적으로 경의를 표하는 행위였다.

한편, 남아시아 조각상은 폼페이와 그리 멀지 않고 조만간 다시 폭발할 화산이 보이는 대도시 나폴리의 국립고고미술관에 자리를 잡았다. 만약 화산이 폭발한다면 우리는 누군가가 조각상을 약탈하거나 어떤 방식으로든 가져가지 않기만을 바라야 한다. 그러면 조각상이 사라질 가능성이 높기 때문이다. 화산이 분출할 때 그녀가 지금 있는 자리에 그대로 남아서 고고학자에게 다시 발굴되기를 기다리는 것이 가장 이상적이리라.

5

고대의 흔적을 찾는
불교 순례자

현장(602~664년)은 인더스 강가에 도착했을 때 빨리 고국에 돌아갈 생각뿐이었다.[1] 세상에서 가장 높은 산지에서 빙하가 떠내려오는, 폭이 몇백 미터나 되는 인더스강은 사나웠으므로 그는 강을 건너는 일이 쉽지 않으리란 사실을 알았다. 하지만 다른 길이 없었다. 중국에 돌아가고 싶다면 얕은 곳으로 건너가 카이베르 고개를 지난 다음 세계에서 가장 거대한 장애물인 힌두쿠시산맥으로 가야 했다. 그곳에서 동쪽으로 산지와 사막 몇천 킬로미터를 지나면 중국 수도 시안에 도착할 터였다.

현장은 고국에서 무엇이 자신을 기다리는지 확신하지 못했다. 중국을 몰래 떠났기 때문에 황제가 사람을 시켜 그를 체포할지도 몰랐다. 중국과 튀르크 유목민들, 서쪽의 왕국들 사이에서 계속된 전쟁 때문에 외국 여행을 금지한다는 칙령을 어겼기 때문이다.[2] 현장은 옥문관Jade Gate을 몰래 빠져나가 제국 바깥의 황무지로 향하던 중 붙잡힐 뻔했지만 어느 외국인의 도움을 받아 인도로 가는 여정을 시작할

수 있었다.[3]

옥문관을 빠져나온 것이 16년 전 일이었다. 그는 16년 동안 주로 말을 타거나 걸어서 여행했다. 16년 동안 몇천 킬로미터를 지나 서쪽 나시크부터 동남쪽 칸치푸람(현재의 타밀나두)까지 그리고 동쪽 해안 위 벵골의 탐랄립타까지 인도아대륙을 횡단한 뒤 북서쪽에 와서 이제 다시 인더스강을 건너 고국으로 돌아가려는 참이었다. 어쩌면 그의 독특한 경험, 그가 제공할 수 있는 외국 땅에 대한 정보, 무겁게 지고 가는 외국 보물들 때문에 황제가 봐줄지도 몰랐다. 이는 그가 끈질기게 모은 종자種子와 필사본, 조각상에 목숨이 달려 있다는 뜻이었다.

현장은 귀중한 물건들을 배에 실어 굳게 믿는 사람에게 맡겼다. 자신은 조금 더 품위 있는 방법으로 강을 건너기로 했다. 코끼리를 타기로 한 것이다. 강은 사나웠지만 다 자란 코끼리는 보통 물살에 휩쓸리지 않고 강을 건널 수 있었다. 계획대로 현장은 세차게 흐르는 너른 강을 건너 무사히 맞은편에 도착했다. 극적인 방법으로 인더스강을 건넌 그는 '그의' 강기슭, 고국까지 이어지는 강기슭으로 넘어갔다.

짐도 강을 무사히 건너고 있나 싶어 돌아보았더니 갑자기 물살이 교차하면서 파도가 일어 배를 거칠게 흔들어댔다. 그의 물건들이 흩어지고 몇 개는 강에 떨어졌다. 물건을 맡은 사람은 짐을 지키려다 물살에 휩쓸렸다. 잠시 동안 짐도 전부 잃고 사람도 죽을 것 같았다. 하지만 곧 가장 위험한 순간이 지나갔고, 배에 탄 사람들이 물에 빠진 이를 건져낸 다음 배가 맞은편에 도착했다. 피해는 상당했다. 현장이 힘들게 모아서 필사한 두루마리 상당수가 강에 떠내려갔다. 그가 수집한 여러 가지 물건 중에서 가장 중요한 것들이었다. 현장은 그 두루마리들 없이는 황제를 알현할 수 없음을 알았다. 여기서 돌아서서 두 번 다시 고국을 찾지 말아야 할까? 현장은 자신이 그 오래전에 도대체 왜 황제의 칙령을 어기고 인도로 머나먼 여행을 떠나기로 했는지 생각하고 있었을까?

세월이 한참 지난 후 현장은 마침내 고국으로 돌아가《대당서역기》를 쓸 때 여러 가지 관찰과 성찰, 설명과 함께 이 끔찍한 도하 경험을 기록했다. 그는 이 책에서 각 지역의 지리적 정보를 제공하고 주민과 문화, 언어, 문자 체계를 설명하는 데 심혈을 기울였다.《대당서역기》는 세계문학의 중요한 장르인 여행기를 대표하는 고전이 되었다. 이와 같은 여행기는 문화 이동에서 크나큰 역할을 했다.

현장은 왜 여행길에 나섰을까?

그는 텍스트 연구를 바탕으로 하는 문화권에서 자랐다. 그의 가족은 중국의 독특한 계층인 문인文人이었다(이는 한국과 베트남에서도 다른 형태로 존재했다). 조정에 나아가 출세하려면 고대 문헌을 완벽하게 익혀야 했고 문예에 뛰어난 자를 선발하는 과거 제도 때문에 젊은 남자들(여자는 제외되었다)은 오랫동안 힘들게 공부했다. 시험에 통과하면 다음 시험을 볼 수 있었다. 이런 식으로 지역에서 조금 더 큰 지방으로, 최종적으로는 황제의 조정에 진출할 수 있었다. 과거 제도는 무력을 가진 잔인한 사람이 아니라 학문을 갈고닦은 사람만 돈을 많이 버는 관직에 앉힘으로써 군사 계급과 지방 실력자에게서 권력을 빼앗기 위해 만들어졌고 그 결과 교육 실력주의, 즉 문학 실력주의를 근간으로 하는 최초의 정부가 탄생했다.

시험의 중심이 되는 텍스트, 오경이라고 일컫는 유교 경전은 오래된 고전이었고 과거를 이상으로 삼아 칭송했다. 기원전 1000년 주나라 초기의 시를 모아서 엮은 《시경》, 주나라 초기 통치자들의 연설과 정사에 관한 문서를 모아둔 《서경》, 따라야 할 행동 양식과 궁정 예절, 외교 의례를 자세히 설명한 《예기》, 점사의 체계를 설명한 《주역》, 노나라의 역사서 《춘추》가 바로 그것이었다.[4]

유교 경전은 과거 숭배 문화를 만들었다. 이 책들을 유교 경전이라고 부른 것은 기원전 5세기에 살았던 공자가 오경을 중요하게 여겼으며 직접 엮었다고 알려졌기 때문이다(그가 노나라 사람이었기 때문에 노나라 역사서와의 관계가 더욱 설득력 있었다). 이는 엄밀하게 말하면 사실이 아니다. 공자는 제자들에게 말로 가르침을 주었을 뿐 아무것도 쓰지 않았다(부처, 예수, 소크라테스와 비슷하다).[5] 그러나 그는 과거, 특히 오경에 너무나 생생하게 그려진 주나라에 대한 깊은 감동을 제자들에게 주입했다. 공자에 따르면 주나라 초기는 질서와 조화의 시대였고 잘 다스려진 국가를 가장 잘 보여주는 표본이었다. 공자가 살던 춘추 시대와는 정반대였다. 공자에게 과거란 현재에 대한 경멸에서 탄생한 이상이었다.

과거를 대하는 이 태도가 얼마나 혁명적이었는지 판단하기는 어렵다. 우리는 과거가 더 나았다는 생각, 옛 황금기는 지나가고 우리가 사는 타락한 시대가 되었다는 생각에 무척 익숙하다. 히브리 성경의 에덴동산처럼 말이다. 하지만 공자는 달랐다. 그는 역사상 특정 시기를 지목했고, 그 시대 것이라는 기록과 유물이 이상적인 모습 그대로 남아 있었다. 이는 굉장한 일이었다. 공자는 약 100년 뒤 다른 대륙에 살았던 플라톤이 그랬듯 현재의 잘못을 찾기 위해 과거를 돌아보는 사람이었다.

이러한 사상은 놀라울 정도로 강력했다. 공자의 가르침은 널리 퍼졌고 그의 사후에 기록되어 고대 문헌과 합쳐졌다. 이렇게 만들어진 경전이 과거 제도의 중심이 되었고, 따라서 문화 전체가 과거를 향하며 전통과 연속성이라는 감각을 주입했다.

어린 나이부터 유교 고전을 외웠던 현장에게 고대 정전 숭배는 현재의 놀라운 문화 번성과 연결되었다.[6] 그즈음 당나라(618~907년)가 등장해 전국을 재통일했다. 당나라 수도 시안은 세계에서 가장 크고 발달한 도시 가운데 하나가 되었다. 후대 사람들이 중국 문학의 정점으로 인정하게 될 새로운 유형의 시가詩歌도 탄생했다. 로마는 멸망했지만 중국은 재통일되어 황금기를 누리면서 부와 문화적 생산이란 측면에서 유교 경전이 칭송하는 주나라를 훨씬 능가했다.

그러나 현장은 유교 경전에도, 그가 이주한 수도에서 점차 열리던 새로운 문예의 시대에도 만족하지 못했다. 현장은 형을 통해서 또 다른 사상을, 결국 그를 인도로 이끈 불교를 접했다.[7]

불교는 현장이 다시 밟게 될 경로와 거의 비슷하게 힌두쿠시산맥과 아프가니스탄을 거쳐 이후 중국에 들어왔다.[8] 당시에는 이 같은 문화 수입이 드물었지만 곧 로마 제국이 기독교를 받아들이고 중동과 북아프리카 대부분이 이슬람을 받아들이면서 자주 일어나게 되었다. 그러나 기원전에는 종교의 이동이 드물었다. 다른 문화권 사람들을 개종시키려는 종교는 거의 없었다. 불교는 일찍이 아소카 왕이 머나먼 나라들에 불교를 수출하려고 애쓰면서 인정했듯 개종에 힘쓰는 최초의 종교가 되었다.

2세기에 불교가 중국에 일으킨 가장 중요한 혁신은 아마도 다르마, 환생, 열반의 교리가 아니라 이 교리를 수행하는 제도, 즉 승려 공동체였을 것이다. 모든 재산을 버리고, 청빈과 독신 서약을 하고, 머리를 밀고, 다른 사람의 자비에 기대어 사는 삶의 방식은 중국에서는 알려진 적이 없었다(인도에서도 새로운 방식이었는데, 가난하게 사는 고행자들이 있었지만 부처의 죽음 몇백 년 뒤 불교 공동체가 등장할 때까지 수도승 공동체는 없었기 때문이다). 새로운 삶의 방식은 유교의 중요한 가르침을 대부분 어겼기 때문에 처음에는 강한 반발에 부딪혔다. 유교에서는 조정에 나가기 위해 학문을 갈고닦았지만 불교는 속세를 떠나라고 외쳤다. 유교는 정치적 안정을 설파했지만 불교는 속세의 일은 일시적이고 불안정할 수밖에 없다고 보았다. 유교는 부모를 공경하라고 했지만 불교는 개종자들에게 가족을 떠나 독신으로 살라고 했다. 이러한 불교와 유교의 차이에도 아랑곳없이 중국 전역에 불교 구도자들의 집단이 생겨 중국 문화의 일부가 되었고 심지어는 유교 교육을 가장 철저하게 받은 문인 계급에서 뛰어난 이들까지 몰려들었다. 현장의 형 같은 문인이 이처럼 새로운 삶의 방식을 받아들인 것은 어쩌면 불교와 유교의 크나큰 차이 때문이었을 것이다.

불자들은 교리와 생활 방식을 열심히 퍼뜨렸다. 현장의 형이 그에게 불교를 소개한 것도 그래서였다. 현장은 스무 살에 승려가 되어 머리를 깎고 독신 서약을 했으며 그때부터 불교 경전 연구에 상당한 시간을 바쳤다.[9] 그는 몇 세대에 걸쳐 구전으로 전해지던 부처의 대화를 문서로 기록할 때 사용된 몇 가지 언어 중에서 산스크리트어도 배웠다.[10] 유교 경전에 통달한 현장은 이제 불교 고전을 익히고 있었다. 그는 7년 동안 승려로 살면서 이 헌신적인 공동체의 일원이 된다는 것이 무엇을 의미하는지 정의하는 명상과 절제, 염불에 삶을 바쳤다.

하지만 현장은 초조해졌다. 부처의 가르침을 따르는 데 시간을 바치다 보니 그의 마음은 서역으로, 깨달음을 얻은 부처의 고향으로 향했다. 현장이 공부한 불교 경전의 중심 무대는 부처와 관련된 장소들이었다. 부처가 태어난 곳, 깨달음을 얻은 곳, 보리수 아래 앉아 있던 곳, 특정한 경문經文을 설파했던 곳. 사실 불교는 어디서든, 특히 불자 공동체가 형성된 곳이라면 어디에서나 실천할 수 있는 간편한 사고방식이었다. 그러나 종교가 탄생한 곳, 경전에서 칭송하는 풍경은 신비로웠다. 현장은 그곳에 직접 가고 싶다는 충동을 느꼈다. 코끼리 등에 보물을 가득 실어 가져오겠다거나 고향에 돌아오겠다는 계획조차 없었다. 현장은 본인의 설명에 따르면 '신성한 흔적'을 찾고 싶었다.[11] 부처의 일생이라는 놀라운 사건이 인도에서 일어났다. 몇백 년이 지났지만 현장은 무엇이라도 좋으니 그 사건이 남긴 흔적을 목도하고 싶었다.

문화 이동에 필연적으로 뒤따르는 힘, 즉 수입된 문화의 머나먼 기원에 대한 유혹이 현장을 인도로 이끌었다. 외국에서 수입된 문화에 매료된 사람들은 종종 자신이 아는 것이 진짜의 그림자에 지나지 않는 것은 아닐까, 단편적이고 걸러진 것이 아닐까, 시간과 공간을 거치며 근본적으로 변한 것이 아닐까 걱정한다. 따라서 기원에 대한 갈망이, 그 문화적 혁신을 본래 상태 그대로나 적어도 남은 흔적을 통해 즐길 수 있는 곳에 대한 갈망이 생긴다. 현장은 그저 부처가 남긴 것을 숭배해야 했기에 오늘날 우리에게 익숙한 인물, 즉 순례자가 되었다.

현장은 북쪽 타클라마칸사막을 빙 두르는 실크로드의 일부를 지나 옥문관까지 걸어가기로 했다. 당나라 시대에 옥을 가지고 온 대상隊商이 지나가는 교역소라서 이런 이름이 붙었는데 오늘날에도 유적이 남아 있다. 이곳은 현장이 넘어서는 안 되는 국경이었다. 옥문관 너머 타림 분지는 튀르크 부족들의 영토 싸움 때문에 최근까지 많은 전쟁을 겪은 지역이었다. 중국이 튀르크 부족들의 영토를 침범해서 끊임없이 분쟁이 이어졌다. 16년 뒤 현장이 여행을 마치고 돌아올 때는 타림 분지가 이미 중국에 편입된 후였다(현재 중국 북서부 신장 지구에 해당한다. 타림 분지는 알티샤르라고도 하는데 위그루어로 '여섯 도시'라는 뜻이다).

현장은 옥문관을 나선 뒤 끊임없이 작은 전투에 휘말리거나 공격받을 위험에 처했다. 그는 자신이 얼마나 취약한지 모르지 않았다. 혼자였고, 도망자였고, 독실한 불자였다. 현장은 불자가 박해받을 수 있음을 잘 알았다. 그는 사람들 눈을 피해 가며 전쟁에 시달리는 지역을 비교적 무사히 통과했고, 오아시스나 마을에 들르면 불교 공동체의 도움을 받았다. 지방 군주와 통치자들은 그에게 식량을 주고 다른 군주에게 보여줄 소개장도 써주었다. 그중에는 당나라 황제와 친밀한 군주들도 있었다.

현장에게 가장 큰 위험은 흔한 노상 강도였다. 강도는 그를 적대적인 중국인 침입자가 아니라 손쉬운 표적으로 여겼다. 또 다른 위험은 험한 지형이었다. 그는 사막에서 죽을 고비에 처했지만 최후의 순간 다른 여행자의 도움을 받고 살아났다. 현장은 고국에 돌아온 다음 그 사건을 이렇게 설명했다. "우리는 거대한 모래사막에 들어섰다. 물도 없고 풀 한 포기 없었다. 황무지 속에서 길이 사라졌고 사막은 끝이 없는 듯했다. 오로지 거대한 산 쪽만 바라보면서 주변에 흩어진 백골의 인도를 받아 빠져나갈 길을 찾을 수 있었다."[12]

인도와 가까워지자 현장은 사람들이 자신의 대의를 얼마나 지지하는지, 불교 공동체가 존재하는지, 통치자들은 불교를 어떻게 대하는지 가늠해 보았다. 불교의 가장 놀라운 흔적은 조각상이었다. 바미얀 계곡(오늘날의 아프가니스탄)에서 현장은 산 사면에 새긴 거대한 석조 불상을 보고 깜짝 놀랐다. 눈 쌓인 산들이 액자처럼 둘러싼 불상은 "어느 면을 보든 금빛으로 반짝거려 이 귀한 장식의 환한 빛에 눈이 부셨다."[13] 사암산에 불상을 새기고 진흙과 회반죽을 정교하게 칠해 놓았는데, 앞으로 뻗은 손을 포함한 일부분은 금빛으로 칠했으며, 다른 부분들은 다양한 색깔의 반짝거리는 보석으로 장식했다. 조각상은 여러 개였고, 그중 하나는 42미터나 되는 높이 때문에 장엄하고 강렬했다. 이 지역에서 불교가 오랫동안 중요한 자리를 차지하고 있다는 증거였다.

이 불상들은 너무나 크고 견고했기 때문에 현장이 방문하고 몇백 년이 지난 뒤 이 지역 사람들이 이슬람으로 개종한 후에도 문화 경관의 일부로 남아 있었다. 이 불상을 피난처로 삼은 사람도 있었고 산 사면을 크게 파내서 그 안에 거주하는 사람도 있었다. 2001년 탈레

(좌) '서쪽' 불상. 오늘날의 아프가니스탄인 바미얀 계곡 사암 절벽에 새긴 불상 중에서 가장 큰 두 개의 불상 중 하나. 2001년 탈레반이 파괴하기 전인 1940년의 모습.(Annemarie Schwarzenbach, 스위스 국립도서관)

(우) 2001년 3월 탈레반이 파괴한 후 바미얀 계곡 '서쪽' 불상 모습.(사진: Squamarabbas)

반 세력이 대공포와 중포로 무너뜨리려 했지만 현대적 무기들도 불상을 완전히 파괴하지는 못했다. 윤곽을 알아볼 수 있는 불상들이 아직 남아 있으며 재건을 거론 중이다.

현장이 불상에 매료된 것은 엄청난 크기 때문만이 아니라 그로서는 이것이 부처를, 그 빛나는 얼굴을 바라보는 것에 가장 가까운 경험이었기 때문이다. 불자들은 여러 시각 표현 방법으로 부처를 사람으로 묘사했고 그의 가르침에 어울릴 만한 손짓과 자세를 만들어냈다. 이는 종교와 예술의 밀접한 관계를 보여주는 또 다른 예이다. 여행 초기에 현장은 순례자다운 열정으로 불교 예술의 발달을 받아들였다.

그러나 현장은 아직 본격적인 인도에 도착하지 않았기에 여행을 계속했다. 시바르 고개를 넘어 오늘날의 카불 지역에 도착하자 부처의 중심지에 가까워지는 느낌이 들었다. 마침내 현장은 800년 전 아소카 왕국의 일부였던 간다라(오늘날의 파키스탄)로 건너갔다. 그는 중국어로 번역된 불교 서적《아소카 전설》을 읽었기 때문에 전설적인 아소카 왕에 대해 알고 있었다.《아소카 전설》의 칭송에 따르면 그는 스투파를 8만 4000개나 지었다.《아소카 전설》을 열심히 읽은 현장은 스투파와 거대한 석주를 볼 때마다 대부분 아소카가 만든 것이라고 생각했다.[14] 조각상과 사원, 수도원뿐만 아니라 이러한 석주들 덕분에 현장은 신성한 곳을 지난다는 느낌을 받았다. 그는 마침내 목적지에, 불교가 가장 오래 지배한 부처의 땅에 도착했다.

그러나 현장은 황폐해진 구조물이, 옛 영광의 폐허가 수없이 많았다고 애통하게 전한다. (또한 그의 설명에 따르면 어느 왕은 아소카의 불교 명문을 의도적으로 지우려 했다.)[15] 이러한 실망감과 못마땅함 때문에 현장은 조각상이나 석주, 스투파가 남아 있는지와 관계가 없던 본래 계획을 기억해 냈다. 그는 문헌을 바탕으로 하는 두 전통인 유교와 불교 안에서 자랐으므로 불교 경전을 찾고 싶었다. 인도에 도착하자 경전을 찾는 것이 최우선 과제가 되었다.

세월이 흐름에 따라 인도 여러 지역에서 다양한 불교 전통과 학파가 성장했는데 중국에 도달하는 가르침은 어떤 승려가 어떤 두루마리를 사서 오는지, 그것이 중국어로 어떻게 번역되는지에 달려 있었다. 오래전 확립된 유교 정전은 오랜 세월이 지난 후에도 놀랄 만큼 잘 보존되어 있었다. 반면 새로 등장한 불교 경전들은 믿기 힘들고, 두서없고, 오류와 오해가 많고, 본래의 맥락에서 벗어난 것처럼 보였다. 예를 들어 중국어로 번역된 최초의 불교 문헌은 인도에 존재하지 않는 선집으로, 마하야나 또는 '대승불교'라는 불교 정전에서 유명한 부분을 편역한 것이었다. 로마에서 리비우스 안드로니쿠스가 호메로스의 작품을 라틴어로 번역했듯이 이 책에도 유명한 번역가가 관련되어 있었다. 바로 구마라습이었다. 구마라습은 (현장이 건너온) 타림 분지의 쿠차에서 자랐지만 중국 측에 붙잡혀 중국 수도로 이송되었고, 그곳에서 영광스럽게도 황제로부터 불교 경전을 중국어로 번역해 달라는 요청을 받았다(그는 감옥에서 중국어를 배웠다).[16]

구마라습이 살던 시대부터 중국과 인도의 문화 교류가 강화되었다. 현장이 태어나기 몇백 년 전 법현이라는 여행자가 똑같은 목적을 가지고, 즉 신성한 불교 경전을 찾아서 길을 떠났다.[17] 현장이 태어날 무렵 중국은 이미 몇백 년 전부터 불교 경전을 번역했다. 중국 불자들만 부처의 중심지에 끌린 것은 아니었다. 현장은 남쪽 실론에서도 순례자들이 왔다는 사실을 알게 되었는데 험한 일을 겪은 이 사람들을 위해 그들의 왕은 순례자용 숙박 시설을 만들었다.[18]

현장은 대부분 마하야나 정전으로 불교의 가르침을 접했기에 선집이라는 렌즈를 통해 인도에서 만난 불자들을 관찰했다. 그는 대체로 불교의 모든 형태와 표현에 관심이 있었지만 학파가 너무나 많고 제각각 성스러운 경전을 가지고 있다는 사실에 깜짝 놀랐다. 마하야나를 선호했던 그는 이른바 '소승', 즉 히나야나를 비롯한 다른 학파를 멸시했다. 다른 종교는 더욱 멸시했으며, 그중에서도 힌두교 브라만은 불교의 적이라고 생각했다. 우여곡절이 있긴 했어도 현장은 어디를 가든 환대받았다. 불교 경전을 찾아 중국에서 온 여행자는 드물었기에 그는 무척 존경을 받았다.

현장은 불교와 관련된 곳을 대부분 방문하고, 유명한 불교 학자들과 함께 연구하고, 귀중한 필사본과 조각상, 종자 같은 물건들을 수집한 다음 이제 어떻게 해야 할지 생각했다. 인도에 머물러야 할까, 고국으로 돌아가야 할까? 인도 사람들은 그가 왜 중국으로 돌아가려는지 이해하지 못했다. 불교의 중심지에 살고 싶어서 여기까지 오지 않았는가? 현장이 그토록 소중히 여기는 신성한 땅에서 그토록 멀리 떨어진 중국에 뭐가 있단 말인가?[19]

인도 사람들이 이렇게 설득했을 때 현장이 대답한 말은 그의 여행기에서 가장 극적 순간을 드러낸다. 현장이 여전히 유생임을 보여주기 때문이다. 그는 당황한 인도인들에게 중국은 덕이 높은 황제가 통치하고 아이들이 부모를 공경하는 무척 질서 정연한 나라라고 설명했다. 천문학자는 정교한 달력을 만들고, 음악가는 섬세한 음악을 연주하고, 어디서든 누구나 음양의 조화를 맞추려고 노력했다. 인도인들은 낯선 가치관과 용어 때문에 이 말을 이해하기 힘들었을 테고, 인도에도 좋은 음악과 순종적인 아이들이 있다고 생각했을 것이다.[20]

문화 매개자로서 현장은 외국 문화에 찬사만 보낼 수는 없었다. 그의 독자인 중국인들의 문화도 칭송해야 했다. 그러나 이러한 변화에는 또 다른 이유가 있었다. 외국 문화를 최대한 흡수한 현장은 이제 내면으로 방향을 바꾸어 자기 경험을 성찰했고, 인도 불교에 이토록 헌신했지만 결국 여행 경험과 고국에 돌아가서 쓸 책의 내용을 근본적으로 형성하는 것은 자신이 자란 배경임을 깨달았다. 여행기에서 현장은 더욱 정확한 불교 경전을 사람들에게 전하고 싶다는 욕망을 설명하면서 이름을 정확히 아는 것의 중요성에 대한 공자의 말을 인용한다.[21] 그때 이후로 기본적인 문헌의 더 나은, 더 믿을 만한 판본과 더욱 정확한 번역을 추구하는 것은 인문학의 주요 관심사가 되었고, 그 덕분에 현장은 중국의 인문 지식 전통 형성의 중심인물이 되었다.

현장은 자신의 유교적 배경에 대해 성찰하면서 이 여행을 새로운 눈으로 보게 되었다. 현장은 인도인들이 그러하듯 인도가 부처의 탄생으로 축복받은 땅이라고 생각했다. 결국 그렇게 고생하며 인도까지 간 이유도 바로 그 때문이었다. 그렇다고 해서 불교가 영원히 인도에 매여 있어야 한다는 뜻은 아니었다. 현장은 불교의 기원을 찾는 데 삶의 많은 부분을 바쳤지만 불교 경전과 휴대할 수 있는 작은 조각상 형태로도 그 기원을 이식할 수 있다고 확신하게 되었다.

그렇게 해서 현장은 고국을 향해 출발했고, 코끼리를 타고 인더스강을 건너다가 16년 여행의 결실인 소중한 짐이 배에서 떨어지는 광경을 목격했다. 필사본과 성물을 가지고 돌아갈 수 있다는 전제하에 불교를 새롭게 이해한 그로서는 짐을 잃는 것이 두 배로 고통스러웠다. 그 물건들은 황제의 노여움을 가라앉히기 위해서도 중요했지만 신성한 장소에 대한 숭배를 휴대 가능한 물건과 번역 가능한 텍스트에 대한 숭배로, 궁극적으로는 자신의 여행기로 대체하고 이를 바탕으로 불교를 새롭게 이해하기 위해서도 중요했다.

짐의 일부를 되찾지 못한 현장은 여정을 중단하고 그에게 필사본을 주었던 몇몇 수도원에 전령을 보내어 새로운 필사본을 보내 달라고 간청했다. 그 뒤 몇 달 동안 그는 귀중한 두루마리와 작은 조각상을 어느 정도 모았다. 잃어버린 것 모두를 대체할 수는 없었지만 이 정도면 충분했다.[22]

현장은 예전보다 줄어든 필사본과 조각상을 가지고 마침내 힌두쿠시산맥을 넘었다. 남은 짐은 편지로 도움을 청해 말과 낙타를 제공받아 옮길 수 있었다.[23] 인도에 올 때는 카이베르 고개를 지났지만 돌아갈 때는 같은 길을 택하지 않고 남쪽으로 타클라마칸사막을 빙 둘러 가던 중 현장은 호탄에 들어가게 되었다. 뽕나무 무성한 오아시스를 둘러싸고 세워진 이 왕국 사람들은 대부분 불교를 믿었다. 호탄은 (편리하게도 실크로드에 위치했기 때문에) 비단 생산의 중심지였다. 으리으리한 스투파가 있는 주요 불교 유적 둔황석굴도 있었다.[24] 둔황은 만리장성 그리고 16년 전 현장이 지나왔던 옥문관에서 가까웠다. 현장은 국경을 다시 통과하여 중국에 돌아갔다.

수도에 가서 황제를 알현하는 일이 아직 남아 있었다. 다행히도 현장이 떠난 사이에 즉위한 새로운 황제는 16년 전 여행 금지 칙령을 어긴 현장을 봐주었을 뿐 아니라 관직까지 내려주었다. 어린 시절에 유교 교육을 받았던 현장은 관직을 수행할 능력이 있었지만, 불교에 푹 빠진 데다 인도에서 오랜 시간을 보내면서 사명감이 더욱 강해졌기에 사양했다. 대신 외국에서 수집한 문헌을 번역하며 여생을 보내게끔 불교 수도원에 들어가게 해달라고 간청했다.[25]

현장은 중국 불자들에게 거의 신화 같은 인물, 중국어 불교 정전을 바로잡고 개선하고 확장해 낸 여행자이자 순례자가 되었다. 이탈리아어에는 번역가 트라두토레traduttore와 반역자 트라디토레traditore의 발음이 비슷하다는 사실을 이용한 농담이 있을 정도로 사람들은 번역가에게 의혹의 눈초리를 보내는 경향이 있으며 번역 작업이 얼마나 선구적 일인지 종종 잊는다. (리비우스 안드로니쿠스를 기억하는 사람은 거의 없지만 호메로스와 베르길리우스는 누구나 안다.) 오늘날에도 표지에서 번역가 이름이 빠지는 일이 종종 벌어진다. 마치 우리는 항상 원본에 접근할 수 있으며, 책은 개개인의 천재가 만드는 것이고, 문화 매개자의 도움은 필요 없다고 믿고 싶어 하는 듯하다. 우리는 번역가 덕분에 다양해진 세상에서 살아가고 있으며, 때때로 인정받지 못하는 번역가의 노고에 모든 문화가 의지하고 있으므로 이런 태도는 더욱 놀랍다. 고대에는 대규모 번역이 거의 존재하지 않았으며, 그리스 문학을 라틴어로 번역하거나 불교 경전을 중국으로 들여온 것은 예외에 속했다.[26] 당나라가 현장 같은 여행자와 번역가에게 의존했을 뿐 아니라 그들을 문화적 영웅으로 여겼다는 사실은 당나라가 얼마나 대단했는지 보여준다.

현장이 대표하는 것은 그가 번역가로서 한 일보다 중요하다. 그는 (나중에 성지를 찾아 떠나는 기독교도들처럼) 수입된 문화를 쫓아서 그 근원을 찾아간 사람을 대표한다. 문화 수입은 복잡한 역장力場을 만들어내기 때문에 수입된 문화가 새로운 현지 문화host culture에 이미 오래전부터 동화된 후에도 멀리 떨어져 있는 수입 문화의 기원을 찾아가면 그 핵심에 접근할 수 있을 것만 같다. 중국 불자들은 인도에 끌렸으나 감히 서역으로 위험하고 금지된 여행을 떠나는 사람은 거의 없었다. 현장은 그들 모두를 대신해서 다녀왔다. 더욱 중요한 사실은 그가 성지를 방문하는 경험이 과대평가되었다는 소식을 가지고 돌아왔다는 점이다. 현장이 가지고 돌아온 경전과 물건, 관찰과 경험 덕분에 중국 불교는 부처의 고향인 인도의 불교에 열등감을 느낄 필요 없이 번성할 수 있었다. 현장은 중국 불자들에게 집에 머물러 있어도 괜찮다는 확신을 준 순례자였다.

≡

현장의 여행은 너무나 중대했으므로 그의 모든 경험을 기록하는 것이 중요했고, 따라서《대당서역기》가 나왔다. 이 작품은 중국이 인도를 보는 관점을 형성했을 뿐 아니라 문화 이동의 고전이 되었다. 《대당서역기》는 또한 문화 접촉의 위험을 보여주는 좋은 예이기도 하다. 여행자는 번역가와 마찬가지로 문화적 경계를 넘나드는 인물이며 한쪽에 충성하지 않는다는 이유로 종종 비난받는다. 전쟁이 발생하면 번역가와 여행자 모두 유난히 면밀하게 조사를 받고 종종 첩자로 오해받는다(현장도 첩자로 의심받은 적이 있다). 최근에는 여행자가 고국의 문화를 외국에 투사한다고 비난받는 경향이 있는데 이는 사실이기도 하다. 자신이 나고 자란 문화에 의해 형성된 여행자와 여행 작가는 많은 것들을 오해한다. 현장도 예외는 아니었다. 그는 유교의 가르침과 중국에 등장한 독특한 형태의 불교라는 렌즈를 통해 인도에 접근했다. 그래서 현장은 수많은 기념물을 아소카 왕이 만든 것이라고 오해하기도 했다.

이처럼 여행자는 오해도 하지만 현지 사람들은 너무 익숙해서 관심을 갖지 않는 것에 주목하기도 한다. 현장은 여행자로서 스투파, 수도원, 불상 등 인도 작가들은 너무 당연하게 여기고 기록조차 하지 않은 많은 것들을 여행기에서 공들여 설명했다. 이 기념물들 사이에서 사는 사람들에게는 그것들을 자세히 기록하는 일이 무의미했을 것이다. 그러나 현장 같은 여행자에게는 기념물이 무척 매혹적이었고, 따라서 여행기의 중심이 되었다.

현장은 알지 못했으나 그가 남긴 인도에 대한 기록은 동시대 중국인들뿐 아니라 전 세계의 후대에게도 중요해졌다. 현장이 설명했던 많은 건물과 조각상이 흔적도 없이 사라졌기에 그의 여행기가 없었다면 우리는 그 존재조차 몰랐을 것이다. 현장 덕분에 우리는 그 시대의 어느 지역보다도 인도의 건축과 조각에 대해서 훨씬 많이 알게되었다. 현장이 인더스강에서 건져내 산을 넘고 사막을 지나 중국 수도에 가져온 실제 불상들보다 당대 불상에 대한 설명이 훨씬 더 중요해졌다. 현장의 글은 남았지만 불상은 살아남지 못했기 때문이다.

번역가와 여행자 덕분에 가능했던 불교의 전파는 불교 사상 보존에 무척 중요한 역할을 했다. 현장이 살던 시대 이후 몇백 년이 지나면서 인도 불교가 쇠퇴했기 때문이다. 브라만들이 힌두교 신앙을 개혁해 사람들을 개종시킴으로써 불교 지지층은 점점 빠져나갔다. 그 다음으로는 인도 지역 대부분이 침략을 받아 피루즈 술탄의 조상들을 비롯한 이슬람 통치자의 후손에게 지배를 받았다. 이슬람 통치자는 불교 및 현지 신앙과 관습을 법으로 금지하지 않았지만 그렇다고 지원하지도 않았다. 현장은 인도에 사원과 수도원 폐허가 너무 많다고 불평했지만 그가 다녀간 뒤 몇백 년이 흐르자 불교 수도원과 공동체는 더 많이 사라졌다.

인도에서는 불교가 쇠퇴했지만 동양에서는 불교가 중국 서부뿐 아니라 중국 제국 전체에 걸쳐, 또 부처의 신성한 흔적과는 너무나도 멀리 떨어진 한반도와 일본에까지 퍼져서 번성했다. 이처럼 먼 거리를 뛰어넘어 끼친 영향이야말로 현장의 가장 중요한 유산이었다.

현장은《대당서역기》와 귀국 후에 해낸 방대한 번역 작업 덕분에 세상을 떠난 뒤 몇백 년 동안 지위가 점점 더 높아졌다. 16세기에 또 다른 문학 장르인 산문 소설이 등장하면서 그의 명성은 더욱 커졌다. 오승은의 작품으로 알려진《서유기》는 현장의 여행에 공상적인 만남이나 손오공 등 재미있는 길동무들을 상상으로 더해서 더욱 활기차게 만들었다. 이 책은 소설사 초기의 큰 성공작이 되었고 중국에서는 지금까지도 최고 인기 고전 소설로 남아 있을 뿐 아니라 연극과 애니메이션, 영화로 여러 번 각색되었다.

여행자에서 신화적 인물이 된 현장은, 때로는 만리장성 때문에 외부 세계를 차단한다는 이미지가 있지만 사실은 중국 문화가 문화 수입의 중요 사례임을 상기시킨다. 중국은 현장을 높이 평가함으로써 몰래 여행을 떠난 번역가 겸 여행자를 문화 이동의 영웅으로 변모시켰다.

6

《베갯머리 서책》과
문화 외교의 위험

옛날 옛적 중국 황제가 일본 황제에게 재치를 겨루자고 했다. 중국 황제는 맨 먼저 완벽한 대칭으로 보이는 통나무를 보내면서 "어느 쪽이 위고 어느 쪽이 아래인지" 물었다. 그러자 일본의 젊은 중장이 지혜로운 아버지에게 조언을 구한 다음 통나무를 강에 던져 어느 쪽이 하류를 향하는지 보자고 제안했다. 실험이 끝난 후 그들은 통나무의 위쪽과 아래쪽을 바르게 표시해서 중국에 돌려보냈다. 다음으로 중국 황제는 똑같이 생긴 뱀 두 마리를 보내면서 어느 쪽이 수컷이고 어느 쪽이 암컷인지 물었다. 젊은 중장이 또다시 아버지의 도움을 받아 해결책을 내놓았다. 뱀의 꼬리 쪽에 가느다란 막대를 가져가면 암컷은 반응하고 수컷은 반응하지 않는다. 일본인들은 실험에 성공한 것을 기뻐하며 뱀을 돌려보냈다.

마지막으로 중국 황제는 일곱 굽이로 구부러지고 속에 구멍이 뚫린 복잡한 보석을 보내더니 미로 같은 구멍에 실을 꿰어 돌려보내라며 중국에서는 누구나 간단히 할 수 있는 일이라고 덧붙였다. 이번에는 정말로 질 것 같았지만 중장의 아버지가 다시 한번 구원자로 등장하여 커다란 개미 두 마리의 허리에 실을 묶어 구불구불한 구멍으로 통과시키라고 했다. 중국 황제는 그들이 해낸 것을 보고 일본인이 생각보다 똑똑하니 위협을 그만두기로 했다.[1]

세이 쇼나곤의 《베갯머리 서책》에 나오는 이 이야기는 일본과 중국의 복잡한 관계를 잘 보여준다. 《베갯머리 서책》은 10세기 헤이안 궁정의 삶을 기록한 독특한 책이다. 세이 쇼나곤은 이런 기록을 남기기에 완벽한 위치였다. 그녀는 일본 궁정의 시녀로 중궁中宮을 모시며 당시 수도(오늘날의 교토)라는 폐쇄적 세상에서 거의 평생을 지내면서 외딴 신사나 절에 잠시 방문할 때만 빼면 고립된 궁정을 떠나지 않았다. (중국 황제 이야기는 일본이 중국을 이긴 것을 기념해서 세운 아리토시묘진이라는 신사에 갔다가 들은 것이다.)

세이 쇼나곤은 오만한 중국 황제의 일화와 같은 이야기를 수집했을 뿐 아니라 궁정 생활을 상세히 기록하며 동료 시녀들 가운데 누가 중궁의 마음에 들었다든가, 높은 관리들이 들고났다든가, 관직 다툼이 있었다든가 하는 일상을 적었다. 그러나 궁중의 쑥덕공론은 일기의 작은 부분이었을 뿐이다. 세이 쇼나곤은 어둠 속에서 춤추는 반딧불이부터 "연보라색 위에 흰색 옷을 입고 또 흰색 겉옷을 입은 여인"처럼 특정한 옷차림까지 자신이 좋아하는 것들의 목록을 만들었다.[2] 그녀는 자연적인 것이든 인간이 만든 것이든 뛰어난 아름다움의 순간을 포착했다. 또 연인이 아침에 어떻게 떠나야 하는지(우물쭈물하며), 젊은 여자가 어떻게 입어야 하는지(격식을 차린 뻣뻣한 치마바지는 입어서는 안 되고 약간 흐트러진 듯이),[3] 신사 외출은 어떻게 진행되어야 하는지(엄격한 규정에 따라) 등 사교술과 궁정 생활의 즐거움을 언급하기도 한다. 그녀와 비슷한 신분의 여자들은 보통 자기 내면을 들여다보며 내적 고뇌와 감정에 대한 일기를 썼다. 하지만 세이 쇼나곤은 바깥으로 시선을 돌려 결코 중립적 관찰자라 할 수 없는 눈으로 주변 세상을 묘사했다. 그녀는 쉽게 판단을 내리고 차별적 시선에서 세상을 설명한다.

《베갯머리 서책》에서 그리는 헤이안 궁정에는 어디에나 중국의 영향이 존재한다. 중국 의복과 병풍을 흉내 내 비슷하게 만들기도 했지만(세이 쇼나곤은 멋진 중국 종이와 부채에 특히 감탄했다) 가장 큰 영향을 끼친 것은 중국 시였다. 궁정에서는 하루에도 여러 번 시를 쓰고 암송하면서 첫눈이나 봄의 첫날처럼 중요하거나 사소한 일들을 기념했다.[4] 가끔 중궁은 시녀들에게 파리에 대한 짧은 시를 짓게 한 다음 가장 좋은 것을 가려내어 공식 시 짓기 대회를 준비하기도 했다.[5] 시는 다른 상황에서도, 예를 들면 곤란한 상황을 해결할 때도 이용된다. 세이 쇼나곤은 어느 날 밤 닭이 개에게 쫓기면서 소동을 일으키는 바람에 천황이 잠에서 깬 일화를 설명한다. 조정 신하 하나가 끼어들어 "닭 소리가 명왕明王의 잠을 깨우는구나'라는 중국 시구를 읊조렸다". 세이 쇼나곤은 이어서 적는다. "그가 시구를 너무나 멋지게 읊었기에 나도 모르게 졸리던 눈이 번쩍 뜨였다. 황제 내외께서도 딱 맞는 시구라며 기뻐하셨다."[6]

무엇보다도 시는 사교의 일환이었다. 종종 사람을 통해 특정 상대에게 시를 보냈는데 이때 받은 사람도 똑같은 방식으로 대답해야 했다. 중국 고전 시를 교묘하게 암시하거나 인용한 다음 그 시를 살짝 비트는 짧은 구절을 덧붙여 간접적으로 의사를 전하는 기술이었다. 오늘날의 문자 메시지와 다르지 않은 이러한 소통이 친구, 시녀와 상전, 연인 사이에 오갔다. 세이 쇼나곤은 아름다운 시에 반해 어떤 남자와 밤을 보내면서 "아침에 돌아갈 때"도 그만큼 멋진 시를 써주겠지 생각한다.[7] 《베갯머리 서책》은 이러한 소통과 밀회에 많은 부분을 할애한다. 황제에게 가까이 가는 것이 전부였던 매우 가부장적인 사회, 규제가 많지만 어느 정도 묵인해 주는 궁정에서 소통과 밀회는 흔한 일이었다.

짧은 시로 소통하는 이러한 관습에서는 중국 시가 무척 중요했다. 일본은 의례와 역사 기록뿐 아니라 시가도 중국 정전을 바탕으로 채택했기 때문이다. 일본은 헤이안 궁정의 공식 기록을 중국에서 비롯된 문자로 표기하고 중국 형식에 따라 구성했는데, 이는 궁중의 모든 사람이 중국의 문자 체계와 문학 전통을 알아야 한다는 뜻이었다. 세이 쇼나곤이 들려준 중국 황제와 일본의 재치 겨루기는 궁정 어디에나 존재하는 중국 문화에 대응하여 중국 황제의 오만함과 일본의 우월성을 증명하고 싶은 욕망으로 표현되었다.

≡

일본에 중국 문화가 널리 퍼진 것은 두 나라가 몇백 년 동안 계획적으로 문화 외교를 주고받은 결과였다. 두 나라의 교역은 1세기에 시작되었고 수나라와 당나라 때 가속화되어 외교 회담이 제도화되었다. 이러한 문화 사절단은 보기 드문 문화 전이 전략이다. 일본과 중국의 관계는 로마와 그리스의 관계처럼 정복당하지 않았음에도 대규모로 문화를 수입한 또 다른 예에 해당한다. 세이 쇼나곤의 이야기에서 중국은 고압적이고 어쩌면 위협적인 모습이지만 사실 중국은 일본을 침략하려 한 적이 없다. 오히려 일본이 문화재와 새로운 지식을 얻기 위해 견당사遺唐使라는 외교 사절단을 기꺼이 보냈다.

로마는 그리스에 군사적 승리를 거두었지만 일본은 중국을 군사적으로 지배하지 않았음에도 문화를 수입했다. 또 로마에서는 그리스 문화의 수입이 영향력은 컸다 해도 사사로운 개인의 일이었던 반면 일본에서는 황제로 대표되는 국가가 문화 전이를 계획했다. 일본에서는 문화 수입이 정부 정책이었던 것이다.

세이 쇼나곤처럼 자신의 경험을 일기에 씀으로써 일본이 문화 외교 정책을 어떻게 실행했는지 포착한 인물이 하나 있다. 바로 엔닌이라는 이름의 승려였다. 838~847년 엔닌의 여행을 살펴보면 세이 쇼나곤의 시대와 그 후 몇 세기 동안 일본을 형성했던 견당사에 어떤 위험이 도사렸는지 엿볼 수 있다.

복잡한 선발 과정을 거쳐 선원, 군인, 일꾼, 장인, 학자, 승려를 모집했기 때문에 보통 몇 년 전부터 미리 계획했는데 엔닌이 견당사에 들어갔을 때도 마찬가지였다.[8] 준비는 매우 큰 배를 건조하는 것으로 시작되었고 장식용 칼, 수정, 붓, 소라 껍데기 같은 선물까지 신중하게 골라야 했다.[9]

그런 다음에는 황해를 건너는 위험한 일이 남아 있었다. 당시 일본에는 나침반이 아직 전해지지 않았지만 일본 선원들은 점차 경험을 쌓았기 때문에 오키나와섬을 경유해 약 720킬로미터나 되는 대양을 건너는 항해에 도전했다. 남부의 권력 중심지 쑤저우(현재 상하이 근처)로 가는 항로였다.[10] 엔닌의 사절단은 배가 좌초하는 바람에 두 번이나 다시 돌아왔고 세 번째 시도에서야 겨우겨우 목적을 달성했다. 세 번째 항해 때 엔닌의 배가 태풍에 심하게 흔들려 좌초했다. 돛대를 자르고 키를 버려야 했고 그 때문에 배를 조종할 수가 없어서 파도와 바람에 맡겨야 했는데 다행히 일행의 배가 와서 구해 주었다. 덕분에 승객도 화물도 중국 동부 해안에 무사히 도착했다.

그다음 어려움은 의사소통이었다. 견당사 중에는 중국어를 할 줄 아는 사람이 없었고 중국 측도 일본어를 하지 못했다. 두 문화와 더 빈번하게 접촉했던 신라 사람이 가끔 통역을 해주었으나 엔닌과 동료 여행자 대부분은 특별한 형태의 의사소통에 의존했다. 일본에서 쓰는 말은 중국어와 관련이 없었지만 일본 문자 체계의 바탕이 한자였기에 한자가 일종의 공용어였고 중국 고전이 공통된 참조 역할을 했다.[11] 이렇게 문자 체계를 공유했기에 일본 외교관들은 종이에 한자를 써서 중국인들과 의사소통을 할 수 있었지만 발음은 서로 알아듣지 못했다. 다른 언어를 쓰는 사람들끼리 종이에 숫자를 써서 가격을 흥정하는 것과 비슷했다. 이러한 대화 방식은 음성기호를 바탕으로 한 문자 체계에서는 불가능했고 붓으로 글자를 써서 소통했기 때문에 '필담'이라고 불렀다.[12]

엔닌은 중국에 도착한 지 얼마 안 되었을 때 나누었던 필담을 기록했다. "일본국 스님들은 옛날에 큰 인연이 있어 지금 스님들을 만나게 되었습니다. 우리는 법法의 본질인 공空 속에 살아야 함을 확실히 알고 있습니다. 우리의 만남은 정말 행운입니다."[13] 이를테면 사명使命 선언이라고 할 만한 이 대화를 보면, 일본 황제가 보낸 견당사는 모든 종류의 문화 발전에 관심이 있었지만 엔닌은 여기서 단순히 '법'이라고 표현한 불교에 특별한 관심이 있음을 알 수 있다.

불교 역시 중국에서 수입한 것이었다. 불교 승려였던 엔닌은 최신 참배 형식을 배우고 종교 예술품을 가지고 돌아갈 수 있기를 바랐다. 엔닌에게 불교는 단순한 종교 교리가 아니라 삶의 방식이자 수많은 예술의 근원이었다. 중국과 일본의 문화 발달은 불교와 뗄 수 없는 관계였다. (세이 쇼나곤의 《베갯머리 서책》에는 불교, 특히 《묘법연화경》이 계속 등장하고 수많은 불교회화와 조각상, 축제도 언급된다.)

엔닌은 불교 가르침의 중심이라고 생각했던 텐타이산의 절에 가서 중국 불교가 최근에 어떻게 발전했는지 배우고자 했다. 그러나 그곳에 가려면 여러 관청에서 허가를 받아야 한다는 사실을 곧 알게 된다. 이때부터 과거 제도와 문예 문화의 부산물인 기계적인 중국 관료제와 엔닌의 서류 전쟁이 시작되었다. 엔닌은 집요하게 자신의 목적을 좇아 허가를 요청하는 서신을 수도 없이 보내면서 관료제의 꼭대기를 향해 천천히 올라갔다. 여러 달이 지난 후에야 허가할 수 없다는 답변이 왔다.[14] 실망한 엔닌은 남은 시간 동안 필사본과 성물, 회화를 모았고 사절단은 외교 업무를 수행했다.

고국에 돌아갈 때가 되자 엔닌은 동료들과 함께 부지런히 짐을 쌌다. 그는 불교에서 명상을 할 때 쓰는, 우주를 나타내는 기하학적 만다라 두 장과 두루마리를 대나무 상자에 가득 채워 배에 실었다. 엔닌은 더욱 안전을 기하기 위해 특별히 구한 중국 가죽 상자에 이 귀한 보물을 넣었다.[15]

묵직한 짐을 실은 배들이 떠났지만 일본인 세 사람이 몰래 해안에 남아 있었다. 엔닌과 두 제자였다. 이들은 제국의 행정 체계와 치열한 서류 전쟁을 벌인 끝에 실패하자 독자 행동에 나서기로 결정했다.

그때껏 엔닌이 중국에서 경험한 것은 견당사로서의 전형적 경험이었으나 그는 중국 문화의 여타 측면들보다 불교에 더욱 관심이 있었다. 그러나 엔닌은 중국에 남음으로써 법을 어기게 되었고 이제 그와 제자들밖에 없었다. 잠시 후 배가 한 척 다가오더니 무엇을 하고 있나고 물었다. 길을 잃었는가? 난파를 당했는가? 아무 대비도 하지 못한 엔닌은 자신이 신라인이라고 중얼거렸다. 그러자 그들은 친절한 태도로 힘들게 산을 넘어 다음 마을까지 데려다주었다. 그곳에서 엔닌 일행은 정부 관리를 포함한 마을 사람들을 소개받았는데 이 관리들은 세 승려가 신라인이 아님을 금방 알아보았다. 당황한 엔닌은 말을 바꾸어 견당사의 일원이었으나 몸이 아파서 남게 되었다고 했다. 그는 중국 불교에서 지혜를 얻고 싶은 일본 승려일 뿐이라고 얼버무렸다.

이 의심스러운 외국인들을 어떻게 해야 했을까? 엔닌은 지방 절에서 겨울을 보낸 다음 불교 가르침의 중심지인 중국 북부 우타이산에 가도 좋다고 허락을 받았다. 탑과 사원, 강당, 수도원이 무척 많은 우타이산은 다섯 봉우리에서 이름을 따왔다. 봉우리가 동서남북과 중앙에 하나씩 있었는데 그곳에 가려면 가파른 산길을 올라야 했다. 거의 1년 내내 눈으로 덮인 평평한 꼭대기가 소나무, 전나무, 백양나무, 버드나무가 빽빽한 푸른 산 위로 장엄하게 솟아 있었다.

엔닌과 두 제자는 한 절에 머물면서 설명을 듣고 두루마리를 연구하고, 새로운 의식의 절차를 배우고 나서 다음 절로 갔다. 엔닌은 어떤 절에 갔다가 부처님이 숨을 거두면서 열반에 드는 역사적 모습을 재현한 약 4.8미터짜리 불상을 보고 특히 감명을 받았다. 열반에 드는 모습을 재현하는 불상은 보통 똑바로 누운 자세였지만 이 불상의 경우 부처가 모로 누워 있고 "오른쪽 옆구리는 나무 두 그루 아래" 있었다. 조각가는 "괴로워서 땅에 쓰러진" 부처의 어머니와 수많은 반신半神과 성인들도 넣었다. "몇몇은 손을 든 채 비통하게 울었고 몇몇은 사색에 잠긴 듯 눈을 감은 채였다."[16] 모든 것이 놀랄 만큼 새로웠다. 이것이 바로 엔닌이 중국에 보러 온 혁신이었다.

부처와 유명한 보살(깨달음을 얻는 중인 자들을 가리키는 말)들을 어떻게 표현해야 할지 몇 세기 동안 논의가 계속되면서 이를 중심으로 아시아 전역의 예술이 발전했다. 많은 문화권에서는 특히 고대에 그랬던 것처럼 예술과 종교가 밀접하게 얽혀 있었다. 본래 불교 예술가들은 부처를 재현하는 것 자체를 원하지 않았고 부처가 그 아래에서 깨달음을 얻었던 보리수, 법륜 그리고 열반에 들어가는 것을 상징하는 둥근 스투파 정도로 만족했다.[17] 그러나 곧 부처를 그리는 정교한 체계가 발전했고 이는 지역에 따라 매우 달랐다. 화가와 조각가는 일생의 각 단계에서 부처가 어떤 모습이었는지 경전이 묘사하는 대로 만들어내고 싶다는 욕망을 거부할 수 없었다. 열반에 드는 것은 자아와 세상에 대한 애착을 없애고자 하는 욕망이나 명상과 관련이 있었기에 그림과 조각 속에서 부처는 고요함을 강조하는 초연하고 평안한 자세를 취했다. 부처는 종종 결가부좌를 틀고 있으며 서 있을 때에도 활동성은 최소한으로 드러낸다. 엔닌이 감탄한 조각처럼 움직임과 드라마, 동요가 표현되었다 해도 그것은 부처나 보살 주변에 모여든 제자 혹은 별로 중요하지 않은 사람들 몫이다.[18]

불교 예술가들은 완벽한 평정을 찾으려 애쓰면서 부처의 얼굴, 자세, 여타 특징을 표현하는 정교한 체계를 발전시켰다. 목적은 해부학적 특징을 세세하게 포착하는 것이 아니라 불교 교리의 핵심인 초연함을 시각적으로 표현하는 데 있었다. 정적靜寂을 표현하기 위해 부처는 거의 항상 완벽한 대칭을 이루며 정면을 바라보았다. 힘을 빼고 있다는 뜻에서 팔다리와 몸통을 둥그렇게 표현했고 근육이나 힘줄에서도 움직임이나 힘은 느껴지지 않았다. 인간의 신체 구조에 대한 고민도 필요 없고 몇백 년 뒤 일부 유럽 화가들과 달리 시체를 해부할 필요도 없었다. 사실주의는 오히려 불자들이 믿는 모든 것과 어긋났다. 사실주의적으로 표현하면 감상자는 특정한 것에, 놀랍고 예외적인 데 집중하게 된다. 그 대신 불교 조각은 부처가 상징하는 공空의 철학을 포착하려 애썼다.[19]

부처의 얼굴도 마찬가지였다. 넓은 이마 아래 검푸른 눈은 감상자를 직시했고, 눈썹 사이 흰 털은 지혜의 눈을 상징했다. 부처는 아무런 장식도 없는 간단한 승복 차림이었다. 예술가가 부처의 내적 상태를 표현하는 방법은 부처가 취하는 무드라, 즉 '손 요가'라고 하는 독특한 손 모양뿐이었다.[20] 이와 같이 모든 요소가 불교 철학의 한 측면을 상징했다.

엔닌이 불교 연구에 몰두하는 동안 중국의 분위기가 바뀌었다. 840년에 당나라의 새로운 황제 무종이 즉위했다. 무종은 선왕과 달리 노자가 쓴《도덕경》을 바탕으로 몇 세기 전에 뿌리내린 중국 철학인 도교를 좋아했다. 시간이 지나면서 도교 추종자들은 민속 의식, 점성술, 의술을 흡수했고 불교 요소까지 받아들여 철학과 종교를 결합했다. (불자들보다) 수가 적고 넉넉지 못했던 도교 신자들은 불자를 경쟁자로 보는 경향이 있었고 무엇보다도 불자들이 수도에서 권력과 특권을 차지하는 것에 분노했다. 무종의 즉위는 해묵은 원한과 분노를 풀고 더 많은 자원을 손에 넣을 기회였다.

대담해진 도교 신자들 외에 유교 신봉자들 역시 줄곧 불교에 적대적이었다. 그들은 공직과 효도를 바탕으로 하는 신념 체계 때문에 개인의 깨달음을 강조하는 불교에 의구심을 갖는 경향이 있었다. 게다가 수도나 우타이산 등지의 절들은 상당한 부를 쌓았다. 이제 유교 관료들은 새로운 황제의 지원을 등에 업고 사찰의 재산을 몰수해 다른 곳에 쓰고자 했다.

물론 궁정에서 요직을 차지한 환관을 비롯해 불교를 옹호하는 사람들도 있었지만 불교가 불리하다는 사실은 점점 더 명백해졌다. 불교가 중국에 들어오고 몇백 년이 흘렀는데도 유교와 도교는 불교를 외국의 수입품이라고 낙인찍었다.

당 무종은 842년에 최초로 폐불廢佛을 단행하여 절들을 폐쇄하고, 사찰 재산을 몰수하고, 경전을 불태웠다. 엔닌은 동료 승려들이 어떤 박해를 받았는지 일기에 기록하면서도 아무런 감정을 드러내지 않았다. 때로는 황제가 불교에 얼마나 적대적인지 잘 알면서 바보스럽게도 황제에게 불교 경전을 올리다니 불교 필경사들이 너무 어리석었다며 피해자를 비난하기도 했다.[21] 엔닌의 전략은 납작 고개를 숙이고 배움에 매진하면서 폐불의 물결이 잠잠해지기를 기다리는 것이었다.

하지만 정세는 반대로 흘러갔다. 844년에는 불교 박해가 극도로 심해져 수많은 소규모 사원을 부수고, 모든 사찰 재산을 몰수하고, 수많은 승려들을 환속시키고, 불교 조각과 회화를 파괴했다. 불교 사원에 있는 귀중한 종을 떼어 도교 사원에 줘버리기도 했다. 엔닌은 새로운 현실을 뒤늦게야 서서히 깨달으며 새로운 황제가 도교를 사랑하고 불교를 증오한다는 사실을 수긍하지 않을 수 없었다.[22] 엔닌으로서는 불교 예술 파괴가 가장 안타까웠다. "그들은 불상에서 금을 벗겨내고 동과 철로 만든 불상을 부수어 무게를 달았다. 너무나 안타까운 일이다! 이 땅의 청동불, 철불, 금불에 무슨 잘못이 있단 말인가? 그럼에도 황제의 칙령에 따라 전부 파괴해서 쓰레기로 만들었다."[23] 엔닌이 직접 보려고 중국까지 찾아온 불교 예술이 그의 눈앞에서 무너져갔다. (마찬가지로 기독교도 박해받고 황폐해졌다).

수도에 숨어 있는 일본인 승려 엔닌이 폐불 운동과 맞닥뜨리는 것은 시간문제였다. 엔닌은 강제로 환속당하고 집으로 돌려보내졌다. 그는 빈손으로 수도를 떠났다. 엔닌은 중국에서 8년 동안 일본에 가지고 돌아갈 경전과 예술품을 모았으나 전부 남겨두고 떠나야 했다. 이제 불교가 공식적으로 폐지되었으니 불화와 두루마리를 잔뜩 가진 채 길에서 눈에 띄면 안 될 일이었다. 엔닌은 머릿속에 저장한 것만 가져갈 수 있었다. 헤어질 때 그를 불쌍히 여긴 중국인 고위 관리가 유감의 말을 남겼다. "이 땅에 불교는 더 이상 존재하지 않습니다. 하지만 불교는 동쪽으로 흘러가요. 고대 이후로 쭉 그랬지요."[24]

엔닌이 아직 중국에 머물던 846년 무종이 세상을 떠나면서 가장 극심한 박해는 끝이 났다. 고위 관리의 음울한 관측과 달리 중국 불교는 845년의 극심한 박해에도 살아남았지만 당나라 황제들 치하에서 누렸던 중요한 권력과 지위를 두 번 다시 되찾진 못했다. 우타이산은 거의 파괴되었다. 엔닌의 일기는 우타이산과 사원을, 자연과 예술의 이 멋진 조화를 더없이 자세하게 기록해 놓았다. (이후 엔닌의 일기를 참고로 몇 세기에 걸쳐 몇몇 사원을 재건했으며 현재 이 지역은 유네스코 세계유산으로 지정되었다.) 현장의 경우처럼 본래 살던 주민은 기록할 이유가 없기 때문에 외국인 방문자가 예술과 문화를 더욱 철저하고 상세하게 기록한 사례다.

고위 관리가 예측한 것처럼 불교는 계속 동쪽으로 흘러갔다. 인도에서 발생한 불교는 그곳에서 차츰 기반을 잃고 오늘날의 아프가니스탄과 티베트 산악 지역으로 옮겨갔다가 중국으로, 다시 한국과 일본으로 그리고 전 세계로 퍼졌다. 고위 관리가 말하지 않았지만 그 말에 함축된 의미는, 이 동쪽으로의 흐름을 가능하게 만든 것은 현장과 엔닌 같은 여행자들, 불교를 동쪽으로 가져가기 위해 서쪽으로 찾아간 사람들이라는 사실이다.

≡

엔닌은 마지막 견당사였다. 몇 년 뒤 또 다른 사절단을 파견하려던 계획은 취소되었다. 항해가 위험한 데다 중국 상황이 불안정했기 때문이다. 세이 쇼나곤이 일기를 쓰는 시대가 왔을 무렵엔 시가詩歌부터 불교에 이르기까지 중국 문화를 일본으로 수입하고 문화 외교를 하던 시절은 과거의 일이 되었다.

그사이 몇 세기 동안 일본은 점차 문화 독립에 자부심을 갖게 되었다. 이를 위해 일본은 가나 문자를 새로 만들었다. 한자에 의존하지 않고 일본어에 딱 맞춘 표음 문자였다(불교 승려가 인도의 음성기호에 영감을 받아 만들었다고 전해진다). 가나 문자 덕분에 일본에서는 식자율이 높아졌다. 중국에서는 거의 남자만 글을 알았지만 일본에서는 새로운 문자 덕택에 여자들도 대거 글을 배웠다. 그들 중에는 일기를 쓴 세이 쇼나곤 같은 궁정 여인들도 있었고 그녀보다 어린 동시대인 무라사키 시키부는 세계 역사상 최초의 걸작 소설《겐지 이야기》를 썼다.[25] 새로운 문자는 처음에는 정교함이 부족하다는 평을 받았지만 결국 무척 독창적이고 중요한 작품을 낳았다. 그것은 부분적으로는, 이 문자가 여성 작가들이 확립된 정전과 문학적 관습이 존재하는 중국 중심 남성 문학의 제약에서 벗어나 혁신할 수 있는 공간을 만들었기 때문이다(또한 궁정이 승인한 최초의 일본 시선집《고킨슈》도 탄생했다). 또 주로 여성들이 가나 문자로 쓴 일기가 너무나 신선하고 성공적이어서 남성 작가들이 이를 따라 하기 시작했다.

이렇게 일본이 새로 독립성을 찾았지만 중국 문화는 계속 중요한 참조점으로 남았다. 예를 들어 무라사키 시키부의《겐지 이야기》는 무려 800편이나 되는 한시를 실었으며 중국 문학을 자주 언급한다.[26] 또 무라사키 시키부는 세이 쇼나곤에 대해서 쓴 몇 안 되는 동시대인 가운데 한 사람으로서 그녀를 경쟁 상대로 여겼다. "세이 쇼나곤은 스스로에게 무척 만족하는 듯하다. 하지만 잠시 멈추어 그녀가 여기저기 오만하게 뿌려놓은 한자를 잘 살펴보면 전부 미흡하다는 사실을 알 수 있다." 견당사 파견이 중단되고 가나 문자가 꽃핀 지 몇 세기가 지났건만 경쟁 상대를 깎아내리는 가장 좋은 방법은 부족한 한자 실력을 비판하는 것이었다.

≡

새로운 독립 정신을 가장 뚜렷하게 드러낸 것은 또 다른 견당사 이야기였다.《베갯머리 서책》과 비슷한 시기에 나왔지만 한참 앞선 시대를 다루었으며 일본인을 시험하는 중국 황제 이야기와 비슷하다. 바로 두루마리에 그림을 그리고 글을 써서 견당사로 파견되었던 전설적인 관리 기비 마키비의 이야기를 들려주는 작품이다.

또 다른 자료에 따르면 실존 인물이었던 기비는 유교 경전 다섯 권, 역사, 음양, 역법, 천문학, 점사, 바둑 등 열세 가지나 되는 중국 학문 분야 전부에 통달했다.[27] 이처럼 중국 문화에 대한 방대한 지식은 그에게 무척 도움이 되었다. 두루마리 이야기에 따르면 중국에서 일이 크게 엇나갔기 때문이다. 처음에는 순조로운 듯했다. 일본과 중국 사이의 황해를 건널 때에는 아무 문제도 없었다. 배가 해안에 도착하자 견당사 일행은 작은 배로 옮겨 타고 상륙해 따뜻하게 환대받는다. 그런데 그때 문제가 시작되었다. 중국인들이 기비를 탑으로 끌고 가 감금하다시피 했고, 귀신이 나타나더니 곧 죽임을 당할 거라고 경고했다. 기비는 목숨을 건지려면 그의 목을 노리고 다양한 시험과 시련을 내미는 중국인들에게 깊은 인상을 주어야 했다.

첫 번째는 중국 명시선집 시험이었다. 다행히 기비는 나는 법을 알았기 때문에 자신을 돕는 귀신과 함께 그를 납치한 중국인들에게 날아가 시험을 준비하는 모습을 엿본다. 이 시험에 통과하자 이제 바둑에서 패기를 보여줘야 했다. 기비는 중요한 바둑알을 몰래 삼켜서 이긴다. 그가 바둑알을 삼켰다고 의심한 중국인들은 기비의 배설물을 검사했다. 두루마리의 그림을 보면 검사관들이 땅을 빤히 바라보고 있지만 그들이 그렇게 열심히 보는 대상은 없다. 중국인들이 몰랐던 기비의 수많은 재주 중에는 장운동을 완전히 통제하는 재주가 있었기에 그는 바둑알을 들키지 않을 수 있었다. 기비는 이와 비슷한 여러 가지 속임수를 써서 중국인들에게 강렬한 인상을 주었고, 중국인들은 그를 진심으로 두려워한다. 기비가 태양과 달을 없애겠다고 위협하자 중국인들이 그를 놓아준다.[28]

이 두루마리는 유머 감각이 무척 뛰어나지만 중국을 더없이 부정적으로 그리면서 일본인이 중국에 가면 세이 쇼나곤의 일기에 나오는 재치 대결처럼 위험한 일이 닥칠지도 모른다고 경고한다. 기비가 탑에 갇혀 굶어 죽을 뻔했다는 역사적 기록은 없으므로 중국을 이렇게 부정적으로 보는 시선은 놀랍다.

이 두루마리는 실제 역사적 사건을 그리기보다 중국인들에 대한 의심을 드러내면서 문화 수입이 어떤 문제를 일으킬 수 있는지 보여준다. 문화 수입이 이루어지면 두 문화가 서로 차용하고 영향을 끼치며 복잡하게 얽혀서 작용하게 되고, 따라서 우월성과 의존성을 둘러싼 불안감을 종종 유발한다. 타국에서 기술, 문화, 예술을 빌린다는 것은 어떤 의미일까? 다른 민족의 문학 정전을 빌리면 어떻게 될까?

일본의 경우는 (로마도 그랬던 것처럼) 다른 문화를 자발적으로 차용하면 문화를 풍성하게 만드는 큰 자산이 될 수 있음을 보여준다. 그러나 문화 차용은 이와 동시에 후발 주자라는 느낌, 자신의 가치를 증명해야 한다는 경쟁심을 불러올 수밖에 없다. 아마도 그리스나 로마의 경우와 달리 전쟁에서 패한 적의 문화를 수입하는 경우가 아니라면 상대방에게 지배당할지도 모른다는 두려움 때문에 반발심이 생겨 경쟁의식이 특히나 강해질 것이다. 엔닌의 일기는 중국에서 일어난 불교 수입에 대한 반발을 기록하고 있지만 이 일기 자체가 간접적으로나마 일본의 중국 문화 수입에 대한 반발의 대상이 되었다.

사실, 문화를 강요당할지도 모른다는 불안감이 팽배했지만 잘못된 예측이었다. 엔닌의 일기가 부분적으로는 불교 천태종 학파를 강화하여 일본에서 불교의 모습을 바꾸어놓은 것은 사실이다. 그러나 그가 쓴 일기와 중국에서 가지고 들어온 두루마리에서 시작된 영향은 일본에서 새로운 형태로 발전했다. 시간이 흐르면서 일본 불교는 또 다른 형태의 독특한 불교 교파들을 탄생시키는데 독특한 참배와 예술 형식을 발전시킨 선불교도 그중 하나였다. 선불교라는 명칭은 명상을 의미하는 중국어 선禪에서 따온 것이다.

기비 두루마리는 무척 독창적 작품이다. 서예와 수묵화를 결합하여 이야기를 담는 두루마리 그림 에마키는 중국에서 비롯되었지만 중국에서는 이 정도의 작품이 만들어지지 않았고 두루마리 그림은 일본의 독특한 예술 형태가 되었다. 글과 그림을 능숙하게 교차시키는 두루마리 그림은 무척 동적이다. 해안에 도착하는 배와 이들을 맞이하는 수많은 사람들, 마차를 타고 이동하는 사절단, 바람에 머리카락을 휘날리며 하늘을 나는 기비와 귀신. 군중이 등장하는 장면에서

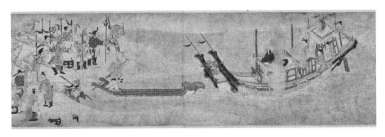

기비의 중국 모험을 그린 12세기 두루마리(《기비 다이진 닛토 에마키》) 일부.(보스턴. 사진: 보스턴 미술관).

는 우산을 들고 있든, 몸을 숙였든, 물소의 고삐를 끌든, 어딘가로 뛰어가든, 가파른 탑 계단을 오르든, 두루마리를 읽든 모두가 바쁘게 무언가를 한다. 기다리거나 자는 듯한 사람들도 극적인 자세로 계단에 걸터앉거나 창에 기대어 금방이라도 움직일 태세다.

이 두루마리는 미쓰나가 도키와 공방에서 제작했다. 미쓰나가는 두루마리의 구성에 추진력을 부여함으로써 동적 흐름을 만드는 기술을 완벽하게 익혔다. 이처럼 움직이는 듯한 느낌의 두루마리 그림은 20세기에 일본이 만들어 세계를 휩쓴 만화를 예견한다.

엔닌의 일기와 기비 두루마리는 문화 수입에 대한 불안을 드러내지만 일본의 문학, 회화, 조각, 건축, 불교와 불교 예술 형식이 전혀 파생적이지 않다는 사실을 증명한다. 로마의 경우가 그랬듯이 자발적 문화 수입은 새롭고 독창적 문화를 창조하는 데 도움이 되고, 그렇게 생겨난 문화는 오랫동안 지속된다.

그렇게 만들어진 독창적인 작품들 중에서도 세이 쇼나곤의《베갯머리 서책》은 매우 중요하며 세이 쇼나곤은 이 책으로 세계문학에서 확고한 위치를 차지하게 되었다. 일기 마지막 부분에서 세이 쇼나곤은 독자들에게 이 일기가 어떻게 시작되었는지 말해 준다.

> 어느 날 고레치카 내대신께서 중궁께 종이 한 묶음을 헌상했다.
>
> "여기에 무엇을 쓰면 좋겠는가?" 중궁이 물으셨다. "황제께서는 《사기》를 쓰셨다는군."
>
> "그럼 이건 '베갯머리 서책'을 쓰시면 옳을 줄로 아옵니다." 내가 제안했다.
>
> "아주 좋구나. 자네가 갖도록 하게." 중궁이 이렇게 말씀하시고는 내게 종이를 주셨다.
>
> 그 많은 종이를 다 채우려고 내가 온갖 이야기를 적다 보니 말이 안 되는 이야기도 많을 것이다.
>
> 나는 전체적으로는 흥미로운 일이나 사람들이 훌륭하다고 할 만한 일에 대해 썼다.[29]

이 일화는 종이(중국 발명품)가 얼마나 중요한지 보여준다. 위 이야기에 따르면 중국 정전 중에서도 핵심적인 책이자 견당사가 중단된 후에도 일본인들이 한참 동안 중요하게 여겼던 《사기》를 천황이 더는 필사하지 않으면서 종이가 남았다. 본래 중국 고전을 적기 위한 것이던 종이가 우연히 세이 쇼나곤의 손에 들어와서 전혀 다른 유형의 역사 기록, 즉 군사와 전쟁이 아니라 문화와 예술, 주고받은 시, 미학적 이상과 사교적 예의, 향기와 소리와 모습, 일상적 관찰과 매력적인 (그리고 매력적이지 않은) 일을 기록하는 데 쓰이게 된 것이다. 이는 중국 남자가 아니라 일본 여자가 쓴 기록, 한자가 아니라 일본 표음 문자로 쓴 기록이며, 동시대의 극소수를 제외하면 모두에게 닫혀 있던 숨은 세계를 살짝 보여준다. 예리한 관찰자이자 뛰어난 작가 세이 쇼나곤의 용기와 창의력이 아니었다면 그 세계는 역사에서 사라졌을 것이다.

우리는 문화를 평가할 때 독창성을, 언제 어디서 처음 발명되었는지를 지나치게 강조하는 경향이 있다. 원조라는 주장은 종종 우월성과 소유라는 미심쩍은 주장을 뒷받침할 때 사용된다. 그런 주장은 편리하게도 모든 것이 어딘가에서 왔음을, 발굴되고 차용되고 옮겨지고 구매되고 도난당하고 기록되고 복사되고 종종 오해받는다는 사실을 잊는다. 무언가가 본래 어디서 나왔는지보다 훨씬 더 중요한 것은 우리가 그것을 가지고 무엇을 하느냐이다. 문화는 거대한 재활용 프로젝트이며, 우리는 다음에 사용될 때를 기다리며 그 유적을 보존하는 매개자에 불과하다. 문화에 소유자는 없다. 우리는 다만 다음 세대에 문화를 물려줄 뿐이다.

7

바그다드,
지혜의 창고가 되다

어느 날 밤 알 마문 칼리프는 꿈을 꾸었다. 이마가 넓고 잘생긴 남자가 나왔는데 눈썹이 성성하고 머리가 벗겨진 데다 눈은 검푸른색이었으며 흰 피부에는 붉은 기가 돌았다. 경외심으로 가득 찬 칼리프는 그 유령 앞에 서서 이렇게 물었다고 한다. "당신은 누구십니까?" 유령이 대답했다. "나는 아리스토텔레스다." 칼리프는 무척 기뻐하며 철학자 아리스토텔레스에게 온갖 질문을 하다가 잠에서 깼다.[1]

칼리프는 813년부터 833년까지 20년의 통치 기간 중 언젠가 바그다드에서 이 꿈을 꾸었다. 그는 이 꿈이 시종들에게 전할 만큼 중요하다고 생각했지만 그리스 철학자의 방문에 크게 당황하지는 않은 듯하다. 반대로 칼리프 자신의 설명에 따르면 그의 방문이 무척 기뻤다. 알 마문은 분명 아리스토텔레스와 대화를 나누었고 꿈속이긴 했어도 그를 어떻게 대해야 할지 정확히 알았다.

바그다드의 칼리프가 왜 1200년 전 죽은 그리스 철학자의 꿈을 꾸었을까?

알 마문은 신속하고 잔인하게 왕좌에 올랐다. 그의 이름은 아부 알 압바스 압드 알라 이븐 하룬 알 라시드로, 이름의 마지막 부분이 알 려주듯 급속도로 팽창하는 아랍 제국을 통합한 전설적 통치자 하룬 알 라시드의 아들이었다. 하룬 알 라시드는 아라비아반도뿐 아니라 서쪽으로는 이집트와 아프리카 북부, 동쪽으로는 오늘날의 시리아, 이라크, 이란에 이르는 영토를 아들들에게 남겼다. 하지만 알 마문이 장남이었음에도 아버지는 이복동생에게 바그다드를 중심으로 하는 영토를 맡기고 알 마문에게는 중앙 페르시아만 남겼다. 불가피한 일 이 뒤따랐다. 알 마문은 결국 바그다드를 침략하여 동생을 참수하고 칼리프라는 칭호를 차지했다. 그는 813년에 새로운 왕명을 채택함 으로써 이 전쟁을 성공적으로 마무리했다.

선지자 무함마드의 죽음 후 200년도 채 지나지 않아 아랍 군대는 숨 막히는 속도로 오아시스와 도시를 차례차례 정복했다. 반유목민 처럼 생활하고 장거리 교역을 전문으로 했기에 이례적으로 기동력 이 좋았던 그들은 곧 교역로를 지배했고, 연이은 승리를 거두어 지방 통치자들의 저항을 어렵게 만들었다. 교역 중심 단일 제국에 편입되 는 장점을 인식하고 기꺼이 항복하는 이들도 많았다.

제국이 서쪽으로는 아프리카 북부 해안을 따라, 동쪽으로는 메소 포타미아와 페르시아를 향해 팽창했다. 이 놀라운 성공의 원동력은 중앙 지휘 체계 없이 부족이나 지역에 따라 구성된 기동성 뛰어난 기 마병이었지만 세계 제국으로 발돋움하려는 국가의 통치 체제로는 적합하지 않다는 사실이 점점 명확해졌다. 현장에서 일어난 변화를 통합하기 위해 새로운 정치기구가 필요했고 알 마문 이전 세대에는 바그다드가 이러한 문제에 대한 답이었다.

새로운 도시 건설은 건축가의 (그리고 통치자의) 꿈이다. 바그다드는 지형의 자연적 윤곽을 따르는 대신 아바스 왕조 2대 칼리프 알 만수르에 의해 완전히 다른 원칙, 즉 기하학에 따라 건설되었다. 완벽한 원형으로 지은 바그다드는 유일한 중심으로 떠오르는 아랍의 힘을 상징했다.[2] 새로운 도시 건설은 아직 젊은 제국이 새로운 국면에 접어들었음을 알리는 신호였다. 무無에서 시작하면 새로운 도시가 옛 건축물의 구조나 기존 지배 계급에 맞설 필요가 없다는 장점이 있었다. 통치자는 새로운 유형의 중심지를, 정치적·물질적 권력을 집중시켜 새로운 유형의 제국을 통치하도록 특별히 고안한 곳을 꿈꿀 수 있었다.[3] (네페르티티와 아케나톤이 신도시 아케타톤으로 궁정을 옮긴 것이나 1960년 브라질의 브라질리아 수도 이전, 2002년 미얀마의 네피도 수도 이전도 비슷한 경우이다.)

새로운 원형 도시는 지식의 집중이라는 더욱 큰 야망을 나타냈다. 바그다드에서 통치자들은 빠르게 성장하는 왕국은 물론 국경 너머에서도 정보를 수집하는 야심 찬 사업을 주관했다. 다양한 문화권의 문헌을 수집하는 전례 없는 사업에는 지식의 유형의 새로운 분류 방법이 필요했고, 따라서 새로운 장르가 탄생했다. 바로 모든 지식의 집대성인 숨마summa였다. 이러한 노력에는 아리스토텔레스가 중심 역할을 했다.

알 마문의 선조들은 제국을 통합하는 신도시를 건설하면서 제대로 된 장소를 선택했다. 바그다드는 티그리스 강가 메소포타미아의 비옥한 범람원에 위치했고 고대 도시 바빌론과 가까웠다. 약 5000년 전 풍부한 물과 쉽게 구할 수 있는 값싼 건축 자재(아케타톤 건설에도 사용된 자재)인 진흙을 이용한 최초의 도시들이 탄생한 곳이 바로 여기였다.[4] 그것이 바로 인간 역사의 새로운 단계, 즉 도시 혁명의 시작이었다.

도시 혁명을 지탱하는 가장 중요한 기술은 집약 농업이었다. 도시를 부양하려면 한곳에 매여 가축을 따라다니거나 새로운 사냥지로 옮겨 다니지 못하는 수많은 인구를 먹여 살릴 충분한 식량을 주변 지역에서 운송해 와야 했다. 군사 정복이 아닌 식량 재배 능력이 도시화의 관건이었다.

그러나 식량을 재배하는 것만으로는 충분하지 않았다. 또 다른 기술, 즉 저장 기술이 필요했다. (복합 주택에 곡식 저장실을 두었던 조각가 투트모세가 잘 알았듯이) 저장이 가장 용이한 것은 곡물이었다. 곡식은 일단 수확하면 장기간 보존이 가능했다. 저장한 곡물은 가뭄과 해충으로부터 안전했지만 그것이 전부가 아니었음이 곧 밝혀졌다. 곡물 저장을 관리하는 사람들은 어마어마한 힘을 손에 넣었고, 이에 따라 계층적 사회 구조가 탄생하여 개인이나 집단이 부를 소유하게 되었다. 부를 제한하는 것은 저장 설비의 규모와 그것을 무력으로 통제하는 능력밖에 없었다.[5] 이집트 중앙집권 국가의 출현은 이러한 저장 혁명 초기에 빚어진 결과였다.

알 마문의 선조들은 바그다드를 건설하면서 곡식을 관리하는 고대의 저장 혁명뿐 아니라 정보와 관련된 저장 혁명도 이용했다. 메소포타미아에서 최초의 완전한 문자 체계, 말을 그대로 표기하는 기호 체계가 탄생하여 이야기를 비롯해 지식을 구술로 전달하는 여러 형태들의 저장이 가능해졌다. 세계 최초의 도서관 중 하나는 아시리아 왕 아슈르바니팔이 니네베(역시 통치를 용이하게 만들기 위해서 무에서 건설한 도시였다)에 세운 것이었다.[6] 그러므로 새로 건설한 바그다드에 과거의 문서 기록을 보존하겠다는 목표를 가진 야심 찬 궁전 도서관 지혜의 창고가 포함된 것도 놀라운 일이 아니다. 지혜의 창고는 지식을 축적하는 동시에 다양한 정보 유형을 분류하는 새로운 체계를 이용해 그 지식을 정리하는 곳이었다.

바그다드의 새로운 통치자들은 무엇을 저장하고 싶었을까? 우선 무함마드와 이슬람교가 탄생하기 이전의 기록이었다. 메소포타미아는 오랫동안 페르시아의 영향을 받았으므로 이는 곧 페르시아어로 쓴 거의 모든 글을 뜻했다. 페르시아 문학에는 재미있고 교훈적인 동물 우화 모음집 《칼릴라와 딤나》도 있었다. 아랍인이 메소포타미아와 페르시아를 점령하면서 페르시아의 과거가 아랍어로 번역되었다.[7] 새로운 아랍 통치자들의 관점에서 번역은 경의를 표하는 행위였으나 정복당한 지역의 문화적 자원을 이용하는 영리한 방법이기도 했다. 페르시아어 번역은 곧 새로운 아랍 문학의 기초 구성 요소가 되었고, 무엇보다도 《천일야화》는 그때까지 나왔던 페르시아 문학 대부분이 빛을 잃게 만들면서 세계문학의 고전이 되었다. 그 과정에서 바그다드를 배경으로 하는 수많은 이야기에 알 마문의 아버지 하룬 알 라시드가 등장하여 영원한 생명을 얻었다.

하룬 알 라시드는 동양에서의 또 다른 수입품, 즉 중국의 종이 수입을 촉진하는 데 중요한 역할을 했다. 지혜의 창고뿐 아니라 바그다드를 중심으로 확장된 관료 제도로 인해 필기도구의 수요가 크게 증가했고 파피루스로 만든 종이를 가장 널리 사용했다. 파피루스는 나일강 삼각주 같은 습지에서 잘 자라는 식물의 잎으로 만들었고 이는 알렉산드리아 도서관이 그곳에 위치한 이유 중 하나이기도 했다. 메소포타미아와 페르시아에는 이 식물이 그다지 흔치 않았다.

중국 종이는 이집트 이외 지역에서는 자라기 힘든 파피루스에 의존하지 않았다. 다양한 식물 섬유를 펄프화한 다음 물을 넣고 망에 얹어서 압착하면 매끄럽고 유연한 종이를 얻을 수 있었다. 하룬 알 라시드는 종이의 장점을 빠르게 파악하고 바그다드를 제시의 중심지로 만들었다.[8]

지혜의 창고는 그 지역(페르시아와 아랍)의 과거뿐 아니라 훨씬 더 광범위한 문화적 영향을 수집했다. 오래전부터 메소포타미아와 아시아를 이어주던 실크로드의 위치 덕분에 지식의 지평을 확대할 수 있었다. 예를 들어 페르시아 이야기집 두 권에는 인도에서 온 이야기들이 실려 있었다. 지혜의 창고에는 인도의 천문학 소논문들도 있었고 그중 산스크리트어를 아랍어로 번역한 《수리야 싯단타》는 다양한 천체의 궤도 계산법을 설명했다.[9] 알 마문 이전의 어느 칼리프는 바그다드에 천문대를 만들어 지식을 수집하고 저장하려는 새로운 도시의 포부가 얼마나 큰지 드러냈다.

많은 문헌이 동쪽에서 왔지만 반대편에서 온 것들도 있었다. 한 점에서 같은 거리를 뻗어나간 선들의 집합이라는 원의 정의로 유명한 유클리드의 《원론》도 그중 하나였다. 바그다드라는 도시 자체가 건축적 의미뿐 아니라 다른 의미에서도 모든 선이 똑같이 뻗어나가는 중심지가 되고자 했으므로 바그다드 주민들은 유클리드가 내린 원의 정의를 잘 이해했을 것이다.[10] 바그다드 학자들은 모든 곳에서 지식을 수집하여 유클리드가 '원의 중심'이라고 정의한 '점'으로 가져오기 바랐다.

처음에는 번역할 가치가 있는 그리스 작가가 유클리드밖에 없었지만 곧 그리스어-아랍어 번역이 늘어났고, 때로는 페르시아어를 거쳐서 번역되기도 했다. 무엇보다도 아리스토텔레스의 저작이 번역되었다(유클리드도 아리스토텔레스를 이용했다). 부분적으로는 이 같은 번역 덕분에 **철학자**라고만 해도 아리스토텔레스를 가리키게 되었다.[11] 알 마문은 점점 더 방대해지는 번역 프로젝트를 누구보다 열정적으로 장려했다.

바그다드에 축적된 지식은 우리가 STEM이라고 부르는 것, 즉 과학science, 기술technology, 공학engineering, 수학mathematics과 인문학을 모두 아울렀다. 이는 현재 우리가 사용하는 체계가 지식을 구성하는 유일한 방법은 아니라는 사실을 일깨워준다. 바그다드에서는 의학 논문과 천문학, 수학뿐 아니라 문학과 역사서가 나란히 늘어서서 후대에 전해졌다. 학자들은 지식 분야가 서로 연결되어 있다고 생각했다. 한 가지 사실은 분명했다. 바그다드의 통치자와 학자는 과거에 만들어진 다양한 지식 분야가 현재에도 유용하다는 결론을 내렸다.

아랍의 정복이 동쪽으로 빠르게 확대되어 페르시아와 박트리아(오늘날의 아프가니스탄)를 통합하고 결국 인도에까지 이르렀다는 사실을 고려할 때 번역 프로젝트에서 그리스어 문헌의 비중이 점점 커진 것도 별로 놀라운 일은 아니다. 인도와 중동을 잇는 새로운 이슬람 국가는 알렉산드로스 대왕이 그리스 정착지와 그리스 언어, 그리스 학문을 뿌려놓았던 드넓은 영토를 재구성했다.[12] 알렉산드로스 대왕이 세상을 떠난 후 그의 제국은 여러 부분으로 쪼개어져 각기 다른 장군의 지배를 받았지만 장기적으로는 그리스어와 그리스 학문을 광범위한 지역의 공용어로 만드는 효과가 있었다(따라서 아소카 왕 역시 한 석주에 그리스어 명문을 새겼다). 알렉산드로스 대왕이 건설한 그리스 세계의 중심은 알렉산드리아 도서관이었는데 이제 그것 역시 아랍 세계에 통합되었다.[13] 아랍 통치자들이 그리스 문화를 이용하려면 자기 왕국의 경계를 넘을 필요 없이 과거로 돌아가기만 하면 되었다. 새로운 아랍 제국은 이전에 존재했던 수많은 제국 위에 세워졌다. 아랍 통치자들은 예전 것을 뿌리뽑는 대신 보존하고, 번역하고, 자신의 세계관에 통합했다.

새로운 아랍 세계의 또 다른 바탕은 로마 제국이었다. 로마 제국 서쪽은 중부 유럽 고트족의 침입으로 쇠퇴했다. 비잔티움을 중심으로 하는 동쪽은 살아남았지만 나머지 영토 대부분은 아랍의 손에 들어갔다.[14] 쇠퇴한 비잔티움은 자기 안에 갇혔고 그리스 사상을 보존하는 데 흥미를 잃었다. 문제는 비잔티움이 스스로 동쪽에서 기독교를 지키는 마지막 수호자라고 생각했다는 것인데, 이는 기독교 이전의 과거에 점차 의구심을 갖기 시작했다는 뜻이었다. 529년에 유스티니아누스 황제는 이교도가 학생들을 가르치는 것을 금지했고 유클리드, 프톨레마이오스, 아리스토텔레스처럼 과거의 이교도 저작에 경도된 학자들도 여기에 포함되었다. 이러한 사상가들의 저작은 곧 아랍어로 번역된다.[15] 이것은 기독교 학자가 이교도 텍스트를 필사해야 한다는 뜻이었다. (잃어버린 것은 기독교 이전의 정전에 담긴 지식만이 아니었다. 비잔티움은 그리스 사원과 시장 건설의 중심이었던 거대한 석조 기둥 건축 기술을 잃어버렸고 도시의 경제적·예술적 야망이 축소되면서 조각상 건조 기술도 잃어버렸다.[16]

다행히도 바그다드 지혜의 창고가 동로마 제국의 역할을 물려받아 고전 세계를 보존했다. 인도에서 근거지를 잃은 불교가 번역을 통해 중국에서 번성하고, 중국에서 박해받자 일본에서 계속 이어진 것과 비슷하다. 바그다드는 이런 식으로 지식을 넓혔고, 출처가 어디든 다양한 문화의 가르침을 권력의 중심지에 저장하고 번역했다. 바그다드 학자들은 멀리서 온 지식을 추구하면서 선지자 무함마드가 했다는 유명한 말을 따르고 있었다. "[멀리] 중국에서 왔을지라도 지식을 추구하라, 지식 추구는 모든 이슬람교도의 종교적 의무이다."[17]

바그다드의 수집 프로젝트는 장점이 많았지만 외국 문헌의 유입은 결국 반발을 낳았다. 칙령을 발표해 이교도의 가르침을 금지한 유스티니아누스 황제만이 이교도 전통의 유입을 걱정한 사람은 아니다. 이슬람 학자들 역시 우려했는데 그 이유도 비슷했다. 문제는 일신교와 이교도 지식을 어떻게 조화시키느냐는 것이었다. 이제 광대한 영토를 지배하게 된 이슬람은 열심히 개종자를 찾았다. 이슬람 신봉자들도 유클리드기하학이나 인도의 천체 궤도 계산법을 받아들이는 데에는 어려움이 없었다. 그러나 아리스토텔레스는 우주의 본질에 대한 근원적 관점이 무엇인지, 사물이 왜 그러한 모습인지를 설명했고 이는 이슬람 기본 교리와 충돌한다고 볼 수 있었다(소크라테스가 새로운 신들을 소개했다는 이유로 기소된 것과 비슷한 경우였을지도 모른다). 여기서 근본적 믿음과 지식의 더욱 엄밀한 형태 차이, 즉 노하우know-how와 노와이know-why의 차이가 전면에 나선다.

바그다드 번역 프로젝트를 추진하는 이들은 흔들리지 않았다. 부분적으로는 아랍 제국에 그리스 지식을 도입해도 이슬람이 약해지지 않는다는 사실을 깨달았기 때문이었다. 하룬 알 라시드와 그의 아들은 다양한 종교와 철학이 경쟁하는 상황에서 이슬람이 더욱 날카로운 도구를 갖추어야 한다고 생각했고, 먼 곳에서든 과거의 지적 유산에서든 그 도구를 찾을 생각이었다. 여러 노와이 전통 사이에 경쟁이 벌어졌다. 현재 문화는 예진 문화가 만들어낸 것을 배움으로써 더욱 강하고 정교해졌다. 또한 노와이에는 한 문화에서 다른 문화로 전할 수 있는 기술적 측면, 즉 논쟁 형식, 논리적 일관성, 작법과 사고 기법이 많았다. 이슬람 성직자와 통치자들은 번역 프로젝트를 통해 사고 도구를 익혀서 다른 종교 대표자들과 토론할 수 있었다.

비잔티움은 안으로의 침잠과 지적 가능성의 차단이 어떻게 쇠퇴를 수반하고 때로는 쇠퇴를 촉발하는지 알려주는 반면교사였다. 하룬 알 라시드와 알 마문은 세계적인 제국을 만들고 싶다면 세상을 차단해서는 안 된다는 사실을 깨달았다. (비잔티움은 유스티니아누스 황제의 칙령이 발표되고 몇 세기 후인 780년에 이레네 여황제가 추방된 학자들을 불러들이면서 다시 고전 텍스트에 흥미를 느끼게 되었다. 또한 바그다드 수집가들에게 고전 사본을 팔아서 돈을 벌기도 했다.[18])

바그다드 번역 프로젝트는 문화사의 중요한 원칙, 즉 문화 상품 차용은 엄청난 힘의 원천이 될 수 있다는 원칙을 증명했다. 차용은 그 문화를 약화하는 것이 아니라 오히려 강화하여 문화 자원과 통찰력, 기술을 제공한다. 출처나 소유권, 이념의 순수성을 우려하는 사람들

은 이런 것들을 놓칠 수밖에 없다.[19]

이 같은 열린 태도 덕분에 아리스토텔레스가 알 마문의 꿈에 나타날 수 있었다. 칼리프는 진짜든 꾸며낸 것이든 이 꿈 이야기를 통해서 아리스토텔레스가 비잔티움에서 쫓겨나 바그다드로 피난 왔음을, 아랍인이 고대 그리스의 진정한 후계자임을 알렸다.

$$\equiv$$

이븐 시나(980~1037년)는 꿈 이야기를 하지 않았지만 아리스토텔레스에게 일생을 바쳤으므로 분명 그의 꿈을 꾸었을 것이다. 서구에서는 라틴어 이름 아비센나로 더 유명한 그는 알 마문이 아버지에게 물려받은 페르시아 북동쪽 도시 부하라(오늘날의 우즈베키스탄)에서 자랐다.[20] 그 지역 사람들 대부분이 그러하듯 이븐 시나는 페르시아어로 말했지만 글은 대체로 아랍어로 쓰면서 새로운 통치자들에게 적응했다. 그의 교육과 일평생의 작업은 바그다드 번역 프로젝트의 결과를 보여주었고 축적한 지식으로 무엇을 할 수 있는지 증명했다. 고대 그리스와 인도, 기타 몇몇 전통의 지혜를 보존하는 것만으로는 충분하지 않았다. 이렇게 수집한 지혜를 새로운 환경에 맞게 사용해야 했다.

처음에 이븐 시나는 《코란》을 공부했는데, 당시에는 《코란》의 일부를 외우는 것이 주된 교육 방법이었다. 그는 열 살 때 《코란》 전체를 암송했고, 이를 발판 삼아 나중에는 아랍어로 글도 썼다. 또 어느 인도 상인이 그에게 산수를 가르쳐주었다. 그런 후 이븐 시나는 운

좋게도 바그다드 번역 프로젝트의 결실들을 소개해 주는 선생을 만났다. 바로 그리스어 필로소피아philosophia(철학)를 아랍어로 번역한 팔사파falsafa라는 것이었다.[21] 10대의 이븐 시나는 이처럼 서로 다른 전통과 지식을 흡수하는 것이 무척 신났지만 한편으로는 혼란스럽기도 했다. 특히 아리스토텔레스의 형이상학이 어려웠다. 그는 원인과 결과에 대한 아리스토텔레스의 추상적 논의가 흥미롭지만 따라가기 어렵다고 생각했다. 다행히도 이븐 시나는 책 장수에게서 알 파라비의 책을 구할 수 있었는데 최초의 팔사파 이슬람 학자를 자처했던 파라비는 아랍어 독자에게 아리스토텔레스의 이론을 설명했다.[22]

신진 학자 이븐 시나는 역시 운 좋게도 그 지역 술탄의 도서관 출입을 허락받았다. 부하라를 비롯한 아랍 세계의 지방 당국들은 바그다드를 흉내 내어 필사본을 수집하고 학자를 불러모았다. 번역 프로젝트는 제국 여러 지역으로 퍼져나갔다.

바그다드 번역 프로젝트는 이븐 시나 같은 사람들이 교육받을 수 있는 환경을 제공했을 뿐 아니라 새로운 가르침을 설명하는 시장을 형성했다. 이븐 시나와 친분이 있는 어떤 상인은 항상 팔사파에 호기심이 있었기에 당시 10대였던 이븐 시나에게 요약과 해설을 써달라고 의뢰했다. 여러 가지 전통과 지식을 서로 이어 맞추는 재능이 있던 이븐 시나에게 잘 맞는 일이었다. 그 후 몇십 년 사이에 이븐 시나는 지식을 통합하는 위대한 학자가 되었고, 그 과정에서 새로운 형태의 사상을 발전시켰다.

처음 맡았던 일의 결과물을 전달할 즈음 술탄의 도서관 출입 허가, 부하라의 스승 등 이븐 시나의 주변 세상이 무너지기 시작했다. 지방 통치자들끼리 싸움이 벌어졌고 이븐 시나는 도망쳐야 했다. 그는 자신에게 일을 의뢰하고 책을 읽게 해줄 새로운 후원자를 찾아다니며 나라 없이 여생을 보냈다. 이스파한에 살면서 일할 때는 비교적 안정적인 시기였지만 전반적으로 이븐 시나의 삶은 도망과 투옥, 안전에 대한 갈망으로 얼룩졌다. 말년이 되자 병으로 몸이 쇠약해져 손으로 글을 쓰기가 어려웠다.[23] 그는 짤막한 자서전에 이런 경험을 기록하고 어떻게 학문을 닦았는지 설명했지만 자신이 겪은 고난을 장황하게 설명하지는 않았다. 그는 이 도시에서 저 도시로 쫓겨다니고 가끔 아슬아슬하게 재난을 피했던 경험에 대해 "숙명이 나를 이끌었다"라고만 말했다.[24] 모두 어쩔 수 없는 일이었고 깊이 생각할 만한 것이 아니었다. 중요한 것은 팔사파뿐이었다.

이븐 시나는 파란만장한 일생을 보내면서도 쉼 없이 읽고 가르치고 썼다. 처음에 의뢰받았던 일 덕분에 그는 서로 다른 전통과 지식 분야를 어떻게 결합해야 할지 고민하게 되었다. 이 일에는 아리스토텔레스가 완벽한 인도자였다. 어떤 의미에서는 그것이 바로 아리스토텔레스가 한 일이었고, 그렇기 때문에 **철학자**라는 말은 곧 그를 가리키게 되었다. 아리스토텔레스가 사상 체계를 만들었고 알렉산드리아 학자들이 이를 다듬었으며 이제 이븐 시나의 차례였다. 지혜의 창고에 축적된 지식은 분류하고 통합하는 체계가 필요했다. 체계가 없으면 그저 역사적 골동품들을 모아놓은 잡동사니에 불과했다.

이븐 시나는 지식을 다음과 같은 범주로 분류할 수 있다고 생각했다. 본래 아리스토텔레스가 만든 분류법이었지만 이제 더욱 체계적으로 사용되었다.[25]

1. **논리학**. 추론 기술의 근간이 되는 지식 분야로 아리스토텔레스가 맨 처음 발전시켰다. 언어를 통해 사상을 정리하는 다른 형식들도 여기에 포함되며 아리스토텔레스의 수사학과 시학, 그리스 비극에 대한 논문 등이 있다. (아랍 세계에는 그리스의 연극에 해당하는 것이 없었기 때문에 아랍 평론가들은 대부분 아리스토텔레스의《시학》을 어려워했다.)

2. **수학**. 이 분야에서 이븐 시나는 아리스토텔레스의 이론에만 한정하지 않고 천문학, 광학, 음악 이론도 이용했는데, 음악은 비율 사이의 관계로 이해되고 종종 수학의 분수로 표현되었다. 곧 아랍 수학이 세계 수학을 이끌었는데 무엇보다도 영(0)의 값을 이용한 것이 오늘날 세계 대부분의 나라에서 아라비아숫자를 사용하는 이유다.

3. **물리학**. 아리스토텔레스 등 여러 학자들에게 기초를 둔 분야로, 우리가 자연이라 부르는 관측 가능한 우주와 관련된 지식이다. 생물이든 무생물이든 물체의 특성, 움직임과 작용, 다양한 유형의 원인, 변화와 연속뿐만 아니라 일반적 우주의 특성, 시간의 개념과 영원성을 포함한다.

4. **형이상학**. 영어로는 메타피직스metaphysics라고 하는데, 아리스토텔레스의 저작에서 물리학physics, 피직스을 다룬 책 뒤meta, 메타에 놓였기 때문에 그렇게 불렸다. 이후 철학(아랍어로는 팔사파)이라는 이름으로 알려지는 것 대부분이 여기에 포함된다. 즉 존재, 지식, 이성에 대한 고찰(때로 메타 성찰이라고 부르는 것)이다. 아리스토텔레스 철학 중에서 형이상학은 스승 플라톤과 그의 영구불변의 이데아 이론에 대한 대답이기도 하다.

네 가지 분류는 단순화한 체계일 뿐이었다. 이븐 시나는 의학 등 자신의 작업과 바그다드 번역 프로젝트에서 중요했던 더욱 실제적인 지식 형태도 포함시켜야 했다. 마지막으로 아리스토텔레스는 윤리학, 즉 다른 인간을 향한 행동을 지배하는 원칙에 대해 썼는데 여기에는 통치에 대한 학문인 정치학과 가계를 뜻하는 그리스어 오이코스oikos에서 파생된 경제학도 포함되었다.

이 체계의 일부는 익숙해 보일지도 모르지만 음악을 수학의 일부로 포함시키는 등 익숙하지 않은 부분들도 있다. 이는 아리스토텔레스가 착상하고 이븐 시나가 수용한 철학이 오늘날 대학의 인문학이 되기까지 중대한 변화를 다시 한번 겪었음을 알려준다. 아리스토텔레스와 이븐 시나에게 철학은 오늘날 우리가 자연과학과 사회과학이라고 부르는 학문의 많은 부분을 아우르는 것이었다. 16세기와 17세기에 자연과학과 사회과학은 '자연 철학'이라는 이름으로 따로 분류되었고, 논리학과 수학 등은 오늘날의 STEM(과학, 기술, 공학, 수학) 과목에 편입되었다. 현대의 연구 대학은 학제 간 연구에 자부심을 가지지만 아리스토텔레스나 이븐 시나와 달리 통합된 지식 체계를 장려하지는 않는다.

이븐 시나는 아리스토텔레스가 이 체계를 만들었다고 항상 말했다. 그러나 그가 아리스토텔레스의 체계를 그대로 가져오거나 대중화한 것은 아니었고, 자신도 그렇게 생각하지 않았다. 오히려 그는 아리스토텔레스의 체계를 정교하게 다듬고, 확대하고, 다른 지식의 원천에 통합시켰다.[26] 더욱 중요한 점은 이븐 시나가 여러 유형의 지식에 대해 그리고 애초에 우리가 지식을 어떻게 얻게 되느냐에 대해 고찰했다는 것이다. 그는 모든 인간이 합리적 사고 능력을 가지고 있으며, 이를 논리적 법칙으로 정교하게 다듬을 수 있다고 결론을 내렸다. 아리스토텔레스는 이러한 사고 능력을 이성혼理性魂이라고 불렀다.

무엇보다도 이븐 시나는 바그다드 번역 프로젝트에 참가한 모든 이를 괴롭히는 문제를 해결해야 했다. 선지자 무함마드가 계시를 받아 율법학자들에게 전해지고 거룩한《코란》에 적힌 창조주 신이라는 개념과 이슬람이 이러한 지식 체계와 어떤 연관이 있는가? 우선 이슬람 신학 칼람kalam 학자들의 설명에 따르면 이슬람교는 지식'ilm을 귀하게 여겼으므로 이븐 시나가 제안하는 지식 체계와 양립 가능했다(이슬람 신학에서 지식을 중요하게 여기는 것 자체가 바그다드 번역 프로젝트의 간접적 결과였을 가능성도 있다).[27] 이븐 시나는 아리스토텔레스와 이슬람을 연관시키기 위해서 아리스토텔레스가 원인을 강조한 것에 착안하여 신이 모든 것의 궁극적 원인이라고 주장했다. 그러므로 우주는 이성적으로, 이를테면 논리의 법칙에 따라 이해할 수 있지만 절대적 원인인 신은 이성적으로 이해할 수 없다.[28]

이븐 시나는 아리스토텔레스를 존경했지만 맹목적으로 따르지는 않았다. 이것이 합리주의의 핵심이었다. 즉 주장을 살펴보고 필요할 경우 조정하거나 바꾸는 것이다. 결국 아리스토텔레스가 중요한 것은 그가 권위자여서가 아니라 무척 유용한 추론 방법을, 지금 여기에 적용할 수 있고 적용해야 하는 방법을 내놓았기 때문이었다. 이븐 시나는 광범위한 체계 안에서 각 학문의 위치를 찾아 배치하는 천재적 재능이 있었다. 그의 작업은 라틴 중세가 숨마, 즉 지식의 집대성이라고 부르는 것의 모델이 되었다.

숨마를 집필하는 것은 단순히 다른 사람의 생각을 설명하는 것과는 달랐다. 이븐 시나는 점차 아리스토텔레스에게서 벗어나면서 이를 정당화해야 한다고 생각했다. 때때로 그는 아리스토텔레스가 자신의 책이 엉뚱한 사람 손에 들어갈지도 모른다는 우려 때문에 어떤 것들은 일부러 말하지 않았다고 설명하면서 이제는 주해를 다는 학자들이 숨겨진 내용을 공개해도 된다고 말했다. 그는 필요한 책을 손에 넣을 수 없어서(그의 혼란스러웠던 일생을 생각하면 그럴듯한 변명이다) 의도치 않게 아리스토텔레스의 이론에서 너무 멀어졌다고 불평하기도 했다.[29] 그러나 그는 숨마라는 목표를 결코 포기하지 않았다. 그것은 바그다드 지혜의 창고 프로젝트 덕분에 각종 지식 속에서 자란 사람에게는 가장 화급한 지적 도전이었다.[30]

이븐 시나의 저작은 평론과 해석을 통해서 창의력을 발휘하는 좋은 예이다. 그는 단순히 아리스토텔레스에게 경의를 표하기 위해서 그를 이용한 것이 아니었고, 적극적 과정을 통해 무척 독창적 일을 해냈다. 사실 아리스토텔레스는 이븐 시나 같은 후대의 해석자가 발견하기를 바라면서 중요한 부분을 숨긴 적이 없었다. 이븐 시나는 본래 아리스토텔레스가 했던 주장을 알아냈을 뿐인 척하면서 자신의 독창적인 생각이라는 사실을 숨겼다.

이븐 시나가 이용 가능한 지식을 포괄적으로 종합한 방법은 이후 몇백 년 동안 철학을 연구하는 방식이 되었다. 오늘날에도 인문학 연구 대부분은, 계속 바뀌긴 하지만 정전(이븐 시나는 이 용어를 수입하여 아랍어로 카눈qanun이라고 불렀다)을 평하는 방식으로 진행된다. 이것은 과거를 보존하면서 현재에 적극적으로 이용하려는 욕구를 충족시키는 방식이며 사상과 논의를 저장하고, 문화권을 초월하여 현재로 번역하는 우리의 능력에서 나온다. 그것은 현재의 과제를 해결하는 가장 가능성 있는 방법으로서 다양한 시대와 장소의 지적 자원을 수집, 보존, 결합, 집중하는 데 중점을 두는 인문학 연구 방식이다.

숨마는 나중에 이용하기 위해서 수집하고 보존해야 할 중요한 저작이 존재한다는 생각에서 탄생한 정보 관리 방법이다. 아마 우리에게는 너무나도 익숙한 생각일 것이다. 우리는 저상의 중요성뿐 아니라 조사, 수집과 메타데이터의 중요성을 잘 알고 정보의 과잉에 전율하고 당황하는 것이 어떤 느낌인지 잘 안다. 우리는 너무나 많은 것에 접근할 수 있지만 무엇을 찾아야 하는지, 그것으로 무엇을 해야 하는지 항상 아는 것은 아니다.

실크로드 지역에 살았던 사람, 인도와 그리스를 연결하고 문화의 저장을 이상으로 여기며 고대와 외국 문헌의 이동과 번역을 위협이 아니라 풍요로움으로 보았던 제국의 일원이 이러한 감각을 발달시킨 것은 말이 된다. 그러나 이를 위해서는 새로운 정보 관리 방법이 필요했다.

이븐 시나의 철학 연구 방법에서는 오래전부터 보존된 문헌을 수집하는 것이 무척 중요했지만 그런 사람치고 그는 자기 저작을 모으고 보존하는 일에 무척 서툴렀다. 대부분은 그의 잘못이 아니었다. 아직 인쇄가 발명되지 않은 시대에 자신의 저작 전체를 관리하는 것은 가장 좋은 환경에서도 쉬운 일이 아니었다. 예를 들어 이븐 시나가 초기에 썼던 요약집의 일부는 특정한 후원자에게 의뢰받은 것이었으므로 손으로 쓴 유일한 원고를 넘기고 돈을 받았다. 복제본을 간직하고 싶으면 한 편 더 쓰든지 필사할 사람을 고용해야 했을 것이다. 그랬다 해도 그의 어떤 저작이든 이 세상에 두 부밖에 존재하지 않는다는 뜻이다. 이븐 시나는 일평생 황급히 떠나거나 도망쳐야 할 때가 너무나 많았기 때문에 추가로 만든 사본을 잃어버리기 쉬웠다. 유일한 사본을 잃어버리면 옛 후원자나 그 자손을 찾아가야 했을 텐데 불안한 정세 때문에 불가능할 때가 많았다. 기억을 더듬어 다시 쓸 수도 있겠지만 그럴 필요가 있었을까? 다른 방식으로 쓰는 것이, 어쩌면 더 낫게 고쳐서 사실상 새로운 저작을 쓰는 것이 낫지 않을까? 그러한 개작이 이븐 시나가 쓴 여러 논문의 특징이었다.

혼란을 수습하고 이븐 시나 저작의 사본을 만들고 잃어버린 저작을 추적하는 것은 제자들의 일이었다.[31] 이븐 시나는 자서전에서 저녁이면 제자들과 포도주를 마시고(당시에는 이슬람교에 어긋나지 않는 일로 여긴 듯하다) 토론하며 즐거운 시간을 보냈다고 밝힌다. 그러나 그가 이름을 언급하는 제자는 한 명밖에 없는데, 스승의 작품을 수집하고 사본을 만드는 일을 맡았던 알 주자니al-Juzjani이다. 이븐 시나의 명성이 높아지면서 새로운 문제가 생겼다. 그가 쓰지도 않은 책이 그의 작품으로 둔갑했던 것이다. 따라서 알 주자니로서는 진짜 이븐 시나가 쓰거나 개작한 책인지 확인해야 할 때가 너무 많았다. 결국 알 주자니는 이븐 시나에게 새로운 책을 쓰거나 잃어버린 책을 다시 쓰라고 간청해야 했고 종종 자신이 받아 적기도 했다.

알 주자니의 노력 덕분에 몇몇 저작이 살아남았고, 또 몇몇은 후기 서지학자들을 통해서 제목만 알려져 있다. (아랍 문자의 황금기 덕분에 많은 서지학자들이 등장해 다양한 형태의 지식을 수집하고 정리했다.) 다른 제자들은 대부분 이븐 시나의 저작에 대한 평과 요약을 쓰는 식으로 작업했다. 조로아스터교 신자로 추정되는 바만야르Bahmanyar와 아리스토텔레스의 더욱 난해한 저작을 평한 이븐 자일라Ibn Zayla, 숨마를 써서 이븐 시나 저작에서 중요한 방법인 이성적 논쟁을 퍼뜨리는 데크게 기여한 알 로카리al-Lawkari 등이 그러한 제자들이다.[32] 이렇게 해서 이븐 시나의 사상은 바그다드 번역 프로젝트와 비슷한 방법으로, 즉 요약과 종합을 통해 살아남았다.

≡

중세 바그다드는 제지 산업, 지혜의 창고, 번역가와 주해자, 학자가 모여들어 아랍 학문 황금기의 중심지가 되었지만 세월은 이기지 못했다. 이번에도 건축 자재로 쓴 진흙 벽돌이 문제였다. 진흙 벽돌은 풍족했고 최초의 도시 공간을 탄생시켰지만 몇 세대를 넘기지 못했다. 보존의 관점에서 보았을 때 바그다드의 불운은 버려진 네페르티티의 아케타톤과 반대로 알 마문의 선조들이 도시를 세운 이후 끊임없이 사람이 살았다는 사실이다. 이는 도시가 끊임없이 재건되었다는 뜻이었다. 그 과정에서 본래의 건축물은 자취가 사라졌기 때문에 우리는 지혜의 창고가 어떻게 생겼는지, 독특한 단독 건물로 존재했었는지 여부조차 알 수 없다.

다행히도 우리는 남은 흔적을 통해서 지혜의 창고를 볼 수 있다. 그 흔적은 어마어마했고 바그다드뿐 아니라 아랍 제국 전체를 배움의 중심지로, 새로운 형태의 지식 보존과 생산이 개발된 곳으로 만들었다. 어쩌면 지혜의 창고는 단독 건물이 아니라 지식을 수집, 번역, 종합한다는 아이디어, 즉 단일한 장소가 아니라 과거와 다른 문화의 산물을 대하는 태도 자체였을지도 모른다. 이븐 시나는 한곳에서 꾸준히 작업하거나 자기 책을 계속 소유하는 사치조차 누리지 못했지만 그의 저작은 매우 중요했다.

바그다드에서 시작되어 이븐 시나가 완성한 번역 프로젝트는 아랍 제국 덕분에 바깥으로, 점점 더 거대해지는 영토의 가장 먼 가장자리까지 뻗어나갔다. 곧 이슬람 왕조의 통치를 받게 될 델리에서는 어느 술탄이 '치유The Healing'라는 이름이 붙은 이븐 시나의 가장 영향력 있는 숨마에 대한 이야기를 듣고 우아한 사본 제작을 의뢰했다.[33] 그가 바로 무함마드 이븐 투글루크이고, 그의 아들은 장차 아소카 석주에 큰 관심을 갖게 된다. 어쩌면 피루즈 술탄은 아버지가 가지고 있던 이븐 시나의 사본을 보고 먼 과거에 관심을 갖게 되었을지도 모른다.

동시에 지혜의 창고는 서쪽으로 이베리아반도까지 영향을 미쳤고 아랍 세력은 그곳에 유럽 최대의 이슬람 지역을 만들었다. 이 경로를 통해서 이븐 시나의 저작과 바그다드 번역 프로젝트가 서유럽에 전해졌다. 그 결과 재탄생, 즉 르네상스라는 잘못된 이름의 문화 차용이 발생한다.

8

에티오피아 여왕, 계약의 궤 약탈자를 환영하다

에티오피아 티그라이 평원에 위치한 도시 악숨에는 마리암 사이온Maryam Syon 성당 또는 시온의 성모 성당이 있다. 에티오피아 기독교의 중심인 이 성당은 여러 번 재건되었다. 가장 최근에는 1965년에 하일레 셀라시에 황제가 바람이 잘 통하고 커다란 아치와 창문을 갖춘 현대식 돔 구조물을 세웠다.[1] 새로운 건물은 옛 건물 근처에 있는데 옛 성당 역시 아치 창문이 특징이지만 17세기에 세워진 더 어둡고 작은 직사각형 건물이다. 그러나 이 건물 역시 예전의 여러 건물을 대체한 것이고, 가장 오래된 건물은 기독교가 에티오피아에 처음 들어온 4세기까지 거슬러 올라간다.

성당을 무너뜨리고 다른 양식과 다른 자재로 여러 번 재건하는 격정의 역사 내내 딱 하나만은 그대로였다. 바로 성당에 모신 타봇Tabot인데, 이는 십계명을 적은 석판 및 계약의 궤, 석판이 든 상자 모두를 가리킨다.[2] 사실 성당의 이름 자체도 타봇에서 따온 것이다. 여기서 사이온Syon 또는 시온Zion은 예루살렘의 시온산이 아니라 궤를 의미

에티오피아 악숨 시온의 성모 성당.(사진: Sailko)

하기 때문이다.[3] 에티오피아의 모든 성당은 상징적인 타봇을 가지고 있지만 마리암 사이온 성당의 타봇은 진짜 십계명 석판이 담긴 진짜 궤로 알려져 있다.[4] 유대인들의 이 신성한 물건이 어떻게 해서 에티오피아 성당까지 오게 되었을까?

히브리 성경에 따르면 모세는 시나이산 근처에서 하느님의 지시에 따라 계약의 궤를 만들었다. 궤는 금박을 씌운 나무 상자로, 모세가 하느님께 받은 십계명을 석판 두 개에 새겨서 여기에 넣었다.[5] 이스라엘 사람들은 어디를 가든 기다란 장대 두 개를 이용해 궤를 옮겼으며, 동물 가죽과 천으로 만든 두꺼운 성막聖幕을 덮어 보이지 않게 숨겼다. 궤는 이스라엘이 가진 것들 중에서 우상에 가장 가까운 물건이었고, 불침번을 서며 지켰다. 한번은 블레셋인들이 궤를 가져갔다가 역병이 닥치자 얼른 돌려주었다. 다윗 왕은 궤를 예루살렘으로 가져갔고 솔로몬 왕은 예루살렘에 신전을 지어 계약의 궤에 영원한 거처를 마련해 주었다.

궤는 성전에 안전하게 보관되었다. 그러다 기원전 587년 느부갓네살이 예루살렘을 파괴했는데 히브리 성경은 여기서부터 이 귀중한 상자의 행방을 놓친다. 유대인들이 바빌론에서 돌아와 도시와 성전을 재건할 때 되찾아온 품목에도 궤는 없다.[6] 다른 출전들도 궤가 어떻게 되었는지 확실히 말하지 않는다. 로마 장군 티투스 베스파시아누스는 70년에 예루살렘을 약탈하여 성전을 무너뜨린 후 나뭇가지 모양 황금 촛대 등 귀중한 물건들을 가지고 로마로 돌아왔지만 약탈품 중에 궤는 없었다. 성전의 첫 번째 파괴와 두 번째 파괴 사이 어느 시점에 하느님과 유대인의 계약의 궤가, 지성소가 사라졌다. 누구의 짓이었을까?

이 수수께끼의 해답을 제공하는 것은 고대 에티오피아 언어인 게이즈어로 적은 흥미로운 글이다.《케브라 나가스트》라고 부르는 이 글에 따르면 궤는 솔로몬 왕 시대에 도둑맞았다.《케브라 나가스트》는 그 범인이 바로 전설적 여왕이 통치하던 에티오피아라고 자랑스럽게 밝힌다.

히브리 성경에 따르면 시바의 여왕이 솔로몬 왕을 찾아갔는데, 수많은 시종은 물론 선물로 향신료와 황금, 보석을 낙타에 실어 가져왔다. 그녀는 값비싼 선물을 건네기 전에 이것저것 질문을 던졌고, 마침내 솔로몬 왕이 알려진 것처럼 정말로 현명하다고 결론 내렸다. 이러한 평가에 우쭐해진 솔로몬 왕은 여왕의 후한 인심에 대한 보답으로 많은 선물을 주었다. 그는 자랑스러운 궁궐과 성전을 보여주었고 시바 여왕은 자기 나라로 돌아갔다.[7]

《케브라 나가스트》가 들려주는 이야기는 이와 다르다. 에티오피아 여왕은 솔로몬 왕이 자신을 안도록 허락했고 고국에 도착했을 때에는 임신 중이었다. 두 사람의 아들 메넬리크가 성년이 되자 여왕은 솔로몬 왕의 아들임을 입증하기 위해 왕에게 받은 반지를 주고 예루살렘으로 보냈다. 솔로몬 왕은 현명하다고 널리 칭송받는 이답게 메넬리크를 알아보았고, 그를 환영하며 자신의 장자로 선언했다. 이는 메넬리크가 왕국을 물려받아 이스라엘 사람들을 통치하게 된다는 뜻이었다.

그러나 메넬리크는 예루살렘을 다스리고 싶지 않았고 고국의 어머니에게 돌아가고 싶었다. 솔로몬은 마지못해 아들을 보내주면서 청년들을 동행시켰다. 예루살렘 귀족 집안의 아들들로 구성된 일종의 의장단이었다. 멀리 떠나게 되어 불안했던 청년들은 분노 때문인지 고국의 무언가를 가져가고 싶어서였는지 몰라도 궤를 훔치기로 했다.

메넬리크와 의장단이 떠나고 며칠 후에야 솔로몬 왕은 궤를 도둑맞은 것을 알아차리고 전사들을 보냈다. 하지만 너무 늦고 말았다. 계약의 궤가 메넬리크와 의장단에게 날개를 달아주어 그들은 에티오피아에 무사히 도착했고, 메넬리크는 그곳에서 왕좌에 올랐다. 이 모든 이야기는 예루살렘 성전이 느부갓네살에 의해서, 또 티투스에 의해서 파괴되었을 때 어째서 계약의 궤가 성전에 없었는지 설명한다. 궤는 몇 세기 동안이나 에티오피아 수도 악숨에 얌전히 놓여 있었다.[8]

이렇게 특이하고 독창적인 이야기를 누가 썼을까? 남아 있는 판본은 시온의 기둥이라 불린 암다 세욘(1314~1344년) 왕 치하에서 널리 이용되었지만 그 이전의 다른 판본에서 주제를 가져왔을 가능성이 크다.[9] 암다 세욘 왕은 선조들과 달리 자신이 솔로몬 왕의 후손이라고 주장했고 《케브라 나가스트》는 그가 혈통을 강화하는 수단이었다. 그러나 이 텍스트는 그가 왕가의 핏줄임을 확인해 주는 데서 그치지 않았다. 《케브라 나가스트》는 에티오피아 고원의 다양한 언어 집단과 부족에게 공동의 역사의식을 제공했다. 《케브라 나가스트》는 '왕의 영광'이라는 뜻이지만 그 목적은 에티오피아의 영광을 확립하는 것이었다. 에티오피아에서 솔로몬 왕조가 성공한 것은 공동의 기원이라는 서사가 가진 힘을 보여주는 좋은 예이다. 이 텍스트를 쓴 사람들은 아마 그들이 원전으로 이용했던 히브리 성경을 보면서 배웠을 것이다.

에티오피아는 계약의 궤를 훔쳤다고 주장하면서 유대 왕조의 직계 후손임을 선언하고 에티오피아와 유대 왕조를 연결 짓는다. 이를 뒷받침하는 것은 텍스트 번역이나 유물 수입보다도 훨씬 단단한 왕조 계승에 관한 이야기였다. 이러한 문화 접목이나 이전을 추구하는 것이《케브라 나가스트》만은 아니다. 베르길리우스는 로마를 세운 사람이 트로이의 아이네이아스라고 선언했고, 페르시아《왕의 서Book of Kings》는 알렉산드로스 대왕이 페르시아 공주의 숨겨진 아이였으며 따라서 이스칸다르라는 이름의 페르시아 왕으로 칭송해야 한다고 주장한다.《케브라 나가스트》는 왕조의 후손과 약속의 궤 절도를 결합하여 한 걸음 더 나아갔을 뿐이다. 이에 따라 에티오피아는 성경적 기원을 주장하는 동시에 중요한 종교의 중심을 예루살렘에서 악숨으로 옮길 수 있었다.《케브라 나가스트》는 절도로 위장한 전략적 차용이라고 할 만한 매혹적인 예이다.

이 이야기에서 또 하나의 놀라운 점은《케브라 나가스트》를 이용한 사람들이 예루살렘과의 밀접한 관련성을 주장하는 데 관심 가질 법한 에티오피아 유대인들이 아니었다는 사실이다.《케브라 나가스트》를 이용한 것은 바로 에티오피아 기독교도들로, 훔친 궤를 토대로 에티오피아 기독교가 세워졌다.

《케브라 나가스트》는 문화 차용이 철학과 지혜문학부터 예술과 종교에 이르기까지 의미를 만들어내는 모든 영역에서 발생한다는 사실을 상기시키는 좋은 예이다. 기독교만큼 이 사실을 분명히 드러내는 것도 없다. 본래 기독교는 유대교와 메시아와 재림에 대한 믿음에서 파생되었으며 나사렛 예수 역시 메시아라고 주장하는 사람들 중 하나였다. 예수는 히브리 성경 읽는 법을 배운 다음 이 고대 텍스트에 비추어볼 때 자신이 바로 예언자들이 예언한 메시아라고 생각했다.[10] 그가 죽고 난 다음 세기에 예수의 제자들은 주류 유대교와 서서히 멀어졌고 마침내 바오로의 지도하에 완전히 독립해서 새로운 종교를 탄생시켰다.[11] 그러나 절대적 단절은 아니었다. 결국 예수는 자신의 삶을 히브리 성경의 실현으로 보았다. 그는 새로운 종교의 기반이 될 새로운 경전을 만든다는 생각은 전혀 하지 않았다. 사실 그는 단 한 번도 글을 쓰지 않았다.[12] 예수가 죽은 뒤에 제자들이 그의 삶에 관해 썼고, 역사적 실존 인물 예수를 직접 알지 못했던 사람들이 새로운 내용이나 다른 텍스트에서 가져온 것을 덧붙였다. 결국 이 텍스트가 새로운 경전이 되었다.

히브리 성경은 몇백 년에 걸쳐 필경사들이 이어 붙인 패치워크였고 히브리어로 쓰였지만 예수에 대한 새로운 이야기는 훨씬 짧은 기간에 걸쳐 그리스어로 작성되었다.[13] 문제는 스타일의 차이만이 아니었다. 예수에 대한 새로운 이야기 중에는 직접적인 목격자가 쓰지 않은 부분이 많았고 핵심적 내용에 대해서 의견이 갈렸다. 기독교 학자들은 공의회를 여러 차례 열어서 문제를 풀어나갔다. 중동 여러 지역에서 열린 공의회에서 사람들은 예수에 대한 텍스트들 가운데 무엇을 진짜로 인정하고 무엇을 진짜가 아니라고, 즉 외경外經이라고 불러야 하는지, 텍스트를 어떻게 배치해야 하는지, 어떻게 해석해야 하는지 결정했다(부처가 세상을 떠난 후 그의 제자들이 연 회의와 비슷하다). 학자들의 의견이 항상 일치했던 것은 아니다. 따라서 날카롭게 대립하거나 심지어 분파가 떨어져 나가기도 했다. 여러 번에 걸친 공의회에서 이러한 분쟁을 해결하고 분열을 봉합하려 했지만 늘 성공적이지는 않았다.

또 다른 문제는 새로운 경전을 옛 경전과 어떻게 연관시키느냐였다. 해결책은 히브리 성경을 구약, 기독교 정전을 신약이라고 새로 이름 붙이는 것이었다. 시대와 양식은 다르지만 이 두 텍스트를 꿰매어 붙여야 했다. 그래야만 기독교도가 실존 인물 예수와 그가 믿었던 히브리 성경과 연결되어 있다는 느낌을 받으면서도 히브리 성경이 새로운 종교의 토대에 지나지 않는다는 사실을 알 수 있었다.

두 텍스트를 꿰매어 붙인 사람들은 주해자들이었다. 그들은 기독교에 대한 예언이라고 해석할 수 있는 숫자와 이미지를 찾아 히브리 성경을 샅샅이 뒤졌다. 알렉산드리아, 예루살렘, 안티오키아뿐만 아니라 더욱 동쪽(바그다드 남부 네스토리우스 교파 수도원도 포함되었는데 이 수도사들은 나중에 그리스어 텍스트를 아랍어로 번역한다)에 사는 주해자들의 뛰어난 재능 덕분에 이 작업은 기독교도들이 만족할 정도로 성공을 거두었다.

이러한 상황에서 4세기 어느 시점에 아마도 시리아를 통해서 기독교가 에티오피아에 도달했다. 합성론Miaphysite이라 불린 기독교 종파가 있었는데 이들은 그리스도 안에서 인성과 신성이 융합되어 있다고 믿었지만 정통 기독교도는 두 특성이 별개라고 주장했다.[14] 《케브라 나가스트》는 합성론 텍스트였지만 그렇기 때문에 이 텍스트가 중요해진 것은 아니다. 이 텍스트의 기발함은 구약과 신약을 연결하는 다양한 방법을, 많은 면에서 뛰어난 방법을 제시한다는 점에 있다.

《케브라 나가스트》는 구약과 신약을 오가며 근동 주해자들이 내놓았던 해석의 일부를 이용해 두 텍스트를 긴밀하게 엮는다. 《케브라 나가스트》는 주해가 아니라 이야기를 통해 두 성서를 연결한다. 아담은 최초의 왕이자 솔로몬 왕을 비롯한 모든 왕의 조상으로 묘사된다. 솔로몬을 그리스도와 같은 인물로 보며 히브리 성경의 많은 에피소드를 기독교적 관점에서 해석한다. 예를 들어 다니엘이 사자굴에서 살아서 나온 것은 일종의 부활이라는 식이다. 그 밖에도 노아, 삼손, 모세 같은 히브리 성경의 인물들을 기독교적 관점에서 해석한다. 《케브라 나가스트》는 이런 식으로 신약과 구약의 여러 에피소드 사이에서 끊임없이 이동하며 신약을 렌즈 삼아 구약을 바라본다.[15]

이 전략이 궤의 절도라는 중심 이야기를 떠받친다. 궤는 구약과 에티오피아 기독교 사이에서 가장 중요한 연결 고리가 되었다. 궤와 십계명은 유대교와 기독교에 중요했으므로 《케브라 나가스트》의 저자들은 이상한 분파로 취급당하던 자기네 기독교가 사실은 더욱 오래되고 진정한 형태이며, 따라서 에티오피아가 초기 기독교 국가들 가운데 하나라고 주장할 수 있었다.[16]

그러나 《케브라 나가스트》는 솔로몬 왕의 직계 후손임을 주장하면서도 그를 시바 여왕을 꼬드겨 성관계를 맺은 죄인으로 묘사함으로써 이 지혜로운 왕에게서 등을 돌린다. 궤의 절도로 인해 더욱 깊어진 이 균열은 결국 에티오피아와 유대 민족의 실제 전쟁으로 이어진다. 다시 말해서 《케브라 나가스트》는 유대 왕조와 밀접한 연관성을 주장하는 동시에 유대교는 잘못된 종교이며 유대인은 전쟁을 일으켜 맞서 싸워야 하는 민족이라고 비난한다.[17] 이것은 전략적 차용의 또 다른 결과이다. 차용자는 종종 그들이 차용한 문화에 등을 돌림으로써 독립성을 증명하려고 한다.

《케브라 나가스트》는 때때로 엉뚱한 융합에 지나지 않는다고 저평가되지만 실제로 읽어보면 종교적·문화적 차용의 기저 역학을 완벽하게 보여준다. 《케브라 나가스트》는 그것이 추구하던 원전(히브리 성경)에서 등을 돌린 차용 행위로 설명할 수 있으며 자신보다 열등하다고 선언한 문화(유대교)에서 나왔음을 인정함으로써 연속성과 단절을 모두 만들어낸다. 이것은 견당사를 풍자하는 기비 두루마리 그림과 다르지 않다. 또한 《케브라 나가스트》는 기독교가 유대교를 상대로 내세우는 주장을 그대로 옮겨놓은 셈이다. 즉 그 후손임을 주장하는 동시에 신성한 과거의 소유권을 놓고 (진짜 전통을 지키는 사람들과) 경쟁한다. 《케브라 나가스트》는 솔로몬의 에티오피아인 아들과 궤의 절도라는 이야기를 통해 계승과 절도라는 문화 차용의 두 작용을 명확한 형태로 보여준다. 이는 전혀 엉뚱한 것이 아니며 후발 주자가 파생이라는 두려움에 대처하는 방식이다. 결국 문화의 세계에서 우리 모두는 후발 주자다. 우리는 항상 우리보다 앞선 문화와 맞서며 의미 있는 관계를 만들어내야 한다.

≡

모든 기원 서사가 그러하듯이 《케브라 나가스트》는 선택적이고,

이슬람을 포함해 많은 것을 빠뜨린다. 초기 원고에 붙은 주석은《케브라 나가스트》가 본래 고대 이집트어에서 비롯된 콥트어로 쓰여 아랍어로 번역된 다음 13세기에 다시 에티오피아 게이즈어로 번역되었다고 밝히고 있으므로 이 사실은 더욱 놀랍다.《케브라 나가스트》가 최종 형태를 갖추었을 당시 암다 세욘 왕이 이슬람 영토를 정복했으므로 이슬람에 대한 언급이 없는 것은 예외적이다.

《케브라 나가스트》가 이슬람을 언급하지 않는 것은 두 가지 의미를 갖는다. 이 텍스트 또는 적어도 이 텍스트의 원형이었던 이야기들이 훨씬 예전에 쓰였을지도 모른다는 뜻이다. 즉 에티오피아에 기독교가 들어온 지 얼마 안 되어 (콥트어가 널리 쓰였던) 알렉산드리아와 비잔티움 같은 기독교 중심지와 관련성을 만들고 싶었던 때를 말한다. 그렇다고 가정한다면《케브라 나가스트》에서 가장 오래된 부분은 이슬람이 세를 넓힌 7세기 이전에 쓰였을 것이다.[18] 또 하나 더욱 가능성이 높은 것은 이 텍스트의 한 버전은 본래 아랍어로 쓰였는데, 에티오피아가 이슬람에 위협을 느꼈을 때 이슬람이라는 새로운 종교와 아무 관련이 없는 역사를 만들고 싶어서 게이즈어로 번역하고 내용도 각색했으리라는 주장이다(많은 학자들이 콥트어 버전이 애초에 존재한 적이 있는지 의구심을 갖는다).[19] 그러나 어떤 경우라도《케브라 나가스트》의 전파 역사에서 아랍어가 중심 역할을 했다. 지금은 게이즈어 버전밖에 남아 있지 않지만 아랍어에서 비롯된 단어와 문법 구조가 많이 보이기 때문이다. 기독교 편집자들은 그 역사를 지우려고 애썼지만《케브라 나가스트》는 아랍어 번역 프로젝트의 드문 예로 보인다.[20]

에티오피아 악숨의 스텔래(Stelae) 공원. 전경에 보이는 것이 대(大) 오벨리스크 유적.(사진: Saliko)

에티오피아는 지리적으로 항상 아라비아반도와 밀접하게 연결되어 있었다. 홍해가 둘 사이를 갈라놓고 있지만 폭이 가장 좁은 곳은 26킬로미터도 채 안 되기 때문에 쉽게 건널 수 있다.[21] 사실 유대인과 초기 기독교도의 영향이 강했던 남부 아라비아를 거쳐 초기 기독교가 에티오피아에 전해졌을 가능성도 있다.[22] 그러나 에티오피아 중심부는 해안이 아니라 접근이 어려운 고원이다. 고원은 지리적으로 독립 왕국을 만들고 지키기 좋은 위치인 데다가 나일 계곡을 통해 이집트와, 홍해를 통해 아라비아와 연결된다. 지리적 독립성은 언어적 독립성에도 반영된다. 구약과 신약 모두 게이즈어로 번역되었고, 《케브라 나가스트》는 이러한 번역본을 원자료로 삼았다.[23]

7세기에 이슬람 확장이 시작되자 에티오피아 중심지의 위치가 중요해졌다. 이슬람 세력은 아랍 상인과 항구 네트워크를 통해 동쪽에서 홍해를 건너왔다. 나중에는 아랍 세력이 북쪽에서 이집트를 거쳐서 다가왔는데, 에티오피아는 경제적·문화적으로 이집트와 늘 밀접한 관계를 맺고 있었다(악숨은 이집트 양식 오벨리스크들의 도시였고 일부가 아직도 남아 있다). 북부와 연결된 이유 중 하나는 노예 무역이었다. 이집트는 에티오피아 노예를 사서 군대를 충원했다.[24] 또한 고대로 거슬러 가는 중요한 문필 전통을 가진 알렉산드리아 학자들은 에티오피아 학자들에게 오랫동안 영향을 끼쳤다.

이슬람의 부상과 확장은 종교 이동과 선택적 융합의 실험으로 볼 수 있다. 선지자 무함마드는 히브리 성경을 추종하지 않았지만 그가 필경사들에게 구술하여 나중에《코란》이 된 그의 예언은 성경에서 이야기와 인물을 빌려오며 그 소재를 교묘하게 이용했다. 이슬람교는 기독교보다도 히브리 성경과 거리가 멀지만 선택적 차용 프로젝트, 즉 오래된 경전을 서사 자원으로 간주하는 종교라고 생각할 수 있다. 이 선택적 차용에는 시바 여왕과 그녀가 솔로몬 왕을 찾아가는 이야기도 포함된다(하지만 두 사람의 성관계나 궤의 절도는 언급되지 않으며, 두 사건은《케브라 나가스트》에만 등장한다).[25]

이슬람이 서쪽으로는 아프리카 북부 해안을 지나 스페인으로, 동쪽으로는 메소포타미아, 페르시아, 인도로 세를 넓힐 때에도 에티오피아 기독교도는 이슬람교도와 공존했다. 에티오피아인은 해안 지배권을 아랍 무역 상인들에게 넘겨주고 내륙 깊이 이주하여 기독교를 지켰다.[26] 이렇게 후퇴하면 실제든 상상이든 궁지에 몰린 느낌을 받을 수밖에 없지만 에티오피아인은《케브라 나가스트》덕분에 뚜렷한 문화적 정체성을 가질 수 있었다. 이 텍스트는 하나의 문화, 즉 유대교에서 차용(그들의 주장에 따르면 절도)하면서 또 다른 문화인 이슬람과는 거리를 유지한다.

1450년에 에티오피아 왕은 곧 파멸이 다가올 것이라고 말했다. "우리 에티오피아는 이교도와 이슬람교도[에게 둘러싸여 있다.]"[27] 파멸을 일으킨 사람은 아랍과 연합한 지역 통치자 아흐마드 이븐 이브라힘 알 가지였다. 그는 오스만튀르크, 아랍, 아프리카 군대로 구성된 병력을 이끌고 와서 에티오피아 황제 레브나 덴겔을 패배시켰다.[28] 또 1530년대에 악숨을 정복하고 그 중심 성당이자 궤의 수호자인 시온의 성모 성당을 파괴했다. 덴겔은 지배 계층과 함께 산지로 달아났고, 1540년 그곳에서 죽었다. 에티오피아의 독특한 이야기가 이제 끝이 나는 듯했다.

그러나 또 다른 지정학적 발전이 일어나고 있었다. 포르투갈 선원 바스쿠 다가마가 아프리카 대륙을 우회하여 아프리카 동해안에 도착했던 것이다. 아랍 제국의 부상으로 육로 통행이 위험하고 어려워지자 그는 인도양을 건너 값비싼 인도 향신료 무역 항로를 확보하려고 했다. 다가마는 상업적 동기 외에도 이야기, 즉 아프리카 동부에 기독교 왕국이 존재한다는 전설에 끌렸다. 12세기에 십자군 전쟁에서 돌아온 병사들은 프레스트 조아우Preste Joao, 즉 프레스터 존이라는 기독교 왕국에 대해서 이야기했다(육로를 이용했던 원정대는 1490년에 프레스터 존을 만났다).[29] 다가마는 해안을 따라 올라가면서 이슬람교 무역 상인들에게 북쪽, 아프리카의 뿔 내륙에 정말로 그런 왕국이 존재한다는 확신에 찬 이야기를 들었다. 다가마는 인도로 가고 싶었기 때문에 탐험을 멈추지 않았지만 그의 항해 이후 더 많은 포르투갈 선박들이 와서 동아프리카와 접촉했다.

에티오피아 궁정은 바로 그런 포르투갈인들에게 도움을 청했고, 바스쿠 다가마의 아들 크리스토방 다가마가 도움을 주었다. 그는 머스킷 총 400정으로 에티오피아 궁정 사람들이 산지에서 나오게 해주고 덴겔의 아내를 구했으며 아흐마드 이븐 이브라힘 알 가지를 물리쳤다.[30] 크리스토방은 1542년에 붙잡혀서 참수당했지만 에티오피아와 포르투갈 연맹을 이루어냈다.

에티오피아는 이슬람 군단을 격퇴함으로써 기독교를 지킬 수 있었다(그러나 포르투갈 예수회는 유럽 가톨릭교회와 너무나도 다른 에티오피아 기독교의 구체적 행태를 보고 경악했다).[31] 포르투갈인들은 《케브라 나가스트》 이야기를 17세기에 유럽 언어로 처음 번역했다. 유럽 사람들은 이 이야기를 오랫동안 유럽을 떠들썩하게 만든 프레스터 존 전설이 사실이라는 증거로 받아들였다.

에티오피아는 영국 제국이라는 또 다른 적을 만났다. 1868년에 영국 군대는 에티오피아가 산지 요새에 선교사를 몇 명 감금했다는 보고를 받고 '보복' 작전을 펼쳤다. 빅토리아 여왕은 로버트 네이피어 장군을 보내 성채를 함락시켰다. 이 패배로 황제 테워드로스 2세는 자결한다.[32] 영국은 통상적 절차에 따라 고국으로 실어 보낼 귀중한 문화재를 찾아 고대 도시 악숨을 샅샅이 뒤졌고, 또 다른 통치자 요하니스 황제를 옹립했다. 도둑맞은 보물들 중에는 《케브라 나가스트》 사본도 두 권 있었는데, 요하니스는 그 사실을 깨닫고 런던에 서신을 보냈다.

에티오피아 전체의 율법이 담긴 《키베라 네구스트Kivera Negust》라는 책이 있는데 슘[총독]과 교회, 지방의 이름도 이 책에 적혀 있습니다. 부디 누가 이 책을 가져갔는지 알아내어 보내주시기 바랍니다. 그것이 없으면 우리나라 사람들은 내 명령에 복종하지 않을 것입니다.[33]

이 근본적 문헌이 없으면 에티오피아를 통치할 수 없었다. 영국은 사본 두 권을 돌려주었는데, 이는 유럽인이 문화적 전리품을 포기한 드문 예였다.

《케브라 나가스트》와 그것이 에티오피아의 운명을 어떻게 형성했는지에 대한 이 놀라운 이야기는 대체로 저평가당해 왔다. 에티오피아 기독교는 그리스정교회에 대해서도, 로마가 전파하는 가톨릭교회에 대해서도 변방이었다. 그러나 《케브라 나가스트》가 과소평가를 당한 것은 고대부터 오늘날에 이르기까지 아프리카 문화사를 경시하는 일반적인 경향 때문이기도 하다. 호메로스의 작품은 에티오피아인을 에스차토이 안드론 eschatoi andron, 즉 가장 먼 인간이라고 서술했다.[34] 성경의 시바 여왕 이야기도, 아프리카의 기독교 왕국과 프레스터 존에 대한 소문도 에티오피아는 멀고 주변적이고 엉뚱하다는 생각을 흔들지 못했고 아프리카는 역사도 문학도 문명도 없는 대륙이므로 더욱 두터운 교역망으로 세계의 많은 부분을 끌어들이는 문화 교환과 무관하다는 유럽의 생각을 바꾸지 못했다. 르네상스 화가 피에로 델라 프란체스카는 여타 유럽 미술가들이 그러하듯 솔로몬과 시바 여왕의 만남을 그리면서 그녀를 흰 피부로 묘사했다.

피에로 델라 프란체스카, 〈시바 여왕과 솔로몬 왕의 만남(The Meeting between the Queen of Sheba and King Solomn)〉(1452~1466년경). 구약 〈열왕기상〉 10장에 나오는 솔로몬 왕과 시바 여왕 사절단의 그림.(아레초 성 프란치스코 바실리카 성당)

≡

《케브라 나가스트》는 대체로 어디서나 과소평가를 당하지만 딱 한 군데 예외가 있다. 바로 에티오피아에서 지구 반 바퀴 떨어진 자메이카이다. 카리브해 섬들이 대개 그러하듯 유럽인의 정착 이후 사탕수수 농장의 노예 노동과 천연두 때문에 자메이카 원주민은 크게 줄어들었다. 유럽인은 부족한 노동력을 메우기 위해 오늘날 가나와 나이지리아에 해당하는 아프리카 서해안에서 노예를 끌고 왔다. 아메리카 본토보다 생활 조건이 열악하고 혹독했지만 노예가 된 아프리카인들은 문화적 표현 방식과 기억을 보존했다.

1838년에 노예 제도가 공식적으로 폐지된 이후 새로운 문화 정체성을 만들기 위한 노력이 계속되었다. 아프리카 노예의 후손은 그들의 선조가 붙잡혔던 대륙과 어떤 관계를 맺어야 했을까? 유럽 식민주의자들이 만든 교육 제도는 유럽 문화의 우월성을 주장했기 때문에 일부 자메이카인들은 정체성을 찾아 아프리카에 시선을 돌렸다.

그들 중 하나가 노조 지도자, 인쇄공, 편집자, 웅변가인 마커스 가비였다. 그는 만국흑인진보 연합Universal Negro Improvement Association, UNIA을 창설했다. 마커스 가비는 또한 미국에 몇 년 머물면서 뉴욕 할렘에 UNIA 지부를 만들었다. 세월이 흘러 20세기 초 UNIA는 가장 중요한 범아프리카 운동이 되었다.[35] 마커스 가비는 아프리카 대륙에 한 번도 발을 디딘 적이 없었지만 식민지 교육자들이 널리 퍼뜨리는 아프리카에 대한 저평가와 모순되는 흥미로운 이야기를 듣는다. 가비는 오랜 역사와 문필 전통을 가진 에티오피아를 중요하게 여겼다. 물론 자메이카 주민들 가운데 확실하게 에티오피아 사람을 선조로 둔 주민은 거의 없었다. 에티오피아는 대서양 노예 무역을 위해 납치한 아프리카인들을 노예선에 태우던 곳에서 무척 멀었다. 그러나 가비는 에티오피아 역사에서 아프리카를 세계에서 가장 중요한 문화적·종교적 발전의 중심에 두는 전통을, 흑인 기독교의 역사적 모델이 될 수 있는 전통을 발견했다.[36] (가비는 아프리카와 자메이카의 접촉을 돕기 위해 해운 회사를 만들기도 했다.)

당시 에티오피아 왕은 리즈 타파리 마코넨이었는데 이전 많은 왕이 그랬던 것처럼《케브라 나가스트》로 통치를 정당화하고 자신이 시바 여왕의 후손이라고 주장했다. 그는 왕좌에 오르면서 라스 타파리라는 이름을 채택했고 황제임을 선언할 때에는 게이즈어 이름인 하일레 셀라시에를 썼다.[37] 가비를 비롯한 많은 사람들에게 라스 타파리는 고대 아프리카 문화의 대표자, 고대부터 이어져 내려온 문화 전통을 주장할 수 있는 아프리카 황제였다.[38] 1935년 이탈리아가 아프리카 식민지를 확장하려고 에티오피아를 공격하자 가비를 비롯한 이들이 반대 집회를 열었다(그러나 가비는 하일레 셀라시에에게도 비판적이었다). 고대 역사가 카리브해와 동아프리카를 연결하며 유럽 식민주의 저항의 근거 역할을 한 것이다.[39]

자메이카 사람들이 에티오피아에 매료되면서 새로운 운동이 생겨났는데 이를 라스 타파리의 이름을 따와 라스타파리라고 부른다. 라스타파리안들은 멀리서 라스 타파리 왕에게 충성했을 뿐 아니라 채소와 대마초를 재배하며 자연주의 삶에 헌신했다. (레게 음악가 밥 말리가 국제적 성공을 거두면서 많은 사람들이 라스타파리아니즘과 그의 음악을 연결해서 생각하게 되었다.) 많은 라스타파리안들은 드레드락이라는 독특한 머리 모양을 하는데 혹자는 성경에 술을 마시지 않고 머리를 자르지 않는다고 언급되는 나지르인을 거론하면서 드레드락이 에티오피아 기독교에서 비롯되었다고 말하기도 한다.[40] 또 라스타파리안은 에티오피아식 크리스마스를 기념한다.[41] 라스타파리안 운동 덕분에《케브라 나가스트》는 자메이카에서 또 다른 삶을 누리게 되었다.[42]

에티오피아 기독교와 마찬가지로 라스타파리아니즘은 때로 잡탕이나 온갖 관습이 섞인 잡동사니 취급을 받는다. 그러나 이 운동을 고대 에티오피아처럼 문화 전이와 융합을 가장 잘 드러내는 예로 보아야 한다. 아프리카 노예의 후손은 유럽 식민주의자가 제안하는 미래와 전혀 다른 미래를 약속하는 과거를 만들어낼 필요가 있었다. 에티오피아는 아주 멀었지만 그들에게 무척 유용한 문화 자원이었다. 이것은 많은 면에서 《케브라 나가스트》와 무척 유사한 전략적 차용이었다. 라스타파리안은 머나먼 나라에서 독특한 무언가를, 시간과 공간의 드넓은 간극을 넘어 자신들의 문화사를 다시 쓸 기회를 보았다. 그 결과는 아프리카나 아프리카 역사로의 단순 회귀와는 무척 달랐다. 독특한 음악과 여타의 전통을 포함하면서 고대 에티오피아 텍스트를 자메이카의 경험과 결합한 무척 독창적인 문화가 탄생했다. 이들은 자메이카 흑인과 그 후손의 독특한 정체성에 대한 20세기 초의 사상을 고대 전설과 엮어 대서양 노예 무역과 식민 착취라는 폭력에 대응했다. 그 후 라스타파리안은 블랙팬서 등 다양한 문화적·정치적 독립 운동에 영감을 주었다. 《케브라 나가스트》는 독자와 매개자를 통해 자신의 역할을 계속하면서 새로운 독자를 이끌었다. 이제 세계 문화 정전에 《케브라 나가스트》를 중요한 텍스트로 올릴 때가 되었다.

9

어느 기독교 신비론자와
세 번의 유럽 부흥

〈샤를마뉴의 대관식〉은 16세기 초 이탈리아 르네상스 절정기에 라파엘로가 작업장 화가들과 함께 바티칸의 여러 방을 장식하기 위해 그린 그림이다. 그러나 이 프레스코화에 그려진 일이 실제로 일어난 때는 그로부터 약 700년 전인 800년이었다. 그해 샤를마뉴는 엑스라샤펠에서 로마까지 약 1600킬로미터를 이동해 내란 위협을 받던 교황 레오 3세에게 군사원조를 제공했고, 그 보답으로 로마 황제에 등극했다. 그는 476년 이후 그러한 영예를 받은 최초의 통치자였고, 모두가 탐내는 로마 황제의 대열에 올랐다.[1] 대관식은 로마 제국이 쇠퇴기를 지나 다시 부상하고 있다는 신호였다.

　로마의 쇠퇴와 몰락을 겪은 사람들은 대부분 (중세 시대나 어둠의 시대라는 말에 의아해하듯이) 이 설명에 고개를 갸우뚱거렸을 것이다. 역사적 사건은 서서히, 인식하기 힘들 만큼 느리게 일어나는 경향이 있다. 서고트족의 공격을 받은 로마 주민은 새로운 통치 계급이 수도에 들어왔다는 사실을 알았을 것이다. 그러나 대부분의 주민들에게 이

라파엘로 산치오 다 우르비노, 〈샤를마뉴의 대관식〉(바티칸 교황궁 라파엘로의 방). 라파엘로가 작업장에서 그렸다.

것은 풍작과 흉작, 주기적 홍수와 기근, 좋은 황제와 나쁜 황제로 인해 끊임없이 부침하는 세상에서 또 하나의 변화일 뿐이었다. 그랬다, 영원한 도시 로마의 인구는 100만 명(18세기가 되어서야 회복된다)에서 정점을 찍고 6세기에는 5만 명으로 줄어들었다.[2] 그러나 제국의 다른 지역에 사는 로마인들은 이른바 역사적 변화에 간접적 영향만 받았을 것이다.

아마도 과거에 쇠퇴가 일어났음을 알려주는 가장 명확하고 의미심장한 신호는 부흥, 즉 현실이든 상상이든 과거의 영광스러운 시대로 돌아가려는 시도일 것이다. 샤를마뉴가 바로 그러한 경우였다. 그는 현재의 프랑스, 이탈리아, 독일, 오스트리아, 체코공화국, 크로아티아 대부분의 통치를 통합했고 자신의 영토가 서로마 제국을 계승했다고 생각하기를 좋아했다. 샤를마뉴의 궁정은 로마에서 멀리 떨어진 엑스라샤펠에 있었지만 그의 옥새는 레노바티오 임페리이 로마노룸Renovatio imperii Romanorum(로마 제국의 재건)을 천명했다.[3] 샤를마뉴의 재건 프로젝트에 왕관과 옥새만 포함되는 것은 아니었다. 그는 또한 "우리 선조들이 소홀히 하여 이제 거의 잊힌 문학 작품을 복원"[4]하고 싶었다.

샤를마뉴는 이야기를, 부흥에 대한 이야기를 하고 있었다. 그러나 모든 이야기는 선택적이며 마음에 드는 사건들만 골라서 깔끔한 이야기를 짜맞출 뿐이다. 부흥 이야기도 예외는 아니다. 샤를마뉴는 앞선 시대를 '어둠'이나 '중세'라고 부르지 않았지만(이러한 용어는 18세기에 만들어진다) 선조들이 문학 작품을 소홀히 했으니 이제 예전의 영광을 돌려주어야 한다고 주장함으로써 그러한 용어가 탄생할 기반을 만들었다.

샤를마뉴에게 문학 작품을 되살리는 것은 쉬운 일이 아니었다. 옛 로마 제국 황제들(과 당시 아랍 술탄이나 중국 황제들)이라면 생각도 할 수 없는 일이지만, 그는 글을 쓰지 못했다.[5] 샤를마뉴는 자신이 글 쓰는 법을 모르기 때문에 한때 훨씬 널리 퍼졌던 중요한 문화적 기술과 전통으로부터 단절되어 있음을 알았다.

그러므로 샤를마뉴가 문학을 부흥시키고자 한다면 그 자신부터 시작해야 했다. 그는 글 쓰는 법을 힘들게 배웠다. 괴로울 정도로 발전이 없자 서판과 양피지를 베개 밑에 두고 연습하기도 했다. 샤를마뉴 전기를 쓴 아인하르트의 말에 따르면 불행히도 그는 글쓰기를 너무 늦게 시작했기 때문에 완전히 익히지 못했다.[6] 그러나 샤를마뉴가 읽는 법을 배웠을 가능성은 높아 보인다. 읽는다는 것은 곧 라틴어를 읽는다는 뜻이었고 따라서 자신이 만든 배움의 세계에 적어도 부분적으로는 접근했다는 뜻이다. 당시에는 텍스트를 공개적으로 큰 소리로 읽게 하는 것이 흔한 일이었고 우리는 샤를마뉴가 그러한 낭독을 즐겼음을 안다.[7] 그는 또한 딸 로트루드Rotrude를 이탈리아 학자 파울루스 디아코누스에게 맡겨 읽기와 쓰기는 물론 더 어려운 문학 기술을 배우도록 했다.[8]

샤를마뉴는 글쓰기에 통달하는 데 실패한 경험 덕분에 문학에 접근하는 것이 얼마나 어려운지, 교육 제도와 문학 생산 기반 전체가 얼마나 중요한지 깨달았다. 그래서 그는 기반을 마련하기 위해 멋진 궁정 도서관을 만들었고(마침 바그다드에 지혜의 창고가 만들어진 때였다), 기독교 문헌뿐 아니라 아리스토텔레스와 로마 문학 등 기독교 이전의 문헌도 갖추었다.[9] 책을 수집하는 것만으로 충분하지 않다는 사실은 경험으로 알고 있었다. 책을 연구하고, 사본을 만들고, 채색하고, 부주의한 필경사의 우발적 오류를 바로잡아야 했다. 따라서 샤를마뉴는 자신의 궁정을 문학 활동의 중심지로 만들고 영국 학자 앨퀸을 비롯한 외국 학자와 작가들을 끌어들였다. 그는 지금까지 수집한 인상적 책들에 담긴 지식을 풀어내기 위해서 학자들에게 필요한 것은 무엇이든 제공했다. (스페인 기독교도들이 아랍 침입자들에게서 달아나며 문헌을 가지고 와서 앨퀸에게 도움이 된 적이 있다.)

또 다른 어려움이 있었는데, 역시 샤를마뉴가 직접 경험한 것이었다. 그의 궁정에 모인 책과 필사본은 해독하기 어려운 경우가 많았다. 유럽 각지의 필경사들은 극명하게 다른 필체와 약자, 문자를 썼다. 따라서 샤를마뉴와 그의 고문들은 아주 새로운 저술 문화가 필요하다고 결론을 내렸다. 이는 곧 새로운 서체를 뜻했다. 새로운 서체를 쓰면 판독이 쉬워질 것이고, 따라서 샤를마뉴의 영토 내에 있는 필경사들은 서로의 글을 해독할 수 있고 학생들은 더욱 빨리 실력을 쌓을 수 있을 것이다.[10] 새로운 서체는 카롤링거 서체라고 알려지게 되었다.[11] (나는 지금 이 부분을 카롤링거 서체의 가장 최신 버전인 타임스 뉴 로만 서체로 작성하고 있다. 로마에 새로운 저술 문화를 만들기 위해 저술 개혁을 실시한 새로운 로마 황제가 만든 서체에 잘 어울리는 이름이다.)

문학 부흥은 엑스라샤펠을 따라 하려는 작은 궁정들에 퍼졌다. 샤를마뉴는 다른 왕들에게 자신이 만든 서체를 채택하고 문예 양성을 위해 협력하자고 권장했다. 샤를마뉴의 르네상스에서는 저술 문화가 중심이었지만 그는 로마 양식으로 여겨지는 시각 예술과 건축도 장려했고 오늘날 이는 로마네스크 양식으로 알려져 있다.

샤를마뉴가 추진했던 문화 부흥 프로그램에는 정치적·사회적 개혁까지 포함되어 있었다. 이는 너무나 중요한 움직임이었기에 지금도 종종 카롤링거 르네상스로 불린다. 하지만 자세히 살펴보면 이것은 재탄생이라기보다 자신의 왕국을 로마 제국의 역사와 연관시키려는 샤를마뉴의 전략적 결정에 가깝다. 바그다드 지혜의 창고 등에서 아랍이 지배하는 스페인으로 기독교 이전 학문이 전해졌으므로 샤를마뉴의 부흥은 부분적으로 알 안달루스의 지식 차용에 바탕을 두고 있었다.[12]

≡

샤를마뉴가 추진한 제도 가운데 전성기 로마 제국에는 존재하지 않았던 것이 하나 있다. 바로 수도원이다. 수도원 운동은 로마 제국 쇠퇴기에 시작되었으며, 수도원은 1000년 이상 문화를 보존하고 전파하는 중심 기관 역할을 해왔다. 수도원에서 대부분의 문학 작품을 필사하고 다음 세대를 위해 보존했다. 문학을 중요시했던 샤를마뉴의 궁정도 필사실은 갖추지 못했다. 샤를마뉴 역시 실제 필사 작업은 수도원에 의존했다. 수녀원에서 일하는 수녀들도 중요한 역할을 했는데 셸에 있는 노트르담 수녀원 원장인 샤를마뉴의 누이도 그중 하나였다.[13]

샤를마뉴의 개혁 이후 수도원이 맡았던 중요한 역할을 잘 보여주는 사람은 매우 비범한 수녀원장 힐데가르트 폰 빙엔(1098~1179년)

이다. 샤를마뉴의 엑스라샤펠 대관식 300년 후 태어난 그녀는 필사실의 잠재력을 끌어올려 옛날 책을 필사할 뿐 아니라 새로운 지식을 생산하는 제도로 이용했다. 수도원이 항상 혁신과 보존을 결합하는 것은 분명하다. 그러나 힐데가르트가 수도원이라는 제도를 이용해서 해낸 일은 정말 대단했다.

힐데가르트의 인생에서 처음 8년은 동시대 사람들 대부분이 시샘할 만한 것이었다. 그녀는 남부 독일에 막대한 땅과 위풍당당한 저택을 가진 귀족 집안에서 태어났다. 그녀의 부모는 특권적 지위를 누렸고 신성 로마 제국의 황제 외에는 어느 누구에게도 복종하지 않았다.[14]

그러나 여덟 살 때 힐데가르트의 삶은 급격하게 변했다. 부모님이 막내딸 힐데가르트를 일종의 십일조로 하느님께 바치기로 한 것이다.[15] 이제 여덟 살이 된 힐데가르트가 법적으로 교회의 소유가 되어 평생 수도원에서 살아야 한다는 뜻이었다. 여기에 봉헌금도 뒤따랐다. 장차 힐데가르트가 상속받을 재산은 자동으로 수도원에 귀속되었다.[16] 이제 힐데가르트는 자유로운 귀족의 딸이 아니라 교회의 소유물이 되었다.

처음에 여덟 살 어린이는 견습 수녀 유타 폰 슈폰하임의 보살핌을 받았다. 중세 법으로 성인에 해당하는 열네 살이 되자 힐데가르트는 어느 수도원에 딸린 작은 봉쇄 수도원에 정식으로 들어갔다.[17] 그녀는 이제 베네딕토회 디지보덴베르크 수도원의 일원이 되었고 이는 하느님과 정식으로 결혼했다는 뜻이었다. 힐데가르트는 남은 평생 수도원에서 살게 된다.

수도원에서 힐데가르트의 삶은 무척 제한적이었다. 언제 일어날

지, 언제 식사를 할지, 언제 기도를 할지, 무슨 기도를 할지, 무슨 노래를 불러야 할지 전부 규칙으로 정해져 있었다. 수도원 규칙은 나태함을 막기 위해 만들어졌으므로 수도원 생활은 한순간도 자유롭지 않았다.[18] 이러한 규칙은 로마 제국 말기에 누르시아의 베네딕토(480~550년)가 만든《레굴라 상크티 베네딕티regula Sancti Benedicti》(《성 베네딕토 규칙서》)에 정해져 있었다. 이 규칙은 일상생활의 리듬뿐 아니라 수도원의 조직 자체를 규정했으며, 그것을 통제하는 사람은 수도원장이었다. (샤를마뉴는 교육 재건의 일환으로《레굴라 상크티 베네딕티》를 장려했다.)

베네딕토의 시대에 수도원 생활이 기독교에서는 비교적 생소했을지 모르지만 다른 지역에서는 잘 확립되어 있었다. 특히 불교는 기원전 마지막 세기에 시작된 수도원 운동으로 성장했고, 부처의 제자들은 옛 삶을 버리고 청빈 서약을 했다.[19] 엄밀히 말해서 그러한 공동체 안에 사는 승려들만이 스스로를 불자라고 부를 수 있었고, 아소카 왕을 비롯한 다른 모든 사람은 수도원의 불자를 지원하는 속인일 뿐이었다.[20] 유대교와 초기 기독교 모두 수도원 생활을 중심으로 만들어지지 않았고 유대인이나 기독교도로 인정받으려면 어떤 제한을 따라야 하는 것도 아니었다. 만약 기독교 수도원 제도가 불교의 영향을 받았다 해도 그 영향은 간접적이었을 것이다. 로마 제국 서부가 무너지면서 아마도 이집트나 근동 지역 은둔자들을 통해 금욕적 관습이 기독교 유럽에 들어왔을 것이다. 어쨌거나 그러한 관습을 확실한 제도로 만든 사람은 오늘날 이탈리아 페루지아 근처에 살았던 베네딕토였다.

베네딕토에게 수도원은 여러 목적을 하나로 합친 기관이었다. 가장 중요한 것은 세속적 목적과 반대로 하느님에게만 충실한 삶을 살 수 있게 만드는 것이었다. 그러나 하느님에게 평생을 바친다는 것은 무슨 의미일까? 한 가지 요소는 기도orare였는데, 여기에는 성찬식과 공동체를 위한 기도가 포함되었다. 똑같이 중요한 것이 노동laborare으로, 이는 수도원의 위치와 규모에 달려 있었다. 수도원은 길이 위험하던 시절에 여행자에게 안전한 숙소를 제공했다. 또 가난한 이들에게 식량을 제공하고 서민을 교육하고자 했다. 베네딕토는 이 같은 여러 가지 목적을 하나로 모으려면 규칙을 세워 아주 새로운 유형의 문화적 독립체를 만들어야 한다는 사실을 깨달았다. 베네딕토의 꿈은 그가 바라는 것 이상으로 이루어졌다. 점점 더 많은 수도원과 수녀원이《레굴라 베네딕티》를 채택하면서 기독교 유럽을 형성하게 될 제도가 틀을 갖추었다.

베네딕토회 수도원과 수녀원은 단순히 독실한 기독교인이 기도와 선행에 삶을 바치는 곳이 아니었다. 수도원은 지식을 보존하고, 수정하고, 전파하는 곳이었다. 베네딕토회의 나태에 대한 두려움은 특히 대대적으로 농사를 짓는 수도원에서는 엄격한 육체노동 제도로 이어졌다. 하지만 노동은 읽기와 쓰기도 의미할 수 있었다. 학교나 개인 도서관 같은 로마 제국의 옛 제도는 점차 쇠퇴했고 수도원이 새로운 대안으로 떠올랐다.《레굴라 베네딕티》는 이 역할을 의식하여 책을 어떻게 배포해야 하는지, 어떻게 빌릴 수 있는지, 언제 반납해야 하는지 아주 신중하고 구체적으로 정해서 도서관을 베네딕토회 수도원의 뛰는 심장으로, 아니 적어도 하나의 심방으로 만들었다.

도서관 옆 필사실은 수사와 수녀가 글쓰기라는 형태로 의무 노동을 하는 곳이었다. 인쇄가 널리 보급되기 전까지 지식 보존은 손으로 책을 필사하는 기나긴 시간에 달려 있었다. 보존해야 할 책은 너무 많고 그것을 모두 필사할 시간은 충분하지 않았기 때문에 엄격한 선별 과정이 생겼다. 필사실에서 일하는 모든 수사와 수녀가 필사 일을 한 것은 아니다. 어떤 이들은 책에 주석을 달았다. 겉으로는 중요한 문헌을 설명하는 모양새였지만 기존 사상에 주석을 다는 척하며 새로운 사상을 주장하는 경우가 많았다. 또 다른 수사들은 채색을 더하여 각 장 첫 대문자를 하나의 시각적 세상으로 바꾸고 문헌 가장자리에 군데군데 작은 형체와 장면으로 구성된 삽화를 넣었다. 수도원에서 만드는 책은 다층적인 다매체 창작물이었다.

그렇다면 무엇을 후대에 남길 책으로 선택했을까? 특히 어려운 점은 베네딕토회 수도원이 그리스와 로마의 문학을 보존해야 하느냐 하는 문제였다. 기독교의 관점에서 보았을 때 예수 이전에 존재한 것은 유대교만 빼고 전부 이교도였다. 따라서 지독히 잘못되고 개탄스러운 작품이 아니더라도 결함이 있다고 여겨졌다. (단테는 호메로스와 베르길리우스 등 기독교 이전 시대 작가들을 지옥의 첫 구역인 림보에 넣었는데, 특정한 죄를 저질러서가 아니라 그리스도 이전 시대에 살았으므로 기독교인이 되는 특권을 누리지 못했기 때문이었다.) 동시에 그리스와 로마의 사상은 사도 요한부터 특히 플라톤을 존경했던 북아프리카 주교 성 아우구스티누스 등 이른바 교부들에 이르기까지 초기 기독교 작가들의 저작을 형성했다. 이러한 영향 때문에 베네딕토회 수도원 도서관과 필사실에서는 상당히 많은 고전 학문을 보존하고, 필사하고, 주석을 달았다. 물론 라틴어로 번역한 구약과 신약도 있었다.

그 밖의 많은 고대 그리스와 로마 작가들은 인용을 통해서만 남았다. 플라톤의 광범위한 전작 중에서 라틴어 번역이 나온 것은 (플라톤이 그리스의 젊음을 한탄하고 아틀란티스라는 대체 역사를 만들어내는)《티마이오스》하나밖에 없었지만 아리스토텔레스나 그 밖의 작가들의 저작은 종종 로마 번역가를 거쳐 상당히 많이 남아 있었다. 베네딕토회 수도원은 본질적으로 광범위한 지식을 보존하기보다는 기독교를 장려하기 위해서 만들어진 곳이었다(따라서 바그다드 지혜의 창고와는 매우 달랐다). 기독교 이전의 고대 작품은 우연히 또는 간접적으로 살아남은 경우가 많았다. 가끔은 고대의 작품이 담긴 귀중한 양피지에 기독교 텍스트를 덮어쓰는 바람에 살아남을 때도 있었다. 팔림프세스트Palimpsest(본래 적혀 있던 글자를 긁어내거나 씻어낸 다음 그 위에 다른 내용을 덮어 쓴 사본 - 옮긴이)라고 하는 재사용된 양피지에 본래 적혔던 글의 흔적이 남아 있는 경우가 많았기에 후대 사람들이 옛날 작품을 재발견해 새로운 생명을 불어넣을 수 있었다.

힐데가르트가 수도원에 들어간 것은 수도원 운동이 시작되고 샤를마뉴가 이를 확대시킨 지 몇백 년이 지난 후였다. 베네딕토의 규칙을 따르는 수도원이 몇천 곳에 달했고 전부 베네딕토회라는 강력한 수도회에 속했다. 세월이 지나면서 힐데가르트는 수도회 규칙과 그 규칙에 의해 만들어진 생활양식 전부를 익혔고, 서른여덟 살에 디지보덴베르크 수도원 부속 수녀원의 우두머리인 마지스트라Magistra가 되었다.[21]

수녀들은 보통 대수녀원장의 통제를 받았지만 디지보덴베르크는 수녀 구역과 수사 구역이 나누어진 수도원이었기에 수녀들은 대수도원장의 통제를 받았다. 힐데가르트는 이러한 부차적 지위에 만족하지 않았다. 그녀는 특정한 규칙의 해석을 두고 디지보덴베르크 대수도원장과 계속 부딪쳤고, 그중에서도 가장 가혹한 규칙을 완화할 것을 간청했다. 힐데가르트는 심지어《레굴라 베네딕티》에 주해를 달아 수도원 운영 방식에 대해서 더욱 관대해져야 한다는 의견을 분명히 밝혔다.[22] 몇 년 동안이나 교회 당국에 청원한 끝에 그녀는 50대 초반이던 1150년경 마침내 빙엔 근처 루페르츠베르크에 봉쇄 수녀원을 설립하도록 허가받았다.[23] 힐데가르트는 자신이 만들지 않은 수도원에서 거의 평생을 보낸 끝에 마침내 수녀원을 자기 방식대로 꾸려갈 위치에 올랐다.

힐데가르트는 수도원이 문화를 저장하고 전파하는 기관이라고 생각했다. 특히 문화 저장은 그 자체가 목적이 아니며 새로운 지식과 통찰을 만들어낼 수 있음을 인식하고 있었다. 그녀가 읽을 수 있는 것은 대부분 기독교가 선별하고 베네딕토회 도서관 체계가 걸러낸 책밖에 없었지만 의학 등 수도원에 자리 잡은 또 다른 유형의 지식도 있었다. 심각하거나 희귀한 질병을 앓는 사람들은 수도원에 축적된 지식이 치료법을 알려줄지도 모른다는 희망을 안고 배움의 중심지인 수도원에 몰려왔다. 수사와 수녀는 의학 논문을 부지런히 필사했으며 이것이 기독교 믿음에 방해가 된다는 생각은 하지 않았다. 또한 수도원은 성공한 치료법의 정보를 수집해 다음 세대에 물려주었기에 수도원의 의학서는 무척 귀중한 재산이 되었다. 힐데가르트는 이러한 지식을 활용했다.

의학은 책을 통한 배움뿐 아니라 실용적인 전문 지식에 바탕을 둔다는 점에서 이례적이었다. 많은 수도원이 허브 텃밭을 가꾸었고 허브 이용에 통달한 수사와 수녀들을 불러들였다. 실용적 지식은 특히 여성을 비롯해 글을 잘 모르는 사람들 사이에서 구전으로 다음 세대에 전달되는 경우가 많았다.[24] 힐데가르트에게 점차 커다란 명성을 가져다준 저작 가운데 일부는 의학서로, 허브 텃밭을 가꾸고 환자를 치료하면서 얻은 실용적 경험과 책에서 얻은 지식을 결합한 내용이었다.

힐데가르트의 의학서는 영향력이 컸지만 그녀가 유명해진 이유는 아니었다. 그녀는 환시幻視 덕분에 명성을 얻었다. 힐데가르트는 비교적 어린 나이일 때부터 세상과 역사에 대해, 또 어떻게 살아야 할지에 대해 독특한 관점을 제시하는 환시를 보았다. (의학서조차 우주를 보는 더욱 폭넓은 관점의 일부였다.[25]) 말년에 힐데가르트는 환시가 어떻게 떠오르는지 다음과 같이 설명했다.

내 나이 마흔두 살 하고도 7개월이었던 1141년에 격하게 타오르는 불과도 같은 빛이 활짝 열린 창공에서 내려와 내 머리로 쏟아져 들어왔다. 그것은 타오르지는 않지만 뜨거운 불꽃처럼 내 심장과 가슴에 온통 불을 붙였다. 마치 태양이 햇살 닿는 모든 것을 따뜻하게 데우는 것과 같았다. 나는 시편이나 복음서 같은 책들이, 구약과 신약의 책들이 실제로 무엇을 설명하는지 갑작스레 깨달았다. 그러나 나는 책에 쓰인 말을 해석할 수 없었다. 음절을 나눌 수도 없었다. 격이나 시제라는 개념도 없었다.[26]

이 환시는 무엇이었을까? 종교적으로는 하느님이 힐데가르트에게 내린 환시로 해석할 수 있다. 또 심리학적으로는 봉쇄 공동체의 매우 종교적인 분위기 속에서 평생을 산 결과라거나 몇몇 사람의 말처럼 극심한 편두통으로 해석할 수도 있다. 그러나 나는 다른 방법, 즉 특정한 문화 프로젝트로 접근할 것을 제안하고 싶다(이러한 접근법들이 상호 배타적인 것은 아니다). 환시가 힐데가르트에게 직접적으로 내려온 것처럼 보이지만 사실 그것은 베네딕토회 수도원의 핵심인 도서관과 필사실에서 큰 영향을 받았다. 환시는 힐데가르트가 필사실을 완전히 새로운 목적으로 이용하는 방법이었다.

힐데가르트가 설명하는 이미지 가운데 일부는 기독교의 오랜 종말론적 전통에서 나왔다. 내리쬐는 빛과 같은 하느님이나 영혼을 낳는 성령이 바로 그 예이다. 다른 이미지들은 그녀가 만든 것이었는데 정교하고 화려한 것도, 놀라울 정도로 단순한 것도 있다. "육체 안의 영혼은 나무 안의 수액과 같다."[27] 우주 창조와 그리스도를 통한 인류의 구원 같은 환시도 있지만 선악의 싸움과 괴물의 탄생에 대한 환시도 있었다. 힐데가르트의 환시는 〈요한계시록〉에서 영감을 받은 세상의 종말 장면에서 정점에 달했다.

신성한 메시지라는 힐데가르트의 환시에는 크나큰 위험이 따랐다. 교회가 환시를 공적으로 인준하지 않으면 거짓으로, 심지어는 이단으로 낙인찍힐 것이다. 힐데가르트는 행정 업무를 맡았던 경험 덕분에 자신이 무엇을 해야 하는지 알았고 환시를 인준받기 위해 신중한 작전을 시작했다.[28] 당시 가장 중요한 교회 사상가였던 클레르보의 베르나르 등 권위자들에게 보낸 힐데가르트의 편지들은 외교술의 극치였다. 그녀는 훗날 수녀원 설립을 간청할 때도 이 솜씨를 활용한다. 힐데가르트는 교황 에우제니오 3세가 트리어를 방문했을 때 환시를 승인받았다.[29] 이렇게 해서 그녀는 환시를 인준받을 수 있었다.

수도원의 두꺼운 담장 밖에서 인정을 받는 건 또 다른 이유 때문에 중요했다. 그래야만 여행을 하고, 환시에 대해서 얘기해 달라는 초청을 수락하고, 학식 높은 교회 학자들을 만나고, 광범위한 서신을 주고받을 수 있었다. 힐데가르트는 도서관과 필사실에 갇혀서 배울 수 있는 모든 것에 더해 이러한 방법을 이용해서 지적 지평과 영향력을 넓힐 수 있었다.

힐데가르트에게 일어난 환시는 예민한 문제였다. 경전을 필사하고 주해를 쓰는 데 초점을 맞추는, 수도원에서 일상적으로 생산하는 학문과 너무나 달랐기 때문이다. 주해와 반대로 환시는 적어도 공공연하게는 다른 문헌을 인용하지 않았다. 마찬가지로 주로 남성들이 행사하던 문학적 권위를 주장하지도 않았다. 힐데가르트는 귀족 가문 출신이었기에 교육 자원에 접근할 수 있었다. 하지만 다른 수녀들이 대체로 그러하듯 그녀 역시 동료 수사들처럼 학문과 글의 세계에 푹 빠졌다는 느낌을 받은 적이 없었다. 적어도 본인은 그렇게 주장했다. 힐데가르트는 자신의 문학적 학식과 문학적 원천을 과소평가하는 경향이 있었다.

그녀의 겸손은 상당히 걸러서 들어야 한다. 어쩌면 힐데가르트는 남성 상급자들이 듣고 싶어 하리라 생각한 말을 했을 뿐인지도 모르고, 어쩌면 라틴어 문법의 까다로운 부분이 정말로 어려웠을지도 모른다. 그녀는 이러한 단점을 자신의 '무지'라고 한마디로 뭉

뚱그렸다. 무슨 의미였을까? 힐데가르트가 언어와 사고를 다루는 3학trivium(수사학, 문법, 논리학)과 4과quadrivium(대수학, 기하학, 음악, 천문학)로 구성된 자유학예를 어느 정도까지 배웠는지는 확실하지 않다. 3학4과는 (여성을 포함해) 종속적이라고 본 하인, 농노, 노예와 반대되는 의미의 자유민을 교육하기 위한 과목이었기 때문에 자유학예라고 불렀다. 여기서 학예라는 말은 '지식의 분야'라는 의미이며, 우리가 생각하는 창의적 예술과는 관계가 없다. 4과 가운데 하나로 가르치는 음악도 수학에서 파생된 것으로 여겨졌으며 작곡과 연주가 아니라 수로 표현할 수 있는 비율이나 조화와 관련된 과목이었다. 힐데가르트는 귀족의 딸이었지만 거의 평생 수도원에서 살았고 수도원에서는 자유학예 중에서 3학, 즉 수사학, 문법, 논리학을 강조했다.

힐데가르트는 공식 교육을 얼마나 받았든 자신이 인정하는 것보다 훨씬 더 많이 읽었고 더 많이 알았다. 물론 여기에는 라틴어 성경과 베네딕토의 저작뿐 아니라 성 아우구스티누스 같은 기독교 주해자의 저작도 포함된다.[30] 힐데가르트가 동년배 남성 학자들만큼 교육받지 못했다는 사실을 스스로 의식했다 해도 그녀가 스스로 고백하는 무지에는 단순한 순종 이상의 무언가가 있다. 힐데가르트는 그녀가 공부를 얼마나 했느냐 또는 얼마나 했어야 하느냐는 문제를 피해 환시를 통해서 다른 권위의 원천을 만들어냈다. 이 권위는 인용문이나 논증 방법을 술술 읊는 것에 달려 있지 않았다.

그러나 환시는, 적어도 기록된 내용에 따르면, 필사실에서 일어난 것이 아니었다. 힐데가르트가 직접 기록했을 가능성도 있지만 아마도 필경사들에게 구술했을 것이다. 그렇게 받아 적은 사람들 중에서 스승 폴마어 신부는 환시가 일어나는 과정을, 그 엄청난 규모와 복잡함을 신중하게 바라보았다. 힐데가르트의 환시는 대부분 구두로 설명되었지만 채식彩飾을 통해 시각적으로 포착하기도 했다. 보편적 상징과 종교적 인물이 채식에 들어갔고, 필경을 담당하는 수사와 수녀가 대문자와 여백을 채식하기 위해 개발한 기법을 이용했다.[31] 베네딕토회 필사실이 이처럼 신기하고 광범위한 환시를 기록하기 위해 만들어진 것은 아니었지만 힐데가르트는 자신의 목적에 맞게 필사실을 활용했다.

마지막으로, 힐데가르트의 경험은 무척 시각적일 뿐만 아니라 청각적 요소도 포착해야 했다. 음악은 찰나적 예술 형식이므로 종종 흔적도 없이 사라진다. 인간이 만든 음악 중에서 아주 작은 일부만이, 즉 과거의 음악이 어떤 소리였는지 조금이라도 알려주는 기보법이 발달한 이래 지난 2000년 안에 만들어진 것만이 살아남았다. 그렇다고 해서 우리가 기보법이 등장하기 이전의 음악에 대해서 아무것도 모른다는 뜻은 아니다. 때때로 혈거 생활을 하던 사람들이 사용한 피리 같은 악기의 파편이나 이집트 류트 연주자의 그림 같은 이미지가 남아서 특정 사회의 음악 문화에 대해 작은 단서를 제공한다. 연설, 특히 의식儀式과 관련된 연설을 기록하는 경우 가끔 의식 거행 방법에 대한 단서가 포함되었다. 훗날 글쓰기 문화가 급성장하면서 음악 행사에 대한 설명도 발달한다.

다행히도 힐데가르트는 기보법이 나온 이후에 살았으므로 환시에 등장하는 노래를 기록할 수 있었다. 대부분 목소리가 하나만 등장하는 평성가이다. 힐데가르트가 만든 음악에는 특정 축일용 전례음악

77곡과 루페르츠베르크의 새로운 공동체 설립 기념으로 만들어 수녀회가 상연했던 전례극 등이 있다. (전례극에서는 악마만이 노래할 기회를 얻지 못하고 평범한 대사로 만족해야 한다.)[32] 힐데가르트의 평성가는 매우 다양하고 선율이 무척 폭넓다는 점이 독특하다.

힐데가르트의 시대 이후 기보법이 발달하면서 복잡한 구성과 더욱 세련된 화음, 다양한 목소리가 동시에 노래하는 다성음악이 번성했다. 이에 비하면 힐데가르트의 곡이 단순해 보일지도 모르지만 그녀의 음악은 표준적 레퍼토리에서 벗어난 독특한 것이었다. 그러나 무엇보다 독특한 점은 우리가 그 음악을 안다는 사실, 그것이 기록되어 있고 특정한 사람이 만든 것으로 밝혀져 있다는 사실이다. 힐데가르트는 우리가 이름을 아는 가장 초기 작곡가들 중 하나이다.[33]

그녀는 글도 열심히 쓰면서 역시나 독특한 형식을 취했다. 새로운 알파벳을 고안하여 비밀 언어를 만들었던 것이다. 변덕스러운 기분으로 시작했을지도 모르지만 그녀는 평생에 걸쳐 이 언어를 진지하게 발전시켰다. 늘 스스로 무지하다고 말했던 그녀답게 힐데가르트는 이 언어를 링구아 이그노타lingua ignota라고 불렀다. 이 말을 보통 '미지의 언어'라고 번역하지만 무지의 언어라는 의미도 될 수 있다.[34] 비밀 언어는 힐데가르트가 무지에 긍정적 가치를 부여했음을 상기시키며 그녀가 평범한 라틴어 알파벳부터 기보법, 비밀 언어에 이르기까지 각종 기록 방법에 대해 얼마나 많이 생각했는지 알려준다.

힐데가르트 작품의 포괄성은 그 시대의 또 다른 장르인 숨마에, 이븐 시나가 광대한 아랍 제국 전체와 그 너머에서 가져온 다양한 형태의 지식을 통합하면서 개발한 모든 지식의 집대성에 비교할 수 있다.

카롤링거 부흥이나 베네딕토 수도회는 그리스 철학의 복원에 특별히 초점을 맞추지 않았다. 이븐 시나 같은 아랍과 페르시아 학자들은 아리스토텔레스를 읽고 해석하고 이용했지만 기독교 유럽에서는 극소수의 언어학과 논리학 텍스트를 제외하면 아리스토텔레스에 대해서 알려진 것이 거의 없었다.

기독교 유럽과 아랍 제국의 접촉이 점점 늘어나면서 힐데가르트의 일생 동안 이 모든 상황이 변했다. 분명 두 제국이 완벽하게 단절된 적은 없었다. 어차피 이베리아반도 일부는 아랍의 지배를 받았고 이슬람교, 유대교, 기독교 학문, 저술, 예술의 빈번한 접촉을 통해 문화 생산을 자극하는 이상적 온상이 되었다. 유럽 전역의 학자들이 스페인에 갔다가 두 전통이 결합된 이 특별한 곳에서 정보를, 때로는 필사본까지 가지고 돌아왔다.

힐데가르트 바로 이전 세기에 또 다른 형태의 접촉이 발생했다. 바로 십자군이었다. 예루살렘을 이슬람교도에게서 해방시키려는 군사 작전이었지만 그 목적을 영속적으로 달성하지는 못했다. 기독교 병사들은 요새를 세웠으나 대부분 12세기 말에 함락당했고, 그 과정에서 십자군은 광범위한 지역을 파괴하고 고통을 초래했다. 그들은 기독교 사명을 표방하면서도 당시 여전히 기독교였던 콘스탄티노플에 인정사정없었다. 힐데가르트 사망 직후인 1204년, 콘스탄티노플은 4차 십자군에 심하게 약탈당했다.

문화사에서 종종 그렇듯 파괴 세력이 의도치 않은 결과를 가져오기도 한다. 십자군은 아랍에서 학자들이 쓴 지식의 요약이라는 새로운 과학이 발전했고 그리스 철학의 아랍어 번역본이 존재한다는 소식을 가져왔다. 그 결과 비잔티움, 바그다드, 카이로, 알 안달루스에서 유입되는 문헌이 증가했고, 무엇보다도 아리스토텔레스의 저작이 들어왔다. 기독교 작가들은 잃어버렸던 아리스토텔레스의 저작을 발견했고(아랍 학자들이 아닌 유럽인들에게만 잃어버린 저작이었다), 이븐 시나와 같은 양식으로 숨마를 쓰기 시작했다. 유럽의 지식 생산을 바꾸어놓은 이러한 유입을 두 번째 부흥으로 볼 수 있다. 정확히 말해서 재탄생은 아니지만 경쟁하는 두 제국의 문화 접촉이 늘어났을 뿐만 아니라 키케로 같은 고전 작가에 대한 흥미가 새롭게 살아나면서 부흥과 차용이 동시에 일어났다.[35]

이러한 부흥(부흥인 동시에 수입이지만 그래도 부흥이라 부를 수 있다면)의 영향이 수녀원과 수도원, 궁정에서 눈에 띄기 시작했고, 무엇보다도 이탈리아(볼로냐), 스페인(살라망카), 프랑스(파리), 영국(옥스퍼드)에서 서서히 등장하던 대학에서 특히 두각을 나타냈다. 대학은 그때 이후 지식 생산을 형성해 온 새로운 배움의 중심 기관이고 아랍 지혜의 창고에서 큰 영향을 받았지만 오늘날까지도 많은 사람들이 그 사실을 잘 인식하지 못한다. 일부 공청회와 저술(숨마) 형식, 심지어는 특별한 졸업 가운이나 논문 심사처럼 대학과 관련된 일부 명칭과 의식은 아랍에서 차용한 것이다.[36] (이베리아반도와 유럽 전역 대학에서 발달한 독특한 독서 관행과 주석은 유대교 신학의 영향을 받았다.)

유럽 대륙이 스스로를 전적으로 기독교라고 간주할지, 어쨌든 이슬람교는 아니라고 간주할지를 둘러싼 논쟁에 비추어볼 때 아랍의 사상과 제도가 12세기 유럽에 끼친 영향은 특히 중요하다. 둘 중 어느 쪽을 택하든 말이 되지 않는다. 12세기의 부흥은 기독교 유럽을 결정적으로 형성했다. 그 덕분에 유럽은 이슬람 사상가들이 그리스 및 로마의 영향과 페르시아를 비롯해 멀리 남아시아와 북아프리카의 영향을 결합해서 쓴 철학적 저술을 물려받았다. 유럽과 이슬람의 역사와 사상은 떼어놓을 수 없을 정도로 얽혀 있다. 이제 와서 그 둘을 분리할 수도 없고 분리해서도 안 된다.

≡

르네상스. 우리가 보통 이 말로 가리키는 대상은 샤를마뉴가 문예 프로그램을 실시했을 때나 힐데가르트가 수도원 제도를 이용할 당시에는 아직 일어나지 않았던 미래의 사건, 바로 15세기와 16세기 이탈리아 르네상스다. 이전의 두 부흥과 마찬가지로 이탈리아 르네상스는 재탄생이라기보다는 반쯤 잊힌 채 다른 곳에서 재수입해야 했던 지식의 재사용이었다. 다시 말해 이탈리아 여러 도시 국가에서 발생한 차용된 르네상스라고 할 수 있을 것이다. 당시 이탈리아 도시 국가에서는 야심적 통치자들이 조만간 니콜로 마키아벨리가 정의하고 악명을 높일 형태의 정치를 하고 있었다. 이 무자비한 정치 형태에는 문화도 포함되었다.

페데리코 다 몬테펠트로(1422~1482년)는 이 시대를 완벽하게 대표하는 인물이다. 그는 서로 으르렁거리는 도시 국가들, 음모, 암살, 결투가 판을 치는 이탈리아에서 사는 것이 얼마나 위험한지 상기하기 위해서 멀리 볼 필요도 없었다. 사실, 자기 코만 보면 될 일이었다. 결투에서 한쪽 눈과 함께 콧대를 잃었기 때문이다. 그의 초상화 화가

피에로 델라 프란체스카, 〈결투에서 한쪽 눈과 코를 다친 페데리코 다 몬테펠트로 공작의 초상〉.(피렌체 우피치미술관)

들은 이 상처를 숨기기는커녕 최선을 다해 내세웠다. 무엇보다도 그의 친구 피에로 델라 프란체스카는 옅은 하늘을 배경으로 최대한 눈에 띄게 그린 옆얼굴에서 페데리코의 극도로 휘어진 코를 특징으로 삼았다. 페데리코는 권력 다툼의 주요 인물이 아니었지만 음모와 폭력을 통해 우르비노시의 통치자가 되었다.[37] 그는 곧 라파엘로가 태어날 우르비노를 통치했고 자신이 원하는 대로 살면서 일할 수 있을 만큼 충분한 자원을 모았다.

페데리코는 복잡한 정무를 수행하기 위해 성을 두 군데 마련했다. 하나는 우르비노, 또 하나는 그보다 작은 구비오시에 있었다. 두 성 모두에 그가 손님을 맞이하여 다음 행보를 결정하는 크고 인상적인 방이 여러 개 있었다. 한쪽 구석에는 손님에게 공개하지 않는 작은 방이 각 성에 하나씩 있었다. 그는 이 방을 스투디올로, 즉 작은 서재라고 불렀고 르네상스라고 알려질 문화에 대한 이해를 담아내기 위해 세심하게 장식했다.[38] 르네상스는 지식과 예술의 새로운 집약을 뜻하므로 잘못된 명칭이다. 사실 그중 과거에서 되살린 것은 일부일 뿐이고, 일부는 다른 곳에서 빌려왔고, 일부는 완전히 새로웠기 때문이다.

구비오 성의 스투디올로에는 중세 교과 과정의 바탕인 (그리고 아마 힐데가르트는 일부밖에 향유하지 못했을) 자유학예 3학4과가 골고루 있었다. 이는 페데리코가 과거의 학문과 결별할 생각이 없음을 보여준다. 새로운 점이 있다면 이곳에 수집된 지식이 무척 포괄적이라는 사실이다. 두 스투디올로 모두 엄선한 책들을 갖추어놓았는데 (단테가 가둔 림보에서 구해 온) 베르길리우스의 《아이네이스》도 그중 하나였다. 페데리코는 책 사냥꾼들을 이용해 당시 바티칸 바깥에서 가장 인상적 도서관을 만들었다. 총 900권의 책이 있었는데 그중 600권은 라틴어, 168권은 그리스어, 82권은 히브리어, 두 권은 아랍어였다.[39] 이는 샤를마뉴가 수집한 책들은 물론이고 베네딕토회 도서관의 모습과도 무척 달랐다. 특히 그리스어와 히브리어 문헌이 많고 아랍어로 된 원서가 있다는 점에서 그랬다. 페데리코는 특히나 질 좋은 벨럼 가죽으로 된 필사본을 많이 가지고 있었다. 벨럼 가죽은 저렴하고 내구성이 떨어지는 종이와 달리 세심하게 처리한 동물 가죽으로 만들었기에 내구성이 뛰어나고 값비쌌다.[40]

페데리코는 책을 무척 사랑했지만 책 생산에 대변혁을 일으킨 신

기술, 즉 인쇄기를 거부했다. 본래 몇백 년 전 중국에서 발명한 인쇄기를 요하네스 구텐베르크가 돌여온 지 얼마 되지 않은 때였다. 구텐베르크는 이 오래된 기술을 이용해서 저렴하고 품질 좋은 사본을 찍어낼 수 있는 산업적 생산공정을 만들었다. 구텐베르크의 성공은 또 다른 수입 기술, 즉 종이 덕분이었는데 역시 중국에서 만들어져 아랍 세계를 거쳐 유럽에 들어왔다. 페데리코는 그렇게 만든 책을 깔보았지만 그래도 여러 권 샀는데, 손으로 다시 써서 필사본을 만들기 위해서였다.

페데리코는 인쇄를 거부했지만 글쓰기 영역의 또 다른 혁신은 받아들였으니, 바로 새로운 언어 과학이었다. 이 과학은 옛 필사본 연구를 위해 복잡한 기법을 개발한 학자들에게 무척 중요했고, 세월에 따른 언어 발전에 대한 상세한 지식을 바탕으로 필사본의 연대를 추정하는 것도 여기에 포함되었다. 학자들은 구와 숙어뿐 아니라 문헌의 사소한 세부 사항을 비교해 그것이 언제 어디서 만들어졌는지 추론할 수 있었다. 또 이 기법으로 텍스트의 다른 버전을 비교해서 나중에 덧붙인 부분과 필사 과정에서 저지른 실수를 알아냈다. (또한 그들은 카롤링거 서체를 재발견해서 널리 쓰이도록 노력했다.)

이 새로운 과학은 그리스어로 '말에 대한 사랑'을 뜻하는 문헌학philology이라고 불렸고 이미 장대한 성공을 거두고 있었다.[41] 교황의 권력과 교회의 권력은 〈콘스탄티누스의 증여 문서〉를 바탕으로 했는데, 이에 따르면 기독교로 개종한 로마 황제 콘스탄티누스는 로마에 대한 통치권을 교회에 넘겼다. 교황은 대대로 이 문서를 이용해서 그리스도교 세계에 대한 통치권을 주장했지만 로렌초 발라 사제 등 문헌학에 통달한 사람들에게는 이 문서가 수상쩍어 보였다. 그래서 발라 사제는 증여 문서를 엄밀하게 분석했고, 그의 추론을 이해할 수 있는 사람들에게 해당 문서가 콘스탄티누스 황제 시대가 아니라 그 몇백 년 후에 만들어진 것이 틀림없다는 사실을 증명해 냈다. 발라의 증거는 교황의 권위를 훼손했기 때문에 대단한 사건이었다.[42] 따라서 후대에는 발라가 마르틴 루터의 선배로 여겨졌다. 루터는 문헌학이 아닌 인쇄기로 교황의 지위를 공격했다.

후대의 시선으로 보면 발라 같은 인문학자가 교회를 비판했다고 볼 수 있지만 이들 대부분은 스스로를 그렇게 생각지 않았다. 그들은 기독교 신학을 재정의하려는 것이 아니라 생각과 글에 대한 새로운 접근법을, 기독교 대학이 가르치는 것의 대안을 개발하려는 것이었다. 이러한 작가와 학자는 배움의 새로운 중심지를 만들고 싶었다. 피렌체에서는 플라톤의 아카데미아를 다시 만들려는 시도가 있었고, 페데리코도 우르비노에서 비슷한 일을 하는 중이었다.

이처럼 고대를 되살리려는 학자와 작가들을 설명할 때 가장 자주 쓰는 용어가 인문주의자이다. 왜일까? 무엇보다도 고전을 배우면 인간다움이 강화된다고 여겼기 때문이다. 그러나 이 용어에는 또 다른 면이 있다. 고전을 새롭게 배우는 것은 신학적 문제에 직접적으로 간섭하지 않는다는 뜻이었다.[43] 페트라르카(1304~1374년)에게 무엇보다도 중요한 것은 원전에서 쓰는 고전 라틴어의 우아함이었다. 그는 그리스나 로마 신들을 다시 데려오려는 것이 아니었다. 발라 같은 인문주의자들은 〈콘스탄티누스의 증여 문서〉 같은 세속적 문서에 의문을 제기했을지 모르지만 인문주의자들은 대체로 사제를 자처하거나 교회와 경쟁할 생각이 없었다.

　페데리코는 텍스트를 다루는 새로운 과학과 인쇄기의 힘을 과소평가했지만 새로운 시대가 다가오고 있음을 알았다. 그의 우르비노 스투디올로의 두 벽에는 초상화가 여럿 걸려 있었는데 플라톤과 아리스토텔레스 같은 그리스 현자들, 키케로 같은 로마인들, 성 아우구스티누스 같은 기독교 작가들도 있지만 그중에서도 페트라르카가 눈에 띄었다. 오늘날 페트라르카는 주로 시, 특히 사랑의 소네트 때문에 사랑받지만 페데리코를 비롯한 몇몇 사람은 그가 과거를 되살렸기 때문에 존경했다. 그보다 한 세기 전 페트라르카는 옛 필사본, 특히 로마 시대 필사본을 찾기 시작했다. (그는 호메로스를 비롯한 그리스 작가들에게도 관심을 가졌지만 그리스어를 배우지는 않았다.) 그는 지금까지 알려지지 않았던 키케로의 편지를 발견했고, 이 편지들에서 영감을 받아 로마 작가 키케로의 언어와 양식을 모방했다. 페트라르카는 이 양식으로 페데리코의 우르비노 스투디올로 초상화 갤러리를 장식한 많은 이들을 포함해 오래전 죽은 작가들에게 편지를 썼다. (구비오의 스투디올로에는 자유학예에 대한 알레고리화畵가 있다.)

　페데리코의 스투디올로에 있는 책들의 가장 놀라운 점은, 그의 도서관에 있는 책들과 달리 진짜가 아니라는 사실이었다. 스투디올로의 다른 물건들과 마찬가지로 이 책들은 복잡한 상감 세공으로 나무에 새긴 조각이었다. 다양한 색깔의 나무조각들로 사물을 묘사했으니 나무로 그린 그림인 셈이다. 스투디올로, 조용히 물러나 르네상스 통치자가 즐길 수 있는 다양한 예술 형식을 응시하는 곳. 그 자체가 장인 정신의 승리였다.[44] 책뿐만 아니라 온갖 물건과 도구, 심지어 거

구비오 공작성의 스투디올로. 원본은 현재 뉴욕 메트로폴리탄미술관에 있다.(뉴욕 메트로폴리탄미술관)

울까지도 상감 세공이었다. 그중에는 악기도 있었으므로 스투디올로는 실내악 공연장 역할도 했다. 아랍의 우드를 개조해 이름까지 따온 루트라는 악기가 특히 눈에 띄었다.

이 상감 세공은 중심 투시도법이라는 비교적 새로운 기법을 이용했다는 점에서도 놀라웠다. 이탈리아 화가들은 이제 기구를 이용해서 그림을 감상자의 관점에서 구성하여 심도를 그 어느 때보다도 정확하게 포착할 수 있었다. 피에로 델라 프란체스카가 그린 페데리코의 초상화 같은 회화에서 중심 투시도법을 이용하는 것과 상감 세공에서 시도하는 것은 또 다른 문제였다.

그것만이 아니었다. 중심 투시도법은 보통 감상자가 그림 바로 앞에 서 있다고 가정하지만 몇몇 화가들은 투시도법을 더욱 복잡하게 쓰기 시작했다. 즉 감상자가 극단적 위치에 서야만 그림을 알아볼 수 있었다. 그림 앞에 선 사람은 뒤틀린 형태만 보게 되는 것이다. 이를 왜상歪像이라고 했는데 페데리코의 스투디올로에서도 루트를 이렇게 표현했다.

이처럼 온갖 기법이 사용된 스투디올로는 정무를 마치고 물러난 페데리코에게 영감을 주었다. 이 기발한 공간은 또한 거대한 기억 상치 역할도 했으므로 여러 가지 기법과 예술적 인물뿐 아니라 역시 상감 세공으로 눈에 띄는 곳에 새겨놓은 금언을 쉽게 떠올릴 수 있었다. 기억 이론가들은 오래전부터 이른바 기억 극장이라는 것을 구상해 왔다. 이것은 긴 연설을 작은 단위로 나누어 각각 기둥이나 모서리 등 내부 공간의 두드러진 특징과 연관시켜서 기억을 돕는 방법이다. 세월이 흐르면서 기억 극장은 온갖 종류의 정보를 정리하고, 저장하고, 접근하는 정교한 장치가 되었다. 말하자면 컴퓨터 저장 장치의 머나먼 조상인 셈이다.[45] 페데리코의 스투디올로는 그에게 외부 기억 장치, 즉 새로운 지식을 저장하고 추출하는 메커니즘 역할을 했다.

≡

샤를마뉴의 궁정 도서관, 베네딕토회 수도원 필사실, 12세기의 대학 그리고 마지막으로 이탈리아의 스투디올로는 서로 다른 방식으로 지식을 보존하고 재생산하고 확장했다. 각각의 목적이 달랐으므로 과거를 되살리는 전략도 달랐다. 이러한 장치들은 기독교라는 틀 안에서 서로 다른 문헌과 앎의 방식을 우선시함으로써 서로를 보완했다. 각 장치에서 기독교라는 틀은 다른 의미를 가졌으므로 각각은 기독교 이전의 과거를 다르게 이해했다. 또한 차용한 부흥의 세 물결, 즉 세 번의 르네상스로 인해 고대의 텍스트를 점점 더 많이 보존하고 수입하게 되었다. 이러한 부흥이 일어났다는 사실 자체는 샤를마뉴, 힐데가르트, 페데리코처럼 무척 다른 유럽인들이 과거의 무언가가 사라졌으며, 다른 곳에서 되찾아올 필요가 있다고 생각했음을 보여준다. 이들은 모두 스스로를 후발 주자로 생각했고 무엇이 사라졌는지 돌아보며 그것을 복원하려 했다.

페데리코의 스투디올로에는 책, 그림, 악기, 체스 세트(아라비아에서 수입한 게임)와 천구의뿐 아니라 항해에 사용하는 도구인 아스트롤라베도 있었다. 페데리코는 스투디올로의 다른 모든 물건과 마찬가지로 나무로 표현된, 별로 눈에 띄지 않는 이 장치가 조만간 탐험가들을 데리고 아프리카 남단을 돌고 대서양을 건넌 후 다시 한번 세상을 변화시키리란 사실을 알지 못했다.

10

아즈텍의 수도,
찬사와 함께 파괴되다

1519년 테노치티틀란

모크테수마 황제는 점점 팽창하는 제국을 살펴보며 아즈텍족의 성취를 자랑스럽게 여겼다. 그들은 200년도 더 전에 북부의 고향을 떠나 남쪽으로 서서히 이동했다. 몇 세대 후에는 산들과 눈 덮인 두 화산으로 둘러싸인 호수와 복잡한 생태계를 가진 멕시코 분지에 도착했다. 처음에 아즈텍족은 지역 통치자들과 협정을 맺어 공물을 바치고 용병이 되기로 했다.[1] 그러나 약 100년 뒤 대군주들에 맞서 반란을 일으키고 독립했다. 초기에는 그들의 새로운 권력이 분지를 넘지 못했지만 이후 몇십 년 동안 노련한 용병들은 이웃 도시를 습격하고 위협하여 동쪽으로는 걸프 해안, 서쪽으로는 태평양, 남쪽으로는 마야어를 말하는 민족들이 사는 곳까지 왕국을 확장할 수 있었다. 이것이 바로 모크테수마가 현재 통치하는 왕국이었다.

아즈텍족의 가장 큰 성취는 영토 지배가 아니라 수상 도시 테노치티틀란이었다. 산에서 세차게 내려오는 시냇물들은 서로 연결된 두 호수에 물을 댔고 그 가운데 도시가 있었다. 물은 빠져나갈 길이 없었으므로 호수에 모인 다음 천천히 증발했다. 따라서 큰 호수는 염수였고, 화산에서 눈이 녹아 내려온 물이 처음으로 모이는 남쪽의 작은 호수만이 담수였다. 기술자들은 수상 도시를 지상과 연결하는 둑길을 세 개 만들었다. 둑길은 염수 호수보다 약간 더 세찬 담수 호수의 흐름을 늦추는 역할도 했다. 도시가 커지면서 약 20킬로미터의 커다란 제방을 쌓아 식량을 재배할 수 있는 늪지도 만들었다.

둑길이 가로지르는 습지로 둘러싸인 도시는 기하학과 공학, 상상력이 만든 기적이었다. 섬 도시에 거주하는 주민 5만 명과 인근 마을과 정착지에 거주하는 5만 명을 부양하려면 상당한 물류가 필요했다.[2] 모든 것을 외부에서 들여올 수밖에 없었다. 아메리카 대륙에는 안데스 지역의 야마를 제외하면 짐을 나르는 동물이 없었기 때문에 짐꾼 약 5000명이 식량과 식수를 직접 날라야 했다. 그들은 매일 둑길을 걸어서 건너거나 배를 타고 도시에 들어왔다.[3] 도시 중심에는 거대한 피라미드와 커다란 복합 사원이 있었는데, 꼭대기에 커다란 단이 있고 그 위에 신전이 두 개 있었다. 둑길을 걷든 배를 타든 도시로 들어오면 호수 위로 솟아 오른 약 60미터 높이의 두 신전이 제일 먼저 보였다.

도시는 조심스럽게 균형 잡힌 생태계 안에 존재했지만 언제든 뒤집힐 수 있었다. 한 세대 이전에 모크테수마의 전임 황제들 가운데 하나였던 아위소틀은 근처 코요아칸의 샘에서 도시로 담수를 직접 운반할 거대한 석조 수로 건설에 착수했다. 새로운 공학의 기적과도 같은 수로의 개통식은 축제였고, 예술가들은 이를 기념해 수로를 묘사한 석조 부조를 만들었다.[4] 수로는 처음에는 의도한 역할을 했다. 그러나 폭우가 내리자 수로가 도시로 운반하는 생명의 담수가 끔찍한 홍수로 변했고 조심스럽게 관리하던 도시의 호수와 제방, 둑길을 망가뜨렸다. 아위소틀 역시 자신의 오만이 불러온 홍수로 인해 죽었다고 말하는 이들도 있었다.[5]

모크테수마는 수로의 재난을 떠올리면서 테노치티틀란이 물과 돌의 불안정한 균형에 의지하고 있다는 사실을, 자연에 취약하지만 인간의 실수에도 취약하다는 사실을 기억에 새겼다. 그는 도시를 재건하고 재난에서 구한 황제가 될 것이다. 이는 제국을 더욱 확대함에 따라 식량을 비롯한 새로운 자원이 도시로 흘러들어 오리라는 의미였고, 앞으로는 토목공사를 신중하게 추진하겠다는 의미였다. 수로 사건은 이 도시가 얼마나 쉽게 덫이 될 수 있는지 보여주었다.

물의 흐름을 통제하는 것은 공학자와 황제만이 아니라 신들의 문제이기도 했다. 예를 들어 물의 여신 찰치우틀리쿠에는 다산뿐 아니라 테노치티틀란에서는 너무도 관리가 중요한 담수도 상징했다. 그러나 도시의 주요 피라미드 사원은 전쟁의 신 위칠로포치틀리와 비와 농사의 신 트랄로크에게 바쳐졌다. 아즈텍족에게 이곳에 도시를 세우라고 명령하고 제일 큰 제물을, 대부분 제국 외곽에서 붙잡은 전사들을 바치라고 요구한 것도 위칠로포치틀리 신이었다.[6] 제물로 바칠 전사들에게 약을 먹인 다음 피라미드 계단을 올라 커다란 단 위로 데리고 가자 그곳에서 기다리던 사제들이 날카로운 돌이나 흑요석으로 만든 칼로 펄떡거리는 심장을 꺼냈다. 피는 '귀중한 물'이었으므로 펄떡이는 심장을 때로 10여 개씩 바치는 것은 제국의 균형을 유지하고, 전쟁에서 승리하여 포로와 공물을 얻고, 무엇보다도 호수의 물이 사나워지지 않게 만드는 방법이었다.[7]

물과 식량, 포로들만 호수 도시에 들어온 것이 아니었다. 뒤늦게 이 지역에 들어온 아즈텍족은 어디를 가든 옛 문명의 유물과 마주쳤다. 아즈텍 수도에서 멀지 않은 호수의 북쪽 기슭 근처에 테오티우아칸이 있었다. 의식을 위해 만든 넓은 대로를 따라서 거대한 피라미드와 사원의 폐허가 늘어선 곳이었다.[8] 이 유적지의 고색창연함에 감명받은 아즈텍족은 이곳을 자신들의 신화에 통합하여 세상의 기원이라고 선언했다.[9] (모크테수마 황제의 즉위식도 이 초기 문명의 폐허 한가운데에서 열렸다.) 또한 아즈텍족은 유물을 발굴해서 거대한 사원으로 가지고 가서 자신의 신들에게 제물로 바쳤다. 그들은 올메크 문명의 신비로운 두상을 포함한 다른 문화 유물도 바쳤는데 당시 2000년이 넘은 것들도 있었다.[10] 아즈텍족은 올메크의 건축 형식과 뱀 머리 등 조각을 따라 하기도 했다.

이 지역의 가장 흥미로운 문화재 중에는 책도 있었다. 화가-필경사는 책을 통해 신들과 민족, 그들의 생활을 좌우하는 역법에 대한 이야기를 들려주었다. 책에는 그림도 있고 일종의 문자 역할을 하는 그림 부호도 있었다. 그림-기호는 알파벳 문자나 이집트 상형 문자와 달리 개별 단어나 음절을 나타내지 않았다. (메소아메리카에서는 남부 마야족만이 그러한 문자 언어를 발전시켰다.) 그렇지만 그림 기호는 생각과 사건, 날짜를 기록해서 사제와 화가-필경사에게 정확한 기억 보조 장치 역할을 했다. 아즈텍족은 앞선 문명의 통치자들을 끌어내리면서 그들의 책도 불태우기로 결정했다.[11] 어디에서나 그렇듯 여기서도 승자가 역사를 쓰는, 아니 그리는 경우가 많았다.

이야기를 두고 싸웠다는 것은 아즈텍족이 과거를 지울 뿐 아니라 다시 쓰고 싶어 했다는 뜻이다. 아즈텍족은 옛 문명의 책을 태우는 대신 새로운 책을, 그들의 역법(읽는다는 단어에는 계산한다는 뜻도 있다)과 그들의 신, 그들의 신화, 그들의 역사를 적은 책을 만들었다.[12] 아즈텍 화가-필경사는 빨간색과 까만색 잉크를 썼기 때문에 이 책을 '적과 흑의 이야기'라고 불렀다. 모크테수마의 사제들은 피라미드 주변의 커다란 복합 사원에 살면서 배운 대로 이 책을 그리고 색칠하고 해석했고, 그것을 이용해서 의식을 치르고 점사를 보았다.

모크테수마는 사원과 책을 모신 이 기적의 도시로부터 점차 제국을 확장했다. 그의 군사들이 주변 지역에서 받아낸 공물을 보내자 점점 더 많은 자원과 권력이 이 도시에 집중되었다. 모크테수마가 살아 있는 동안 테노치티틀란은 아메리카 대륙에서 가장 큰 도시가 되었고 대다수 유럽 도시들보다도 커졌다. 부와 함께 전문화, 노동 분업, 문화적 성취도 이루어졌다. 배와 짐꾼은 식량과 원료를 나르고 장인들은 정교한 의복부터 무기와 예술품에 이르기까지 매우 세련된 물건을 만들었다. 몇천 명이 들어갈 수 있는 커다란 중앙 시장에서 이러한 상품을 거래했다. 또한 모크테수마는 사슴, 가금, 작은 개들, 수많은 종의 새들을 비롯해 온갖 야생동물이 살고 있는 근사한 개인 동물원에 자부심을 느꼈다. 새의 깃털은 매우 귀하게 취급받았다.[13]

모크테수마의 왕국은 때로는 무력을 통해, 또 강력한 교역 제국이라는 이점을 통해 점차 커졌지만 통일된 왕국은 전혀 아니었다. 남부의 마야나 걸프 해안의 토토나카처럼 멀리 떨어진 곳에 살면서 공물을 바치는 집단들은 스스로 통일 국가의 일부라고 느끼지 않았다. (예를 들어 궁극적으로 로마 제국에서 발전한 것 같은) 동등한 시민권이나 언어에 대한 감각이 없었다. 테노치티틀란은 크고 복잡했지만 모크테수마의 지시대로 움직일 관료 사회가 없었기 때문에 일체감이나 지속적 통제라는 감각도 없었다. 모크테수마의 제국을 하나로 지탱하는 것은 무력과 각자의 이익을 위한 느슨한 연대, 그의 위대한 창조물인 물의 도시의 찬란함뿐이었다. 물의 도시가 제국의 펄떡이는 심장이었다.

모크테수마가 해안에서 떠다니는 성城이 또다시 목격되었다는 보고를 처음 들었을 때 아즈텍은 이런 상황이었다. 2년 전 해안 지역 주민들은 거대한 배를 처음으로 보았다. 그때 이후 모크테수마의 정찰병이 계속 망을 보았고 이제 배를 목격했을 뿐 아니라 피부색이 옅은 사람들이 커다란 사슴을 타고 전투 훈련을 받은 공격적인 개를 데리고 있다는 소문이 들려왔다.

모크테수마는 두 가지 결정을 내렸다. 그는 화가-필경사를 한 명 보내 정찰병들의 믿기 힘든 보고를 기록하도록 했다. 그림을 보면 사람들, 동물들, 그들의 복장, 그들의 배, 그들의 무기를 훨씬 이해하기 쉬울 것이다.[14]

또 하나는 이방인들에게 깊은 인상을 주고 모크테수마의 문화 자원을 보여주기 위해 정교하게 만든 선물을 보내는 것이었다. 그는 가장 뛰어난 장인들이 만든 물건도 선물에 포함시켰다. 태양을 나타내는 거대한 황금 원반과 달을 나타내는 은 원반, 황금으로 만든 오리와 사자, 팬서, 개, 유인원 조각상, 섬세하게 만든 보석, 각종 무기와 장식 깃털을 단 화살, 역시 금으로 만든 지팡이, 금을 입혀 예술 작품으로 만든 가장 좋은 깃털 컬렉션 등이었다. 모크테수마는 귀족들만 입는 정교하고 세련된 의복도 보냈다.

외국인들이 예식용 의복을 입을까? 이 정도 선물이면 저들이 모크테수마의 힘을 깨닫고 순순히 돌아갈까?

1520년 뉘른베르크와 브뤼셀

모크테수마가 이방인들에게 선물을 보내고 1년이 채 안 된 시점에 알브레히트 뒤러는 경제적 어려움에 처해 있었다. 그는 유럽에서 가장 유명한 화가에 속했지만 신성 로마 제국 황제가 주는 연금에 의존해 살았는데 이미 몇 해째 뉘른베르크 행정관들에게 연금을 받지 못했다. 뉘른베르크는 '자유 도시', 즉 본질적으로 독립된 도시 국가였기에 황제를 대신해 지불하기를 꺼렸다.[15]

뉘른베르크는 독립적일 뿐 아니라 다른 지역들과 잘 연결되고 동유럽과 서유럽은 물론 아랍과도 끊임없이 교역하는 무역 중심지였다. 뉘른베르크는 중동의 모델을 따라 알프스 북부 유럽에 최초로 제지소를 세웠다.[16] 최근에는 겨우 몇백 킬로미터 떨어진 곳에서 구텐베르크가 가동활자를 쓴다는 얘기를 듣고 진취적 주민들이 가장 초기의 인쇄 출판 센터를 만들었다.[17] 주민이 4만 명에 달하는 뉘른베르크는 유럽에서 가장 크고 중요한 도시 중 하나가 되었고 이 도시를

북유럽의 비밀 수도라고 생각하는 사람도 있었다.[18]

뒤러가 연금 문제 때문에 이도 저도 못하는 와중에 황제가 세상을 떠났다. 뒤러는 새로운 황제 카를 5세에게 직접 호소하기로 결심했다. 황제는 네덜란드 궁정에 있었다.

뉘른베르크를 잠시 떠나야 할 이유가 하나 더 있었다. 다시 전염병이 돌았던 것이다. 흑사병은 1347년에 처음으로 유럽에 들어온 후 완전히 뿌리 뽑히지 않고 거의 예측 가능할 정도의 빈도로 여러 지역과 도시를 휩쓸었다. 이제 뉘른베르크에서 흑사병이 절정에 달하고 있었다. 사정이 되는 사람은 다들 시골이든 어디든 멀리 떠났다.[19]

17년 전 뒤러는 또 다른 전염병을 피해 뉘른베르크보다 더 부유하고 국제적인 도시 베네치아에 갔었다. 유럽과 중동의 국경 바로 옆에 위치한 베네치아는 경쟁이 치열한 곳이었으나 수익성이 좋았다. 이탈리아에서 예술 혁명이 일어나고 있었기에 화가에게는 특히 더 중요했다. 모든 선이 하나의 소실점으로 모이는 기하학적으로 정확한 투시도법이 발전하면서 화가는 캔버스를 끝없이 멀어지는 풍경을 내다보는 창문처럼 만들 수 있었다. 동시에 레오나르도 다빈치를 비롯한 이탈리아 화가들은 해부를 통해 골격과 근육, 힘줄에 대해 배우려고 시체를 훔치기도 했다. 그런 지식이 있으면 인체를 전에 없이 정확하게 포착할 수 있었다. 뒤러는 그곳에서 베네치아의 가장 위대한 화가 만테냐와 벨리니를 만났다.[20] 만테냐는 생생한 색감을 이용해 멋진 별자리 그림을 그렸고 벨리니는 새로운 투시도법을 최대한 활용해 심도 있고 분위기 좋은 풍경화를 그리는 데 집중했다. (벨리니의 누이가 만테냐와 결혼했기 때문에 두 사람은 혼맥으로 이어졌다.[21])

뒤러는 세계 무역과 예술의 중심지 베네치아에서 지내다가 전염병으로 인구가 크게 줄어든 뉘른베르크에 돌아왔다. 그는 베네치아에서 배운 것에 영감을 받아서 열심히 작업했고, 알프스 북부에서 새로운 회화를 대표하는 화가가 되었다. 그의 초상화는 이탈리아 화가들에게 배운 해부학적 지식을 보여주었고 그의 풍경화는 투시도법으로 인해 가능해진 심도를 이용했다. 회화 혁명으로 인해 새로운 자기 인식이 생겼기에 뒤러는 평생 화가로서 자신의 성장과 기술의 발전을 연대기적으로 보여주는 자화상을 즐겨 그렸다.[22]

이탈리아만이 영감의 원천은 아니었다. 뒤러는 다시 한번 전염병을 피해 달아날 준비를 하면서 브뤼셀에 간 김에 네덜란드 예술의 최신 발전에 대해 배워야겠다고 생각했다. 두 세대 전에 얀 반 에이크와 그 제자들은 호감이 가는 평범한 사람의 초상, 활기찬 도시 풍경, 자연 묘사로 세상을 놀라게 했다. 북유럽에서 뒤러의 진정한 경쟁자는 네덜란드 화가밖에 없었다. 그들이 무엇을 하고 있는지 보면 좋을 듯했다.

뒤러는 예술적 교류를 원활하게 하고 자신의 우월한 기술을 증명하기 위해 이례적 자산을, 판화로 가득한 트렁크를 챙겼다. 그가 존경하던 이탈리아 화가 만테냐, 벨리니, 라파엘로는 구성과 색감을 강조했고 네덜란드 화가들과 마찬가지로 새로운 인쇄 기술에 흥미를 가지고 있었다. 그러나 뒤러는 자신이 유리하다고 생각했다. 그는 일찍이 인쇄의 가능성을 알아보고 나무, 구리, 석재를 마음대로 다루는 법을 배웠으며 인쇄를 하면 멋질 판화 기법을 익혔다. 그는 식물의 유기적 형태, 토끼의 귀, 인간의 자세를 놀랄 만큼 정확하게 포착하여 죽은 재료에 생명을 불어넣었다. 그중에서도 가장 좋은 점은 그림을 마음대로 복제할 수 있었기 때문에 얼마든지 배포해서 수입을 얻을 수 있다는 사실이었다. 뒤러는 인쇄 혁명의 중심이라는 뉘른베르크의 위치를 이용해 인쇄된 책에 넣을 이미지도 만들었다. 뒤러는 인쇄가 고급 예술로 바뀌면서 글과 문학만이 아니라 시각적 재현까지 바꾸고 있음을 인식했다.

뒤러가 여행을 하는 동안 판화가 또 다른 역할도 했다. 그는 판화를 현금처럼 취급하면서 서비스를 제공받은 대가로 대군주들과 후원자들에게 나누어주었다. 뒤러는 이러한 거래를 일기장에 기록했는데, 그의 여행의 일차적 목표가 돈이었음을 상기시키는 행동이었다. 일기장은 일종의 장부였고, 뒤러는 식사를 하거나 숙소에서 하룻밤 묵을 때마다 지출을 정확히 기록했다.

뒤러는 북쪽으로 향하는 길에 마르틴 루터가 체포되었다는 충격적인 소식을 들었다. 루터 수사가 주교에게 (인쇄술로 대량생산한) 면벌부 판매와 그 밖의 악습에 항의하는 서한을 쓴 것이 겨우 몇 년 전 일이었다. 그때 이후 많은 사건이 빠르게 발생했다. 주교에게서 답신이 오지 않자 루터는 항의 서한을 계속 보냈고, 동조자 몇 명이 인쇄기로 이 편지를 인쇄했다. 루터는 인쇄 시대 최초의 포퓰리스트가 되었다.[23]

뒤러는 루터의 서한과 소책자 상당수를 인쇄한 곳이자 루터가 일찍이 추종자를 얻은 뉘른베르크에서 이 과정을 흥미롭게, 동조하면서 지켜보았다. 그는 몇몇 친구와 함께 루터의 기독교 쇄신 요구를 지지했다. 체포 소식을 들은 뒤러는 교회 개혁을 지지하는 길고 장황한 글을 써서 루터의 대의를 지지하기도 했다. 그러나 뒤러가 알지 못했던 것은 이번 사건에 대해서만큼은 그의 우려가 지나쳤다는 사실이었다.[24] 루터를 체포한 사람은 동조자였고, 그는 바르트부르크 성에서 루터를 '보호 구금' 중이었다. 루터는 그곳에서 그리스어 신약을 쉬운 독일어로 아주 빠르게 번역한다. 번역을 끝낸 루터는 원고를 인쇄업자들에게, 누구보다도 뉘른베르크의 인쇄업자들에게 먼저 넘겼고 그들은 대량생산이 무엇을 할 수 있는지 보여주었다. 루터의 성서는 그 시대 최초의 베스트셀러이자 유럽을 재편할 선봉이 되었다.

북부로 향하는 뒤러가 루터와 연금, 네덜란드 화가들의 작품에 대해서만 생각한 것은 아니었다. 그는 또한 브뤼셀에서 있었던 예상치 못한 만남을 일기에 꼼꼼히 적었다. 브뤼셀은 신성 로마 제국 황제로서 대관식을 앞둔 카를 5세의 궁정이 있는 곳이었다. 카를의 영토는 부르고뉴에서 오스트리아까지 뻗어 있었고(그는 "나는 하느님에게는 스페인어로 말하고, 여자에게는 이탈리아어로 말하고, 남자에게는 프랑스어로 말하고, 말에게는 독일어로 명령한다"라고 뽐냈다고 한다), 4년 전인 1516년에는 스페인 왕위에까지 올라 점점 커지는 신세계 영토를 손에 넣었다. 뒤러는 이렇게 적었다.

나는 새로운 황금의 땅에서 왕에게 바치기 위해 가져온 물건들도 보았다. 너비 약 180센티미터에 달하는 순금으로 만든 태양과 그 비슷한 크기의 은으로 만든 달, 갑옷과 각종 무기, 방패, 활과 화살, 신기하고 놀라운 의복, 담요로 가득한 옷장 두 개, 그 밖에 놀라운 도구들이 있었다.

기적보다 더 볼 만한 가치가 있었다. 무척 귀한 물건들이며 그 가치가 10만 길더 정도로 추정된다. 내 평생 이렇게 즐거운 구경거리는 처음이었다. 나는 특히 장인의 손길이 닿은 놀랄 만한 물건들을 보고 이 이국 땅에 사는 사람들의 절묘한 천재성에 깜짝 놀랐다. 내가 본 것을 말로 표현할 방법을 찾지 못할 정도였다.[25]

뒤러가 본 것은 모크테수마 왕이 약 1년 전 자신의 해안에 도착한 이방인들에게 준 선물이었다. 원정대를 이끈 스페인 군인 에르난 코르테스는 선물을 기꺼이 받았다. 그는 해안을 탐험하고 주민들과 교역을 하기 위해 쿠바에서 온 참이었다. 코르테스는 공식 임무만 수행할 생각이 없었다. 부하들과 함께 불법 식민지를 만들어 최대한 짜내기로 이미 약속했다. 평소대로 황제에게 수입의 5분의 1을 바치고 코르테스는 남은 5분의 4 가운데 상당량을 차지할 생각이었다. 그는 영구 정착지를 만들고 내륙으로 이동할 준비를 함으로써 공식 임무를 넘어 법을 어긴 셈이었다.

이 과감한 행동이 나쁜 결말을 맞이하지 않을 방법은 딱 하나였다. 카를 5세에게 직접 사람을 보내어 자신은 용맹한 정복자일 뿐이라고 호소하고, 앞으로 얼마나 큰 부를 얻을 수 있는지 견본을 보여주는 것이었다. 코르테스는 이를 위해 편지를 써서 지금까지의 탐험, 해안에 도착하게 된 사연, 원주민과의 다양한 만남, 공식 임무에서 벗어난 이유를 길게 설명했다. 또 다른 미끼로 자신이 받은 선물 목록도 보냈다.[26]

코르테스는 충성스러운 부하 두 명에게 편지와 선물을 맡기면서 쓸데없이 상관의 관심을 끌 우려가 있으니 쿠바를 경유하지 말고 곧장 스페인으로 가라고 지시했다. 그러나 두 부하는 아마도 식량을 마련하기 위해서 쿠바에 상륙했다가 임무를 박탈당할 뻔했다. 그들은 겨우 도망쳐서 대서양 횡단이라는 새로운 탐험을 지배하는 스페인 남서부 도시 세비야에 도착했다. 이제 카를 5세에게 선물을 직접 전달하려면 유럽의 반을 가로질러야 했다. 카를은 조만간 샤를마뉴처럼 엑스라샤펠에서 황제로 즉위할 예정이었다. (카를 5세는 1530년 샤를마뉴처럼 교황이 주재하는 대관식을 다시 치르면서 이러한 영예를 누린 마지막 신성 로마 제국 황제가 되었다.[27]) 그래서 카를 5세는 대관식을 기념하고자 코르테스가 보내온 선물을 전시하여 가장 최근에 얻은 영토를 자랑하기로 결정했다. 이렇게 해서 뒤러가 그 물건들을 보게 된 것이다.

하지만 뒤러는 무엇을 보고 있다고 생각했을까? 뒤러는 일기에 분덜리히wunderlich(놀라운)와 젤트잠seltsam(기이한)이라는 표현을 썼다. 그는 이 물건들을 만든 이들에 대해서 자신이 아무것도 모른다는 사실을 인식하고 있었다. 유럽 사람 누구도 알지 못했으므로 이것이 뒤러가 신세계에 대한 개념이 없었다는 의미는 아니다. 뒤러는 뉘른베르크 시민이었으므로 스페인과 포르투갈 선원들이 신세계에서 가져오는 소식을 쉽게 접할 수 있었다. (같은 뉘른베르크 시민 마르틴 베하임은 1492년에 최초의 지구본을 만들었다.)

크리스토퍼 콜럼버스와 아메리고 베스푸치가 신세계 모험담을 인쇄해 출판했는데 뒤러가 그것을 읽었을지도 모른다. 콜럼버스는 자신이 만난 원주민을 고귀한 야만인으로 묘사했고 베스푸치는 그들

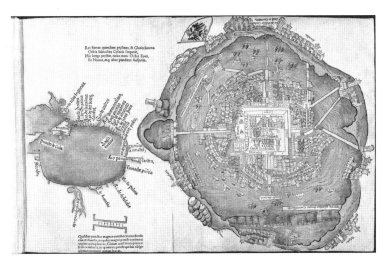

1524년에 뉘른베르크에서 인쇄한 에르난 코르테스의 〈카를 5세에게 보낸 두 번째 편지〉라틴어판
에 포함된 테노치티틀란 지도.(미국의회도서관)

을 위험한 식인종이라고 설명했다.[28] 뒤러는 모크테수마의 선물을
보고 나서 2년 뒤 뉘른베르크에서 인쇄한 목판화에서 제물로 바쳐진
아이들 모습을 보았다. 그로부터 2년 뒤에는 뉘른베르크에서 최초의
테노치티틀란 지도를 인쇄했기 때문에 유럽인들은 크기가 뉘른베르
크에 맞먹고 물에 둥둥 떠 있는 기적의 도시를 상상할 수 있었다. 베
네치아가 더 컸겠지만 테노치티틀란은 가끔 '위대한 베네치아'라고
불리며 이탈리아 물의 도시를 초라하게 만들었다.[29]

아메리카 원주민을 고귀한 야만인이나 야비한 식인종이라고 설명
하는 말을 뒤러가 들었다 해도 그들의 예술 작품을 보는 그의 관점까
지 바뀌지는 않았던 듯하다. 그는 그들을 전혀 모른다는 사실을 기꺼
이 인정하면서 그 선물들을 단순히 자신처럼 숙련된 예술가와 장인
의 작품으로만 보았다. 뒤러는 항상, 이번 여행에서는 특히 돈을 생

각했으므로 이 작품들의 가치가 무척 크다고(현재 가치로 약 1000만 달러) 평가했다. 그러나 그는 무엇보다도 장인의 솜씨에, 그 물건을 만든 이들의 '절묘한 천재성'에 탄복했다. 뒤러가 평소와 달리 흥분해서 말을 쏟아낸 일기를 보면 이 예술가들의 솜씨에 무척 감탄한 것이 분명하다. 그는 특히 금세공품을 높이 평가했다. 뒤러는 화가이자 판화가였지만 금세공인의 아들이었고 금세공인의 딸과 결혼했다.[30] 그는 금세공품을 보는 눈이 있었다.

뒤러가 문화적 맥락이 완전히 제거된 이 물건들을 보면서 떠올린 것은 고도로 발달된 장인의 기술과 예술적 상상력, 자신의 무지에 대한 겸손함이었다. 따라서 그는 고귀한 야만인이니 피에 굶주린 식인종이니 하는 아메리카 대륙에 대한 진부한 표현에 휘둘리지 않고 이렇게 멋진 만남을 가질 수 있었다. 유럽의 일류 예술가가 드물게도 열린 마음을 가지고 메소아메리카의 고도로 발전된 예술과 상호작용하며 그 진가를 알아보는 최초의 순간이었다.

뒤러는 브뤼셀에서 모크테수마의 선물을 보았을 때 말고도 스페인과 포르투갈 선원들이 가져온 진귀한 것을 접한 경험이 있다. 몇 년 전 극동에서 온 새로운 종의 동물에 대해 숨막히는 설명을 접했던 것이다. 코뿔소라는 동물인데 무시무시한 뿔과 갑옷처럼 두꺼운 가죽을 가진 거대한 짐승이라고 했다. 어느 독일 상인이 리스본에서 하선하는 코뿔소를 보고 뒤러에게 무척 자세히 설명해 주었다. 뒤러는 그 설명을 바탕으로 판화를 만들기로 했다. 토끼를 그렸을 때처럼 살아 있는 듯한 이미지를 만들고 싶어 한 예술가로서는 이례적인 결정이었다. 그의 토끼 그림은 어찌나 세밀한지 지금 봐도 거의 사진 같

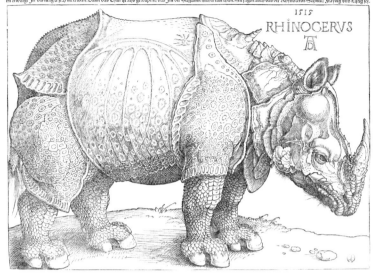

여기에 있는 텍스트(독일어 고딕체): Nach Christus gepurt. 1513. Jar. Adi. 1. May. Hat man dem großmechtigen Kunig von Portugall Emanuell gen Lysabona pracht auß India/ ein sollich lebendig Thier. Das nennen sie Rhinocerus. Das ist hye mit aller seiner gestalt Abconderfet. Es hat ein farb wie ein gesprecklte Schildkrot. Und ist von dicken Schalen überlegt fast fest. Und ist in der gröss als der Helfandt Aber nydertrechtiger von paynen/ und fast wathafftig. Es hat ein scharff starck Horn vorn auf der nasen/ Das Begyndt es albeg zu wetzen wo es bey staynen ist. Das dosig Thier ist des Helfanndts todt feyndt. Der Helfandt furcht es fast übel/ dann wo es Jn ankumbt/ so laufft Jm das Thier mit dem kopff zwischen dye fordern payn und reyst den Helfandt vnden am pauch auff vn erwürgt Jn/ des mag er sich nit erwern. Dann das Thier ist also gewapent/ das Jm der Helffandt nichts kan thün. Sie sagen auch das der Rhynocerus Schnell/ Fraydig und Lystig sey.

1515
RHINOCERVS
AD

알브레히트 뒤러의 코뿔소 목판화. 뒤러는 코뿔소를 한 번도 본 적이 없었지만 설명을 읽고 목판화를 만들었다. 수많은 세부를 정확히 포착했지만 두꺼운 가죽 대신 거북이와 비슷한 껍데기를 가지고 있다고 오해했다.(워싱턴 D.C. 국립미술관 로젠왈 컬렉션)

을 정도이다.

코뿔소 판화도 결과는 무척 놀라웠다. 뒤러는 먼저 스케치를 그린 다음 이를 목판화로 만들었다. 이것은 분명 완벽한 대량생산 기회였다. 이 괴물 같은 짐승을 보고 싶어 하지 않을 자가 있을까? 목판화는 코뿔소의 어마어마한 중량, 탑 같은 네 다리로 받치는 커다란 덩치, 무시무시한 뿔이 달린 커다란 머리를 포착한다. 당나귀(아니면 토끼일까?) 귀처럼 비죽 솟은 귀만이 이 동물에게 약간 친숙한, 어쩌면 우스꽝스러운 분위기를 선사한다. 하지만 공격을 받아도 아무것도 못 느낄 듯한 무거운 갑옷, 거북이 등껍질로 만든 판처럼 생겨서 커다란 덩치를 뒤덮는 갑옷에 비하면 아무것도 아니다.

뒤러는 코뿔소를 직접 보지도 않고 목판화를 만들면서 계산된 위험을 감수했다. 이는 낯선 형태에 대한 뒤러의 관심뿐 아니라 사물을 눈에 잘 보이게 만들려는 의지까지도 반영한다. 제대로 된 기술과 상상력만 있으면 무엇이든, 심지어 자기 눈으로 직접 보지 못한 것까지도 보여줄 수 있음을 증명했던 것이다. 위험을 감수한 보람이 있어서 뒤러의 코뿔소는 큰 성공을 거두었고 동양의 신비를 나타내는 상징이 되었다.[31] 더 많은 유럽인들이 코뿔소를 실물로 본 18세기가 되어서야 사람들은 코뿔소가 갑옷이 아니라 두꺼운 가죽을 가지고 있음을 깨달았다(뒤러는 그 밖에도 코뿔소의 수많은 특징을 정확히 포착했는데 설명에만 의존했음을 생각하면 대단한 업적이다). 뒤러는 복제의 힘을 통해서 몇 세기 동안이나 코뿔소의 잘못된 이미지를 유럽에 퍼뜨렸다.

뒤러는 코뿔소 복제화를 네덜란드로 가지고 가서 카를 5세의 고모인 오스트리아의 마르가레테에게 주었고, 그녀가 뒤러 대신 황제에게 탄원해 주었다. 뒤러는 필요 금액을 지불하라고 지시하는 황제의 공식 서한을 가지고 인색한 뉘른베르크 행정관들에게 돌아갈 수 있었다.

1519년 테노치티틀란

한편, 모크테수마는 테노치티틀란에서 이방인들의 움직임을 지켜보았다. 전령이 자신이 본 것을 그림으로 그리고 글로 적어서 돌아왔지만 그것을 보아도 그들을 어떻게 대해야 할지 알 수 없었다. 그는 선물로 자신의 힘을 보여주고 황금을 탐하는 그들의 욕심을 채워준 후 돌려보내려 했지만 의도한 효과를 내지 못한 것이 분명했다. 반대로 새로 온 자들은 갑옷 입은 사슴, 투석기, 피에 굶주린 개들, 강력한 석궁을 이용해 모크테수마의 속국들을 공격함으로써 자신들의 힘을 과시했다. 이제 그들은 모크테수마를 만나러 직접 테노치티틀란으로 오겠다고 공언했다.

모크테수마는 더 많은 선령에게 더 높은 선물을 늘려 보내며 이방인이 물러가기를 기대했지만 그들은 계속 내륙으로 진입했다. 그들은 땅의 지형을 파악한 것이 분명했고 오래지 않아 틀락스칼란족과 동맹을 맺었다. 모크테수마는 틀락스칼란족을 속국으로 삼으려 했으나 실패했었다. 그는 틀락스칼란족을 가혹하게 다루었고 특별 제사 때 제물로 바칠 사람을 찾아 몇 번이고 그들의 영토를 침략했다.[32] 이방인들은 처음에는 틀락스칼란족을 공격했지만 모크테수마에게 맞서기 위해 곧 그들과 동맹을 맺었다. 이렇게 해서 그들은 아즈텍족의 영토에 들어왔다. 이방인들은 테노치티틀란에 무척 들어오고 싶은 듯했다. 모크테수마는 그들을 샅샅이 살펴보고 더 쉽게 다룰 수 있는 자기 힘의 중심지에서 그들을 만나는 것이 어쩌면 더 나을지도 모른다고 결론을 내렸다.

테노치티틀란 바깥에서 이루어진 첫 만남은 어색했다. 피부색이 옅은 이방인들의 지도자가 모크테수마를 포옹하려고 했는데, 어이가 없는 외교적 결례였다. 다행히도 마지막 순간에 모크테수마의 부하들이 포옹을 막았다.[33] 그런 다음 모크테수마가 도시로 데리고 들어가자 그들은 분명 깊은 인상을 받은 것 같았다. 제방과 둑길부터 중앙의 신전과 궁전까지 모크테수마가 보여준 것은 그들이 아는 그 무엇과도 달랐다. (스페인 쪽에서는 이 만남을 아즈텍의 항복이라고 설명하지만 그렇지는 않았다.)

이방인이 도시에 들어오자 이내 모든 것이 통제 불가능해졌다. 우선 그들은 모크테수마를 사로잡아 궁에 가두었다. 모크테수마는 여전히 부하들을 만날 수 있었지만 이동의 자유가 없었고 따라서 권위가 떨어지기 시작했다. 적어도 전령들은 그대로였기에 그는 자신의 왕국에서 무슨 일이 벌어지는지 정기적으로 보고받았다. 예를 들어 그는 이전의 배보다 훨씬 큰 배들로 이루어진 소함대가 해안에 나타났다는 소식을 들었다. 그러자 이방인들이 동요하는 듯했고 곧 우두머리 코르테스가 자신의 군사와 동맹군 군사를 합쳐 상당량의 병력을 이끌고 도시를 떠났다.[34]

그동안 도시의 상황은 악화되어 갔다. 코르테스가 자리를 비운 사이 스페인 사람들이 소란을 피우며 종교 축제를 방해하고 수많은 아즈텍인을 학살했다. 모크테수마는 공공연한 적대감을 목격하며 자신의 위치가 점점 더 위험해지고 있음을 깨달았다. 포로로 잡혀 군주 구실을 못하는 그를 대신해 새로운 황제를 찾아야 한다는 이야기도 돌았다.

얼마 후 코르테스가 다시 나타났다. 그는 새로 도착한 병력을 물리친 것 같았고 그의 군대도 늘어났다. 그러나 도시의 상황은 최악으로 치달았다. 지금까지의 교착 상태는 적대 행위로 바뀌었고, 아즈텍인들이 잔인한 이방인들에 맞서 들고일어나면서 대대적 전쟁이 벌어졌다. 거리에서, 운하에서, 둑길에서, 이방인들이 도시 밖으로 밀려났다. 사상자는 아주 많았으나 결국 아즈텍족이 이겼다.

그러나 모크테수마는 최종 승리를 목격하지 못했다. 이방인의 손에서였는지 백성들의 손에서였는지 몰라도 그가 죽임을 당했기 때문이다. 수로가 불러온 재난 이후 도시를 재건하고, 아즈텍 왕국을 확장하고, 외국 침입자들에 맞서 싸운 모크테수마 2세는 많은 이들이 아즈텍 문명 최고의 업적이라고 여긴 도시를 지키다 죽었다.[35]

도시 밖으로 쫓겨난 이방인들이 다시 뭉쳤다. 그들은 여러 부족을 겁주고 꼬드겨 새로운 동맹을 맺었고, 과거의 굴욕을 되갚을 기회라고 장담하며 아즈텍족 속국들의 반란을 계속해서 부추겼다. 그러던 중 전염병이 돌았다.[36] 유럽을 휩쓸던 흑사병이 아니라 천연두였다. 스페인 사람들은 아메리카 대륙 주민들과는 달리 면역률이 높았다. 어쩌면 모크테수마가 살아남아서 전염병으로 인해 메소아메리카 인구가 크게 줄어드는 모습을 보지 못한 것이 다행이었을지도 모른다. 그의 후계자는 이 병으로 쓰러졌을 가능성이 높다. 아즈텍 제국을 만들었던 동맹 체계의 교란이 심해졌고, 전염병은 위험에 처한 아즈텍 문명에 압박을 더했다.[37]

이런 상황에서 이방인들은 대포와 화기를 최대한 활용하게끔 특별히 만든 배를 이용해 최후 공격을 해왔다. 전염병으로 약해진 도시는 버티지 못했다. 스페인 사람들과 동맹군은 도시를 점령하기만 한 것이 아니라 모크테수마의 궁전과 그가 수집한 책, 그의 동물원까지 모든 것을 완전히 불태웠다. 전투가 끝난 후 이방인들은 '위대한 베네치아'라고 감탄하던 기적을 파괴했다.

무엇이 남았을까? 파괴 이후 역사를 둘러싼 새로운 전투가 시작되었다. 에르난 코르테스는 카를 5세에게 계속 편지를 보내 자신의 행동을 정당화하고, 약탈을 자랑하고, 비위를 맞추고, 아무도 감히 반박하지 못한다는 이유로 거짓말을 꾸며냈다.[38] 그의 동료 몇몇이 경험담을 썼는데 베르날 디아스도 그중 하나였다. 그는 코르테스처럼 무언가를 증명할 필요도 없었고 한참 시간이 흐른 뒤 말년에야 회고록을 썼기 때문에 아즈텍 멸망이 불가피한 역사였다고 쉽게 말할 수 있었다.[39]

이러한 설명은 아즈텍족이 몰락하기 전에 역법과 역사, 신화를 기록하던 복잡한 그림 부호로 쓴 책들과 전혀 달랐다. 복잡한 쓰기와 읽기 지식은 차츰 잊혔고, 아즈텍의 책은 대부분 불에 타거나 사라졌다. 테노치티틀란이 파괴되면서 극소수의 책만 남았다.

스페인 수사 베르나르디노 데 사아군은 아즈텍족이 겪은 테노치티틀란 멸망을 기록하기 위한 특별한 노력의 일환으로 구술 프로젝트를 실시하여 나이 많은 목격자들을 인터뷰하고 그들의 이야기와 이미지들을 모았다. 그 결과 스페인 군대와 그들이 아메리카 대륙에 가져온 질병에 맞서 싸운 기억을 나우아틀어와 스페인어로 기록할 수 있었다. 이 소중한 책에는 일상생활, 농업과 어업 관습, 북과 래틀(흔들어서 소리를 내는 악기 – 옮긴이) 같은 악기 등 제국이 파괴되기 전 아즈텍인의 삶이 2000개의 이미지와 함께 기록되었다.[40] (나는 위에서 언급한 모든 출처를 이용했지만 이 책에 특히 의존했다.)

테노티치틀란 멸망 후 수십 년이 지나서야 시작된 이 프로젝트 역시 사건을 왜곡된 시선으로 바라본다. 이 책은 번역에 의존했고 물론 스페인 사람이 자료를 수집했다. 그가 정복 이전의 문화적 관습을 보고한 목적은 기독교 사제들이 아즈텍인을 도와주고 필요하면 그들의 문화를 말살하기 위해서였다.[41] 그에게 정보를 제공했던 아즈텍인들은 최근 역사를 설명하면서 나름대로의 이해관계 때문에 그토록 놀라운 일이 나쁜 황제 한 명으로 인해 일어날 수 있다는 듯이 문명의 몰락을 모두 모크테수마 탓으로 돌리려 했다.[42] 모든 역사 기록은 나름의 목적을 가지고 있기 때문에 왜곡되기 쉽고 모든 일이 끝난 뒤에 설명하려다 보면 시선이 비뚤어지는 법이다.

베르나르디노의 구술 역사 기록은 현재 그것을 보관 중인 이탈리아 도시의 이름을 따서 피렌체 사본이라고 불린다. 스페인어와 나우아틀어 모두 스페인 사람들이 전파한 음성 알파벳으로 기록되었고, 아즈텍 화가가 그린 삽화가 실려 있다. 이 프로젝트에 참여한 아즈텍인들은 외부인에게 사라져가는 자신들의 문화를 설명하고 그려주어야 했다. 따라서 이들은 스페인 군대가 들어오지 않았다면 절대 하지 않았을 방법으로 그림을 그리고 설명하며, 외부인에게 설명하는 것이 아니었다면 말할 필요도 없었을 많은 것들을 기록한다. 다시 한번 파괴와 보존, 상실과 기록이 기이하게 얽힌다.

남아 있는 소수의 아즈텍 책들 가운데 많은 수가 또다시 스페인 사제와 수사들 손에 파괴되었다. 이들은 아즈텍 신 숭배를 뿌리 뽑으려 했고 아즈텍의 책이 옛 종교와 밀접하게 연관되어 있음을 알았다. 남은 책은 유럽으로 옮겨져 여러 도서관에 흩어졌는데 경비가 삼엄한 바티칸의 금고도 그중 하나였다. 아즈텍의 책들은 그곳에서 거의 잊혔다가 18세기에 멕시코 수사 호세 리노 파브레가의 관심을 끌게 되었다.[43] 이것이 바로 도서관과 문서고의 특징이다. 도서관은 문화재를 훔쳐서 파묻는 곳이 될 수도 있지만 미래 세대가 그의 보물을 어떻게 이용할지 적어도 완전히 통제할 수는 없다.

파브레가의 선구적 연구 이후 학자들이 아즈텍의 잃어버린 회화-문자 기술 복원에 힘썼고 놀라운 대칭과 복잡한 디자인을 신중하게 배치한 상징의 의미를 파악하여 피렌체 사본의 설명을 보완하고자 애썼다. 이러한 노력은 아직도 진행 중이다.[44] 파괴되지 않고 남아 있는 소수의 귀중한 아즈텍 책들은 아즈텍인이 세상을 어떻게 이해하는지, 우주에서 자신들이 차지하는 위치를 어떻게 추정하는지, 창조와 파괴의 이야기는 무엇인지, 그들의 의식과 예술이 어떤 의미를 갖는지 모두 담고 있다. 그것을 읽고 복원하는 것은 단순히 문자를 해독하는 문제가 아니다. 그것은 하나의 세계를 해독하는 것이다.

≡

코르테스는 선물들과 함께 아즈텍 책 두 권도 카를 5세에게 보냈지만 뒤러는 아즈텍의 책을 보지 못했다. 책이 무기와 의복, 금세공품만큼 귀하게 여겨지지 않았기 때문일 것이다. 뒤러의 가장 훌륭한 판화들 중 일부는 알레고리, 즉 상징을 부호처럼 읽어야 하는 이미지이므로 그가 아즈텍의 책에 담긴 이미지-상징을 어떻게 보았을지 생각해 보면 무척 흥미롭다. 뒤러는 뉘른베르크에 돌아와 연금을 받은 후 8년밖에 더 살지 못했다. 뉘른베르크를 휩쓸던 전염병은 피했지만 네덜란드에 다녀오면서 결국 그의 목숨을 앗아갈 병에 걸렸을 가능성이 높다. 만약 그렇다면 그는 카를 5세의 원조를 받고 모크테수마의 금세공 예술을 감상한 대신 무거운 대가를 치른 셈이다.

코르테스와 모크테수마의 충돌, 스페인 제국과 아즈텍 제국의 충돌은 대량생산된 유럽 서적과 손으로 만든 아즈텍 책의 충돌이기도 하다. 대량생산은 유일한 유물을 보존하는 미술관이나 도서관의 대안으로 떠올라 책과 이미지의 보존을 보장하는 방법이 되었다. (뉘른베르크 테노치티틀란 지도가 아직까지 남아 있는 것은 대량생산 덕분이다.) 대량생산이 이내 전 세계를 휩쓸면서 책과 그림이 유례가 없을 만큼 쏟아져 나왔다. 최근에도 저장 및 매체 혁명이 일어나면서 현재에도 이러한 과정이 가속화되고 있다.

또한 대량생산 때문에 원본, 유일한 것, 대체할 수 없는 물건의 가치가 사라지기는커녕 오히려 더욱 높아졌다(역설적이지만 대량생산된 책의 초판본, 저자나 유명한 예전 소유자의 서명이 담긴 책도 여기에 포함된다). 같은 이유에서 우리는 아주 먼 과거의 물건이 아니더라도 원본을 도서관과 미술관에 보존하는 일에 계속해서 상당한 자원을 쓴다. 대량생산이 쉬워지고 널리 퍼질수록 원본은 더욱 귀중해지는 듯하다.

연약하고 대체 불가능한 예술품 원본의 특성을 아즈텍의 가장 위대한 창조물인 수상 도시만큼 잘 보여주는 것은 없다. 하지만 도시는 계속 사용하더라도 무언가를 완전히 파괴하는 것이 얼마나 어려운지 잘 보여주는 예이기도 하다. 스페인 군대와 동맹군의 파괴 행위로 테노치티틀란은 사람이 살 수 없게 되었지만 나중에 재건되었다. 파괴가 때로 보존에 도움이 되는 반면 지속적 사용은 파괴를 부르는 경우가 많다. 그렇기 때문에 인구밀도가 높은 지역에서 불에 탄 도시를 발굴하는 것은 무척 어려운 일이다.

그러나 지금의 북적거리는 거대 도시 멕시코시티에 테노치티틀란의 도시 구조가 아직 남아 있다. 1970년대에 도시 중앙 광장에서 멀지 않은 복합 사원에서 발굴 작업이 시작되었다. 우리는 아즈텍 사본을 읽는 법을 아직도 배우고 있듯 잃어버린 과거의 흔적을 아직도 계속 발견하는 중이다. 과거가 전부 사라진 것처럼 보여도 무언가 남아있는 경우가 많다. 우리는 그러한 유적에서 잃어버린 세계를 엿보고 재건할 수 있다.[45]

멕시코시티의 3문화 광장Plaza de las Tres Culturas은 스페인 군대와 아즈텍 군대가 전투를 벌였던 곳이다. 3문화란 아즈텍, 스페인, 현재 멕시코의 혼혈 인구를 가리킨다. 그곳에 세워진 기념물에 다음과 같은 글귀가 새겨져 있다. "이것[전투]은 승리도 패배도 아니었다. 오늘날의 멕시코인 메스티소의 고통스러운 탄생이었다."

11

포르투갈 선원,
올림포스의 신을 만나다

루이스 드 카몽이스(1524~1580년경)는 마카오에서 인도를 향해 출발할 때 남중국해를 건너는 불안한 항해를 앞두고 있었다. 포르투갈에 탐험 열풍이 불던 시절에 태어난 카몽이스는 인생의 상당 부분을 바람의 힘을 이용하며 보냈다. 그는 사하라사막에서 유럽 남부까지 모래를 실어 나르는 지중해의 미스트랄(프랑스 남부 지중해 연안에 부는 차갑고 건조한 북풍 – 옮긴이), 브라질 해안 가까이 데려가주었던 대서양의 무역풍, 희망봉의 위험한 역류, 인도양의 계절풍과 용감하게 맞섰다. 때가 되자 그는 이 경험을 포르투갈 문학에서 가장 중요한 작품《우스 루지아다스Os Lusíadas》(포르투갈 사람이라는 뜻)에 녹여내 포르투갈의 국민 시인이 되었다. 오늘날 그는 첫 세계화 시대의 목격자로서, 우리가 과거의 세계 제국과 현시대 광대한 우주 침략을 보는 방식을 형성한 사람으로서 재발견되고 있다.

카몽이스는 중국인들이 태풍, 즉 큰 바람이라고 부르는 시기에 남중국해를 건너고 있었다. 포르투갈 선원들은 이 말을 투팡tufão(태풍)

이라고 번역했다.[1] 태풍은 세찬 바람, 폭풍해일, 최전방의 먹구름으로 그 존재를 드러냈다. 이런 조짐이 보일 때 유일한 희망은 즉시 돛을 내리는 것이었다. 바람이 항해 중인 배를 사로잡으면 돛대가 부러져 배를 조종할 수 없게 되고, 갑판과 선체를 종잇장처럼 찢어버리는 거대한 파도에 목숨을 내맡겨야 했다.

이번 항해에서 카몽이스는 포로였기 때문에 보초 설 걱정은 없었다. 마카오에서 상관이 그를 횡령으로 고발했는데 그렇게 외딴 교역소에는 포르투갈 법정이 없었기 때문에 재판을 받으러 인도 서해안 고아로 돌아가야 했다. 카몽이스는 고아에서 포르투갈 사람들이 대포와 갑옷과 전투 전략으로 현지 사람들에게 무슨 짓을 했는지 보았기 때문에 그곳이 싫었다.[2] 그를 고발한 상관은 인맥이 좋았으므로 쉽게 풀려날 희망은 거의 없었다. 카몽이스는 포르투갈에서도 감옥에 얼마간 갇힌 적이 있었고, 그래서 20년 전 목숨을 걸고 바다로 떠났다. 그러나 고아의 감옥은 분명 훨씬 더 형편없을 것이다.

카몽이스의 한 가지 위안은 중국인 아내 디나멘Dinamene과 함께 가도 좋다고 허락받은 것이다.[3] 그는 평생 사랑에 별로 운이 없었다. 청년 시절 대학을 졸업하고 고위 귀족 가정교사로 궁정 사회에 들어가 닿지 못할 여인과 사랑에 빠진 적이 있다. 이제 몇십 년이 지나서야 지구 반대편에서 진정한 동반자를 찾았다. 고아에서 재판이 잘 끝나면 아마도 디나멘과 함께 마카오에 돌아갈 수 있을 것이다. 마카오는 그가 행복에 가까운 무언가를 발견한 유일한 곳이었다.

계절이 불확실했지만 카몽이스가 탄 배는 큰 사고 없이 남중국해를 건넜고 거기서 또 1000해상마일 넘게 항해한 후 인도차이나 남단, 오늘날의 베트남 근처에 도착했다. 여기서 또다시 1600킬로미터 넘게 가면 말라카, 즉 오늘날의 인도네시아에 도착할 것이다. 그곳에서 식량을 조달하고 배를 수리한 다음 조금 길더라도 인도 남단을 빙 돌아 해안을 따라 고아까지 올라가면 된다. 그러나 당분간은 육지에 붙어 항해하는 것을 즐기며 메콩강이 바다로 흘러드는 거대한 삼각주를 만끽할 수 있었다. 인생의 절반을 바다에서 보낸 카몽이스는 몇 주 동안 끝없이 펼쳐지는 바다만 바라보다가 육지를 발견하는 전율을, 해안 근처에서만 사는 새와 물고기에게 환영받는 기쁨을 여러 차례 맛보았다.

어쩌면 땅과 닿을 듯 말 듯 가까웠기 때문에 보초가 긴장을 늦추었을지도 몰랐다. 세찬 바람과 무시무시한 구름이 본격적인 태풍으로 급변했다. 갑판장이 소리를 쳤다. 선원들이 돛대를 기어올라 돛을 내리려 했지만 이미 늦었다. 강풍이 배를 휩쓸자 선원들은 밀려오는 파도에 휩쓸려 바다에 떨어졌고 배는 곧 처참하게 부서질 참이었다. 카몽이스는 겨우 혼돈에서 탈출하여 해변에 도착했다. 어부들이 빈사 상태의 그를 발견했고, 카몽이스는 몇 주 동안 그들의 보살핌을 받은 덕에 생명을 건졌다. 그는 몇 안 되는 생존자 중 하나였다. 디나멘은 어디에도 없었다.

카몽이스를 아시아로 보낸 것은 바람의 힘만이 아니라 왕들의 의지였다. 포르투갈 왕들은 무역 중심지에서 멀리 떨어진 유럽 최서단의 작은 땅을 통치했다. 포르투갈은 로마인들이 '우리의 바다'라고 불렀던 지중해와 접해 있지도 않았다. 지중해에도 위험이 없지는 않았지만 항구로 빙 둘러싸여 있고 항해 안내서에 전부 기록되어 있었기에 도움이 필요할 경우 항구를 찾기가 비교적 쉬웠다. 이러한 항구 도시들, 무엇보다도 베네치아공화국은 운 좋게도 간접적이나마 인도까지 닿는 수익성 좋은 교역망의 일부였고, 아랍 상인을 통해 향신료와 보석을 유럽으로 들여왔다.[4] 반대로 포르투갈은 끝도 없고 아무 수익성도 없는 광대한 대서양에 면해 있었다.

포르투갈의 왕들은 이 불리한 위치에 좌절해서 아무것도 찾을 수 없는 서쪽이 아니라 남쪽으로 아프리카 해안을 따라 배들을 보냈다. 아랍에서 온 여행자들은 사하라사막 남쪽에 황금의 땅이 있다고 했다. 어쩌면 그곳에서 돈이 될 만한 것을 발견할지도 몰랐다.

포르투갈은 1415년 모로코의 세우타를 시작으로 단계적으로 요새를 점령하면서 해안을 따라 입지를 구축할 수 있었다. (카몽이스는 100여 년 후인 1547년 세우타에서 복무하다가 전투에서 한쪽 눈을 잃었다.[5]) 세우타 공격은 더욱 야심 찬 계획을 위한 총연습에 불과했다. 포르투갈 왕들은 해안을 따라 점점 더 아래로, 미지의 세계로 배들을 보냈다. 아프리카 대륙이 넓은 것은 분명했지만 정확히 얼마나 클까? 어디에서 끝날까? 후대의 생각과 달리 당시 사람들은 알려진 세계의 경계를 넘으면 지구에서 뚝 떨어질 것이라고 생각지 않았다. 원형 세계지도와 지구본이 있었다. 하지만 아프리카 대륙의 어느 지점부터 알려지지 않은 곳으로 바뀔 테고 선원들은 그곳에서 무엇을 발견할지 전혀 알 수 없었다. 그 지점을 넘어 계속 간다는 것은 말 그대로 해도에서 벗어난다는 의미였다.

포르투갈 왕들은 인도양으로 이어지는 항로를 찾겠다는 희망을 품고 점점 더 위험을 감수했다. 아니, 자신들 대신 선박이 위험을 감

(상) 아브라함 크레스케스가 제작한 것으로 추정되는 14세기 카탈루냐 지도.(프랑스 국립도서관)

(하) 14세기 카탈루냐 지도 중에서 아프리카 서부와 왕들을 그린 부분 확대.(프랑스 국립도서관)

수하게 만들었다. 항로를 찾으면 포르투갈은 베네치아와 아랍의 중개를 거치지 않고 인도와 직접 무역을 할 수 있었다. 인도양으로 가는 항로를 발견하면 프톨레마이오스 지도의 왼쪽 끝에 위치한 포르투갈의 열악한 지리적 위치가 갑자기 유리해진다.

15세기 말에 바스쿠 다가마가 항로를 발견했다. 그는 최첨단 선박 네 척을 이끌고 아프리카 해안을 따라 내려가서 서쪽으로 방향을 틀어 드넓은 대서양으로 향했다. 다가마는 궁극적으로 동쪽으로 항해할 생각이었으므로 이러한 항로는 직관에 어긋났지만 그는 배를 남서쪽으로 몰고 가는 대서양 풍계風系에 맞서봐야 소용없음을 깨달았다. 다가마는 선원들의 반대에도 아랑곳하지 않고 브라질 해안에서 몇백 킬로미터 떨어진 곳까지 이동한 후 마침내 동쪽으로 방향을 틀었다. 이 작전으로 결국 그는 아프리카 남단에 도착했고 희망봉을 돌 수 있었다. 모두가 당시 포르투갈에는 알려지지 않은 곳이었다. 그는 희망봉에서 해안을 따라 조심스럽게 올라가면서 모잠비크, 탄자니아, 케냐, 소말리아에서 신선한 식량을 조달한 다음 인도를 향해 인도양을 건넜다.[6]

2년 후 다가마가 의기양양하게 귀국하자 점점 더 많은 포르투갈 선박이 아프리카를 우회하는 항로를 따라 이동하면서 종종 현지의 저항을 물리치고 교역소를 설립했다. 인도 서부 해안 고아의 정착촌은 최초의 점유 영토에서 점점 커지는 무역 제국의 중심지가 되었고, 제국은 곧 말라카에 전초기지를 두고 남동쪽으로 인도네시아까지 뻗어나갔으며 멀리 마카오까지 진출했다. 포르투갈에서 나고 자란 카몽이스는 성인이 된 후 극동 지방에서 대부분의 인생을 보내다가

죄인으로 이송되던 중 메콩강 삼각주에서 난파했다. 이제 어떻게 해야 할지 알 수 없었다. 자신을 구해 준 어부들과 함께 남아야 할까, 고아에 가서 재판을 받아야 할까?

　포르투갈이 먼 곳까지 힘을 발휘할 수 있었던 것은 왕들이 정보의 중요성을 이해했기 때문이었다. 포르투갈 왕들은 미지의 세계로 보낸 항해를 공들여 전부 문서화했고, 아프리카 해안의 모든 지역을 새로운 해도에 등재했으며, 새로운 정박지를 기록했고, 머나먼 대양의 풍계에 대해서 새로 알게 된 사실을 세심하게 적었다. 상품 가격, 포르투갈이 거래할 수 있는 물건, 살 수 있는 물건도 기록했다. 항해를 떠난 이들이 2년 후 고국으로 돌아오면(다가마의 함대 네 척 중에서 귀환한 것은 배 두 척과 승무원의 3분의 1뿐이었다) 리스본 중심지에 위치한 인도의 집이라는 건물에서 이 귀중한 지식을 모두 수집해 분류했다.[7] 인도의 집은 정보를 빠르게 교환하기 위해 중계 시스템을 고안하여 선박들이 아프리카 해안을 따라 늘어선 임시 기항지에 메시지를 남기도록 했다. 한번은 어느 포르투갈 선장이 낡은 신발에 메모를 넣어 나무에 매달아두기도 했다.[8]

　인도의 집에 모인 정보 덕분에 리스본은 다가마의 첫 번째 항해와 카몽이스의 여행 사이 반세기 동안 크게 번영했다. 유럽 전역에서 한몫 노리는 이들과 무역업자, 학자, 지리학자가 최신 정황을 입수하기 위해 리스본으로 모여들었다. 세상은 변하고 있었고 지정학적으로 광범위한 결과를 가져올 새로운 지도를 그려야 했다. 뉘른베르크의 지도 제작자 마르틴 베하임이 새로운 지구본 제작에 필요한 정보를 수집하려고 찾은 곳도 바로 리스본이었다.[9]

탐험이 성공하려면 정보가 반드시 필요했으므로 정보를 통제하고 경쟁자의 손에 들어가지 못하게 지키는 것이 중요해졌다. 다가마를 희망봉에 보냈던 마누엘 왕은 정보가 얼마나 소중한지 가장 먼저 깨닫고 베하임의 '에르다펠Erdapfel'(독일 지도제작자 마르틴 베하임이 1490~1492년 만든 지구본. 독일어로 감자라는 뜻이다 – 옮긴이) 같은 새로운 지구본과 지도의 유통을 금지했다.[10] 또한 그는 돌아온 선원들에게 비밀 유지 서약을 받아냈다. 그러나 침묵을 강요하기는 어려웠다.

가장 큰 문제는 작가였다. 탐험가는 발견을 기록하기 위해 필경사를 데리고 가는 경우가 많았으며 일부 필경사는 초기 항해에 대한 책을 써서 유명해졌다. 마누엘 왕은 제국을 건설하는 다른 나라들이 새로운 지식을 먼저 이용하기 전에 필경사들의 책을 금지하려 했다. 그러나 인도의 집이 수집한, 세상을 바꿀 정보를 영원히 비밀로 지킬수는 없었다. (예를 들어 카몽이스에 대한 기록 중에서 현재 남아 있는 몇 안되는 실제 문서는 대부분 인도의 집 기록 보관소에서 나온 것이다.)[11] 선원과 군인은 (카몽이스 자신을 비롯해) 대다수가 전과자였고, 아마도 그랬기에 쉽게 법을 무시하고 베네치아 같은 경쟁 세력에 귀중한 정보를 팔아넘겼을 것이다. 베네치아는 기꺼이 큰돈을 지불하려 했다. 서쪽 항로를 따라 지구를 한 바퀴 돌아 남아메리카를 일주하고 광대한 태평양을 건넌 최초의 포르투갈 탐험가 페르디난드 마젤란이 장대한 여행을 마치고 돌아왔을 때, 어느 베네치아 필경사는 살아 돌아와 이야기를 들려줄 수 있는 (몇 안 되는) 선원들에게 접근해서 책을 출판했다.

비밀 유지가 불가능하다는 사실이 분명해졌지만 그때 이후 인도의 집은 경계가 더욱 삼엄해졌다. 그사이 새로운 지도와 지구본이 만들어졌다.

≡

카몽이스는 난파로 모든 것을 잃었다. 아내도, 마카오에서 3년 동안 일하면서 모은 재산도 전부 사라졌다. 그러나 그가 침몰하는 배에서 가까스로 건져낸 물건이 하나 있었으니 바로 원고가 든 나무 상자였다.[12] 카몽이스는 다가마 같은 초기 탐험가들 이야기를 읽었다. 이제 포르투갈 무역 제국의 보병이 된 그는 포르투갈의 탐험을 글로 써서 돈을 벌 수 있을지 시험해 보기로 했다. 그가 쓰려는 글은 단순한 르포르타주가 아니었다. 말하자면 여행기 같은 글을 쓰고 싶지는 않았다. 보고 문학은 사실적이고 산문체인 경우가 많았는데 카몽이스가 염두에 둔 것은 그런 글이 아니었다. 그는 이 모든 것이 무슨 의미인지 묻고 싶었고 자신의 경험을 이해하고 싶었다. 카몽이스는 새로운 세계지도로 문학을 만들고 싶었다.

카몽이스는 평생 문학에 이끌렸다. 그는 시라는 형식을, 특히 넘볼 수 없는 여성들에게 쓴 사랑의 시를 더 좋아했다. (디나멘을 잃은 후에는 죽은 아내에 대한 시를 여러 편 지었다.) 궁정에서 전성기를 누릴 때에는 희곡을 써서 사교계의 높은 사람들을 간접적으로 풍자했고 결국 그 때문에 리스본을 떠나 세우타에서 군 복무를 하다 한쪽 눈을 잃었다.[13] 이런 일을 겪고 나니 희곡은 더 이상 매력적이지 않았다. 어차피 시도 희곡도 세계적 규모의 경험을 포착하기에 적합한 형식은 아니었다.

이 중대한 순간, 카몽이스는 자기 시대의 비범한 발견을 이해하기 위해 머나먼 과거로 눈을 돌렸다. 심지어는 자기 민족의 과거도 아니고 몇천 킬로미터 떨어져 사는 이들의 과거였다. 왜 그랬을까?

카몽이스가 살던 시대에 갑자기 그리스와 로마의 예술과 문학이 다시 관심을 끌었다. 이탈리아에서 학자와 시인이 사라진 로마와 그리스 문화의 필사본과 유물을 찾으려고 애쓰면서 고대 세계의 재발견이 시작되었다. 콘스탄티노플과 바그다드에서 일부 유물을 수입하기도 했다. 오비디우스의 편지, 플라톤의 대화를 비롯해《오디세이아》와《아이네이스》가 당연히 본보기로 떠올랐다. 과거로 눈을 돌리는 것을 르네상스라고 부른 이유는 재발견에 앞장선 사람들이 이것을 재탄생이라고 여겼기 때문이다. 예전에도 부흥이 여러 번 일어났으며 이번 재탄생에서도 매개자로부터 많은 것을 차용했다는 사실은 편리하게 무시했다.

포르투갈은 르네상스의 후발 주자였지만 극동에서 부가 쏟아져 들어오자마자 다른 나라들을 빠르게 따라잡았다. 상인과 지리학자가 동양의 최신 발견을 보려고 리스본을 찾았듯이 유럽 전역의 학자와 교사들도 우리가 지금 인문학이라고 부르는 것을 배우러 포르투갈에 왔다. 인문학은 대부분 과거 필사본의 재발견을 바탕으로 한 지식 형태, 과거의 것을 편집하고 비평하고 숙고하는 학문이었다. 몇백 년 전에 설립한 코임브라대학은 사고와 논쟁을 바탕으로 하는 지식, 우주에서 인간이 차지하는 위치에 관한 근본적 의문에 과거 세대가 찾은 대답(그들의 노와이)을 두고 토론하는 지식의 중심지였다. 대수도원 내에 고위 귀족을 위한 대학과 하급 귀족 및 부르주아지를 위한 대학을 따로 설립했다. 그러나 대학의 중심은 자그마치 10만 권이 넘는 책과 필사본이었다. 인도의 집과 마찬가지로 코임브라대학은 지식을 이용하고 다음 세대에 전달할 목적으로 자료를 보관했다.[14]

두 기관이 협력할 때도 있었다. 2세기에 프톨레마이오스가 제작한 지도들이 1397년 이탈리아에 들어온 것도 고대 문헌 재발견의 일환이었다.[15] 프톨레마이오스가 아는 대륙의 모양이 곧 수정되고 지도의 흰 부분에 항로가 하나 추가되었지만 그가 만든 위도와 경도 체계는 여전히 귀중한 발명이었다. 이제 이 지도를 가지고 더욱 정확한 지도를 만들면 상인과 항해자가 그것을 이용해 어려움을 헤쳐나가며 목적지에 도달할 수 있었다.

카몽이스는 바로 이 코임브라대학에서 고전을 경외하는 법을 배웠다. 대학 총장인 숙부 덕에 어린 카몽이스는 도서관에 축적된 엄청난 양의 지식에 접근할 수 있었다. 그는 고전을 배우면서 깊은 인상을 받았기에 몇십 년 뒤 지구 반대편에서 포르투갈 탐험 이야기를 전달할 방법을 고민하다가 호메로스와 베르길리우스를 모델로 삼자고 마음먹었다. 카몽이스는 다가마의 첫 번째 인도 항해(이후 100년 동안 포르투갈 민족이 실시한 모든 탐험의 원형이었다)를 주제로 선택했다. 그래서 그는 자기 작품에 '포르투갈인'이라는 뜻으로 《우스 루지아다스》라는 제목을 붙였다. 카몽이스는 자신이 코임브라에 얼마나 도움을 받았는지 독자에게 분명히 알리려고 코임브라의 자연환경을 묘사하고 새로운 아테네라며 칭송했다.[16]

카몽이스는 두 고대 작가 호메로스와 베르길리우스를 읽으면서 시를 어느 시점에서 시작해야 할지 배웠다. 중간에서, 즉 라틴 평론가들이 인 메디아스 레스in medias res(라틴어로 '중간에'라는 뜻으로 서사시나 희곡, 소설 등에서 사건이 한창 진행 중인 시점에서 이야기를 시작하는 기법을 말한다 – 옮긴이)라고 불렀던 곳, 그러니까 다가마가 이미 아프리카 동부 해안에 도착한 시점에서 시작해야 했다. 희망봉을 도는 앞이야기는 뒷부분으로 넘겼다. 더욱 중요한 점은 호메로스와 베르길리우스가 이야기에 우주적 중대성을 부여하는 방법을 카몽이스에게 가르쳐주었다는 사실이다. 호메로스의 작품에서 오디세우스는 아테나의 보호를 받으면서 포세이돈에게 쫓겼고, 베르길리우스의 작품에서 아이네이아스는 유노에게 박해를 받지만 유피테르에게 구원받았다. 카몽이스 역시 올림포스의 신들을 이용하기로 했지만 자신의 이야기에 가장 잘 맞는 신들을 신중하게 골랐다. 그는 포르투갈의 침입에 맞선 아시아를 대표하는 인물로 가면과 연극, 술의 신이자 그리스인들이 디오니소스라는 이름을 붙여 동쪽과 연관시켰던 바쿠스를 택했다.

카몽이스는 에크프라시스ekphrasis(그리스어로 '묘사'라는 뜻으로, 예술 작품을 말로 설명하는 것이다 – 옮긴이), 즉 그림을 길게 설명하는 기법도 빌려왔다. 호메로스는 이 기법을 멋지게 사용했다. 아킬레우스의 방패에 새겨진 이미지를 묘사함으로써 지구와 별들, 별자리, 그리스의 평화로운 삶을 설명했던 것이다. 또 비유가 몇 연이나 이어지는 호메로스 특유의 직유법도 있었다.

호메로스가 문학 기법을 제공했다면 베르길리우스는 비전을 제공했다. 베르길리우스는 주인공 아이네이아스에게 로마 건설이라는 중요한 목적을 부여하고 서사시를 이용해서 한 나라의 건국 신화를 만들어냈다. 카몽이스는 베르길리우스처럼 멋진 포르투갈 이야기를 만들고 싶었고, 따라서 미약한 시작부터 현재의 영광까지 포르투갈의 역사를 작품에 전부 담았다.

우리는 고전고대에 감탄하는 것에 너무나 익숙해서 머나먼 과거를 되살리는 것이 얼마나 이상하고 심지어 터무니없어 보이는지를 쉽게 잊는다. 근세 포르투갈 초기는 고대 그리스나 로마와 전혀 달랐다. 베르길리우스가 서사시를 쓴 것은 1500년 전이었고, 호메로스가 서사시를 쓴 것은 2000년도 더 지난 일이었다. 구약과 신약은 말할 것도 없고(어쨌든 카몽이스는 강력한 기독교 국가에 살고 있었다) 그보다 최근인 중세에도 카몽이스가 이용할 수 있는 이야기가 얼마든지 많았다. 그러나 카몽이스와 동시대인들은 코임브라 도서관이 소장하고 있는 머나먼 고대 그리스 문화의 신들과 건축, 문학에 매료되었다. 그는 고전문학을, 서사시라는 형식을 사용하기로 했다.

카몽이스는 새로운 포르투갈 제국을 이해하기 위해 고전 지식을 이용했지만 포르투갈이 고대 영웅들의 업적을 넘어섰다고 믿었다. 오디세우스와 아이네이아스가 항해했던 지중해는 많은 선원이 빠져 죽은 광활하고 거친 바다였지만 드넓은 태평양은 물론이고 대서양과 인도양, 남중국해에 비하면 내륙 호수나 마찬가지였다. (카몽이스는 경쟁국인 스페인 대표로 태평양을 횡단한 마젤란의 업적은 무시했다.) 카몽이스는 오디세우스와 아이네이아스가 "아무도 모험한 적 없는 대양"으로 나가지 않았으며 오직 포르투갈만이 아무도 가본 적 없는 곳에 갔다고 자랑스럽게 말했다.[17]

포르투갈의 탐험 규모는 고대인의 상상을 넘어서는 것이었고 심지어는 활기 넘치는 고대 신들의 영역조차 뛰어넘었다. 위험한 역류가 흐르는 희망봉, 역풍, 인도로 가는 길에 도사린 온갖 위험 때문에 카몽이스는 서사시 중 가장 극적인 부분에서 새로운 신 아다마스토르Adamastor를 만들어내야 했다. 창백한 피부, 희끗희끗한 수염, 썩은 이빨, 석탄처럼 새까맣고 푹 꺼진 눈을 가진 기괴한 거인이었다.

　　카몽이스는 또 직접 경험의 힘에서 자신이 고대 모델을 능가한다고 생각했다. 앞이 보이지 않았다는 호메로스가 직접 경험한 것이 대체 얼마나 되겠는가? 철학자 플라톤은 호메로스의 지식에 의문을 제기하기도 했다. 또 베르길리우스는 고향 이탈리아에서 그리스까지 간 적이 있지만 그의 시에 등장하는 대부분의 장소에 가본 적이 없었다. 즉 호메로스와 베르길리우스는 모조리 꾸며냈다. 그러나 카몽이스는 배를 타고 아프리카 서부 해안을 따라 내려가 희망봉을 거쳐 인도양을 횡단하는 것이 어떤 일인지 직접 겪어서 알고 있었다. 그는 태풍이 어떤지 알았고, 심지어 난파당해 죽음의 문턱까지 갔다 오면 어떤 느낌인지도 알았다. 카몽이스는 기회를 놓치지 않고 "나는 보았다", "나는 갔다"라고 말하며 독자들에게 계속 상기시킨다. 호메로스와 베르길리우스는 우화를 썼지만 카몽이스는 아무것도 지어내지 않았다. 그는 직접적 경험을 통해 서사시를 써냈고, 따라서 그의 작품이 고전보다 우월했다.

　　고대의 철학자들은 비밀을 연구하려고
　　그토록 많은 땅을 돌아다녔다는데

내가 온갖 바람에 돛을 휘날리며

지금까지 목격한 경이로운 일들을

만약 그 철학자들이 목격했다면

우리에게 얼마나 훌륭한 글을 남겼을는지![18]

《우스 루지아다스》는 수많은 선원이 앓다가 죽기도 하는 괴혈병을 포함해 긴 항해의 세세한 일상을 언급한 최초의 서사시다.[19] 선원들은 몰랐지만 괴혈병의 원인은 비타민 C 결핍으로, 몇 주 또는 몇 달 동안 항해하면서 신선한 음식을 섭취하지 못하면 발병했다. 괴혈병은 피로, 메스꺼움, 설사, 발열로 시작해서 잇몸 부종으로 이어졌는데 카몽이스는 이 모든 과정을 서사시에 담았다. 그는 고대 모델과 달리 일반 선원과 군인에게 신경을 썼다. 자신도 그중 하나였으니 놀라운 일은 아니었다. '미개한 선원들'이 말도 안 되는 광경을 보았다고 보고하자 학식 있는 자들이 믿지 않는 장면에서 카몽이스는 그들이 세상을 책으로만 배웠다며 비웃는다. 그가 묘사한 경이로운 현상에는 폭풍이 칠 때 볼 수 있는 동그란 공 모양의 빛 세인트엘모의 불도 있는데, 대기의 강한 전기장으로 인해 드물게 발생하는 현상이다. 카몽이스는 또한 물기둥이 솟는 장면도 포착했다. 세밀한 설명을 읽어보면 그가 직접 겪은 것임을 알 수 있다.

나는 분명히 보았네(내 눈이 나를 속였다고

생각하지 않기를), 공중으로 떠오른

약간의 증기와 흐릿한 연기가

바람의 힘을 받아 살짝 회전하더니

바닷물이 관처럼 저 하늘로 치솟았네.

어찌나 가느다란지 육안으로는

잘 보이지 않았고 안개처럼, 아니면

꿈에서 본 광경처럼 흐릿했어.

하지만 조금씩 커지더니

돛대 꼭대기만큼이나 두꺼워졌지.

이내 엄청난 양의 물을 잔뜩 끌어올려

여기는 좁고 저기는 넓고 울퉁불퉁했지만

맨 아랫부분은 분명 파도와 하나 되어 움직였다네.

꼭대기에 먹구름이 몰려들어

시시각각 커지더니, 지금까지 빨려올라간

어마어마한 물이 금방이라도 터질 지경이었지.[20]

호메로스도, 베르길리우스도, 코임브라의 고전 학자들도 카몽이스가 자기 눈으로 직접 본 것은 따라가지 못했다.

선원 카몽이스는 포르투갈의 탐험이 조선과 항해를 비롯한 온갖 실용 기술에 바탕을 두고 있음을 알았다. 태양이나 별의 위치를 보고 현재 위도를 정확히 파악하게 해주는 GPS 비슷한 기구 아스트롤라베를 서사시에서 언급한 사람은 카몽이스가 처음이었다.[21] 이 기구 덕분에 포르투갈은 프톨레마이오스의 지도를 다시 그릴 수 있었다.

코임브라대학이 소장한 고전 인문주의 지식을 인도의 집 문서에 기록된 실제 경험과 결합하는 것이 항상 쉬운 일은 아니었다.《우스 루지아다스》에는 그리스 신과 근세 기술, 아다마스토르와 아스트롤라베가 불안하게 나란히 존재하면서 때로는 작품을 망쳐버리겠다고 위협하기도 한다. 카몽이스는 절충안을 찾아서 그리스 신들을 시적 장치로 묘사했다. 즉 그리스 신을 실제 존재로 보아서는 안 된다는 의미였다. 이것이 르네상스 시인과 학자가 추구한 커다란 전략의 일부였다. 그들은 기독교를 거스르지 않는 한도 내에서 그리스 신들을 포함한 이교도의 고대를 부활시켰고, 인간사(와 시)를 존중하는 한도 내에서만 고전을 연구할 수 있었다. 그러나 신학적으로는 올림포스의 신들이 죽은 상태 그대로여야 했다.

문화가 살아남아 번성하는 방법에는 카몽이스가 그랬던 것처럼 과거에서 훔쳐오는 것뿐 아니라 다른 문화에서 발견한 놀라운 요소를 받아들이는 것도 있었다. 카몽이스는 다른 문화에서도 영감을 받았다. 《우스 루지아다스》는 오해와 무지, 오만, 폭력뿐 아니라 동등하지는 않다 해도 서로 이익을 얻고 서로 지원하는 문화 대충돌의 흥미진진한 기록이다.

카몽이스는 자신과 여러 여행자들의 경험을 바탕으로 포르투갈 탐험가와 아프리카 해안 주민의 상호작용을 무척 관심 있게 고찰했다. 이러한 만남은 생존이 걸린 문제였다. 포르투갈인은 식량이 부족하거나, 괴혈병에 시달리거나, 폭풍으로 망가진 선박에 수리가 필요하면 상륙을 시도했다. 육지에서 어떤 사람을 만날지 전혀 모를 때가 많았고 따라서 자신의 기준에 따라 알아서 판단해야 했다. 포르투갈인이 문명인과 야만인을 판가름하는 기준은 그들이 입는 옷, 먹는 음식, 거주하는 방식이 아니었다. 카몽이스는 자신의 선입견에 따라 그들의 의식주를 설명했다. 주된 기준은 그들이 화폐나 금, 보석을 사용하는지, 인도와의 향신료 무역에 대해 아는 것이 있는지 여부였다. 포르투갈인은 그런 사람들만 문명인으로 여겼다. 장거리 무역을 꿈꾸는 탐험가들로서는 당연한 가치판단이었다.

다가마(와 후대에 그와 같은 항로를 따라가던 카몽이스)는 아프리카 동부 해안을 올라가다가 향신료 무역상을 만났다. 그들은 아프리카와 인도를 연결하는 교역망에 속해 있었고 따라서 그가 보기에는 '문명인'이었다. 이 교역망에 속한 사람들은 화폐 기반 경제에 참여해 이를 통해 부를 쌓았다. 그들에게는 근사한 집과 항구가 있었고, 선박은 포르투갈의 선박과 맞먹을 정도였다. 인도양이 그 어떤 인간도 가본 적 없는 미지의 바다가 아니라는 사실이 분명해졌다. 포르투갈인이 처음으로 인도양에 왔을 뿐이었다. 이 지역의 누구나 오랫동안 항해와 무역을 해왔다. 희망봉을 우회하는 항해가 포르투갈인들에게는 너무나 대단하고 새로운 일이었지만 사실 새로운 점은 지금까지 이어진 적 없는 두 해상 네트워크가 연결되었다는 것밖에 없었다.[22]

포르투갈 선원들에게는 아프리카 동부 해안의 무역상들과 좋은 관계를 유지하는 것이 무엇보다 중요했다. 이는 곧 괜찮은 항구에 정박하고, 배를 수리하고, 새로운 식량을 확보할 수 있다는 뜻이었다. 괴혈병을 치료하거나 적어도 조금이라도 낫게 하는 방법은 몇 주, 심지어 몇 달 동안 육지에서 지내는 것밖에 없음을 그들도 알았다. 무엇보다도 아프리카 상인들은 인도양의 풍계를 잘 알았는데 포르투갈인들로서는 이러한 현지의 항해 지식이 있어야만 인도에 무사히 도달하기를 바랄 수 있었다.

포르투갈인의 관점에서 볼 때 상당히 문명화되고 종종 큰 도움을 주는 이 사람들에게 딱 하나 문제가 있었다. 바로 이슬람교도라는 사실이었다. 얼마 전까지만 해도 이베리아반도의 많은 부분이 알 안달루스라고 불리며 아랍의 지배를 받았다. 무슬림의 영향권에 속하는 것은 많은 면에서 축복이었다. 포르투갈은 아랍의 주해자들과 도서관 사서들 덕분에 고전 텍스트가 일부 남아 있는 바그다드 지혜의 창고 같은 학문의 중심지와 연결될 수 있었다. 아랍 통치자들은 대부분 관대했기 때문에 알 안달루스는 유대 학문의 중심지가 되었고 포르투갈과 스페인은 기독교, 이슬람교, 유대 학문과 문화가 뒤섞인 독특한 조합이 되었다.

그러나 이러한 이점이 있다고 해서 아랍 세력을 영원히 이베리아반도에 머물게 할 수는 없었다. 기독교 통치자들이 그들을 점차 밀어냈고, 1492년에 아랍의 마지막 거점이 마침내 함락되면서 재정복이라 불리는 과정은 끝이 났다. 승리를 거둔 새로운 기독교 통치자들은 남아 있는 모든 이슬람교도에게 유일한 참된 신앙인 로마 가톨릭으로 개종할 것을 강요했고(유대인들에게도 똑같이 강요했다) 툭하면 그들을 위선자라고 비난하며 추방했다(유대인 개종자에게도 마찬가지였다). 그 직후 시대에 살았던 카몽이스는 스스로를 이슬람교도와 유대인을 상대로 끝나지 않는 전쟁을 벌이는 기독교 유럽의 수호자라고 생각했다.

동아프리카에 이슬람교도가 살고 있는 사실이 불행한 일이었을지는 몰라도 이는 적어도 몇몇 포르투갈인이 아랍어로 그들과 대화를 나눌 수 있다는 뜻이었다. 또한 포르투갈인들은 일부 아프리카 언어를 접하면서 아랍어 단어가 포함되어 있다는 사실도 깨달았다. (카몽이스는 서사시에서 이름을 밝히지 않은 채 그러한 언어 중 하나를 언급하는데, 아프리카 동부 공용어인 스와힐리어였다.)²³ 포르투갈인들은 기독교왕에 대한 소문을 들었기에 이슬람교도와 복잡한 관계를 맺는 내내기독교인을 계속 찾았지만 아쉽게도 해안 끝까지 올라가도 이슬람교도밖에 없었다.

마침내 바스쿠 다가마가 이끄는 네 척의 배는 이슬람교도 항해사들의 도움으로 인도양을 건너 인도에 도착했다. 포르투갈인들은 기쁨에 넘쳤고 그곳에서 발견한 것들에 감탄했다. 시장에는 향신료와보석이 넘쳐났고 항구는 북적거렸으며 교역이 활발했다. 그렇다, 마침내 아랍 세력이 지배하는 중동을 우회하는 항로를 찾아낸 것이다. 더 좋은 점은 인도 어디를 가든 기독교인들이 있다는 것이었다. 이곳 성인들이 인간의 코 대신 코끼리 코를 달고 있거나, 팔이 너무 많거나, 지나치다 싶을 정도로 다채로운 것은 사실이었다. 그러나 다가마와 동료들은 이런 사소한 부분을 선뜻 무시했다. 고국으로부터 멀리떨어진 땅에서 같은 종교를 가진 사람들이 사이에 섞여 있으니 기분이 좋았다.

불만은 딱 하나였다. 여기서도 이슬람교도들이 해상 무역을 지배하면서 기독교 원주민들에게 온갖 영향력을 행사하는 듯했다. 그러나 다가마는 성가신 이슬람교도 경쟁자를 밀어내고 기독교도로 추정되는 대군주들과 거래를 할 수 있으리라고 확신했다.

이것이 다가마와 동행했던 승무원과 승객들이 설명한 인도에 대한 첫인상이었고 처음에는 이들의 의견이 포르투갈의 태도를 좌우

했다. 그러나 반세기 후 카몽이스가 인도로 떠났을 때에는 포르투갈도 초기 기록에 오류가 얼마나 많은지 이미 깨달았다. 아프리카 동부에 전설 속의 강력한 기독교 왕은 없었다(포르투갈인들이 전쟁 중이던 에티오피아인들과 접촉해 이슬람교도에 맞서 싸우던 그들을 돕기는 했다). 기독교 성인이라고 생각했던 인도 조각상은 사실 힌두교 신이었다. 그리고 인도아대륙은 부분적으로 무슬림 통치자 무갈의 지배를 받았는데 그는 현지의 힌두교 통치자를 내버려두거나 그들과 동맹을 맺을 때가 많았다. 카몽이스는 새로 알게 된 지식을 서사시에 넣음으로써 다가마의 첫 항해가 만들어낸 심각한 오해를 일부 바로잡았다.

다가마가 인도의 이슬람교도 및 힌두교도와 접촉한 후 또 다른 충격이 기다리고 있었다. 인도인들은 그가 가져온 물건들 가운데 어떤 것도 사려 하지 않았다. 다가마가 준비한 선물과 견본은 우스꽝스러울 정도로 조야했고 거의 아무런 가치가 없었다. 다가마와 동행한 군인과 선원은 비싸게 팔 생각으로 직물 등의 상품에 돈을 투자했지만 포르투갈에서 구입한 가격보다 훨씬 낮은 가격을 받을 수밖에 없음을 알아차렸다. 이곳에서는 향신료뿐 아니라 거의 모든 물건이 더 값비싸고 좋았으며 고국에서 보기 힘든 보석이 시장에 가득했다. 포르투갈에 비해 장인은 솜씨가 더 좋고 상인은 더 부유했으며 궁전은 더 웅장했다. 이러한 부는 최근에 생겨난 것이 아니었다. 포르투갈 사람들은 또한 유럽에서 본 것보다 훨씬 정교한 고대 유적에 감탄했다. 그들은 인도양의 부유한 교역망에서 가난하고 낙후된 이는 다름 아닌 자신들임을 서서히 깨닫기 시작했다.[24]

포르투갈인과 만나 선물을 교환한 힌두교도 왕들은 이 허술한 여행자들이 향신료 무역을 위해 몇천 킬로미터 떨어진 곳에서 왔지만 팔 만한 물건이 아무것도 없다고 말하자 몹시 실망했다. 카몽이스의 서사시에서 다가마는 이처럼 미적지근한 환영을 이슬람교도들 탓으로 돌리며 "나는 그저 탐험가로서 왔을 뿐"이라고 변명했고, 두고 보라고, 다음번 돌아올 때는 "얼마나 대단한 상품을 살 수 있는지 알게될 것"이라고 말했다.[25] 그다지 설득력 있는 말은 아니었다.

그러나 다가마는 자신의 말을 지켰다. 그는 더 좋은 상품과 훌륭한 함선, 더 나은 지도를 가지고 놀아왔다. 카몽이스가 서사시를 쓸 낭시 헤라르뒤스 메르카토르가 자신의 이름을 붙인 투영법을 이용해 오늘날 우리가 아는 것과 비슷한 세계지도를 만들었지만 널리 유포되지는 않았다.

새로운 지도는 이슬람교도와 힌두교도의 관심을 끌 만했으며 자랑스럽게 거래할 만한 것이었다. 포르투갈인은 무엇을 어떤 가격에 팔 수 있는지 차츰 이해하게 되었다(그리고 이 정보를 인도의 집에 모아두었다). 현지 힌두교도 통치자와 이슬람교도를 싸움 붙이는 법을 파악하고 나자 권력정치가 무역을 보완했다. 때로 힌두교도 통치자들은 이슬람교 대군주를 기꺼이 제거했으나 포르투갈이 얼마나 무자비하게 굴 수 있는지, 강력한 대포를 얼마나 쉽게 발포하는지, 인질을 얼마나 빨리 잡아 죽이는지, 마을 전체를 얼마나 쉽게 싸그리 불태우는지 깨닫고 그 결정을 후회했다. 대체로 포르투갈은 대규모 영토를 손에 넣으려 하지 않았지만 준비된 군함을 이끌고 와서 이슬람 교역망을 방해하고 해상 전쟁을 페르시아만과 홍해 깊숙이 끌어들이려 했다.

≡

남중국해에서 난파당한 뒤 혼자 남아 원고만 빼면 자기 이름으로 된 재산 하나 없었던 카몽이스가 마침내 고국에 돌아왔다. 법적인 문제는 잊혔거나 기각되었다. 그는 마카오에 돌아갔다가 배를 타고 아프리카 동부 해안으로 갔고, 또 다른 배를 타고 리스본에 돌아왔다. 작품을 출판하려면 새로 즉위한 젊은 왕에게 허락을 받아야 했다. 카몽이스는 작품을 왕에게 헌정하면서 이슬람교도와의 싸움을 계속하며 북아프리카 중심지까지 쳐들어갈 것을 촉구했다. 작품을 출판하기 전에 종교재판소의 승인도 받아야 했다. 다행히 교회 당국은 카몽이스의 작품에 등장하는 이교도 신들이 시적 장치에 지나지 않는다는 사실을 이해하고 출판을 승인했다. 마지막 장애물이 해결되자 카몽이스는 《우스 루지아다스》를 인쇄소에 가져갈 수 있었다.[26]

당시 인쇄는 인도와 아랍에 알려지지 않은 기술이었다. 그즈음 인도인이 기독교도가 아님을 깨달은 포르투갈 예수회는 활발한 개종을 돕기 위해 인도 고아에 최초의 인쇄기를 설치했다. 아마도 카몽이스는 마카오에 3년 동안 머물렀을 당시 이미 몇백 년이나 된 기술이었던 중국 목판 인쇄를 접했을 가능성이 있다. 중국이 발명한 인쇄는 국제 무역 덕분에 구텐베르크가 개선한 형태로 인쇄기를 써본 적 없는 아시아 지역에 전해졌다.

카몽이스가 《우스 루지아다스》를 종이에 인쇄할 수 있었던 것은 그의 시가 문제 삼았던 바로 그 이슬람교도들 덕분이었다. 그들은 중국에서 종이 제조법을 입수하여 바그다드에서 육성한 뒤 알 안달루스를 통해 유럽에 전해 주었다. 세상은 점점 더 연결되고 있었다.

고아에 새로운 인쇄기가 들어왔지만 카몽이스가 그곳에서 《우스 루지아다스》를 찍는 것은 말도 안 되는 일이었다. 그가 겨냥하는 독자는 고국에 있었다. 고전 인용을 알아보는 독자, 코임브라에서 새로운 인문학 정전을 연구한 사람들은 모두 포르투갈에 있었다. 특히 이시는 젊은 왕 세바스티앙에게 바치는 것이었다. 카몽이스도 뒤러처럼 연금을 받으려면 왕실의 후원이 필요했다. 세바스티앙은 카몽이스의 시가 마음에 들었는지 적은 액수이긴 해도 연금을 승인했다. 다행히도 카몽이스는 적은 돈으로 살아가는 법을 이미 배웠고 남은 평생 연금으로 생활했다.

세바스티앙이 귀족 군대를 소집해 북아프리카를 공격한 동기가 무엇이었는지 우리로서는 정확히 알 수 없지만 이슬람교에 대한 궁극적 승리를 예언한 카몽이스의 시가 영향을 끼쳤을 가능성이 있다. 포르투갈 군대는 거의 아무도 돌아오지 못했고 귀족은 전멸했다. 이 재난으로 인해 독립 국가로서의 포르투갈은 끝이 났다. 포르투갈의 아시아 교역망은 곧 자금이 더 많은 새로운 이들, 특히 영국 동인도회사에 넘어갔고 결국 영국이 인도아대륙의 대부분을 지배하게 되었다.

《우스 루지아다스》가 포르투갈 제국의 몰락에서 어떤 역할을 했든 이 작품은 의미 만들기가 얼마나 위험한지 잘 보여준다. 과거를 이용해 현재를 정당화하는 것은 위험하다. 무지와 폭력으로 다른 문화를 대하는 것은 위험하다. 문학의 힘을 이용해 독자를 자극하는 것은 위험하다. 특히 인쇄의 시대에는 더욱 그러하다.

리스본 제로니무스 수도원 내 카몽이스의 묘.(리스본 제로니무스 수도원. 사진: Sailko)

그러나 모든 단점에도 불구하고《우스 루지아다스》는 고대 문학을 이용해서 현대적인 모험의 전율을 표현하는 방법을 잘 보여준다. 〈스페이스 오디세이〉라는 영화 제목이 말해 주듯이 우리는 우주여행을《오디세이아》같은 모험으로 본다. 또 〈스타워즈〉는 고전 모델을 이용했고, 〈스타트렉〉은 카몽이스의 슬로건이었던 "어떤 인간도 가본 적 없는 곳으로 간다"는 표현을 사용했다. 다행히도 우리는 근세 탐험가들과 영웅적인 모험《우스 루지아다스》의 미명하에 벌어진 폭력 사태를 보며 교훈을 얻었다. 〈스타트렉〉에 등장하는 스타 함대의 행동 강령은 미지의 세계를 항해하며 만나는 그 어떤 생명체에도 간섭하지 않는 것이다. 이 역시 카몽이스, 아니 그의 흥미진진한 시를 교훈담으로 바꾼 비평가들 덕분이다.

포르투갈의 짧았던 세계 제국을 기념하는 건축물 중 하나는 선원들의 수호성인에게 헌정한 리스본 제로니무스 수도원이다. 바스쿠 다가마를 파견한 마누엘 왕은 아시아 무역에서 유입한 자금을 이용해 이 수도원을 세우라고 지시했다. 이 커다란 건물은 후기 고딕 양식과 그리스와 로마에서 차용한 르네상스 양식을 모두 담고 있지만 가장 놀라운 것은 조개껍데기처럼 바다에 관련된 소재와 동양의 식물을 이용한 풍부한 장식이다. 건축가와 조각가들은 대담하게도《우스 루지아다스》가 그랬던 것처럼 전통적 모델에서 벗어나 이 건물에 동양 세계를 담기로 했다.

수도원 안에는 운명이 뒤얽힌 세 남자의 묘가 있다. 바로 카몽이스와 다가마, 세바스티앙 왕이다. 세 무덤 중 두 곳에는 주인이 들어가 있다. 다가마는 세 번째 항해에서 돌아오지 못했지만 유해만 돌아와 안장되었다. 세바스티앙은 이슬림교도와의 치열한 전쟁에서 돌아오지 못했다. 카몽이스만이 살아서 고국에 돌아왔다.

12

생도맹그와 파리 살롱의 계몽주의

306쪽의 초상화는 우아한 복장으로 받침대에 무심히 기대선 흑인을 보여준다. 그는 고개를 돌려 먼 곳을 바라보고 받침대에 올린 팔꿈치 때문에 그의 뒤 흉상의 어깨 일부가 가려졌다. 빛과 그림자는 남자가 입고 있는 베이지색 바지, 노란색 옷깃이 달린 검은 코트, 흰색 스카프의 풍성한 색상을 강조한다. 그가 몸을 기댄 받침대는 다채롭게 층진 짙은 색 대리석이며 전체적 배경은 푸른 하늘 아래 초록빛 풍경이다. 화려한 구성과 대조를 이루는 흉상은 옅은 색 대리석으로 만들었으며 대머리 노인은 집중을 해서인지 못마땅해서인지 눈썹을 찌푸리고 있다. 그 밑에 새긴 글씨는 일부만 보이는데 'T. RAYNAL'이라고 적혀 있다. T. RAYNAL은 누구일까? 또 그에게 경의를 표하면서도 쌀쌀맞아 보이는 이 남자는 누구일까?

흉상은 계몽주의 철학자가 된 프랑스 예수회 수사 아베 레이날이다. 그의 흉상은 고대 로마 양식으로 그려져 있는데 이는 과거와의 단절보다는 과거로 회귀하고 싶다는 열망 때문에 혁명이 시작되는

안 루이 지로데 드 루시 트리오종, 〈생도맹그 대표 J. B. 벨리에의 초상〉(1797년).(베르사유 궁전)

경우가 많다는 사실을 일깨워준다. 여기서 과거란 로마공화국의 정치 제도다.

흉상에 무심히 기대선 남자는 장 바티스트 벨리에라고 하는데, 세네갈에서 태어났으나 노예 상인에게 납치되어 프랑스 식민지 생도맹그(오늘날의 아이티)에 끌려갔다.[1] 초상화 속 그는 프랑스 혁명기의 전형적 예복 차림인데 당시 흔했던 무릎길이 '퀼로트' 대신 긴 바지를 입은 점이 특히 눈에 띈다. (이러한 복장을 선호한 프랑스 혁명가들을 '무릎길이 바지를 입지 않았다'는 뜻에서 '상퀼로트'라고 불렀다.) 이 그림은 파리에서 프랑스 혁명기의 가장 유명한 화가 자크-루이 다비드(1793년에 목욕을 하던 중 살해된 혁명 지도자 〈마라의 죽음〉을 그렸다)와 함께 공부한 안 루이 지로데의 1797년 작품이다.

이 초상화는 노예 제도, 경제적 착취, 제국주의 야망에 맞서는 사람들을 하나로 모았다. 그들은 목적을 달성하기 위해 거의 2000년 전 고대 로마의 정치 제도뿐 아니라 대서양 건너편에서 시작된 행동과 경험과 사상을 이용했다. 그들은 식민지의 노예 제도 반란과 살롱에서 발전한 자연권 사상, 제국 경제에 대한 통찰을 끊임없이 또 때로는 폭력적으로 연결시켰다. 이러한 일촉즉발의 상황에서 벨리에와 레이날은 수많은 이들과 함께 대서양 세계를 재형성했다.

≡

이 초상화를 온전히 이해하려면 몇 년 전인 1793년으로 돌아가야 한다. 당시 생도맹그의 또 다른 노예 출신 주민 투생 브레다는 이름을 바꾸기로 결정했다. 그는 모든 성인을 뜻하는 투 생Tous Saints이라는 말의 축약형인 투생Toussaint은 그대로 쓰고 싶었지만 이제 자신이 태어난 농장 이름에서 따온 성 브레다로 불리고 싶지 않았다. 베냉에서 납치된 아프리카인의 손자였던 그는 농장의 모든 건물과 가축, 아프리카계 노예들과 함께 프랑스 귀족 무슈 드 브레다Monsieur de Bréda의 재산이었다.[2] 투생은 이름을 바꾸었을 때 50세에 가까운 나이였고, 생도맹그 북부 해안의 산과 바다 사이 평야의 폐쇄된 세계 브레다 농장에서 일생의 대부분을 보냈다.

그때부터 투생은 '시작'을 뜻하는 루베르튀르L'Ouverture 또는 Louverture(열기, 개시, 벌어짐 등 다양한 뜻이 있다 – 옮긴이)로 알려진다. 새로운 이름은 그의 잇새의 벌어진 틈이나 전투에서 기회를 포착하는 재주를 나타낸다고 할 수도 있었지만 결국 투생 루베르튀르가 이루어낸 시작은 그가 1793년 봄에 상상할 수 있었던 그 무엇보다도 컸다. 바로 노예 출신이 운영하는 독립 국가를 탄생시킨 혁명이었다.[3]

대부분의 농장과 마찬가지로 브레다 농장은 다양한 가축을 키우고 커피와 채소를 재배했지만 환금작물은 주로 대규모 노동력이 필요한 사탕수수였다. 처음에는 스페인 식민지 개척자들이 강제로 고용계약을 맺은 원주민을 노동력으로 공급했다.[4] 그러나 비인간적 노동조건과 질병 유입 때문에 원주민 수는 두 세대 만에 거의 절멸에 가까울 정도로 크게 줄어들었다.[5] 스페인 사람들은 부족한 노동력을 메우기 위해 아프리카 서부 해안에서 사람들을 수입해 노동력이 필요한 농장주들에게 팔았다.[6]

노예 제도는 다른 사회에도 존재했지만 이것은 새로운 형태였다.

카리브해와 신세계 전역에서 그랬던 것처럼 잔인하게 착취할 목적으로 이토록 많은 사람들을 먼 곳에서 데려온 적은 없었다. 높은 사망률 때문에 루베르튀르 같은 3세대 생도맹그인은 상대적으로 드물었다. 생도맹그의 노예 중 41퍼센트는 (가혹한 환경이었음에도) 그 섬에서 태어났고 나머지 59퍼센트는 아프리카에서 납치되었다.[7] 더욱 특이한 것은 투생의 나이였는데, 노예는 대부분 50대 이전에 죽었기 때문이다(5%만이 60세를 넘겼다). 노동력은 아프리카에서 지속적으로 보충되었고, 아프리카 노예 상인들은 내륙으로 점점 더 깊이 들어가서 사람들을 붙잡아 해안으로 수송한 다음 혹독한 환경 속에서 대서양 건너편으로 보냈다.[8]

루베르튀르는 농장에서 큰 책임을 맡아 높은 자리에 올랐고 다른 노예의 작업을 감시할 때도 많았다. 그는 공로를 인정받아 30대 초반에 자유의 몸이 되었다. 그러나 루베르튀르는 자유를 얻은 후에도 계속 농장에서 살았다. 커피를 재배할 수 있는 땅을 40에이커 받은 것도 그 이유 중 하나였다. 생도맹그라는 세계는 철저하게 노예 제도에 의해 구성되었기 때문에 그는 노예 노동력 없이 커피 농사를 짓는다는 것을 상상도 하지 못했다. 개인 차원에서 해결할 수 있는 문제가 아니었다. 체제의 변화가 필요했다. 변화는 어디에서 올 것인가?

두 사건이 생도맹그의 노예 제도에 예상치 못한 결과를 가져왔다. 하나는 생도맹그에서 겨우 몇백 킬로미터 떨어진 곳에서 일어난 미국 독립 전쟁이었다. 미국 혁명가들이 노예 제도 종식을 제안하지는 않았다. 대다수가 노예를 가지고 있거나 노예 노동에서 간접 이익을 얻었고, 그들이 만든 정부는 노예 소유 계급의 이익을 보호했기 때문이다. 대신 미국 혁명가들은 식민 체제의 세금 제도를 겨냥했다. 본국은 식민지의 모든 수출품에 세금을 부과했다. 상품을 세계 다른 지역과 거래하기 전에 종종 본국으로 먼저 보내야 했는데 본국은 여기서 큰 이득을 보았다. 세금을 부과하는 사람은 머나먼 유럽 본토에 거주하는 군주들이었고 식민지 주민에게는 정치적 대표자 자격도 주지 않았다. 북아메리카 13개 식민지가 과도한 세금을 매기는 정치 체제에 대항해 반란을 일으키고, 독립을 선언하고, 혁명 전쟁에서 승리하자 아메리카 대륙에 식민지를 가지고 있는 유럽 열강들, 특히 프랑스와 스페인은 똑같은 일을 당할지도 모른다는 생각에 등골이 오싹해졌다. 이 두 나라는 영국처럼 귀중한 재산을 잃고 싶지 않았다.

또 하나의 사건은 프랑스 군주제 전복이었다. 부분적으로 미국 혁명에서 영감을 받은 프랑스의 반란은 신흥 부르주아지와 도시 빈민이 그들을 이등 시민으로 만드는 체제와 싸우는 내전으로 바뀌었고, 더욱 급진적 계몽주의 사상가와 활동가가 제안한 반군주, 반성직자 사상이 여기에 부채질을 했다. 봉기는 정치적·경제적 특권을 남용하는 고위 귀족들에 대한 항의로 시작되었지만 곧 그 나름의 역학이 생겼다. 도시 빈민들은 구질서를 상징하는 바스티유 감옥을 습격했고 급진적 정치 클럽과 모임은 군주제를 공격하면서 새로운 정치적 권리를 요구했다. 처음에 반란 세력은 프랑스를 예전으로, 귀족이 비교적 권력을 남용하지 않았던 과거로 되돌릴 수 있다는 희망을 안고 절대군주제 견제를 요구했다. 초상화 속 로마 양식의 레이날 흉상이 나타내듯이 로마공화국이 그들의 모델이었다. 그러나 과거로의 회귀를 주장하며 시작된 반란은 결국 완전히 새로운 질서를 요구하며 끝이 났다. '혁명revolution'이라는 단어조차 그 의미가 바뀌었다. 본래 혁명은 별들의 운행 같은 순환적 운동을 뜻했다(코페르니쿠스는 1543년에 발표한 천문학 서적에 《천체의 회전에 관하여De Revolutionibus》라는 제목을 붙였다). 세월이 흐르면서 이 말은 정반대의 뜻, 즉 기존 질서와의 단절이나 완전히 새로운 무언가의 시작을 의미하게 되었다.[9]

미국 혁명과 프랑스 혁명이라는 두 사건이 생도맹그에 어떤 영향을 끼쳤을까? 이 부유한 프랑스 영토에서 가난한 백인들을 제외한 식민지 주민들은 미국을 모델로 한 독립을 거의 거론하지 않았다.[10] 파리의 혁명가들 대부분이 처음에는 인간을 소유할 권리를 포함한 재산권을 재확인했을 뿐 프랑스의 해외 영토를 거의 언급하지 않았다. 1786년에 숙부에게 브레다 농장을 상속받은 노에Noé 백작 같은 대규모 농장주들뿐 아니라 식민지 덕분에 부를 쌓은 보르도 등 남부 항구 도시들 입장에서도 그것이 유리했다.

그러나 두 혁명은 소수의 프랑스인이 다수의 아프리카 노예와 아프리카계 후손을 감독하는 권한과 통제하는 체제에 의문을 제기했다. 그 결과 1791년부터 일련의 반란이 시작되었고 루베르튀르도 참여했다. 처음에는 경쟁 세력, 특히 섬의 다른 지역인 산토도밍고(현재의 도미니카공화국)를 지배하던 영국과 스페인이 반군에 무기를 제공하며 끼어들었고 루베르튀르는 스페인 군복을 입었다.[11] 그러나 외세가 무기를 제공하고 훈련시켰지만 이들에 대한 통제력을 금세 잃었다. 특히 루베르튀르는 제공받은 무기와 훈련을 이용해 매우 효율적인 군대 내 군대를 만들었다.[12] 노예였던 이들이 이제 자신만의 역사를 만들어가고 있었다.

그것도 더없이 복잡한 상황에서 이룬 성과였다. 생도맹그에는 노예 외에도 유색 자유민이 있었는데 이들 중 일부는 자기 농장을 소유했다. 또 이렇다 할 재산 없이 '작은 백인small whites'이라 불리는 프랑스 식민지 주민과 대규모 농장 소유자가 있었다. (크레올Créole은 이 섬에서 태어난 사람들을 가리키는 용어였는데 대부분 백인이었지만 혼혈도 있었다.) 혁명이 계속되자 점점 더 많은 도망 노예가 농장에서 달아나 해안에서 멀리 떨어진 곳에 정착지를 만들었다.[13] 각각의 집단은 나름의 이해관계가 있었고 상대를 바꿔가며 동맹을 맺었다. 프랑스 본국의 상황도 덜 복잡하지는 않았다. 생도맹그의 대지주들은 프랑스에서 권위에 도전받는 귀족이었다. 하지만 부르주아 혁명가들 역시 종종 식민지에서 막대한 이익을 얻었기에 노예 제도와 식민지 착취 해체에 관심이 없었다. '흑인의 친구들Friends of the Blacks'이라는 소규모 혁명가 집단은 시민권 확대를 요구했지만 혼혈 자유인만을 대상으로 생각했다.

이렇게 복잡하게 얽힌 거미줄에 서로 다른 목표를 추구하는 국제 압력단체들까지 끼어들었다. 영국의 폐지론자들은 노예 제도 철폐를 요구했지만 프랑스 군주가 받는 공격을 공포에 질린 눈으로 바라보았다.[14] 뉴잉글랜드와 뉴욕의 떠들썩한 단체들도 노예 제도 폐지를 옹호했지만 노예 제도에서 이익을 얻는 북부 도시와 남부 주州들의 반대에 부딪쳤다. 확고한 군주제였던 스페인은 프랑스 군주제에 대한 공격을 끔찍하게 여기면서도 가장 수익성이 높은 식민지에서 프랑스의 지배력을 약화시킬 기회를 호시탐탐 노렸다. 이 모든 집단은 생도맹그의 각종 군대에 때로는 돈을 주고, 때로는 무기와 군복을 보내고, 때로는 군사고문을 보내어 지원했고, 따라서 동맹 관계는 끊임없이 바뀌었다.

루베르튀르를 비롯한 지도자들은 더욱 지속적 동맹이 필요하다는 사실을 금세 깨달았다. 노예경제와 군주제를 지지하는 스페인과 동맹을 맺는 것은 반란의 근본적 가치에 어긋났다. 그동안 반란군의 규모와 자신감은 커졌고, 1793년에 루베르튀르는 농장 체제의 산물인 자신의 옛 정체성과 이름을 버리고 새로운 시작을 모색하기로 결정했다.

그는 새로운 정체성을 축하하며 호소문을 발표했다.

형제와 친구들이여. 나는 투생 루베르튀르입니다. 아마도 여러분도 내 이름을 알 것입니다. 나는 복수를 시작했습니다. 생도맹그에 자유와 평등이 널리 퍼지기 바랍니다. 나는 자유와 평등을 위해 노력합니다. 형제들이여, 우리와 연합하여 같은 대의를 위해 함께 싸웁시다. 당신의 겸손하고 순종적인 종, 공익을 위한 왕의 군대 장군 투생 루베르튀르.[15]

복수는 루베르튀르가 처음부터 이야기한 것이었으나 자유와 평등이라는 언어는 새로웠다. 그는 외줄 타기를 해야 했다. 루베르튀르는 스스로를 '왕의 군대'를 위해서 일하는 '장군'이라고 칭함으로써 군주제를 전복하거나 프랑스와의 관계를 단절할 의도가 아님을 알리는 동시에 프랑스 자코뱅 당원들이 흔히 사용하는 '자유'와 '평등'과 '공익'을 언급함으로써 야망을 드러냈다. 이로써 그는 계몽주의와 손을 잡았다.

계몽주의의 새로운 언어는 무엇보다도 〈미국 독립 선언〉(1776)과 프랑스의 〈인간 및 시민의 권리 선언〉(1789)에 뚜렷하게 드러난다. 두 선언은 모든 사람에게 보편적으로 적용되는 자연권이라는 말을 사용한다. 이제 특권은 없다. 자연권 사상이 두 혁명의 원인은 아니었고 오히려 발생하는 일들을 정당화하고 설명하고 이해하는 데 사용되었다.

행동과 마찬가지로 사상 역시 의도하지 않았거나 희미하게만 인식하던 결과를 가져오는 경우가 많다. 자연권 사상도 마찬가지였다. 〈미국 독립 선언〉에 서명한 사람들 중에서 자연권이라는 새로운 언어가 여성과 노예에게 적용되리라 생각한 사람은 거의 없었다. 선언문의 틀을 마련한 사람들은 예외를 분명히 설명할 필요가 없었다. 여성과 노예는 규칙의 예외가 아니라 언급할 필요도 없이 당연히 빠지는 대상이었다. 노예 제도는 가부장제와 똑같은 삶의 현실이었고, 프랑스와 북아메리카 식민지 13주를 풍요롭게 하는 사회경제 체제의 일부였다. 누구나 아는 사실이었다.

그러나 프랑스 〈인간 및 시민의 권리 선언〉의 첫 문장 "모든 인간은 자유롭게 태어나 평등한 권리를 갖는다"와 〈미국 독립 선언〉의 "우리는 모든 인간이 평등하게 창조되었음이 자명한 진리라고 믿는다"라는 주장에 담긴 사상은 스스로 동력을 발전시켜서 애초의 목표를 넘어 새로운 목적에 이용될 수 있다. 말하지 않아도 여성과 노예는 포함되지 않는다는 사실을 아는 사람들뿐 아니라 이 사상을 스스로에게 적용한 루베르튀르 같은 사람들도 선언문을 들었기 때문이다.

루베르튀르가 이름을 바꾸고 반년 후 이러한 행동과 사상의 영향이 정점에 달했다. 1794년 2월 4일, 아니 혁명력 2년 비의 달 16일(프랑스 혁명 정부는 사실 여러 차례 달력을 변경하면서 1792년을 혁명 원년으로 선포하고 달의 이름을 바꾸었다)에 생도맹그 대표 세 명이 혁명 공회에 찾아와 대표로 인정받았다.[16] 바로 혼혈 자유인 장 바티스트 밀스Jean-Baptiste Mills와 백인 식민지 주민 루이 피에르 뒤페이Louis-Pierre Dufaÿ 그리고 12장 맨 앞에 나온 초상화의 주인공 장 바티스트 벨리에였다.

벨리에의 일대기는 어떤 면에서 루베르튀르의 일대기와 비슷하다. 자신의 설명에 따르면 그는 세네갈 해안의 고레섬에서 태어나 노예 노동자로 생도맹그에 끌려왔다가 자유를 샀는데, 아마도 가발 제작 기술 덕분이었을 것이다.[17] 처음에는 노예에서 풀려난 사람들로 구성된 군대에 입대하여 1779년 조지아주 서배너 공격에 참여했다. 그곳에서 부상을 입은 그는 영광스럽게도 '마르스Mars'라는 칭호를 얻었다. 벨리에는 제대 후 다시 자유인 공동체의 존경받는 일원이 되어 가발 제작자로 일했다. 루베르튀르처럼 벨리에 역시 노예 노동자를 사고팔았다.[18]

벨리에는 루베르튀르와 달리 적극적 군사 혁명가는 아니었지만 혁명 공회 대표로 선택되었다. 많은 면에서 그는 완벽한 대표자였다. 노예 생활을 경험했고, 본인도 노예를 소유했으며, 신대륙의 노예 제도 폐지를 간절히 바랐다.

벨리에는 비의 달 16일에 최초의 흑인 대표로서 혁명 공회에 섰다. 그가 도착하자 갈채가 터져 나왔다. 백인 동료 뒤페이는 노예 제도 폐지가 혁명 프랑스에도 이익이라고 호소하면서 지금까지 대부분이 생각지도 못한 것을, 즉 생도맹그 노예를 자유인으로 선언하라고 촉구했다. 뒤페이는 영국군이 생도맹그 공격을 계획 중이라고 지적했다. 그러자 사르트의 대표 르바쇠르Levasseur가 식민지 노예 제도를 폐지하자고 제안했다. 라크루아Lacroix 대표는 이렇게 선언했다. "의장, 논의를 길게 끌어서 공회가 스스로를 모독하게 만들지 마시오."[19] 더 이상의 논의 없이 갈채로 다음과 같은 동의動議가 통과되었다. "국민 공회는 모든 식민지에서 노예 제도가 폐지되었음을 선언한다. 이에 따라 식민지에 거주하는 모든 사람은 피부색과 상관없이 프랑스 시민이며 헌법에 따라 보장되는 모든 권리를 누린다."[20] 회의 의례에 따라 대표자들이 동의하며 일어섰고, "공화국 만세! 국민 공회 만세!라는 외침과 갈채가 끝없이 반복되는 가운데 의장이 노예 제도 폐지를 선포했다".[21] 루베르튀르와 벨리에는 직접적 관계가 없었고 한때 반대편에 서기도 했지만 프랑스 식민주의자들은 두 사람의 사상과 행동에 항복할 수밖에 없었다.

루베르튀르와 벨리에가 주장하고 발전시킨 사상, 지금 국민 공회에서 울려 퍼지는 사상은 어디에서 왔을까? 이 질문에 대답하려면 지로데가 그린 초상화 속에서 벨리에가 기대선 흉상, 즉 T. 레이날이라고 새겨진 로마 양식의 흉상으로 돌아가야 한다.

아니세 샤를 가브리엘 르모니에, 〈1755년 마리 테레즈 로데 조프랭의 살롱에서 중국 고아의 비극을 낭독하는 볼테르(Reading of Voltaire's Tragedy of the Orphan of China in the Salon of Marie Thérèse Rodet Geoffrin in 1755)〉(1812년경).(프랑스 말메종 성)

1755년 파리

1750년대의 파리에서 새로운 사상과 그러한 사상을 가진 사람을 찾으려면 생토노레 372번가가 적격이었다. 물론 무작정 찾아가서 초인종을 누를 수는 없었다. 그 집에 사는 사람은 생토노레의 여왕이라 불리는 마담 조프랭이었으므로 초대장이 필요했다. 그녀의 살롱은 굶주린 (또는 굶주리지 않은) 예술가, 외국 귀족, 외교관, 음악가, 철학자 그리고 최신 소문이나 사상을 좇는 사람 누구나를 환영했다. 월요일 정찬은 예술가 모임이므로 덜 형식적이었다. 수요일에 열리는 핵심 모임에는 작가와 철학자 등 새로운 사상을 퍼뜨리는 사람들이 모여 호화로운 정찬과 독서를 즐겼다.[22] 1755년에 화가 아니세 샤를 가브리엘 르모니에는 기억에 남을 만한 어느 저녁 시간을 그림에 담았다. 우아하게 차려입은 남녀 50여 명이 벽에 그림이 여러 점 걸린 방에 모여서 볼테르라는 필명을 선택한 문제적 작가이자 계몽주의 사상가가 낭독하는 비극에 귀를 기울이는 모습이다.

18세기 파리에서 살롱은 굳건하게 자리 잡은 제도였다. 어느 살롱이든 다양한 계층의 사람을 모을 금전적 자원과 사회적 인맥을 가진 여성이 중심이었다. 어느 살롱에 들어갈지 결정하는 것이 중요했고 이 살롱에서 저 살롱으로 옮겨 다니면 평판이 나빠졌다. 각각의 살롱은 그 자체로 하나의 작은 우주이며 서로 경쟁 관계였다.[23] 유명한 일원이 살롱을 옮기면 소소한 스캔들이 생겼다. 모든 살롱 중에서도 마담 조프랭의 살롱이 가장 흥미로웠다.

마담 조프랭이 유명한 살롱은 고사하고 살롱 자체를 갖게 되리라고는 누구도 예측하지 못했을 것이다. 그녀는 부르주아 가정에서 태어났다. 아버지는 궁중에서 임명하는 시종이었고 어머니는 은행 가문 출신이었지만 부모님은 딸의 교육을 우선순위에 두지 않았다. 어린 마리 테레즈는 일곱 살에 할머니에게 보내져 주로 할머니 손에서 자랐다. 정식 교육을 제대로 받지 못했다는 사실은 평생 그녀를 괴롭혔으며 장차 살로니에르, 즉 살롱 여주인이 될 그녀는 프랑스어 문법과 철자법도 완벽하게 익히지 못했다. 그녀가 열세 살 때 부모님이 50세 사업가와 결혼을 주선하면서 교육이 갑자기 중단된 것이다. 결혼식은 마리 테레즈의 열네 번째 생일날 거행되었다.[24]

이제 마담 조프랭이 된 그녀는 고등 교육은 받지 못했으나 대신 결단력이 있었다. 남편은 베네치아 유리 제품 사업으로 성공을 거두어 궁정까지 고객으로 두었지만 돈줄을 꽉 쥐고 있었다. 하지만 마담 조프랭은 자신이 무엇을 원하는지 잘 알았다. 그녀는 철학자 장 달랑베르의 어머니이자 자신보다 나이 많은 살로니에르인 마담 드 탕생에게서 살롱을 운영하는 방법을 익혔다.

두 사람이 연이어 세상을 떠나면서 마담 조프랭이 야망을 실현할 길이 열렸다. 첫 번째는 남편의 죽음이었는데 이로 인해 마담 조프랭이 돈을 직접 관리하게 되었다. 그녀는 남은 평생 왕실에 유리 제품을 납품하는 사업에 활발히 참여했고 제네바 은행가들과도 긴밀한 관계를 맺었다. 마담 조프랭은 스스로 그렇게 부르지는 않았지만 여성 사업가가 되었다.[25]

또 하나는 마담 조프랭에게 살롱을 만들고 유지하는 방법을 가르쳤던 마담 드 탕생의 죽음이었다. 조프랭은 마담 드 탕생의 일급 단골을 물려받았다. 그녀의 목표는 우연히 소유하게 된 르네상스 그림 속 장면과 유사한 모임을 18세기 파리에 만드는 것이었는데, 이탈리아 르네상스를 고대 그리스의 재탄생으로 그려낸 라파엘로의 〈아테네 학당〉이 바로 그 그림이었다.[26]

마담 조프랭은 이를 위해 헌신했다. 그녀의 손에서 살롱은 단순한 모임 장소나 격주로 열리는 파티를 넘어 오늘날 우리가 새로운 사상의 배양기라고 부르는 곳이 되었다. 마담 조프랭은 인맥을 구축하고 자신이 후원하는 사람들을 홍보했다. 또 수입이 필요한 화가들에게서 그림을 구입했고 매년 루브르 박물관에서 열리는 신작 전시회에 참석하여 최신 동향을 파악했다. 음악 분야에서는 프랑스 음악과 이탈리아 음악에 대한 논쟁을 지켜보았고 볼프강 아마데우스 모차르

트가 파리에 왔을 때 그를 초대했다.[27]

마담 조프랭의 살롱 회원들은 기존의 권위가 아니라 이성을 따라야 한다고 주장했다. 이는 그들이 지금까지 존경받던 고대 철학자들, 가톨릭교회, 이성적 논증이 아닌 형태로 신념을 주장하는 모든 이들에게 도전한다는 뜻이었다. 이러한 운동의 최전선에는 탕생 부인의 아들 달랑베르 같은 자유사상 철학자들이 있었다.[28] 자유사상 작가들 중에서 가장 신랄했던 볼테르는 살롱이 시작되기 전부터 마담 조프랭의 정찬에 참석했고, 프로이센에서 프리드리히 왕을 철인-군주로 만들려고 애쓰던 당시부터(결과는 절반의 성공과 절반의 실패였다) 그녀의 행보에 관심을 가지고 지켜보았다. 마담 조프랭은 주목받기를 원하지 않았고 보수적 견해를 가졌으나 당시의 가장 급진적 사상가들을 양성하게 되었다. 그녀의 살롱은 '자유로운 사상의 요새'로 알려졌다.[29]

계몽주의 세계관을 집약한《백과전서》는 이성적 논의를 바탕으로 인류가 축적한 모든 지식을 수집하는 것을 목표로 삼았다. 드니 디드로와 장 달랑베르가 이 어마어마한 일을 맡았고, 결국 본편 열일곱 권짜리 책이 탄생했다. 방대하고 포괄적인《백과전서》는 바그다드 지혜의 창고나 기독교 중세 시대 철학자들의 숨마와 비슷한 것을 쓰려는 가장 최근의 시도였다. 이 책은 지식의 집합체일 뿐만 아니라 계몽주의를 부르짖는 외침이기도 했기 때문에 반농담으로 '열일곱 권짜리 선언문'이라 부르게 되었다.

짧은 선언문은 저렴했지만 진정한 지식을 담은 열일곱 권짜리 시리즈는 그렇지 않았다. 마담 조프랭은《백과전서》에 자그마치 10만리브르를 지원했다. 그녀의 자금이 없었다면 당대의 정신이 담긴 이 대대적 기획은 결코 실현되지 못했을 것이다.[30] 이러한 지원 덕분에 생토노레 372번지는 르 뷔로 데스프리le bureau d'esprit, 즉 지식인의 사무실이라는 또 다른 이름을 갖게 되었다. 이 말에는 마담 조프랭이 대표자라는 뜻이 담겨 있었다.

기존 권위에 대한 공격은 반발을 불러올 수밖에 없다. 계몽주의 사상가들은 교회의 지적 수호자를 자처하는 강력한 조직 예수회의 분노를 샀다. 마담 조프랭은 막후에서 움직였는데도 무사히 빠져나가지 못하고 어느 연극에서 조롱당했다. (연극에서 소크라테스를 비롯한 많은 철학자들을 비웃었다.)[31]

달랑베르와 《백과전서》가 각광받는 동안 조프랭 살롱의 또 다른 일원은 다른 적, 즉 유럽의 식민주의에 맞서 계몽주의 사상을 이끌었다. 그가 바로 장 바티스트 벨리에의 초상화에 등장하는 하얀 흉상의 모델 기욤 토마 프랑수아 레이날이었다.

레이날은 계몽주의 사상가답게 종교를 싫어했다. 그에게 종교란 근거 없는 권위, 시대에 뒤떨어진 세계관, 미신, 결국 광신주의로 이어지는 비이성적 삶을 뜻했다. 레이날은 예수회 사제들에게 교육을 받았고 심지어 성직까지 받았다. 이는 레이날이 가톨릭교회 전체, 특히 예수회를 공격할 기회를 결코 놓치지 않으리라는 뜻이었다. 그는 다른 종교의 사제들도 마찬가지로 신랄하게 비판했고 특히 불교에 대해서 분노했다. 레이날은 광신이라는 말을 종교의 동의어로 사용하면서 "모든 광신 중에서 그것[불교]이 가장 끔찍하다"고 썼다.[32]

그러나 레이날의 주된 관심사는 가톨릭교회를 공격하는 것이 아니라 지난 몇백 년 동안 유럽인들이 취득한 어마어마한 식민지 재산을 분석하는 것이었다. 그는 총 네 권이나 되는 방대한 책에서 식민지 역사를 경제적으로 분석했다. 우선 포르투갈의 희망봉 우회와 수익성 높은 대인도 무역에서 시작하여 인도와 중국을 살펴보며 중국의 과거 제도를 칭송하고 불교를 공격했으며, (이 책 앞부분에서 살펴본) 고대 그리스와 인도의 문화적 관계도 잠깐 언급했다. 레이날은 동양을 분석한 다음 서쪽으로 이동하여 스페인 탐험가들이 아메리카 대륙에 상륙한 순간을 고찰한다. 그는 코르테스의 테노치티틀란 정복과 그로 인해 발생한 잔인한 원주민 탄압, 아메리카 대륙의 충격적 인구 감소에 대해서 이야기한다. 레이날은 인구 감소가 부분적으로는 천연두 때문이었다는 사실을 알지 못했기에 '느린 폭정'이라고 이름 붙인 체계적이고 잔인한 원주민 정복의 탓으로 돌렸다. 틀린 말은 아니었다.[33]

인구 감소는 레이날의 주요 관심사였던 노예 제도의 무대를 마련했다. 레이날은 유럽의 식민지 개척자들이 스스로 초래한 인구 감소에 대처하기 위해 아프리카에서 노예를 수입했다고 단호하게 설명한다. 붙잡히거나 팔려서 노예가 된 아프리카인들은 무시무시한 중간 항로를 통해 대서양 건너편으로 끌려갔는데 노예선의 환경이 너무나 비인간적이었기 때문에 20퍼센트 이상이 중간에 목숨을 잃었다.[34] 레이날은 프랑스인으로서 인도와 서인도제도의 프랑스 영토에 분노를 집중시켜 자신의 저작에《두 인도의 철학적·정치적 역사》(1770)라는 제목을 붙였다.

이 책은 철학적·정치적 역사를 표방하지만 레이날의 분석 동력은 무역에 있다. 그는 진정한 계몽주의 철학자답게 고대 철학자들을 경시한다. 고대 철학자들은 세상의 본질에 관해 수사적으로 길게 연설하는 것에 만족했지만 현대 철학자에게는 다른 것이 필요했다. 레이날은 그것을 '실험' 철학이라고 불렀는데 실험이란 우리가 과학이라고 부르는 것, 즉 증거에 바탕을 둔 지식 체계를 의미했다.[35] 그것은 《백과전서》가 추구하는 철학이었고 레이날은《백과전서》기획을 전적으로 지지했다. 실험 철학은 벤저민 프랭클린의 유명한 전기 실험처럼 우리가 자연과학이라고 부르는 것을 의미하기도 했다(프랭클린도 프랑스에 왔을 때 마담 조프랭의 살롱에 들렀고 자신의 글을 잘못 이해한 레이날과 논쟁을 벌였다). 그러나 유럽 식민주의 역사학자였던 레이날의 관점에서 실험 철학은 경제적 관계의 분석을 뜻했다.

레이날은 새로운 상업 시대가 세상을 정의한다는 사실을 깨달았다. 포르투갈과 인도를 잇는 항로가 발견되고 유럽과 아메리카 대륙이 접촉하면서 점점 더 많은 지역이 통합 무역망에 편입했다. 현대의 세상을 돌아가게 만드는 것은 식민지 착취의 선봉에 선 유럽 기업들이 주도하는 상업이었다. 이는 철학자가 이 상황을 설명하려면 경제학자, 레이날의 표현대로라면 '상업 철학자'가 되어야 한다는 뜻이었다.[36] 레이날은 유럽 식민주의가 자본주의와 깊이 얽혀 있음을 깨달았다.

레이날은 노예 제도에 호의적이지 않았다. 많은 계몽주의 사상가들처럼 그 역시 노예 제도가 자연을 거스른다고 생각했다. 그러나 그는 상업 철학자로서 한발 더 나아가 식민 사업 전체가 의존하는 착취의 상업 체계를 분석했다. 레이날은 식민주의가 잔인하다는 말로 끝내지 않는다. 그는 식민주의가 어떻게 작동하는지, 누가 이익을 얻는지, 그러한 이익이 어떻게 실현되는지 설명했다. 그는 노예 제도를 분석하면서 돈이 움직이는 경로를 쫓았다.

레이날의 책을 그토록 강력한 무기로 만든 것은 바로 이 부분이었다. 그의 책은 체제의 경제적 뿌리를 설명하고 그것에 맞선 반란을 정당화했다. 이 업적 덕분에 레이날은 마담 조프랭이 이끄는 계몽주의 살롱의 유명한 일원이 되었다. 뿐만 아니라 살롱의 다른 이들과는 뚜렷하게 구분되었다. 디드로가 《백과전서》에서 노예 제도를 신랄하게 공격한 것은 사실이다. 그러나 그 공격은 훗날 〈미국 독립 선언〉과 〈인간 및 시민의 권리 선언〉에 담기게 될 자연권이라는 말로 표현되었다. 이 용어는 유용했지만 레이날의 경제적 분석과 같은 박력은 없었다. 레이날은 식민주의 체제를 본토와 연관시켜 프랑스가 서아프리카와 서인도제도처럼 멀리 떨어진 곳에서 어떻게 폭력을 통해 이익을 얻는지 보여주었다.

조프랭 부인의 살롱에서 벌어진 격렬한 논쟁은 계몽주의의 모호함을 부각시켰다. 권위에 의문을 제기하고 자연권을 호소하는 추상적 사상은 식민 영토를 유지하고 싶었던 많은 국민 공회 대표들도 이용할 수 있고, 남부 주들과의 타협 때문에 노예 제도를 유지하고 싶었던 미국 헌법 입안자들도 이용할 수 있었다. 때로 계몽주의 사상을 이용해 영국이나 프랑스 같은 나라들의 식민지 개척과 확장 활동을 정당화할 수도 있었다. 덜 계몽된 국가나 국민의 편협한 사상, 즉 '광신주의'를 강제로라도 제거해야 한다는 것이다. 식민주의나 억압에 반대할 때에도 계몽주의를 이용할 수 있었다. 계몽주의는 해방의 도구로서 노예 제도를 강력하게 비판할 수 있었고 고통받는 희생자들에 대한 감정적인, 당시의 표현을 따르면 '감상적'인 호소를 바탕으로 한 비판과 마찬가지로 무척 효과적이었다.

자유인이 된 직후 그때까지도 평생을 보낸 농장 이름을 가지고 있던 투생 브레다 역시 레이날의 책을 읽었다. (노예가 읽고 쓰는 법을 아는 것은 비교적 드문 일이었다. 루베르튀르는 역시 브레다 농장에서 일하는 자유인이었던 대부 피에르 바티스트Pierre Baptiste에게 글을 배웠다.) 말할 필요도 없이 루베르튀르는 중간 항로가 얼마나 끔찍한지 동료 노예들에게 들었고 생도맹그 농장이 얼마나 비인간적인지 직접 겪었다. 그러나 레이날은 생도맹그를 프랑스에 종속시키는 경제 체제와 노예 제도가 얼마나 깊이 얽혀 있는지 보여주었다. 레이날은 루베르튀르 같은 해방 노예마저도 해방되면서 받은 땅에 농사를 지을 때 노예를 쓸 수밖에 없다고 생각하는 이유를 설명할 수 있었다.

이러한 관점에서 볼 때 노예 제도가 잔인한 것은 노예 감독과 주인이 비인간적이라서가 아니라 경제 체제가 한 집단의 착취에 기반을 두기 때문이었다. 누구나 어느 정도는 노예 제도에 얽혀 있으며 따라서 노예 제도에 의존한다는 의미였다. 농장주뿐 아니라 해방 노예, 혼혈 자유인, 농장을 소유하지 않은 프랑스 식민지 주민, 보르도와 파리의 부르주아지, 왕에 이르기까지 모두 마찬가지였다. 이러한 부당이득 체제는 생도맹그의 노예 반란 당시 다양한 집단이 각종 협정과 임시 동맹을 맺으면서 그토록 복잡한 상황을 빚은 이유를 설명할 수 있었다.[37]

무엇보다도 레이날은 마담 조프랭의 살롱과 투생 루베르튀르의 반란군이 어떻게 연결되어 있는지 설명했고, 그것이 바로 레이날의 흉상에 기대선 벨리에의 그림이 포착한 바였다.

☰

1794년 프랑스 국민 공회에서 생도맹그의 노예 제도 폐지가 안건으로 제기되고 토론 없이 채택되었다. 여기에는 철학만이 아니라 이기심도 작용했다. 급진적 공화주의자들과 생도맹그 혁명가들은 노예 제도가 폐지되면 영국이나 스페인이 침략할 경우 해방 노예들로 군대를 만들 수 있다고 약삭빠르게 지적했다. 이는 고귀한 사상을 바탕으로 한 동맹이었지만 편의를 위한 동맹이기도 했다.

한편 생도맹그에서 루베르튀르는 농장 소유주들과 다인종 군대 등 여러 이해관계에 맞서 계속 힘을 키우면서 그들을 노예로 취급하는 이들에게 맞서 힘을 합쳤고 때로는 해외에서 무기를 지원받았다. 루베르튀르는 무기와 군인을 늘려 제대로 된 군대를 만들었다. 그는 식민지를 더욱 장악했지만 모두가 인정하는 통치자는 아니었다.

루베르튀르가 섬에서 주도권을 잡을 때 혁명 프랑스에서는 나폴레옹 보나파르트라는 젊고 무모한 장군이 알렉산드로스 대왕 같은 사람이 되기로 마음먹으면서 상황이 급격하게 변했다. 나폴레옹은 스스로를 공화국의 제1통령으로 선언하고 전쟁을 벌이는 혁명 세력을 물리쳤다.

나폴레옹은 식민지까지 본국처럼 혁명 이전 상태로 완전히 되돌리려 하지는 않았지만 몇몇 혁명 사상은 지나치게 파괴적이라서 자신의 목적에 방해가 된다고 여겼는데, 노예 제도 폐지도 그중 하나였다.[38] 그는 통제권을 되찾기 위해 생도맹그에 대규모 군대를 보냈지만 황열병 때문에 군인이 크게 줄어 바라던 것만큼 빠르게 승리를 거두지 못했다. 신속한 군사적 해결이 불가능해지자 나폴레옹은 외교적 방법을 시도하며 루베르튀르에게 안전을 약속할 테니 프랑스에 오라고 제안했다. 루베르튀르는 이를 받아들였지만 나폴레옹은 약속을 어기고 그를 체포했다. 루베르튀르는 1803년에 프랑스 동부 포르 드 주에 갇힌 채 사망했다.[39]

벨리에도 비슷한 운명을 맞이했다. 그는 국민 공회에 참석한 다음 생도맹그로 돌아가서 헌병대 장교가 되었다. 벨리에 역시 1802년에 불분명한 이유로 프랑스에 이송되어 투옥되었다. 그는 루베르튀르 사망 2년 뒤인 1805년 감옥에 갇혀 버림받고 잊힌 채 세상을 떠났다. 나폴레옹이 이미 노예 제도 폐지를 철폐한 뒤였다. 루베르튀르와 벨리에가 투쟁으로 얻은 모든 것이 수포로 돌아간 듯했다.

그러나 많은 나라들을 상대로 수많은 전투에서 승리한 나폴레옹의 계산 착오였다. 루베르튀르와 벨리에가 시작한 일은 되돌릴 수 없었다. 루베르튀르가 키워서 고위 장군으로 임명했던 노예 출신 장 자크 데살린이 나폴레옹 군대를 무찌른 것이다. 나폴레옹이 프랑스 황제로 즉위한 1804년에 데살린은 생도맹그를 독립 공화국으로 선포하고 국명을 아이티로 정했다. 독립 선언문 초안은 〈미국 독립 선언〉에서도 영감을 받았지만 최종 선언문은 프랑스 식민지 개척자들의 잔혹 행위와 인종차별의 역사에 초점을 맞췄다.[40] 루베르튀르는 나폴레옹과의 불공평한 싸움 끝에 무덤 속에서 승리를 거두고 '검은 나폴레옹'이라는 별명을 얻었다.

루베르튀르의 성공은 전 세계 식민주의자들 마음에 두려움을 심어주었다. 그들은 옛 아프리카 노예들이 통치하는 국가가 성공할 수 없음을 보여주려고 제재와 위협으로 반격했다. 아이티는 제국 열강의 공격에 포위당한 채 생존을 위해 싸워야 했다.

아이티 혁명은 오랫동안 세계사에서 중요한 사건으로 취급받지 못했고 미국과 프랑스에 초점을 맞춘 혁명 시대의 역사에서 제외되었다. 그러나 주목할 만한 예외가 있었다. 19세기에 아프리카계 미국인 작가 윌리엄 웰스 브라운은 전기 시리즈를 쓰면서 투생 루베르튀르를 포함시켰고, 사회 개혁가이자 노예 제도 폐지론자인 프레더릭 더글러스 역시 루베르튀르에게 존경을 표했다.[41] 에티오피아 서사시 《케브라 나가스트》에 시선을 돌려 아프리카 고대 문명의 유산을 주장하고 1915~1934년 미국의 아이티 점령에 저항했던 마커스 가비 역시 그를 존경했다.

1938년 카리브해 지역 역사학자 C. L. R. 제임스는《흑인 자코뱅 당원》에서 투생 루베르튀르를 독립과 혁명의 역사 중심에 놓았다. 그가 마땅히 차지해야 할 자리였다. 제임스는 유럽에서 파시즘이 부상하던 시기에, 유럽 식민 제국 대부분이 아직 자리를 차지하고 있을 때 이 책을 썼다. 그는 아프리카가 곧 식민 지배자들을 몰아낼 것이라고 정확하게 예측했다. "그때 투생이 그랬던 것처럼 이제 아프리카도 깨어날 것이다."[42]

생도맹그는 너무나 오랫동안 계몽주의의 변방으로 간주되었다. 이것은 크나큰 실수다. 생도맹그야말로 계몽주의 사상의 힘과 모호함을 가장 잘 보여주기 때문이다. 생도맹그는 무엇보다도 사상 자체가 세상을 바꾸지 못한다는 사실을 보여준다. 개인이 사상을 포착하여 자신의 필요에 따라 이해하고 자신의 목적에 맞게 이용해야만 한다. 철학자 G. W. F. 헤겔은 나폴레옹이 시대정신의 구현이며 말 등에 탄 역사라고 말한 적이 있다. 나폴레옹이 유럽의 지도를 다시 그렸으니 딱 맞는 표현이다. 그러나 루베르튀르가 더 좋은 예였을 것이다. 그는 말 등에 걸터앉아 노예 제도를 폐지하고 전 세계 지도를 다시 그릴 수 있음을 보여주었다.

13

새로운 과학에서
역사 소설이 탄생하다

도로시아 브룩은 신혼여행으로 로마에 머무는 동안 에드워드 커소본과의 결혼에 의구심을 갖기 시작했다. 그녀가 로마를 돌아다니며 유적지를 탐방하고 겹겹이 쌓인 과거를 느끼는 동안 커소본은 바티칸 도서관에서 대부분의 시간을 보냈다.[1] 그 역시 과거에 푹 빠져 있었지만 특정한 목적을 가지고 과거를 쫓고 있었다. 바로 모든 신화의 열쇠를 찾는 것이었다.[2] 거창하게 들리는 목적이었지만 지금, 전 세계를 아우르는 무역과 제국 덕분에 세상이 더 가까워지고 온갖 신화를 전부 기록해서 면밀히 살펴볼 수 있게 된 19세기 중반보다 더 적당한 시기가 또 있을까? 바티칸 도서관보다 그 열쇠를 찾기 좋은 곳은 분명 없었다. 가톨릭교회는 바티칸 도서관에 자신의 역사뿐 아니라(아즈텍 사본을 포함하여) 선교사, 모험가, 식민지 개척자 들이 훔쳐온 다른 문화권의 책들도 모아두었다.

도로시아 브룩은 커소본의 학식 때문에, 사상에 대한 헌신 때문에 그와 결혼했다. 도로시아는 커소본의 제자이자 조수로서 이 흥미진진하고 장대한 프로젝트에 참여하는 자신을 상상했다. 그 과정에서 얼마나 많은 것을 배울 수 있을까? 또 얼마나 기여할 수 있을까? 커소본은 세상 물정을 잘 몰랐고 분명히 그녀가 필요했다. 그러나 신혼여행 동안 도로시아는 남편의 기록을 정리하고 그 결과를 학계에 당당하게 발표하겠다는 계획이 과연 실현될지, 남편이 과연 모든 신화의 열쇠를 찾을 수 있을지 의심하기 시작했다.

이러한 허구의 사건과 걱정들은 메리 앤 에번스가 조지 엘리엇이라는 필명으로 발표한 걸작 《미들마치》(1871년)에 등장하는 내용이다. 소설 속에서 남편과 그의 학식에 대한 도로시아의 의심은 커져만 간다. 머지않아 커소본이 도덕성이 부족하고 완고하며 냉담하다는 사실이, 결국 그녀의 자유를 제한하는 유언장을 작성해서 죽은 뒤에도 그녀를 통제하려 했다는 사실이 밝혀진다. 소설 마지막 문단에서 화자는 도로시아가 커소본과 결혼하지 말았어야 했다고 암시한다.[3]

엘리엇과 파트너의 관계는 도로시아의 결혼보다 훨씬 파격적이었다. 그녀의 파트너는 이미 결혼하여 세 자녀를 두었으나 가족과 떨어져 지내던 비평가 조지 헨리 루이스였다. 루이스의 아내는 이혼을 거부했지만 루이스와 엘리엇은 빅토리아 시대의 사회적 규범을 어기고 공개적으로 같이 살기로 결정했다. 이는 두 사람 모두 사회적 지위를 상실한다는 의미였지만 빅토리아 시대의 사회는 남성보다 여성에게 더 엄격했기 때문에 엘리엇이 특히 큰 타격을 받았다. 엘리엇이 필명을 쓴 것도 루이스와의 관계에 대한 비난 때문이었다. 사생활을 둘러싼 스캔들 때문에 사람들이 그녀의 책을 환영하지 않을 것이 분명했다.[4] 루이스와의 관계는 엘리엇에게 큰 어려움을 안겨주었지만 큰 도움이 되기도 했다.

엘리엇은 결혼에 대한 퇴행적 태도뿐 아니라 과거에 대한 퇴행적 태도 때문에 커소본을 부정적으로 묘사했다. 그녀는 영국 르네상스의 가장 유명한 고전 학자 이자크 카조봉(1559~1614년)에게서 이 이름을 따왔다. 역사적 실존 인물 이자크 카조봉은 문헌학이라는 새로운 과학을 강력하게 지지하면서 이집트에 관한 지식을 바탕으로 하는 광범위한 지혜문학 선집《코르프스 헤르메티쿰》에 문헌학을 적용했다.[5]《코르프스 헤르메티쿰》은 고대 이집트 열풍을 일으켰고 고대의 책으로 여겨졌지만 이자크 카조봉은《코르프스 헤르메티쿰》이 훨씬 후대인 1세기에 만든 것임을 증명했다. 로렌초 발라 신부가 바티칸 도서관에 조심스레 보관된〈콘스탄티누스의 증여 문서〉에 사용된 언어를 면밀히 조사해 위조임을 밝히면서 개척한 인문학 분야가 바로 문헌학이었다.[6] 엘리엇은 모든 신화의 열쇠를 찾는 19세기 문헌학자를 부정적으로 그리면서 왜 커소본이라는 이름을 붙였을까?

엘리엇이 보기에 소설 속 19세기 인물 커소본의 문제는 과거에 관심을 갖는 것이 아니라 잘못된 방법을 통해 모든 신화의 유일한 열쇠를 찾는 것이었다. 19세기 영국에서는 과거에 대한 관심이 크게 유행하고 있었다. 영국의 수집가들은 부유한 유럽인이나 미국인들과 마찬가지로 수많은 예술품, 귀중한 유물, 문헌, 심지어는 건물 일부까지 가져왔다. 세계 각지의 엘리트들이 항상 물건을 수집했던 것은 사실이다. 그렇게 해서 아소카 석주는 델리, 남아시아 조각상은 폼페이, 아즈텍 이전의 유물들은 테노치티틀란에 옮겨졌다. 19세기가 되자 과거 유물 수집은 가속화되었고 유럽의 수도에 점점 더 집중되었다. 과거는 고귀한 프로젝트, 인기 많은 오락, 국가적 집착, 대규모 사업이 되어갔다.

과거의 복원에는 식민주의가 깃들어 있었다. 18세기 후반 나폴레옹이 이집트를 침공할 때 유명한 유적을 조사하고 귀중한 보물을 유럽으로 가져오기 열망하는 학자들을 같이 데려간 것만 보아도 알 수 있다. 이런 식으로 가져온 보물 중 하나가 바로 로제타석이었고, 장 프랑수아 샹폴리옹은 이것을 이용해 2000년 동안 아무도 읽지 못한 문자를 해독했다. 그의 위업 덕분에 사람들은 이자크 카조봉이 연구했던 의심스러운 《코르프스 헤르메티쿰》과는 전혀 다른 방법으로 고대 이집트에 접근할 수 있게 되었다. 엘긴 경 역시 약탈을 하러 갔다가 파르테논의 조각품 절반을 런던으로 가져왔다. 그리스의 입장에서는 경악할 만한 일이지만 파르테논 조각품들은 아직까지 런던에 남아 있다. (최근 그리스 정부는 사원 바로 아래에 남아 있는 프리즈Frieze[방이나 건물에서 수평의 띠 모양 조각을 한 소벽 – 옮긴이]를 위해 박물관을 지으면서 런던으로 훔쳐간 조각을 돌려달라는 의미에서 본래 자리를 텅 비워두었다.)

엘리엇은 신문에서 그리스 고대 유물 발견을 대서특필하던 시기에 《미들마치》를 썼다. 그중에서도 가장 극적인 것은 독일계 미국인 사기꾼이자 아마추어 고고학자인 하인리히 슐리만이 《일리아스》에 등장하는 트로이를 발견했다고 나선 사건이었다. 고고학이라는 학문이 이제 막 자리를 잡아가는 중이었으므로 슐리만은 고고학자로서 정식 교육을 받지 못했다. 그는 곳곳을 파내느라 고대 유적지 대부분을 파괴했고, 오늘날의 고고학자들은 여기에 슐리만 참호라는 쓸쓸한 이름을 붙였다. 실수를 저지르긴 했으나 슐리만은 트로이의 여러 시대를 발견했을 뿐 아니라 뚜렷한 지층 아홉 개를 식별해 냄으로써 지층 구분 원리를 확립했다.[7]

한편 착취를 위해 남아시아 무역을 독점하다 결국 인도아대륙 대부분을 지배하게 된 막대한 민간 기업 영국 동인도회사의 직원들은 자신들이 지배하는 문화에 관심을 갖게 되었다. 동인도회사 역시 필사본을 비롯한 보물을 훔쳐 영국에 가지고 왔다.[8] 동인도회사는 1801년 런던 리든홀 스트리트 사무실에 동인도 박물관을 열었다.[9] 처음에는 동인도회사에서 일하거나 회사와 관계있는 직원들이 남아시아 학자들의 지식을 빌려 많은 문서를 영어로 번역했다. 이 과정에서 브라만 문자를 해독해 아소카 석주를 다시 읽을 수 있게 되었다. 《미들마치》가 출판되고 몇십 년이 지난 후 고고학은 진정한 과학이 되었고 모함마드 에스-세누시가 그것을 실행했다. 그는 프로이센 원정대 밑에서 일하다가 조심스럽게 네페르티티 흉상을 발굴했다. 흉상은 베를린으로 옮겨져 아직까지도 그곳에 있다.

또한 유럽인들은 역사적 발전이라는 느낌을 주도록 소장품을 구성함으로써 과거를 배열하는 방식을 바꾸었다. 그전까지 때로는 호기심의 방cabinets of curiosities이라고도 불렀던 수집품들은 소유자의 변덕에 따라 정리되었다. 그러나 이제는 과거를 어떻게 구성해야 하는지 확고한 생각이 자리를 잡았다. 신기함에 따라서가 아니라 세계 문명과 예술적 우수성에 따라 진열해야 했다. 이러한 변화를 나타내기 위해 새로운 이름이 등장했고 그때부터 박물관이라고 불리게 되었다. 예술의 수호신 '뮤즈들의 장소'를 뜻하는 그리스어에서 따온 이

름이었다.[10]

　지금의 우리에게는 예술의 발전 과정에 따라 과거를 구성한다는 생각이 아마 당연해 보일 것이다. 물론 19세기에 (주로 유럽 지역의 관념에 따라) 유물을 분류하는 방법과 고급 예술이나 문명으로 규정하는 기준에 대해서 의문을 가질 수는 있다. 하지만 모든 사상이 그렇듯이 역사가 단일한 축의 발전 과정을 따라 진행된다는 생각 역시 발명되어야 했고, 18세기와 19세기에 와서야 완전히 확립되었다.[11] 물론 고대의 연대기 역시 신이나 왕의 계보(예를 들면 네페르티티의 이름이 삭제된 이집트 왕의 계보)를 단일한 시간 순서에 따라 정리했다. 그러나 이러한 연대기는 역사가 중대하고 근본적 방식으로 진보하며 진화하고 있음을 시사하지 않았다. 또 다른 시간 개념에서는 인류가 황금시대에서 은의 시대, 청동 등 가치가 떨어지는 금속의 시대로 연속적 단계를 거친다고 했지만(그리스 시인 헤시오도스가 이러한 용어를 썼다) 도덕적 결함에 따른 쇠퇴로 설명했다. 유대교, 기독교, 이슬람교 경전 등에서는 황금시대가 지나갔지만 최후의 심판일에 되찾을 수 있다고 했다. 그러나 역사적 힘이나 역사 그 자체가 변화를 주도한다는 설명은 없었다.

　진보하는 역사라는 개념은 해방과 민주화를 통한 정치적 발전이든, 강력해진 기계를 통한 기술적 발전이든, 더 많은 사람들이 더 많은 물건을 이용할 수 있게 된 물질적 발전이든, 스스로 계속 발전하고 있으며 이를 되돌릴 수 없다고 믿는 사회의 산물이었다. 이러한 발전이 어디서나 일어난 것은 아니었다. 각 분야의 발전은 19세기 영국에서 가장 강력하게 결합했고 영국에 사는 사람들, 적어도 여론을 형성하는 사람들은 스스로 정치적 해방, (증기기관으로 대표되는) 기술 혁신, 식민지 영토에서 짜낸 부의 축적이 만들어낸 궤도 위에 있다고 생각했다.

진보가 여러 영역에서 동시에 진행된다는 생각은 예상치 못한 결과를 가져왔다. 사람들은 과거에서 빠르게 멀어져갔다. 한 해가 지나면 다음 해가 온다는 사소한 의미에서만이 아니라 갈수록 과거를 낯설게 만드는 변화로 인해서 질적 의미에서도 그러했다. 모든 것은 변화하며 새로운 환경이 사람들과 그들의 삶과 경험, 생각과 감정까지 바꾸고 있다는 새로운 인식이 생겨났다. 무작위적 변화가 아니었다. 온갖 환경 속에서 살아가는 사람들이 변화를 겪었다. 중요한 것은 변화를 한 방향, 즉 앞을 향해서만 일어나는 것으로 본다는 사실이었다. 그 결과 과거는 축소되고 쇠퇴했다. 건물이 파괴되고 필사본이 사라졌기 때문만이 아니라 앞으로 전진한다는 것은 곧 현재와 과거가 점점 더 멀어진다는 뜻이었기 때문이다. 날이 갈수록 사라지는 것들을 복원하거나 이해하기가 더 어려워졌다. 이러한 상황에서 박물관은 과거로의 회귀이자 방문객들이 잠시나마 시간의 흐름을 거스르게 해주는 타임캡슐이었다.

과거의 편린을 보존하려면 물건을 복원하여 연대순으로 정리하는 것만으로는 충분하지 않았다. 현재와 무척 달랐던 과거에 대해서 그 시대 사람들이 무엇을 생각하고 느꼈는지, 어떻게 살았는지, 무엇을 믿었는지 현대인의 관점에서 가정하는 것은 아무 소용이 없었다. 과거는 현재와 무척 다르기 때문에 고대 언어로 쓰인 문헌처럼 주의 깊게 해독하고 재구성해야 했다. 문헌의 연대 측정 방법을 갖춘 문헌학이 하나의 모델을 제공했고 과학이 또 다른 모델을 제공했다. 과거에 대한 생각을 면밀히 조사하는 모델, 가설을 시험하고 증거에 기초한 엄밀한 연구와 회의론을 통해 생각을 검증하는 모델이었다. 과거를 연구하는 새로운 과학의 이름은 사료편찬학이었다.

19세기 역사가들에게는 검토하고 배울 수 있는 오래된 모델이 많았다. 이 책에 실린 정보는 대부분 과거의 연대기 기록, 여행기, 서지학자와 수집가의 글에서 가져온 것이다. 이집트 사제들부터 투키디데스 같은 그리스 작가들, 바그다드 지혜의 창고에서 일했던 학자들, 이야기를 구전으로 보존하고 전달한 모든 사람에 이르기까지 다들 출처와 모든 형태의 증거에 관심이 많았다. 그러나 이제서야 과거에 대한 글을 쓸 때 가설을 검증하고, 증거를 수집하고, 역사적 변화라는 개념에 따라 반증을 검토하는 구체적 프로토콜을 따르게 되었다. 따라서 역사가는 19세기가 되어서야 역사의 핵심이 "과거 경험의 본질을 밝히는 것"이라고 선언할 수 있었다.

일부 역사가는 새로운 방법을 강조한 반면 일부는 이야기에 초점을 맞추었는데 영국 귀족 토머스 배빙턴 매콜리가 후자에 속하는 대표 인물이었다. 매콜리는 모든 사건이 더 큰 자유와 번영을 향해 가차 없이 전진하는 그림을 그리면서 사회와 지역의 역사에 새롭게 초점을 맞추었다. 지리학 지식과 특히 인도 식민지 행정관으로서 겪은 경험도 이러한 진보 개념에 영향을 끼쳤다. 매콜리가 보았을 때 역사가 앞으로 나아가는 힘은 특정한 장소, 즉 빅토리아 시대의 영국에서 정점에 이르렀고 식민지 등 다른 지역은 후진적이었으므로 현대화해야 했다. 매콜리는 유럽 식민주의자들이 잔혹한 식민주의를 지지할 때 이용하던 문명화 사명을 옹호하면서 영국의 문학과 역사에 초점을 맞춘 교육 체계와 새로운 형법을 만들어서 인도에 도입했다.[12] (또한 그는 영국 독자들에게 새로운 제국 건설에 대한 영감을 주기 위해 고대 로마에 관한 이야기 시를 출판하기도 했다.)[13] 역사가이자 식민지 행정관이라는 그의 경력은 과거를 다루는 새로운 과학이 식민지 착취뿐만 아니라 누가 발전하고 있고 누가 그렇지 않은지 나누는 잘못된 사상들과 깊이 얽혀 있었음을 상기시켜 준다.[14]

매콜리는 19세기의 전형적인 일방적 교류에 기여했다. 식민지 관리들은 고고학 유적을 발굴하고, 사본을 구입하고, 식민지 문화권의 문학 텍스트를 번역하면서 비유럽권 문화를 들여와서 유럽 박물관에 전시하는 동시에 영국 역사와 문학을 식민지에 퍼뜨렸다. 하지만 그들이 퍼뜨린 것을 늘 통제할 수 있었다는 뜻은 아니다. (인도 귀족들은 동인도회사가 건립한 동인도 박물관에 대답하듯 서양의 미술 작품을 수집하기 시작했다.[15]) 과거를 다루는 과학이 생겼다고 해서 역사가가 더 객관적인 태도를 갖게 되었다는 뜻은 아니었다. 매콜리는 증거를 살펴보기 전에 어떤 역사를 쓰고 싶은지 이미 생각이 있었고, 따라서 그의 경우에는 방법보다 서술이 중요했다. 그럼에도 매콜리는 진보적 역사라는 주장을 뒷받침하는 증거와 자료, 문서를 정리해야 한다는 의무감을 느꼈다. 그가 선별한 사실로 짜낸 이야기들은 나중에 같은 방법을 통해서 해제되었다.

새로운 역사과학은 또 다른 결과를 가져왔다. 물건은 박물관에 주의 깊게 보관했고 폐허는 그대로 남겨 유적으로서 감탄을 자아내게 했다. 우리에게 너무나 익숙한 이 태도가 당시에는 새롭고도 직관에 어긋나는 것이었다. 옛날 건물에 관심이 있다면 왜 처음 세웠을 때 처럼 보이도록 재건하지 않을까? 왜 망가진 꽃병이나 그림을 최대한 새것처럼 보이도록 고치지 않을까? 과거를 다루는 과학에 따르면 과거를 고치지 않고 불완전하게 내버려두어야 했다. 이제 폐허를 눈에 거슬리는 존재가 아니라 그 자체로 감탄하고, 배우고, 손대지 말아야 하는 과거의 경이로운 가르침으로 여겨야 했다. 그러자 필연적으로 원본 숭배가 등장하여 유명한 그림과 조각품의 복제품을 무시하는 풍조가 생겼다. 초기 수집가들은 복제품을 자랑스럽게 여겼고, 라파엘로의 〈아테네 학당〉 복제화를 가지고 있던 마담 조프랭도 그런 사람들 중 하나였다. 그러나 갑자기 복제품은 천박한 것으로, 고귀하고 귀중한 (그리고 어떤 경우에는 아주 값비싼) 유적과 예술품을 가치 있게 만드는 세월과 고색이 결여된 것으로 전락했다.

≡

조지 엘리엇은 과거를 다루는 새로운 과학의 최전선에 있었다. 부동산 중개인의 딸로서는 놀라운 성취였다. 그러나 메리 앤 에번스는 기숙 학교를 두 군데나 다니면서 비슷한 계급의 여성들보다 많이 배운 편이므로 운이 좋았다. 하지만 학교 교육은 복음주의 기독교의 틀을 벗어나지 않았다. 지적 호기심이 왕성한 메리 앤은 이러한 한계에 만족하지 않고 폭넓은 독서로 지식을 보충했다. 아버지가 관리하는 영지의 커다란 서재에서 책을 찾아서 읽었고 독일어 등 여러 언어를 공부했다.

메리 앤의 어머니가 세상을 떠나고 오빠가 집을 물려받은 후 아버지는 메리 앤을 데리고 코번트리시로 이사했다. 그곳에서 그녀는 편협한 기독교로부터 지적 독립을 원하는 지적 호기심이 왕성한 사람들과 친구가 되었다. 메리 앤은 그들을 통해서 허버트 스펜서처럼 현대적이고 진보적인 사상가들에 대해 배웠다. 스펜서는 찰스 다윈의 새로운 진화 사상에 크게 의존하면서 철학적·기술적·경제적 문제에서 진보 개념을 뽑아냈다.[16]

엘리엇은 진보라는 새로운 개념을 받아들였을 뿐만 아니라 자신의 것으로 만들었다. 그녀가 처음으로 출판한 중요 작품은 새로운 자유사상과 진보적 역사과학에 크게 기여한 다비드 슈트라우스의 《예수전》(1835년) 번역서였다.[17] 과거를 다루는 새로운 과학의 상당 부분이 독일에서 발달했고 슈트라우스는 그 선봉에 서 있었다.[18] 고대 로마나 바그다드에서 사람들이 어떻게 살았고 실제로 어떤 생각을 했는지 밝히는 것과 동일한 원칙을 예수의 삶에 적용하는 것은 전혀 다른 문제였다. 예수의 생애는 이미 제자들이 복음서에 기록했다, 그것이 바로 성경이었다. 그러나 슈트라우스는 역사적 증거를 바탕으로 예수의 생애를 기록하고 그것을 "비판적으로 검토"하자고 제안했다. 예수나 그의 가르침에서 흠을 찾기 위해서가 아니라 예수가 특정 장소와 시대에 살았던 실존 인물임을 알리기 위해서였다. '비판적'이라는 것은 과거를 다루는 과학에 따라 역사를 서술한다는 뜻이었다.

당연한 일이지만 독일어 원서와 1846년 출판된 영어 번역서 모두 격렬한 저항에 부딪쳤다. 섀프츠베리 백작은 이 책을 "지옥의 아가리가 토해 낸 가장 해로운 책"이라 불렀다고 한다.

엘리엇은 이 책을 비롯해 몇 권을 본명으로 출판한 다음 (그것이 가능한지 모르겠지만) 슈트라우스보다 훨씬 급진적인 사상가이자 칼 마르크스에게 큰 영향을 끼치게 될 독일 철학자 루드비히 포이어바흐의 책도 번역했다. 포이어바흐는 실제 출처와 증거에 중점을 두고 과거를 다루는 새로운 과학을 정제하여 유물론, 즉 특정한 역사적 상황이 사람들의 생각을 형성한다는 사상을 만들었다. 썩 해로울 것 없는 접근법처럼 보일지도 모르지만 포이어바흐는 이것이 전부이며, 인간의 상상력이나 사고에 어떤 다른 근원도 없다고 덧붙였다. 역사적으로 구속된 삶에 의해 형성된 인간이 사회적 역할, 철학, 예술을 창조했다. 포이어바흐는 더없이 간결한 말로 전 세계의 모든 새프츠베리 백작을 화나게 만들었다. "인간은 자기 모습을 따라 신을 창조했다."[19]

포이어바흐가 혼자서 이 급진적 역사 사상을 창안한 것은 아니다. 그는 어렵지만 영향력이 큰 헤겔의 저작에 크게 의존했고, 헤겔의 철학은 세계사를 널리 살펴보았다. 헤겔은 철학이란 광활한 시간과 공간을 날아다니는 미네르바의 부엉이라고 상상했다. 그때까지 철학은 진실을 밝히는 것에, 아리스토텔레스가 밑그림을 그리고 이븐 시나가 정교하게 다듬은 추상적 원칙에 주로 관심을 두었다. 분명 다양한 철학자들이 저마다 다른 시기에 서로 다른 사상을 만들어냈다. 그러나 다양한 사상을 연구하는 이유는 예를 들어 숨마, 주해, 또는 새로운 논문을 통해서 세상을 볼 때처럼 포괄적인 시야를 얻는 출발점으로 삼을 만한 사상을 찾기 위해서였다. 마찬가지로 마담 조프랭의 살롱에 모인 계몽주의 철학자들은 옛 철학자들이 거짓 신앙과 권위에 의지하기 때문에 쓸모없다고 생각했지만 그럼에도 현재에 유용한 사상을 발견할지도 몰랐으므로 고대 철학서를 계속 읽었다.

헤겔은 역사적 변화가 가장 중요하다는 새로운 원리를 철학에 도입했다. 그는 철학이라는 학문이 역사적으로 생각하는 방법을 배워야 한다고 주장했는데 이는 시간의 흐름에 따라 사고가 발전하는 과정을 연구해야 한다는 뜻이었다. 이제 진실을 찾기 위해 과거를 연구해서는 안 되며 과거는 **과거로서** 연구해야 했다. 철학자는 사상의 역사가가 되었다. (헤겔은 이처럼 획기적 생각을 가졌으나 많은 유럽인들과 마찬가지로 비유럽 세계에 대해서는 왜곡된 사고방식에서 자유롭지 않았다. 그는 현대 유럽 사회가 가장 진보했다고 주장하여 후대에 정당하게 비판받았다.)

헤겔의 접근 방식은 진보적 역사의 원동력이 무엇인가라는 논쟁을 구체화했다. 헤겔에게 그 원동력은 생각이었다. 포이어바흐에게는 물질적 환경이었다. 찰스 다윈에게는 환경이 인구와 종種에 가하는 압력이었다.

이처럼 역사에 접근하는 새로운 방식 때문에 엘리엇은《미들마치》에서 모든 신화의 열쇠를 찾는 커소본을 조롱해야 한다고 생각했다. 문제는 커소본이 낡은 사본을 연구하는 것이 아니라 방법론에 관한 최신 논쟁, 특히 독일에서 시작된 논쟁에 정통하지 못한 것이었다. 그가 독일어를 하지 못하기 때문이기도 했다. 다른 모든 것과 마찬가지로 신화 역시 다양한 장소에서 다양한 방식으로 발전했고, 역시 역사적 변화와 진화라는 중대한 작용의 대상이었다. 모든 신화의 유일한 열쇠는 역사적 변화였다. 커소본은 엘리엇의 새로운 역사주의 기준에 못 미쳤다.

엘리엇은 포이어바흐와 슈트라우스를 번역하면서 경력을 시작했고, 이제 런던으로 이주하여 새로운 사상과 글쓰기를 접할 수 있는 중요한 잡지《웨스트민스터 리뷰》의 편집자가 되었다. 인생의 전환점을 맞이한 그녀는 두 가지 결정을 내림으로써 오늘날 우리가 아는 작가가 되었다. 하나는 조지 루이스의 이름과 그에 어울리는 단순한 성을 붙여서 만든 조지 엘리엇이라는 필명을 쓴 것이었다. 또 다른 결정은 소설을 쓰기 시작한 것이었다. 첫 소설《애덤 비드》를 발표하면서 시작된 경력은 걸작《미들마치》에서 정점을 찍었다.

엘리엇이 가장 먼저 지적했듯이 소설이라는 문학 장르 자체도 역사를 가지고 있었다. 중요한 인물은《겐지 이야기》를 쓴 11세기 작가 무라사키 시키부였다. 엘리엇은《겐지 이야기》가 서양의 언어로 번역되지 않았기 때문에 그 작품을 몰랐겠지만 머나먼 과거의 다른 서사 실험들에 대해서는 알았을 것이다. 소설은 깊고 다양한 뿌리를 갖고 있었지만 인쇄 시대가 되어서야 주요 이야기 형식이 되었고 세르반테스의《돈키호테》같은 초기 베스트셀러가 탄생했다.《돈키호테》는 여러 번 인쇄되고 해적판이 만들어졌으며 곧 영어로 번역되었다. 셰익스피어도 영어로《돈키호테》를 접했고 그것을 바탕으로 (지금은 사라진) 희곡을 썼다.[20] 인쇄가 급증하면서 식자율이 상승했고 이에 따라 책과 신문에 대한 수요도 커졌다. 이러한 선순환은 오늘날까지 이어지고 있으며 인터넷과 전자책(어쩌면 당신은 이 책을 전자책으로 읽고 있을지도 모른다)의 발전으로 더욱 가속화되었다.

19세기에 이러한 발전이 정점에 달하면서 문학 대중 시장이 형성되자 작가는 글만 써서 생계를 유지할 수 있었다. 당시 영국 소설가들이 그랬듯이 엘리엇도 신문에 소설을 연재한 다음 이를 모아서 책으로 다시 출판했다. 양장으로 장정한 책을 비싼 가격에 팔았는데 엘리엇의 아버지가 일했던 영지의 주인처럼 개인 서재를 가질 여유가 되는 수집가들이 그 대상이었다. 값비싼 트리플데커(세 권을 하나로 묶은 책)를 구입할 여유가 없는 사람들을 위해 영리를 목적으로 하는 민간 도서관도 등장했다. 대부분의 사람들은 도서 대출 서비스를 통해서 책을 빌려 집에서 읽었고 가족이나 친구들에게 큰 소리로 읽어주는 경우도 많았다.

엘리엇은 소설가가 되면서 새로운 역사과학을 그만두지 않았다. 단지 방향을 바꾸었을 뿐이다. 소설은 과거를 다루는 역사에 중요한 기여를 했는데, 이는 역사가가 할 수 없는 일이었다. 과거와 과거의 사람들이 점점 더 멀어진다는 것은 과거를 현재로 불러오기 위해서 새로운 상상력이 필요하다는 뜻이었다. (소설 속 커소본과 달리) 역사적 변화를 이해하는 새로운 역사가와 학자들이 그러한 상상력을 발휘했다. 그러나 소설가들도 상상력을 발휘했다. 소설가가 역사 연구를 활용하면서 어느 시대나 모든 인간이 똑같다고 생각하는 함정에 빠지지만 않으면 과거 사람들이 정말 **얼마나 달랐는지** 독자에게 전달할 수 있었다.

그러므로 19세기에 역사 소설이 하나의 장르로 탄생한 것은 우연이 아니다. 영국에서는 월터 스콧 경이 가장 큰 성공을 거두었다. 그는 독자들에게 고국의 낯선 과거와 스코틀랜드 외딴 지역에 남아 있는 유물을 소개했다. 이것은 시간에 따른 발전이라는 새로운 개념의 또 다른 결과였다. 즉 발전은 모든 곳에서 균일하게 이루어지지 않았다. (이른바) 낙후된 지역은 제국의 변방만이 아니라 웨일즈, 스코틀랜드 고원, 아일랜드 일부 지역처럼 영국 군주가 일찍이 식민지로 삼은 땅에도 존재했다. 그런 지역을 연구하면 박물관에 갔을 때처럼 과거를 엿볼 수 있었다. 과거의 태도, 생활 환경, 인물뿐 아니라 언어까지도 보여주었다. 스콧은 언어의 역사를 연구했고 영어의 옛 형태와 비표준 방언을 포착하는 방법에 숙달했으므로 그의 독자는 외국을 발견하듯이 과거를 발견할 수 있었다. 스콧은 큰 성공을 거두었다. 과거를 소비하는 시장이 존재했던 것이다.

수요가 있으면 그것을 충족시키려는 사람들이 생긴다. 스코틀랜드의 모든 것에 대한 수요가 너무 높았기 때문에 스콧 혼자서는 충족시킬 수 없었다. 소설가뿐 아니라 다른 사람들도 빈자리를 채우겠다며 뛰어들었다. 새로 유행하는 오래된 전통의 또 다른 예였던 스코틀랜드 킬트 제조업이 특히 활발했다. 킬트는 정확히 얼마나 오래되었을까? 사실은 전혀 오래된 전통이 아니었다. 아일랜드에는 킬트 전통이 있었지만 스코틀랜드에는 없었다. 스코틀랜드의 킬트는 역사가들이 '만들어진 전통'이라고 부르는 현상의 대표적 예가 되었다.[21] (스코틀랜드 킬트라는 만들어진 전통은 브룩스 브라더스를 비롯한 잡화상들을 통해 미국에서도 인기를 끌었다.) 만들어진 전통은 역사적 뿌리에 대한 사람들의 욕구를 충족시켜 과거와, 심지어는 허구적 과거와 연관을 맺게 해주었다. 플라톤이 아틀란티스라는 역사를 만들어냈듯이 인간은 항상 전통을 어느 정도 만들어낸다. 그러나 과거와 빠르게 멀어지면서 발전에 가차 없이 떠밀린다고 느끼던 시기에는 전통이 주는 위안에 대한 갈망이 너무나 커졌고, 그러한 전통이 존재하지 않자 무無에서, 또는 다른 전통의 파편에서 전통을 만들어내는 커다란 시장이 생겨났다.

엘리엇이 역사 소설에 눈을 돌렸을 때 스콧의 성공은 이미 과거지사가 되었고 엘리엇이 삼류라고 여기는 소설가들이 그의 자리를 차지했다. 엘리엇이 보기에 그들은 역사를 연구하지도, 독자들에게 역사적 차이의 경험을 제공하지도 않고 역사를 곁치레로만 이용했다. 엘리엇은 스콧이 개척한 진정한 역사 소설로 돌아가고 싶었다. 그러나 환경에 의해 만들어진 사람들을 더욱 설득력 있게 그려 과거를 다루는 새로운 과학을 자신의 소설에 반영하고 싶은 생각도 있었다. 이는 소설이 포이어바흐가 말하는 의미에서 역사적이어야 한다는 뜻이었다.

엘리엇은 영향력 있는 에세이(일부는《웨스트민스터 리뷰》에 실렸다)를 여러 편 써서 소설을 획기적으로 바꾸고 싶다고, 소설의 배경과 등장인물의 역사적·물질적 현실을 존중하는 소설을 쓰고 싶다고 설명했다. 이것은 장차 사실주의로 불리게 된다. 엘리엇은 〈여성 소설가들의 한심한 소설〉이라는 가차 없는 에세이에서 많은 여성 소설가들이 비현실적 대화와 심리를 이용할 뿐 아니라 사회의 상류층에 집착한다고 비난했다.[22] 그들의 가장 큰 죄는 동시대인처럼 말하고 느끼는 인물을 등장시키면서 과거를 배경으로만 이용한 것이었다. 엘리엇의 비판은 이 소설가들에게만 국한되지 않았다. 동료 소설가들은 항상 진부한 캐릭터, 뻔한 대화, 인위적 줄거리로 핍진성과 역사를 모두 훼손했다. 이 모든 것을 바꾸어야 했다. 모든 이야기 형식 중에서 가장 유연한 소설이 세상을 바라보아야 했다. 사람들과 물질적 환경에 대한 정보, 즉 역사적 변화를 주도하는 힘에 대한 정보를 가득 담아야 했다.

엘리엇은 소설에 역사 연구와 역사적 사고를 도입하기 위해서 주로 독일에서 활동하는 새로운 학자들에게 시선을 돌렸다. 그들은 왕과 귀족이 아니라 민속 전통에, 하인, 농부, 장인의 생활 환경 복원에 중점을 두었다.[23] 역사가들은 그동안 왕과 왕비의 행동, 권력자의 생각과 믿음에 초점을 맞추었고 신분이 낮은 사람들은 역사가의 관심을 거의 받지 못했다. 권력자들만이 인간사의 방향을 바꿀 수 있다고 여겼기 때문이다. 하지만 이제 역사가들은 맨 아래에서부터 모든 사람의 역할에 관심을 갖게 되었다. 빌헬름 하인리히 릴 역시 그러한 학자들 중 하나로 독일 농민을 끈질기게 연구하면서 그들의 습관, 도구, 식생활, 일상생활의 여러 측면에 관심을 기울였다.[24] 바로 이것이 소설가에게 필요한 정보였으므로 엘리엇은 영국에도 릴 같은 인물이 나와서 영국 소설의 방향을 바로잡아야 한다고 촉구했다.

> (…) 영국 사회 소설은 사람들을 있는 그대로 나타낸다고 공언하며, 비현실적으로 표현하는 것은 중대한 죄악이다. (…) 예술은 삶과 가장 가깝다. 우리는 예술을 통해 경험을 증폭시키고 같은 인간과의 접촉을 개인적 영역의 경계 너머로 확장시킨다.[25]

엘리엇의 새로운 프로그램은 많은 면에서 포이어바흐와 슈트라우스가 했던 작업의 확장이었으며 단지 이를 소설에 적용했을 뿐이다.

엘리엇이 쓴 모든 소설은 적어도 몇십 년 떨어진 과거를 배경으로 삼는데, 그중에서 《로몰라》만은 먼 과거인 르네상스 시대의 피렌체를 배경으로 한다. 엘리엇은 역사 소설을 부활시키기 위해서 이 소설을 썼다.[26] 《로몰라》의 배경은 중요한 르네상스 예술가와 철학자를 자기 궁정으로 불러모았던 로렌초 데 메디치 사망 직후다.[27] 《로몰라》가 시작하는 시점에 르네상스 전성기는 유명한 설교자이자 수사인 지롤라모 사보나롤라의 공격을 받고 쇠퇴하기 시작한다. 사보나롤라는 이교도적이었던 과거에 관심을 갖는 세태를 무척 싫어하고 기독교 부흥을 이끌고자 한다. 엘리엇은 인문학자인 아버지의 일을 돕는 젊은 여성 로몰라 데 바르디를 주인공 삼아 이러한 역사적 배경에 배치한다. 그녀의 아버지는 무척 꼼꼼히 일하고 매우 온화하지만 어떤 면에서는 커소본 같은 인물이다. 그는 과거를 지키려고 용맹하게 노력하지만 인정받지 못한다.

만들어낸 인물을 이용해 르네상스 시대의 과거 복원을 강조한 것은 엘리엇이 쓴 기법의 일부에 지나지 않는다. 또 다른 방법은 연구였다. 그녀는 도서관과 기록 보관소에서 이탈리아어, 그리스어, 프랑스어, 라틴어 책과 자료를 뒤지며 15세기 경제, 종교, 일상생활의 세세한 부분부터 다양한 방언까지 정보를 수집했다. 엘리엇은 참고문헌, 목록, 연대기, 메모가 잔뜩 적힌 자신의 공책을 '채석장'이라고 불렀다. 이 용어는 그녀가 역사의 층위를 얼마나 깊이 파헤친다고 생각했는지를 극적으로 드러낸다.[28] 연구는 몇 개월을 지나 몇 년으로 이어졌고 엘리엇은 피렌체로 가서 거리와 건물, 주변 산들을 직접 둘러

보았다. 점차 걱정이 된 루이스는 친구에게 부탁해 엘리엇더러 이제 연구는 그쯤 하고 집필을 시작하라고 간청했다. 친구는 아마도 엘리엇에게 백과사전이 아니라 소설을 쓰려는 것 아니냐고 상기시켜 주었을지도 모른다.[29] 어쨌든 엘리엇은 로몰라의 아버지처럼, 심지어는 커소본처럼 과거 안에서 길을 잃었다. 그녀는 이탈리아 르네상스의 열쇠를 찾고 있었을까?

그러나 커소본이나 데 바르디와 달리 엘리엇은 해냈다. 그녀는 결국 뚜렷한 목소리와 냄새, 음식, 도구와 습관이 충실히 살아 있는, 새로운 역사적 기준에 부응하는 역사 소설을 쓰기 위해 필요하다고 여겼던 세세한 지식을 전부 얻었다. 엘리엇이 비판했던 뒤떨어진 소설가들은 상황과 사물을 최소한으로 이용해서 행동이 펼쳐질 배경을 대충 그렸다. 그러나 엘리엇은 소설에 세세한 사항이 넘쳐흘러야만 독자가 역사적 현실이라는 인상을 받는다는 사실을 잘 알았다. (엘리엇 이후 힐러리 맨틀을 비롯한 현대 역사 소설가들도 이 기법을 이용해 왔다.)

《로몰라》는 비교적 성공을 거두었지만 엘리엇은 그러한 집필 과정을 두 번 다시 반복하고 싶지 않았다. 그녀는 포이어바흐와 릴의 이론처럼 물질적 환경을 강조하는 사상을 소설에 반영하고 싶었지만 결과는 헤겔 철학에 더 가까웠다. 즉 활동적인 학자(데 바르디), 연구 보조원(로몰라), 급진적 반대자(사보나롤라) 등 여러 인물이 고전고대를 대하는 다양한 태도를 대표하며 소설에 활기를 불어넣었다. 엘리엇은 다른 방법으로 역사 소설 프로젝트에 접근하기로 결심했다. 그렇게 해서 그녀의 걸작 《미들마치》가 탄생했다.

《미들마치》는 많은 차원에서 진보, 그중에서도 사회적·정치적 진

네페르티티 왕비의 흉상
(기원전 14세기).
1912년 이집트 아마르나에서
모함마드 에스-세누시가 발굴하여
가장 유명한 고대의 얼굴이 되었다.
(베를린 노이에스 박물관.
사진: Giovanni, 이탈리아 피렌체)

아케타톤 시대 공주의 두상
(기원전 14세기).
조각가 투트모세의
작업장에서 출토된 작품의
전형적인 특징대로
머리가 길쭉하다.
(베를린 이집트 박물관.
사진: Richard Mortel)

▲ 폼페이에서 발견된 플라톤의 아카데미아 모자이크화(기원전 100년~기원전 79년). 로마의 그리스 문화 수용을 잘 보여준다.(나폴리 국립고고미술관)

▼ 2017년 시칠리아 타오르미나 고대 로마 극장(기원전 3세기)에서 열린 콘서트. 현대 이탈리아인들이 로마 유적을 재사용하는 많은 방식들을 보여주는 사례 가운데 하나다.(Italian G7 Presidency 2017)

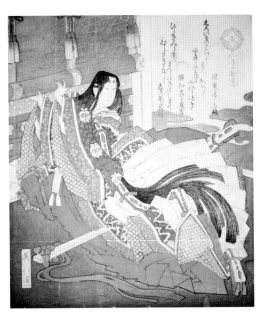

▲ 홋케이 도토야의 다색판화(1840년). 헤이안 궁정 생활을 포착한 《베갯머리 서책》의 세이 쇼나곤을 묘사했다.(뉴욕 공공 도서관 디지털 컬렉션)

▼ 판화가 스즈키 하루노부(1725~1770년)의 다색판화. 세계문학 최초의 걸작 소설 《겐지 이야기》 (11세기 초)의 작가 무라사키 시키부.(시카고미술관)

아랍 시인 바스라의 알 하리리의 1237년 저작에 실린 도서관과 제자들. 삽화가 야햐 알 와스티티인이 그렸으며 바그다드 지혜의 창고를 연상시킨다. (프랑스 국립도서관)

라바노 마우로(왼쪽)가 앨퀸(가운데)의 부축을 받으며 마인츠의 오트가르 대주교에게 작품을 건넨다. 앨퀸은 샤를마뉴가 문화 부응을 위해 자기 궁정으로 불러 모은 학자들 중 가장 저명한 인물이다. 삽화는 마우로의 9세기 작품 〈거룩한 십자가를 찬양하며(De laudibus Sanctae crucis)〉.(오스트리아 국립도서관)

환시를 설명한 힐데가르트 폰 빙엔의
《세계와 인간》 삽화(1163~1174년).
(미국의회도서관)

태양신 도나티우를 그린 〈코덱스 보르지아〉(13~15세기)의 한 페이지.
〈코덱스 보르지아〉는 아즈텍 회화-문자를 보여주는 예다. 무척 복잡한 이
문자는 지금도 해석 및 해독 과정 중이다.(로마 바티칸도서관)

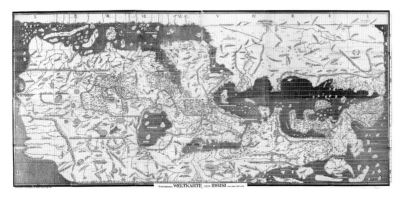

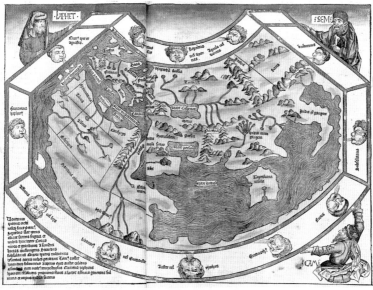

▲ 아랍 지리학자 무함마드 알 이드리시의 1154년 세계지도. 아시아, 북아프리카, 유럽을 '거꾸로' 그리고 남쪽이 위에 있는 것으로 묘사했다. 포르투갈의 아프리카 희망봉 우회 이전 확장된 아랍 교역망을 보여준다.(미국 의회도서관)

▼ 1493년 인쇄된 하르트만 쉐델의 《뉘른베르크 연대기》에 그려진 아시아, 유럽, 아프리카. 아프리카를 우회해서 아라비아해로 가는 바스쿠 다가마의 항로가 불가능한 것처럼 그려져 있다.

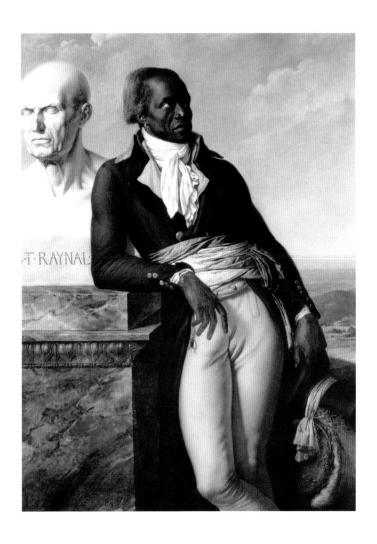

안 루이 지로데 드 루시 트리오종, 〈생도맹그 대표 J. B. 벨리에의 초상〉(1797년). 그림의 생생한 색조와 대비되어 레이날의 대리석 흉상이 창백해 보인다. 벨리에는 전형적인 프랑스 혁명기 복장이다.(베르사유 궁전)

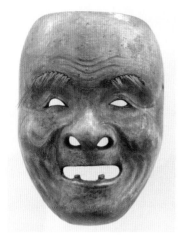

◀ 노의 오지(노인) 가면. 에도 시대(1603~1868년), 나무와 물감. 노 연극은 양식화를 중요하게 여기고 철저하게 정해진 제스처와 몸짓으로 여러 가지 색이 칠해진 가면을 보완한다.(기메 박물관, 사진: Marie-Lan Ngyuen)

▶ 윌리엄 버틀러 예이츠가 노에서 영감을 받은 연극《매의 우물》1921년 판에 에드먼드 뒤락이 그린 권두 삽화.(Edmond Dulac, Macmillan and Co.)

김태형(V)의 2018년 솔로 트랙〈Singularity〉공연. V는 가면을 이용해서 케이팝 가수에게 요구되는 공적 임무를 강조한다. 노 연극에서는 젊은 여성이나 초자연적 존재일 경우 하얀 가면을 쓰는데 여기엔 순수한 아름다움이라는 뜻이 있다. 한국에서는 지방 무용극에서 가면을 쓴다.(BTS 멤버 V의 뮤직비디오〈Singularity〉, 2018의 스틸 이미지)

보에 대한 소설이다. 소설의 배경은 인구의 약 2.6퍼센트만이 투표할 수 있는 제도를 변경하기 위해 1차 선거법 개정안을 한창 논의하던 1832년이다. 선거법 개정으로 소규모 토지 주인, 상점 주인, 소작농에게도 선거권이 주어지면서 약 40만 명이었던 적격 유권자 수가 65만 명으로 늘어났다. 그러나 선거법 개정 전에는 여성의 투표를 관습적으로 금지했기에 가끔 예외가 허용되었으나 개정된 법안이 유권자를 남성으로 정의하면서 이제 여성은 선거에서 명시적으로 배제되었다. 이는 한 영역의 발전이 때로 다른 영역의 퇴보로 이어진다는 사실을 상기시킨다. (몇몇 자치구에서는 선거법 개정으로 인해 일부 노동 계층 유권자들도 선거권을 박탈당했다.)

《미들마치》는 1차 선거법 개정안뿐 아니라 다른 방법을 통해서도 진보에 대해 논의한다. 예를 들어 철도 연장을 막으려는 사람들이 철도 회사의 측량사를 공격한다. 또한 임차인에게 더 나은 주거 환경을 제공하려는 도로시아의 노력이나 최신 과학 연구를 바탕으로 한 위생 개혁과 병원 건립에서도 진보라는 개념이 드러난다. 때로는 기득권층의 이익 때문에, 때로는 시대에 뒤처진 태도 때문에 선거권 확대, 가난한 이들의 생활 환경 개선, 과학 및 교통 개선 등 진보를 위한 노력은 어디서나 방해받고 비웃음을 산다. 《미들마치》에서 엘리엇은 약 40년 후라는 유리한 위치에 선 독자들에게 진보를 방해하는 사회, 드높은 이상이 가혹한 현실에 부딪치면서 기대치가 낮아지는 상황을 보여주었다. 엘리엇은 1867년 2차 선거법 개정안의 여파 속에서 《미들마치》를 썼다. 2차 개정안으로 노동 계층 등 남성 유권자가 거의 100만 명 가까이 추가되면서 훨씬 더 근본적 변화가 일어났다. 엘리엇의 소설 속 등장인물들로서는 상상도 할 수 없는 일이었을 것이다.

두 개정안의 차이는 정확히 엘리엇이 원했던 것을, 진보를 전제로 한 역사적 관점을 만들어냈다. 엘리엇의 소설 속 인물들은 온건한 개혁으로도 고군분투했지만 독자들은 첫 번째 개정안이 실제로는 성공했으며 훨씬 더 광범위한 두 번째 개정안도 통과된다는 사실을 알고 있었다. 이러한 관점은 필연적으로 해방을 향해 나아가는 역사적 추진력이라는 인상을 만들어냈다. 엘리엇은《로몰라》를 쓰면서 겪은 고생을 뒤로하고 그동안 사실주의와 역사 소설을 쓰면서 실시했던 모든 실험을 새롭게 이용하는 소설을 써냈다. 핵심은 이제 정확한 역사적 배경에 과거에 대한 여러 가지 사상을 끼워넣는 것이 아니라 역사의 작용을 보여주는 것이었다. 엘리엇의《미들마치》는 위대한 역사가의 연구와도 같은 소설이었다.

엘리엇 덕분에 역사 소설은 박물관이나 이야기체 역사 작품과 같은 여타 역사 보존 방식들과 나란히 서서 새로운 역사주의를 전파하고 더 많은 대중에게 역사주의를 소개했다. 이 역시 진보를 새롭게 이해하는 방식의 일부였다. 사상은 소수의 엘리트만이 아니라 더 광범위한 독자층을 위한 것이었다.

우리는 여전히 역사주의 시대, 즉 꼼꼼하게 조사해서 쓴 역사 소설들(보통 역사적 자료의 목록을 제공한다)과 박물관, 원본, 과거의 단편, 도서관과 문서고를 소중하게 여기는 시대에 살고 있다. 19세기 이후 세상은 미래를 향해 돌진해 왔고, 따라서 과거는 영영 사라질 것만 같아서 그 어느 때보다도 소중해졌다. 인간은 어디서나 낯설고 이해할 수 없는 과거의 잔재와 마주했기 때문에 잃어버린 것을 되살리고 재구성할 수밖에 없었다. 하지만 이제는 그러한 상실감을 피할 수 없는 것으로 여긴다. 그렇기 때문에 우리는 고고학 유적지부터 박물관과 도서관에 이르기까지 새로운 보존 장치를 만들었고 역사가, 숙련된 큐레이터, 소설가 같은 전문가들의 힘을 빌려 영원히 잃어버릴 뻔한 과거를 되살려냈다.

우리는 과거를 다루는 새로운 과학 덕분에 과거에 대한 많은 지식과 인간의 다양한 경험을 알게 되었다. 물론 그 분야의 많은 이론가와 실천가들이 고급문화, 걸작, 문명의 표식을 나누는 기준이 무척 편협한 것도 사실이다. 이것은 부분적으로는 과거를 다루는 과학을 추동하는 진보라는 개념 때문이며, 누가 앞서고 누가 뒤처졌는가에 대한 편향된 생각으로 이어진다. 결국 과거를 다루는 과학은 사람들이 무엇을 발굴했는지 알려줄 수 있지만 그 물건의 의미가 무엇인지, 그것을 어떻게 해야 하는지는 알려주지 못한다. 그것은 후대인 우리가 알아내야 한다.

14

일본 예술을 향한
침략과 사랑

높은 파도가 산처럼 일어 좁다란 배와 간절하게 노를 젓는 사람들 위로 우뚝 솟더니 거센 힘으로 덮칠 준비를 하고 있다. 거대한 파도는 물의 벽으로 하늘을 가득 채우고 위험할 정도로 생생하게 살아나 하얀 거품 촉수를 뻗으며 노 젓는 사람들에게 위협적으로 물보라를 뿌린다. 위험에 처한 것은 이 연약한 인간들만이 아니다. 파도가 어찌나 압도적인지 멀리 흐릿하게 솟아오른 후지산조차 왜소해 보이고, 눈 덮인 꼭대기는 금방이라도 그것을 삼켜버릴 듯이 하얗게 성난 격동의 상대가 되지 못한다. 파도는 배, 노 젓는 사람, 산, 심지어 하늘까지 모든 것을 맹렬히 덮친다.

이것은 또한 온 세상을 휩쓸었다. 1830년대에 일본 화가 가쓰시카 호쿠사이가 만든 이 작품은 세계에서 가장 쉽게 알아볼 수 있는 아이콘 중 하나가 되었다. 파도 뒤에 숨은 이야기는 무엇일까, 이 그림은 어떻게 해서 다른 모든 그림보다 높이 우뚝 솟았을까?

사람들은 이 그림의 발상지를 우키요浮世, 즉 '부유하는 세계'라고

가쓰시카 호쿠사이 색판화, 〈가나가와의 거대한 파도〉(1825~1838년).(시카고미술관)

불렀다. 바다, 파도, 하늘과는 아무런 관련이 없고 에도(오늘의 도쿄)의 유흥가, 예술과 욕망이 뒤섞여 경제적 여유가 있는 사람들에게 강렬하지만 덧없는 쾌락을 선사하는 곳을 묘사하는 말이었다. 이곳에서는 남자 배우가 남성과 여성의 역할을 모두 맡아 양식화된 몸짓과 자세로 최신 유행과 우아하게 절개된 옷을 더없이 근사하게 보여주었다. 연극은 사랑을 중심으로 전개되었는데 그중에서도 가장 유명한 것은 불운한 연인의 믿을 수 없을 만큼 깊은 사랑을 칭송하는 치카마쓰 몬자에몬의 인형극 〈아미지마의 동반 자살〉이었다. 부유하는 세계의 대부분이 그렇듯 가부키 배우는 음악, 섹스, 춤을 결합하는 게이샤와 더불어 성적 쾌락과 관련지어졌다. 부유하는 세계는 또한 군인 계급, 즉 사무라이들이 가장 좋아하는 관중 스포츠였던 스모 등 오락을 제공했다.

우키요 전문가들은 목판화라는 독특한 예술 형식도 발전시켰다. 중국에서 시작된 판화는 오랜 전통을 가진 기법이었지만 부유하는 세계에서 활동하는 일본 예술가들은 다색 목판화 기법을 완성했다. 색깔별로 별도의 판화를 조각해서 차례대로 맞춰 찍으면 한 점의 그림이 완성되었다.[1]

그 결과는 수채 물감이나 먹을 이용하는 일본 전통 회화의 미학적 이상理想과는 상당히 다르고 깜짝 놀랄 만큼 새로운 유형의 그림이었다. 그전까지는 다양한 화파에 소속된 화가들이 안개가 자욱하게 낀 것처럼 모호한 효과를 내는 수채화의 부드러운 윤곽과 묵으로 그린 우아한 선을 이용해서 사람과 풍경을 은은하고 고상하게 그렸다. 수채화의 색조가 번지며 서로 만나 다른 색으로 바뀌기도 했고, 종이의

송대(960~1279년) 중국 선불교 화가 목계의 그림을 따라 그린 습작. 몇백 년 후인 1670년에 화가 카노 탄유(1602~1674년)가 그렸다.(뉴욕 메트로폴리탄미술관)

대부분은 흰 여백으로 남아 있었다. 화가는 드넓은 풀밭을 암시하는 풀잎 몇 개, 흐릿한 밑그림으로 표현한 드넓은 산지, 독특한 자세를 취한 인간의 모습 등 미묘한 암시를 이용해서 작업했다. 와비佗는 단순하면서 불완전한 아름다움을 설명하는 용어이고 사비寂는 오래되고 낡은 것의 구슬픈 고색을, 유겐幽玄은 신비스러움과 깊이를 나타내는 용어다.[2] 카노 화파는 "세대를 천 번 거듭해도 변하지 않는 하나의 붓"을 금언으로 삼았다.[3] 카노를 비롯하여 그 어떤 화파도 변하지 않을 수는 없었지만 모두 옛 작품을 우러러보고, 옛 그림을 따라 그리면서 배우고, 옛 그림에 구현된 미학적 이상을 지키려 애썼다는 점은 분명하다.

새로 등장한 다색판화는 전혀 달랐다. 수채화의 흐릿한 색조 대신 여섯 가지로 제한된 색을 이용해 선을 선명하게 그려야 했다. 이러한 판화는 신비로운 깊이 대신 평면적이지만 생생한 색감을 표현했다. 또 단순한 평온함 대신 뚜렷하고 종종 비대칭적인 형태를 잘 표현했으며 옛 대가들에 대한 존경심 대신 완전히 새로운 것을 제안했다.

(좌) 우키요에(다색판화) 화가 기타가와 우타마로(1753?~1806년)의 창녀 그림.(도쿄 국립박물관. 사진: Jean-Pierre Dalbéra)

(우) 가쓰시카 호쿠사이의 우키요에(다색판화), 〈스모 선수 다카네야마 요이치에몬과 센다가와 기치고로(Sumo Wrestlers Takaneyama Yoichiemon and Sendagawa Kichigorō)〉.(뉴욕 메트로폴리탄미술관)

이러한 판화는 고급 예술로 간주되지는 않았지만 부유하는 세계에 딱 맞았고 따라서 우키요에浮世絵, 즉 '부유하는 세계의 그림'이라고 불렀다. 처음에는 우키요에를 가부키 극장 홍보에 이용했으나 곧 다른 시설에서도 이용했다. 저렴한 흑백 소책자는 손님들이 쾌락의 미궁을 탐색할 때 유흥가 안내서 역할을 했다. 그러나 유흥가의 본질을 표현한 것은 바로 다색판화였다. 이례적으로 뚜렷한 윤곽선은 가부키 배우들의 인상적 자세를 포착할 수 있었고 소매가 떨어지는 모양이나 우아한 자세, 대담한 춤 동작을 묘사했다. 생생한 색감은 잠재적 고객 또는 특정 배우나 게이샤를 좋아하는 팬의 시선을 사로잡았다. 스모 선수들조차 커다란 덩치보다 맹렬한 태도 때문에 위협적으로 보였다.[4] 무엇보다도 가장 좋은 점은 판화는 복제할 수 있으므로 저렴한 가격으로 많은 관중에게 배포할 수 있다는 것이었다.

부유한 사람들만 유흥가를 방문할 여유가 있었고, 출입구가 하나밖에 없어서 들어가는 사람과 나가는 사람 모두를 통제할 수 있었다. 강제로 그곳에서 일하는 사람들에게 유흥가가 별로 즐겁지 않은 곳인 것은 말할 필요도 없다. 많은 사람들, 특히 여성들이 10대 때 부모 손에 팔려와 10년 단위 계약에 따라 일했다. 가혹한 노동 환경은 눈에 띄지 않도록 숨겼고 손님들은 그다지 알고 싶어 하지도 않았다. 생생한 판화가 뿜어내는 화려한 분위기가 현실을 가렸고 유흥가에 들어갈 여유가 없는 많은 사람들은 판화 덕분에 유명 배우와 게이샤, 스모 선수들의 모습을 엿볼 수 있었다. 이들의 그림은 오늘날의 인스타그램 게시물처럼 떠돌았다.

1760년경 태어난 호쿠사이는 10대에 우키요에 화가의 문하에 들어갔다.[5] 초기 작품은 주로 가부키 배우와 게이샤를 그린 그림이었고, 색정적 그림도 그렸다. 그는 이처럼 친숙한 주제를 그리는 데 만족하지 않고 책의 삽화를 그리기 시작했다. 호쿠사이는 작가와의 협업을 통해 부유하는 세계에서 벗어나 다양한 주제로 실험을 할 수 있었다. 전통적으로 우키요에 형식과는 관련이 없던 일상생활의 장면들과 풍경화도 여기에 포함되었다.

호쿠사이가 우키요에의 수준과 인기가 정점에 도달한 이후인 18세기 후반에 태어난 것은 불행한 일 같았다.[6] 하지만 호쿠사이는 후발 주자인데도, 또는 후발 주자였기 때문에 이례적일 만큼 다양한 그림을 그리며 다재다능한 실력을 쌓았다. 50세가 되어 판화가로서 약 30년간 경력을 쌓은 호쿠사이는 제자들이나 원본을 살 여유가 없는 수집가들을 위해 작품집의 인쇄를 의뢰했다. (인쇄 기술로 복제와 제본이 가능해지면서 일본화 역시 접근이 더 쉬워졌다. 하지만 원본은 항상 두루마리로 만들었고, 망가지지 않도록 벽에 걸었다가 떼어내어 보관하는 것을 주기적으로 반복했다.)[7]

호쿠사이는 70세에 야심 찬 프로젝트를 시작하기로 결심했다. 1830년에 그는 인기 소설 말미에 광고를 실어 후지산 36경을 그리겠다고 발표했다.[8] 후지산은 단골 주제였고 일본 자체의 상징이 되었으므로 호쿠사이는 후지산을 주제로 선택하면 잘 팔릴 가능성이 높다고 생각했다.

〈후지산 36경〉 중에서 〈거대한 파도〉가 가장 유명해졌지만 이 시리즈 자체가 빛나는 업적이었다. 호쿠사이는 (프러시안 블루라는 수입 안료를 섞어서) 자신만의 색채 배합을 만들었고 후지산을 더욱 독창적으로 표현하는 방법을 찾았다. 36경에서 후지산은 때로는 한번 찾아보라는 듯 숨어 있고 때로는 뻔뻔스럽게 그림 전체를 지배한다.[9] 호쿠사이는 후지산이라는 하나의 사물에 초점을 맞추어 지난 50년 동안 갈고닦은 다재다능함을 과시할 수 있었다. 그가 다색판화를 부활시키거나 크게 존중받는 예술 형식으로 만든 것은 아니다. 그러나 호쿠사이는 19세기 전반에도 다색판화가 숙련된 장인이자 예술가인 사람의 손을 거치면 놀라운 효과를 발휘할 수 있음을 보여주었다.

호쿠사이의 〈후지산 36경〉은 다색판화의 역사에서도, 그의 경력에서도 뒤늦은 성공이었다. 그는 자신의 삶을 되돌아보면서 완벽함의 추구를 강조했다.

나는 여섯 살 때부터 사물의 형태를 따라 그리는 것을 좋아했다. 쉰 살 무렵부터는 내 그림이 자주 출판되었으나 일흔 살이 될 때까지도 주목할 만할 그림을 그리지 못했다. 나는 일흔세 살에 식물과 나무의 성장, 새와 동물, 곤충, 물고기의 구조를 어느 정도 짐작할 수 있게 되었다. 그러므로 여든 살까지 더욱 발전하여 아흔 살에는 사물의 근본 원리를 더 깊이 이해하고, 백 살에는 예술에서 신과 같은 경지에 이르고, 백열 살에는 내가 그리는 모든 점과 선이 살아 있는 것처럼 보이기를 기대한다.[10]

많은 작품을 발표한 호쿠사이의 긴 일생이 끝나자 한 시대가 막을 내렸다. 그는 1849년에 여든여덟 살의 나이로 세상을 떠났고, 그 직후 일본의 자기 인식은 외부에서 거센 도전을 받았다.

일본은 군도지만 그렇다고 고립되었다는 뜻은 아니다. 좁은 해협이 한국·중국과 일본을 갈라놓았지만 일본은 문화 사절단을 보내 중화권과 연결되었고 남쪽 섬들 덕분에 대만, 필리핀과도 이어졌다. 일본은 지리적 특성 덕분에 상대적 고립이나 이웃 나라들과의 교류가 모두 가능했다.

1543년 중국 선원 한 명과 포르투갈 상인 세 명이 탄 중국 정크선이 항로를 벗어나 다네가섬에 착륙하면서 이 오랜 문화적 접촉망에 또 다른 관계가 추가되었다.[11] 운명적 만남이었다. 포르투갈인들은 기독교와 총기를 전파했고 일본 군벌들은 곧 활발하게 총기를 사용했다. 포르투갈 왕 역시 새로운 기회라고 생각했다. 포르투갈은 남아시아 인도아대륙 고아를 기지 삼아 일본에 많은 선박을 보냈지만 환영받지 못했다. 그러나 포르투갈인들은 내부 갈등을 능숙하게 활용할 줄 알았기 때문에 일본과 중국 사이의 균열과 일본 내 분열을 이용해 교역을 시작할 수 있었다. (불과 몇 년 후 루이스 드 카몽이스가 고아에 상륙했을 때 일본은 포르투갈 무역망에 속해 있었다.)

일본은 포르투갈 및 서구 세력과 분명 복잡한 관계에 있었지만 내전이 심화되면서 한동안 침입자들에게 휘둘렸다. 소극적 묵인은 오래가지 못했다. 내전이 끝나면서 새로운 봉건 군사 질서가 자리를 잡았고, 황제가 그 중심을 차지했다. 그러나 진짜 권력은 실제로 국가를 운영하는 이들 손에 있었고, 이제 그들은 점점 더 많은 선박이 들어와 교역을 강요하는 문제에 관심을 기울였다. 새로운 통치자들은

일본 다색판화가가 나가사키 근처 네덜란드 교역소 데시마의 네덜란드인을 그린 그림. 캡틴(カピタ
ン)이라는 일본어 설명이 붙어 있다. 대부분 네덜란드인과 중국인이었던 외국 선원을 그린 일본식
다색판화는 나가사키에로 알려졌다.(암스테르담 국립미술관)

외국 무역 제국에 대한 노출을 최소화하기로 결정했다. 포르투갈과의 관계를 포함한 기존 관계를 엄격하게 규제하고 외국인 선교사들을 추방했다. 또 기독교를 금지하고 기독교인으로 의심되는 사람들을 처형했다. 1621년에는 일본인이 특별한 허가 없이 해외에 나가거나 외국 선박에 탑승하는 것이 금지되었다. 1635년에는 중국과 조선 선박만이 일본 정박이나 상륙을 허가받았다. 딱 하나 예외가 있었으니 무역 회사 VOC(네덜란드어로 연합 동인도회사의 약자)를 만든 네덜란드였다. 네덜란드인들은 나가사키만 데시마섬에 교역소 개설을 허락받았다.[12]

그 후 200년 동안 데시마는 일본이 서양과 접촉하는 주요 통로 역할을 했다. 데시마를 통해 일본은 외국에서 일어나는 사건들을 지켜보았고 네덜란드 선원과 VOC 관리들은 일본에 대한 정보를 유럽에 전했다. 작은 네덜란드 정착지에 대한 접근은 엄격하게 통제되었고 극도로 제한적이었음에도 불구하고, 혹은 그랬기 때문에 일본인들은 데시마에 매료되었다.[13] 또한 데시마는 나가사키에Nagasaki-e라고 불리는 다색판화를 통해 일본의 다른 지역에 알려졌는데, 출입이 금지된 네덜란드 정착지의 삶을 양식화하여 보여준 것도 바로 나가사키에였다.[14] 유럽인들을 그린 이 판화들 때문에 일본 판화 제작자들은 원근법과 서양의 그림에 관심을 갖게 되었다.

호쿠사이도 그중 하나였다. 그의 제자 하나는 서양식 그림에 일본의 다색판화 기법을 적용했다. 호쿠사이도 제자들에게 뒤처지지 않기 위해 기법을 직접 실험해 보았다. 〈후지산 36경〉 중 몇 점은 중앙 소실점을 중심으로 구성했고 또 몇 점은 중국 전통 회화를 모델로 삼앉기 때문에 감상자는 두 전통을 나란히 비교할 수 있다.

호쿠사이는 데시마를 통해 들어온 서양의 영향을 흡수했고 서양인들 역시 네덜란드 정착지를 통해 일본의 다색판화를 알게 되었다. 네덜란드인들은 다색판화를 손에 넣었을 테고 심지어 서양에 판매할 판화를 의뢰하기도 했을 것이다. 이러한 방식으로 서양에 처음 전파된 판화들 중에는 호쿠사이의 〈후지산 36경〉도 있었을 것이다.

일본의 유일한 유럽 무역 정착지였던 데시마는 가끔 영국 해군의 위협을 받았지만 그 후 200년 동안 유지되었다. 그러나 결국 일본의 무역을 강제로 확대시킨 나라는 영국 제국도, 제국주의 야망을 품은 유럽 국가도 아니라 미국이었다.

매슈 페리는 늘상 현대화에 앞장섰다. 미 해군에서 복무하는 내내 이러한 충동이 그를 이끌었다. 페리는 미국의 두 번째 증기선 USS 풀턴호 건조를 감독하면서 '해군 증기선의 아버지'라는 전설이 되었다. (또한 그는 미국 해군사관학교의 교과 과정도 현대화했다.) 그는 미국-멕시코 전쟁에서 멕시코 남부 타바스코 공격과 함락을 지휘하면서 현대화된 해군의 효율성을 시험했다.

전쟁이 끝나자 페리는 다른 목표로 시선을 돌렸다. 그는 1852년 필모어 대통령에게 포함砲艦 외교를 통해 일본이 미국에 무역을 개방하도록 만들라고 지시받았다. 페리는 포르투갈의 주요 정착지 마카오로 프리깃을 몰고 갔고, 그곳에서 남쪽 섬 오키나와로 출발해 1853년에 도착했다. 그는 오키나와에 기지를 구축한 다음 수도가 한눈에 보이는 에도만에 가서 시연을 통해 화력을 과시했다. 얼마 지나지 않아 상륙 허가가 떨어졌다. 페리는 1854년 배 아홉 척을 이끌고 돌아와 에도 남쪽 가나가와 해변(호쿠사이의 〈거대한 파도〉의 배경)에 상륙했다. 페리가 일본에 강요한 가나가와 조약으로 일본의 무역 통제는 사실상 끝이 났고 미국은 두 항구에서 무역할 권리를 확립했다.

1854년 이전까지 일본과 서양의 무역이 물방울이었다면 이제는 홍수가 되었다. 두 항구를 통해 온갖 상품이 수출되어 일본 제품에 대한 서양의 관심을 충족시켰다. 그중에서도 다색판화가 무척 눈길을 끌었다. 우아한 구도와 눈에 띄는 색상, 독특한 주제가 서양인의 눈에는 전형적 일본 양식으로 보였다. 이러한 판화들은 일본의 모든 것에 대한 매혹을 뜻하는 자포네즈리japonaiserie 열풍의 일부였고, 호쿠사이의 〈후지산 36경〉이 그 대표작이었다. 우키요에가 일본 전통 회화를 대표하지 않으며 상업적이고 대중적인 최신 예술 형식이라는 사실은 중요하지 않았다. 사실 호쿠사이 같은 다색판화가들이 서양 기법을 일부 도입했다는 사실조차 중요하지 않았다. 중요한 것은 쉽게 복제할 수 있다는 사실이었다. 그렇기 때문에 이 판화들, 특히 무엇보다도 〈가나가와의 거대한 파도〉는 가나가와 조약을 통해 새로워진 일본을 대표하는 그림이 되었다.

≡

페리의 조약이 서양 예술에 끼친 영향이 컸다면 일본에 미친 영향은 더욱 컸다. "코르크 마개를 막 딴 샴페인 병에서 거품이 터져 나오는 것과 같았다."[15] 이렇게 쓴 사람은 어니스트 페놀로사로, 알 만한 위치에 있는 사람이었다. 그는 가나가와 조약 서명에 참여하지는 않았지만 그 이후 일본을 변화시킨 미국인 중 하나가 되었다. 샴페인 병을 직접 따지는 않았지만 파티에 참석했던 셈이다.

누구나 갈 수 있는 파티는 아니었고 페놀로사도 그 사실을 잘 알았다. 페리의 포함 외교는 엄격한 계층 구조, 비효율성, 불평등 등 오래된 일본 군사 정권의 약점을 드러냈다. 외세와의 접촉 제한은 아마도 가장 사소한 단점이었을 것이다. 정권이 무너지자 일본의 새로운 통치자들은 현대화의 필요성을 깨달았다.[16] 그들은 외국인들을 초빙하여 서양에 대해 알아야 할 모든 것을 가르쳐달라고 청했고 페놀로사도 그렇게 해서 일본으로 왔다. 그는 예정보다 훨씬 오래 머물렀고 스스로는 생각지도 못했던 결과를 가져왔다.

보스턴 북쪽 북적이는 항구 도시 세일럼에서 이민자의 아들로 태어난 페놀로사는 하버드에 진학하여 찰스 다윈, 허버트 스펜서, 헤겔 등 조지 엘리엇도 접했던 새롭고 진보적인 사상을 바탕으로 교육받았다.[17] 당시 일본은 바로 그런 인물들에 대해 알고 싶어 했다. 일본 황제는 지식 전달을 촉진하기 위해 새로운 대학을 설립하고 젊은 페놀로사를 교수로 초빙했다. 그 얼마 전 엘리자베스 굿휴 밀레트Elizabeth Goodhue Millett와 결혼한 페놀로사는 부인과 함께 일본 이주를 결정했다.

페놀로사는 최신 현대 사상을 가르치기 위해 일본에 왔지만 그의 진정한 열정은 예술을 향했다. 도쿄에서 태어난 그의 딸 브렌다는 자신의 집을 이렇게 회상했다.

우리 집은 가끔 예술품으로 가득 찼다. 일본의 생활상과 새, 풍경을 화려한 색상으로 그린 금박 병풍, 호화로운 양단으로 만든 족자, 유명 작가들의 목판화, 숯을 태운 다음 그 위에 방석을 놓고 앉아 손을 따뜻하게 데우는 청동 히바치 화로, 청동 꽃병과 청동 촛대, 사원에서 가져온 청동 종, 황동과 은으로 만든 향로, 칠보 쟁반과 상자, 정교한 칠기, 수없이 많은 도자기. 모두 다 너무나 훌륭해서 나는 새로운 예술품이 올 때마다 너무나 기뻐하며 감상했다! 그러다 보면 어느새 예술품이 사라지고 또 다른 작품이 들어왔고, 그 역시 자취를 감추었다.[18]

페놀로사는 일본 역사에 푹 빠져 자신의 집을 개인 박물관으로 만들었고 목판화도 소장했다. 그는 일본 이주 전 명망 높은 보스턴미술관과 연계된 학교에서 공부했다. 일본에 온 페놀로사는 전혀 몰랐던 심오하고 복잡한 예술 전통을 마주하고 최대한 많이 배우기로 결심했다. 처음에는 다양한 사람에게서 일본 미술사를 배웠지만 결국 그 근원이 되는 중국 미술을 배워야 결국 그 일본 미술을 이해할 수 있음을 깨달았다. 일본 미술과 중국 미술 전통을 학문적으로 연구하고도 만족하지 못한 그는 수묵화를 배우면서 화가로서 상당한 실력을 쌓았다. 나중에 페놀로사는 이와 비슷한 방법을 취해 고도로 양식화된 노能(가부키와 비슷하지만 더 우아하고 정중한 극)를 실제로 배우면서 역사적 연구를 병행해 거의 전문가 수준에 도달했다. 페놀로사는 외국인 가운데 여태껏 이 어려운 기술을 그만큼 제대로 배운 사람은 없었다는 칭찬을 받았다.[19]

페놀로사는 일본 역사에 대한 관심이 컸기 때문에 괴상한 인물, 즉 골동품 수집가로 악명이 자자했다.[20] 페리의 포함 외교로 인해 일본은 자국의 전통 예술을 평가절하하게 되었다. 과거에 스스로 자초했던 고립과 낡은 군사 정권만큼이나 시대에 뒤떨어져 보였기 때문이다. 페놀로사 역시 일본의 서구식 현대화 노력의 일환으로 이곳에 온 사람이었지만 그럼에도 전통 예술품들이 다시 주목받을 수 있을지도 모른다는 희망을 품고 저평가당하거나 어딘가에 꽁꽁 숨겨진 머나먼 과거의 물건들을 찾아다녔다.

1884년 여름, 페놀로사는 중앙 정부의 승인을 받고 호류지에 가서 조각상을 살펴볼 수 있도록 불전을 열어달라고 승려들에게 요청했다.[21] 승려들이 환영할 만한 일은 아니었고 모독에 가까웠지만 페놀로사는 서류를 무기 삼아 고집을 부렸다.

> 결국 우리가 이겼다. 오랫동안 쓰지 않은 열쇠가 녹슨 자물쇠 속에서 덜거덕거릴 때 어떤 느낌이었는지 절대 잊지 못할 것이다. 사당으로 들어가자 무명 띠를 촘촘하게 감은 커다란 덩어리가 오랜 세월의 먼지를 잔뜩 뒤집어쓴 채 모습을 드러냈다. 약 450미터나 되는 띠를 푸는 것은 쉬운 일이 아니었고 심한 먼지 때문에 눈과 코가 막혔다. 그러나 드디어 마지막 한 겹을 벗기자 세상에 하나밖에 없는 놀라운 조각상이 몇 세기 만에 처음으로 인간 앞에 모습을 드러냈다. 실물보다 조금 크고 뒤쪽은 속이 비었으며 단단한 나무를 세심하게 깎아 만든 조각이었다. 조각상에 도금을 입혔으나 청동처럼 황갈색으로 얼룩져 있었다. 머리에는 한국식 투각 금동관을 썼고 관에 달린 기다란 금동 줄들에 보석이 박혀 있었다. 그러나 우리를 가장 매료시킨 건 이 작품의 미학적 경이로움이었다.[22]

페놀로사가 조각상의 선과 비율, 자세, 미소에 대해 늘어놓는 찬사를 읽으면 정말 대단한 발견이라는 매혹적 느낌이 든다. 그는 이 조각상을 그리스 최고의 미술 작품, 레오나르도 다빈치의 〈모나리자〉, 아미앵의 고딕 조각상, 고대 이집트 미술과 비교한다. 페놀로사는 발굴자가 되어 이 조각상과 비슷한 물건들을 찾아내며 기뻐했으므로 그가 대담한 트로이 발굴자 슐리만을 떠올린 것도 놀라운 일은 아니다.[23]

페놀로사는 과거의 물건을 발굴할 때 (또는 포장을 풀 때) 그가 가르치는 다윈이나 스펜서의 저작과는 다른 서양 사상에서 동기를 얻었다. 바로 과거를 다루는 새로운 과학이었다. 이를 위해 그는 도쿄미술학교와 도쿄제국박물관 설립을 돕는 등 과거에 독특하게 접근하는 19세기 제도를 일본에 도입했다. 페놀로사는 이와 비슷한 동력으로 국보 목록을 만들고 사원과 다락방이 보관한 작품을 찾아냈다. 한국 불상을 발견한 후로는 비슷한 작품을 더욱 열심히 찾아다녔다. 또한 페놀로사는 사원과 예술품 보존을 위한 법률의 초안 작성을 도왔다. 일본 황제는 과거를 다루는 새로운 과학을 인정하면서 (페놀로사 자신의 설명에 따르면) 그를 이렇게 칭찬했다. "당신은 우리 국민들에게 우리 예술을 가르쳤소. 고국에 돌아가면 그들에게도 가르쳐주시오."[24]

그런데 페놀로사가 집에 가지고 온 그림과 물건은 모두 어떻게 되었을까? 또는 그의 딸이 기억하듯이 왜 끊임없이 왔다가 사라졌을까? 페놀로사는 도쿄에 생길 미술관을 위해 자신의 집을 창고로 썼던 것일까? 불행히도 그렇지 않았다. 페놀로사는 일본 예술의 일시적 저평가를 기회 삼아 미술품을 모았고, 훗날 보스턴의 부유한 수집가에게 팔았다. 페놀로사-웰드 컬렉션은 총 948점으로 현재 보스턴 미술관 동아시아 소장품의 기초를 이룬다. (다른 물건들은 뉴욕에 팔려 갔다.) 그러므로 페놀로사의 위치는 무척 모호했다. 낮이면 일본 전통 예술의 저평가를 초래하는 외국 사상 유입에 일조했고 밤에는 싸게 사서 비싸게 파는 방법으로 그러한 저평가에서 이익을 얻었다. 한편으로는 진심으로 보존에 관심을 가지고 미술관을 지었으며 과거를 다루는 새로운 과학을 일본 예술에 적용하여 그 위상을 높이려고 노력했다. 그리고 이러한 노력 덕분에 일본에서 존경을 받았다.

미국으로 돌아간 페놀로사는 보스턴미술관 동양관 큐레이터가 되었지만 이혼(당시에도 이혼은 추문이 되었다) 후 해고당했다. 그는 여생을 일본과 서양을 오가며 전시회를 기획하고 강연을 했고, 중국과 일본의 포괄적 미술사를 집필하여 비견할 수 없는 통찰력과 지식으로 중국과 일본의 미술사를 서양인들에게 소개했다. 페놀로사는 호쿠사이의 〈거대한 파도〉처럼 대중적 작품을 무시하지 않았고 오히려 다색판화 전시회에 호쿠사이를 포함시켰지만 이 하나의 이미지가 일본 미술을 지배하거나 정의하지 않도록 주의를 기울였다. 페놀로사는 후지산 목판화가 사실은 일본의 시각 예술 전통과 무척 다르고 독특하다는 사실을 알려 기록을 바로잡았다.

매개자는 모두 모호한 존재이다. 페놀로사는 일본을 현대화하는 침략 세력으로 아시아에 갔지만 그 역사에 깊이 관여하게 되었다. 그는 일본 예술계의 보물들을 구입해서 반출했으나 과거를 다루는 19세기 서구 사상에 따라 일본이 자기네 유산을 보존하는 제도를 만드는 데 도움을 주었다. 페놀로사는 보물을 발견했지만 때로는 이 보물을 성소에 보존하려는 소유자들의 저항을 물리쳤다. 그는 일본인들에게 스펜서 같은 서양 인물들을 가르쳤고, 거의 평생 서양인들에게 아시아 예술사를 가르쳤다. 과거와 관련된 페놀로사의 모든 활동은 양면적이었다. 그는 과거의 작품을 발굴하고 역사적으로 모호한 상황에서 그것을 손에 넣었다. 또 자신이 취득한 물건을 팔고 전시했다. 그리고 애정을 가지고 헌신적으로 연구했다. 페놀로사의 일생을 보면 존경할 만한 부분도, 비난할 만한 부분도 있다.

페놀로사에게는 번역가로서 한 가지 역할이 더 있었다. 아니, 오히려 그의 두 번째 아내가 그 역할을 했다고 하는 편이 맞을 것이다. 페놀로사는 수많은 미발표 메모와 번역, 비평, 강의록, 원고를 남기고 1908년에 세상을 떠났다. 메리 맥닐 페놀로사는 남편의 유고를 어떻게 해야 했을까? 그녀는 작가였고, 시드니 맥콜이라는 필명으로 소설을 여러 권 발표했는데 일본이 배경인 작품도 있었다. 아시아 예술을 잘 아는 작가였던 그녀는 세상을 떠난 남편이 끝내지 못한 작업 일부를 마무리하려고 노력했다. 그녀가 맨 처음 착수한 프로젝트는 아시아 예술의 대역사를 개괄하는 매우 방대한 여러 권짜리 미완성 원고였다. 메리 맥닐 페놀로사는 막대한 시간과 노력을 쏟은 끝에 마침내 이 작품을 완성했고 1912년 일본에 가서 세세한 사실 관계까지 확인한 다음 직접 쓴 서문과 함께 출판했다. 헤겔에게서 영감을 받아 세계사와 자세한 미학적 논의를 결합한 이 저작은 곧 아시아 예술 입문서의 위치에 올랐고 오늘날까지도 시금석 같은 작품으로 남아 있다.

이 어마어마한 작업이 끝나자 메리 맥닐은 계속해서 필명으로 소설을 발표하는 한편 남편의 한시와 노能 연극 번역을 마무리할 사람을 찾기 시작했다. 그녀는 런던에 거주하는 미국 시인 에즈라 파운드를 선택했다. 파운드는 일본이나 중국 전문가가 아니었고 중국어나 일본어도 알지 못했으므로 매우 이례적인 선택이었다. 그러나 그는 뚜렷하고 단순한 이미지를 바탕으로 하는 이미지즘이라는 새로운 방식을 제안하며 시인으로서 경력을 쌓기 시작했다. 역시 작가이자 시인이던 메리 맥닐은 명백한 단점에도 불구하고 에즈라 파운드가 적임자라고 느꼈다. 몇십 년 후 파운드는 자랑스럽게 회상했다. "1913년쯤 인도 시인 사로지니 나이두 집에서 페놀로사 부인을 만났다. 부인은 내 시를 읽고 '남편이 작업하던 공책을 그가 바라는 대로 마무리할 사람은 이 시인밖에 없다'고 결론을 내렸다."[25] 파운드의 자화자찬은 조금 거슬리지만 그의 말은 틀리지 않았다. 메리 맥닐은 훌륭한 선택을 했다.

파운드는 페놀로사가 공책에 번역해 둔 내용과 옮겨 적어둔 내용을 이용해 그가 완성했을 법한 시를 만들어냈다. 믿을 만한 번역도, 독창적 시 창작도 아닌 특이한 작업이었다. 이미지즘 시인 에이미 로웰은 친구 플로렌스 에이스코프에게 이렇게 썼다. "[파운드]는 페넬로사[원문 오류] 교수에게서 전부 다 받았어. 처음부터 중국어가 아니었고, 중국어 원본과 페넬로사 교수의 일본어 원문 사이에 얼마나 많은 사람을 거쳤을지 아무도 몰라. 둘째, 훌륭한 시는 맞지만 에즈라가 워낙 갈고 다듬었기 때문에 한시 번역이라고 할 수가 없어."[26] 파운드와 경쟁 관계였던 로웰의 이 말은 옳았다. 파운드의 창작물은 번역이 아니었고, 페놀로사에게서 많은 부분을 받았으며, 그 결과는 로웰이 인정하듯 훌륭**했다**. 가장 큰 문제는 이를 무엇이라 부르느냐였다. 파운드와 긴밀한 관계였던 T. S. 엘리엇은 파운드가 "우리 시대의 한시 창시자"라고 도발적으로 선언했다.[27] 지금 돌아보면 한시, 일본의 노 연극, 페놀로사, 그의 스승들, 메리 맥닐, 에즈라 파운드가 이례적으로 뒤섞인 이 작품에 딱 맞는 용어가 있다. 바로 모더니즘이다.

파운드는 같은 사상을 다른 슬로건으로 표현했다. **새롭게 만들라!** 어떻게 보면 모더니즘은 과거를 고의로 전복하려는 시도였다. 물론 그 자체는 새로울 것이 없었다. 네페르티티와 아케나톤이 피라미드의 그늘에서 벗어나 새로운 건물, 새로운 신, 새로운 예술 형식으로 새로운 도시를 만들기로 결정한 이래 인간은 항상 그렇게 해왔다. 그러나 20세기 접어들면서 과거는 압도적 힘을 새로 얻게 되었다. 정치적 해방을 통해서든, 산업화를 통해서든, 외세를 통해서든 앞으로 나아가는 진보의 궤적을 밟고 있다고 생각하는 수많은 나라에서 과거를 복원하여 박물관이나 도서관에 전시했고, 새로운 과학을 통해 과거가 체제 안으로 편입되고 있었다. 모더니즘은 이러한 문화 저장 제도에 반대하는 대신 산업의 진보와 협력했다. 예술은 더 이상 전통의 편이 아니라 해방, 기계와 함께 진보의 편이었다.

파운드는 이 운동의 최전선에 서 있었다. 사실 일부 급진적 모더니스트는 스스로를 아방가르드라고 칭했다. 본래 군대의 선봉대를 뜻하는 아방가르드는 두터운 중간층인 대중의 취향과 전통을 뒤에 남겨두고 혼자 앞서 나간다고 생각했다.[28]

그러나 페놀로사의 유고 작업에서 이루어진 독특한 협력이 보여
주듯이 모더니즘은 단순히 과거를 거부하는 것이 아니었다. 파운드
같은 모더니스트들은 박물관이라는 형태의 과거뿐 아니라 식민지
탐험과 세계 무역을 통해 서구에 밀려 들어오는 머나먼 문화의 예
술 작품의 물결에 처음으로 대항하는 중이었다. 서양의 일부 비평
가들은 일찍이 이러한 물결을 겪었다. 독일 작가 요한 볼프강 폰 괴
테는 산스크리트어 극, 페르시아와 아랍의 시, 중국 소설을 접한 후
1827년에 '세계문학'이라는 용어를 만들었다. 자족적이고 고립되어
있던 서양 예술은 먼 곳에서 들어오는 수많은 걸작과 대중 예술을 점
차 받아들일 수밖에 없었다. 그중에는《길가메시 서사시》처럼 최근
에 발굴된 것도 있고, 세이 쇼나곤의《베갯머리 서책》이나 무라사키
시키부의《겐지 이야기》처럼 최근에 번역된 것도 있었으며(두 작품
모두 페리의 포함 외교 이후 페놀로사 같은 매개자 덕분에 번역되었다), 호쿠
사이의 〈거대한 파도〉처럼 최근 들어서야 전 세계에 유통된 것도 있
었다.

그 결과 전통이 크게 무너졌다. 전통의 붕괴를 방향감각 상실로,
새로 들어온 수많은 예술 작품과 사상에 동화하지 못하는 것으로 인
식할 수도 있었다. 그러나 또한 해방으로, 예술가가 옛것과 새것, 익
숙한 것과 낯선 것을 조합해 새로운 형태를 실험해 볼 기회로 인식할
수도 있었다. 모더니스트는 후자에 속했다. 그들은 방향감각 상실을
재앙이 아니라 새것의 출현을 위해 반드시 필요하고 심지어는 환영
할 만한 상황으로 여겼다. 동료 예술가들에게 "새롭게 만들라"고 촉
구하는 에즈라 파운드의 말은 바로 이런 의미였다. 즉 과거를 전복할

것이 아니라 시대의 방향 상실을 창의적으로 활용하라는 뜻이었다.

파운드는 또한 페놀로사가 번역한 노 연극 일부를 편집해서 이 특이한 연극 형식에 대한 에세이를 출판했다. 노 연극은 서양의 연극과는 너무나 달랐다. 아무것도 없는 무대 두 면에 음악가들이 앉아 있고 복잡한 의상을 입은 배우들이 몇백 년 동안 변하지 않은 대본을 바탕으로 노래하고, 중얼거리고, 매우 신비한 대사를 외쳤다. 어떤 인물을 뚜렷하게 표현하지는 않았지만 특정한 의미를 가진, 엄격하게 정해진 몸짓과 자세를 취했다(예를 들어 뻗고 있던 손을 천천히 눈으로 가져오는 움직임은 울음을 의미했다). 노 연극은 유령이 출몰하는 장소를 배경으로 하는 경우가 많았다.

서양 극작가들은 19세기 후반 연극의 특징이었던, 갈수록 사실적으로 변하는 세트와 대사에 싫증이 나던 차였으므로 노에 매료되었다. 서구 사실주의의 대안을 모색하던 그들에게 이미 만들어진 해결책이 갑자기 나타난 것이다.

그러한 극작가와 연출가 중 하나가 바로 시인 윌리엄 버틀러 예이츠였다. 시적 양식화를 실험했던 그는 페놀로사의 번역을 바탕으로 파운드가 발표한 노를 이용해 새로운 연극 양식을 만들어냈다. 예이츠는 종종 아일랜드의 전통적 인물을 주제로 택했지만 그러한 인물들로 만들어내는 연극, 특히 〈매의 우물에서〉는 노에 무척 의존하는 낯설고 양식화된 연극이었다. 예이츠는 머나먼 일본의 예술에 너무나 깊이 매료되어 일본 무용수 이토 미치오를 극단에 입단시켰다.[29] 이토가 노를 전혀 배운 적이 없고 독일에서 춤을 배웠다는 사실은 중요하지 않았다. 예이츠는 이토가 아일랜드-일본식 연극에 자신이 우러러보는 일본 전통의 숨결을 불어넣어 주리라 생각했다. 그 후 이토는 할리우드로 이주했고, 2차 세계대전이 끝난 후 미군과 함께 일본에 가서 점령군을 위해 공연했다. 그 역시 페놀로사처럼 때로는 번역가로, 때로는 배신자로 취급받는 중간자였다.

페놀로사와 이토 같은 매개자를 통해 유럽과 미국에 유입된 아시아 예술은 서양 예술에 파괴적 영향을 미쳤다. 독일 극작가 베르톨트 브레히트는 러시아에서 경극 배우 메이 란팡의 공연을 본 후 경극의 본질이라고 믿었던 것을 중심으로 낯설게 하기 효과를 이용한 연극을 만들었다. 예이츠가 노의 양식화에서 호소력을 느꼈듯이 브레히트 역시 경극의 양식화에서 호소력을 느꼈던 것이다. 사실 브레히트 역시 노에 관심이 커서 〈타니코〉라는 노 작품을 각색하기도 했다.[30] 프랑스 아방가르드의 중심인물이었던 선동가 앙토냉 아르토는 발리의 그림자 인형극을 보고 그것이 서구 문화의 막다른 골목에 맞닥뜨린 자신을 인도해 주리라 느꼈다.[31]

페놀로사와 달리 이들 중 누구도 아시아 예술에 몰입하지 않았다. 그중 몇몇 사람, 특히 파운드는 다른 사람들보다 많이 배웠지만 대부분은 예술적 혁신이 필요했기 때문에 오해와 투사를 통해 외국 작품을 받아들였다. 문화와 문화의 만남은 늘 이런 식이었다.

우리가 모더니즘이라고 부르는 것의 전부는 아니더라도 대부분은 이와 유사한 경험에서 탄생했다. 모더니즘은 종종 세계 다른 지역에 퍼진 서구적 현상으로 설명된다. 그러나 메리 맥닐이 파운드를 설득해 페놀로사가 일본의 여러 스승에게 도움받아 만든 공책을 넘기며 작업을 맡길 때 인식한 것은 달랐다. 바로 중간자들이 때로는 협력하고 때로는 서로 다른 목적을 추구하면서 아시아와 서양 전통이 뒤섞인 합작품을 만들어낼 가능성이었다. 이러한 인물들이 만들어낸 모더니즘은 서양이 수입한 것보다 훨씬 더 흥미로웠다. 그것은 뒤죽박죽이었지만 매우 현대적이고 아주 매혹적이었다.

15

나이지리아 독립과
세익스피어

오요의 왕 라디그볼루Ladigbolu 1세는 1944년 12월 19일 화요일에 세상을 떠났다. 33년 동안 상당한 영토와 도시를 통치했던 그는 그날 밤 매장되었다. 왕, 특히 오랫동안 통치했던 왕의 죽음은 중대한 사건이었고, 사회가 이를 받아들이도록 돕기 위해 복잡한 의식과 예식이 발전했다. 지나두Jinadu는 왕국에서 가장 높은 직위 중 하나인 왕의 기병으로서 수많은 특권과 호의를 누렸다. 왕의 통치 기간이 유난히 길었기 때문에 지나두는 합리적으로 기대했던 것보다 훨씬 오랫동안 특권을 누렸다. 그러나 그는 대가를 치러야 한다는 사실을 처음부터 알고 있었다. 왕이 죽으면 왕의 말과 개를 조상의 땅으로 인도하기 위해서 왕의 기병도 죽어야 했다.[1] 그래서 지나두는 왕의 서거 소식을 듣고 출발하여 1945년 1월 4일 오요에 도착했고 흰옷을 입은 뒤 자살을 준비하기 위해 춤을 추며 바쇼룬 라도쿤Bashorun Ladokun의 집을 향해 걸어갔다.

아프리카 대부분이 그렇듯이 오요의 요루바주도 유럽 주요 국가들이 아프리카를 분할하여 서로 나눠 가진 1884~1885년 베를린 회의 결정에 따라 분할되어 영국에 넘어갔다. 베를린 회의는 몇 세기 전 포르투갈 선박들이 인도양으로 가는 항로를 찾아 아프리카 해안을 따라 내려가면서 시작된 유럽의 서아프리카 지배를 공식화했다. 포르투갈, 스페인, 영국 식민지 개척자들이 교역소를 설립하고 아프리카인들을 노예로 삼아 신세계의 설탕과 면화 농장으로 수송하면서 유럽의 침략은 더욱 심해졌다. (노예가 되어 신대륙으로 이송된 사람들 중에 요루바어를 사용하는 아프리카인이 압도적으로 많았기 때문에 아이티와 사우스캐롤라이나 연안 등에 요루바 문화의 흔적이 남아 있다.)

베를린 회의는 사실상 유럽의 아프리카 영토 통제권을 확보하고 공식화했다. 그 결과 임의로 그은 국경이 언어, 부족, 종교 집단을 갈라놓았다. 오요는 훗날 수많은 집단을 포함하는 광대한 국가 나이지리아가 될 대규모 행정 체제에 속했다. 약 500개 이상의 부족과 언어와 방언이 여기에 포함되었다. 영국은 이처럼 넓은 영토와 다양한 민족을 통제하기 위해 간접 통치 체제를 확립함으로써 현지 관습과 법률을 최대한 유지했으며, 식민 지배자들과 기꺼이 협력하는 현지 통치자들을 승격시켰다.

라디그볼루 왕이 이 정책의 대표적인 예였다. 그의 사망 이후 간접 통치와 현지 문제 불간섭 체제는 한계에 부딪혔는데 바로 그때 영국 식민지 지방 사무관 매켄지J. A. MacKenzie 대위는 왕의 기병이 곧 자살한다는 소식을 들었다. 이에 매켄지가 개입하여 왕의 기병을 체포하라고 명령함으로써 의식을 중단시켰다.[2] 매켄지 대위는 자신이 정치적 권위 자체를 뒤흔들었다는 사실을 깨닫지 못했다. 이 위기를 어떻게 해결해야 할까? 왕의 기병 지나두의 막내아들 무라나Murana가 방법을 찾았다. 아버지가 체포되어 아무것도 하지 못하자 무라나가 아버지의 직위를 이어받기로 했고, 새로운 왕의 기병이 되어 아버지를 대신해 자살했다. 끔찍한 일이었지만 영국의 간섭으로 인해 생긴 균열을 해결할 방법은 그것뿐이었다.

라디그볼루와 그의 기병 그리고 기병의 아들을 둘러싼 이 사건은 유럽 식민 역사에서 작은 에피소드에 불과했지만 식민 지배 체제가 무너지고 있다는 인식을 널리 퍼뜨렸다. 1차 세계대전이 끝난 뒤 우드로 윌슨이 새로운 국제연맹에 민족 자결주의 원칙을 명시하자 약 100년 전 아이티 독립 전쟁 이후 줄곧 품어왔던 민족 독립의 희망이 높아지면서 유럽 식민주의 종식이 가속화되었다. 2차 세계대전은 유럽 국가들을 위기에 빠뜨렸다. 뒤늦게 식민지를 개척한 독일은 두 번의 전쟁에 모두 패하면서 해외 영토에 대한 권리도 전부 잃었다. 양차 세계대전은 다른 유럽 제국들, 특히 영국과 프랑스 역시 고갈시켰지만 이들은 러시아와 미국 덕분에 간신히 살아남았다. 네덜란드, 벨기에, 이탈리아, 포르투갈 같은 소규모 식민국들도 비슷한 처지였다. 게다가 라디그볼루의 오요 왕국을 포함한 식민지들은 지배 국가의 편에서 전쟁에 기여했기에 이제 그 대가로 자유를 요구했다. 그 결과 향후 20년 동안 정치적 지형이 놀라울 만큼 재편되었고, 민족 국가의 수는 50개국에서 200개국으로 네 배 증가했다.

정치적 독립만으로 충분치 않았다는 사실이 곧 분명해졌다. 신생 국가들은 식민주의 이후의 세계에서 스스로에게 새로운 이야기를 들려주고 새로운 의미를 찾아야 했다. 다시 말해서 새로운 문화적 정체성을 형성해야 했기에 다양한 형태의 예술과 특히 20세기 중반의 주된 스토리텔링 형식이었던 소설이 융성했다. 옛 식민지 출신 작가들은 소설을 통해서 자국의 목소리가 되었고, 다른 곳에서 빌려오거나 옛이야기에서 자기 민족의 이야기를 새로 만들어내면서 문화적 독립을 주장했다. 이러한 작가들은 무겁고 견디기 힘든 짐을 졌다. 식민 통치 기간 동안 무시당하거나 적극적으로 억압당한 지역의 전통을 어떻게 발굴할 수 있을까? 임의적인 식민지 국경으로 인해 강제로 하나가 된 이질적 집단의 정체성을 어떻게 하나로 이어 붙일 수 있을까? 식민주의가 초래한 폭력의 역사를 어떻게 다뤄야 할까? 그리고 식민지 개척자들이 두고 간 영어, 프랑스어, 포르투갈어, 네덜란드어, 독일어, 이탈리아어, 스페인어 등 학교와 관료 기구에 이미 뿌리내린 언어(알파벳)와 문화적 유산에 어디까지 의존해야 할까?

카리브해 지역 시인 데릭 월컷은 호메로스의 작품을 본보기 삼아 세인트루시아에 대한 서사시 《오메로스》를 썼다. 그는 평범한 사람들에게 호메로스의 작품에 나올 법한 이름을 부여하고 그들의 삶에 서사시의 고결함을 주었다. 구전 이야기 등 자기 문화의 전통을 활용하는 예술가들도 있었다. 나이지리아에서 멀지 않은 말리에서 전통 가수들의 입을 통해 전해져 내려온 중세 왕 순자타 이야기는 이제 문학 작품으로 바뀌어 《순자타 서사시》가 되었다.

≡

이러한 기대와 딜레마를 통해 경력을 쌓은 작가가 바로 월레 소잉카다. 1934년에 태어난 그는 식민지 시대의 나이지리아에서 어린 시절을 보냈다. 그의 부모는 철저하게 식민 통치로 얼룩진 나이지리아인 계층에 속했다. 두 사람 모두 기독교도로 아버지는 교사였으며 어머니는 저명한 성공회 가문 출신이었다.[3] 소잉카가 받은 영어 기반 교육 과정은 그리스 문학도 포함했는데 식민지 주민들 중 엘리트를 교육해 통치자들의 문화적 세계로 끌어들이는 것이 그 목적이었다. 소잉카가 다닌 고등학교와 이바단대학 역시 이러한 교육 정책에 따라 설립한 곳이었다. (이 같은 식민지 교육 과정은 식민지 엘리트를 '영국인'으로 만들기 위해 인도에서 매콜리가 처음 만들었고, 이후 영국과 식민지 제국 전역에서 광범위하게 시행했다.)[4]

보통 이러한 교육 체계가 배출한 최우수 학생들은 영국에 초청받았는데 소잉카도 그중 하나였다. 그는 1954년에 배를 타고 영국으로 건너가 옛 산업 중심 도시에서 리즈대학에 다녔다. 전쟁 피해를 입지 않은 리즈는 전후의 호황을 누리고 있었다. 소잉카는 리즈에서 저명한 셰익스피어 학자 G. 윌슨 나이트의 지도를 받으며 서양 극문학, 특히 셰익스피어를 공부했다. 그는 1957년 리즈대학을 졸업한 후 희곡을 쓰기 시작했고, 런던 로열 코트 극장에서 일하면서 서양 연극에 대한 지식을 쌓았다.

본래 소잉카는 식민지에 돌아가 영국이 이끄는 행정부에서 일할 예정이었지만 전쟁이 끝나고 반식민지 운동이 급속히 진행되면서 앞날이 갑자기 바뀌었다. 소잉카가 고국에 돌아온 1960년, 나이지리아는 이제 막 독립 국가가 되었다. 그는 영국이 이 광대한 영토를 통치하도록 돕는 것이 아니라 나이지리아가 새로운 독립을 이해하도록 돕게 되었다.

소잉카는 연극을 통해서 그렇게 하기로 결정했다. 절묘한 수였다. 같은 나이지리아인 치누아 아체베는 소설이라는 형식을 택했고, 독립을 불과 2년 앞둔 1958년에 《모든 것이 산산이 부서지다》를 발표해 호평받았다. 소설이라는 장르는 대규모 독자에게 다가갈 수 있다는 점을 포함해 수많은 장점이 있지만 엄청난 단점 하나가 있었다. 소설을 읽으려면 기본적으로 글을 읽어야 했는데 나이지리아에는 글을 모르는 사람이 많았다. 또한 소설이라는 장르는 서구에서 수입한 것으로 여겨졌다(서구가 아닌 아시아의 소설 전통은 널리 알려지지 않았다). 아체베는 식민주의의 응어리가 잔뜩 남아 있는 이 문학 형식을 자기 것으로 만들기 위해 상당한 독창성을 발휘해야 했다.

소잉카는 소설의 이러한 단점을 알았으며 요루바 전통을 더 쉽게 활용할 수 있고 더 많은 사람들에게 직접 다가갈 수 있는 것이 연극이라고 생각했다.[5] 연극 역시 영국의 수출품이었으나 음악과 춤, 의식을 활용하므로 소설만큼 전적으로 서양의 것으로 여겨지진 않았다. 세 가지 요소 모두 요루바족 문화에 깊이 뿌리를 내리고 있었고 소잉카는 서양식 교육을 받았지만 친척들을 통해 이러한 전통을 흡수했다. 그의 초기 작품들 가운데 〈숲속의 춤〉은 오로지 나이지리아의 독립을 위해서 쓴 작품이며 다양한 부족들의 모임을 중심으로 요루바족의 시, 주문, 비유적 표현, 숙어가 많이 등장하는 축제 분위기의 연극이었다.

그러나 영어는 식민지 개척자들의 언어였으므로 요루바식 표현을 영어로 번역하는 것이 문제였다. 독립 직후 작지만 정치적으로 활발한 연극 단체들이 많이 생겨나 나이지리아 문화를 탈식민화하기 위해 나이지리아 언어로 공연을 했다. 극작가 겸 제작자인 뒤로 라디포도 그들 중 하나였다. 라디포의 유명한 희곡 중에 〈오바 와자Oba Waja〉가 있는데 이를 번역하면 '왕은 죽었다The King Is Dead'라는 뜻이다. 〈오바 와자〉는 라디그볼루 1세의 죽음 이후 영국 식민지 관리들이 개입해 기병의 아들이 죽음을 맞이하기까지의 사건들을 신랄하게 극화한 작품이다. 라디포가 보기에 이 일화는 나이지리아가 영국 지배하에서 겪은 문화적 식민화를 완벽하게 포착했으므로 문화적 탈식민화라는 어려운 과정에 딱 맞는 출발점이었다. 나이지리아 독립 4년 후인 1964년에 쓴 이 희곡은 신생 독립국 나이지리아가 영국 통치의 폭력성을 청산하는 것을 돕기 위한 작품이었다. 라디포에게는 요루바어로 글을 쓰는 것이 당연한 일이었다. 그는 소잉카와 달리 영어로 정식 교육을 받지 못했기 때문에 영어가 선택지가 될 수 없었다. 라디포는 요루바어 구술, 문자 문학과 공연을 보고 들으며 자랐고 요루바어를 사용하는 사람들에게 이야기하고 싶었다. 물론 영어에는 식민주의라는 응어리도 있었다.

문화적 탈식민화는 영국의 폭력성을 청산하는 데서 끝나지 않았다. 식민지화로 인해 경시된 문화 전통도 되찾아야 했다. 오요는 이 지역에서 가장 오래된 도시 문명 중 하나로 그 역사는 800~1000년까지 거슬러 올라간다.[6] 본래 성벽으로 막힌 도시 국가였던 오요는 점차 세력을 확장하여 1608~1800년에는 거대한 제국이 되었다. 찬란했던 시대의 유적이 발굴되기를 기다리고 있었고 석재와 테라코타, 목재처럼 내구성 있는 재료로 만든 조각상들도 있었다. 양식과 전통이 놀랄 만큼 다양했고 사실적인 여성 두상들은 11세기까지 거슬러 올라갔다.[7] 인간과 동물 두상이나 특정 의식에 쓰는 가면은 조금 더 추상적으로 표현했으나 역시 놀라웠다. 여러 의식 가운데서도 오요를 중심으로 하는 에군군 의식이 특히 중요했다. 축제에서 보이지 않는 세상에 사는 조상에게 바치는 의식이었다. 의식을 행하는 이들은 보이지 않는 세계와 연결되기 위해 가면을 쓰고 겹겹의 천으로 몸 전체를 가리는 복잡한 의상을 입어 스스로의 모습을 보이지 않게 감추었다.

소잉카는 요루바 전통을 회복하고 독립 문화를 만들기 위해서 라디포와 달리 영어를 택했고, 새로 독립한 나이지리아에 영어 극장을 세울 생각으로 극단을 만들었다. 영어를 선택한 것은 그가 문화 혼합을 대하는 일반적인 태도를 반영한다. 소잉카는 몇몇 동시대인들과 달리 자신이 배운 영국, 프랑스, 그리스 문학과 집중적으로 연구한 셰익스피어를 버릴 필요가 없다고 생각했다. 영국 식민 통치가 그를 만들고 나이지리아를 만들었으며, 나이지리아의 역사와 문화에서 떼어낼 수 없는 부분이 되었다.[8] 문화적으로 독립한다는 것은 식민주의가 상처에서 빨아낼 수 있는 독이라도 되는 것처럼 나이지리아 역사에서 그것을 빼낸다는 뜻이 아니었다. 식민주의 유산에 맞서서 그것을 극복해야 하는 것은 맞지만, 식민지 문화 자원을 이용해서 식민주의자들에게 맞섬으로써 그렇게 할 수 있었다.[9]

영국은 다양한 전통을 전혀 고려하지 않고 나이지리아라는 국가를 건설하여 몇백 개 언어와 방언을 한 국가에 합쳐버렸다. 세 가지 주요 언어는 북쪽의 하우사, 동쪽의 이그보, 소잉카의 문화적 배경인

(상) 요루바족 무용수가 의식에서 착용하는 에군군 가면.(미국 자연사박물관 아프리카 컬렉션. 사진: Daderot)

(하) 1100~1500년경 나이지리아 오순주의 테라코타 두상 일부. 당시 요루바 조각이 상당히 발달했음을 알 수 있다.(브루클린미술관 로빈 B. 마틴 컬렉션. 사진: 브루클린미술관)

서쪽의 요루바였다. 이러한 언어적 정체성은 북부의 이슬람교, (소잉카 집안과 같은) 기독교, 여러 다신교로 나뉘는 종교와 부족으로 인해 더욱 복잡해졌다.

식민 통치 기간에는 인위적으로 탄생한 나이지리아를 군사력을 이용하고 오요의 라디그볼루 1세 같은 현지 통치자를 지원함으로써 유지할 수 있었다. 그러나 독립이 이루어지자 인위적 국경 때문에 제대로 작동하는 정치 체제 구축이 극도로 어려워졌다. 그 결과 나이지리아에서 비아프라 전쟁(1967~1970년)이라는 끔찍한 내전이 일어났고, 이그보어 사용자들이 비아프라공화국을 세우고 독립하려다가 실패했다.[10] 전쟁으로 인해 널리 폭력 사태가 발생하고 끔찍한 잔학 행위가 자행되었으며, 이그보 지역에서 가장 많은 사상자가 발생했다.[11]

극작가, 작가, 지식인으로 점차 두각을 나타내던 소잉카는 전쟁을 막고 각 세력들을 중재하려고 애쓰다가 요루바족에 대한 충성심이 부족하다는 이유로 투옥되었다. 그는 감옥에서 보낸 27개월 중 대부분을 가로 약 120센티미터, 세로 약 245센티미터 크기의 독방에 갇혀 보냈다. 훗날 그는 자서전 《그는 죽었다》(1972년)에서 이 지독한 경험을 묘사했다.[12] 이 작품으로 소잉카는 넬슨 만델라를 비롯해 옥중 문학이라는 영웅적 장르에 기여한 수많은 아프리카 작가들 중 하나가 되었다. 소잉카는 감옥에서 풀려난 후 나이지리아에 살면서 중간중간 외국에서 지냈는데, 대부분 강요된 외국 생활이었다. 소잉카가 극작가들 중에서 거의 처음으로 아프리카 독재자들의 부상浮上을 비판하자 적대적이던 통치자들이 이 용감한 작가를 용납하지 못했

던 것이다.[13]

끔찍한 내전과 수감 생활을 겪으면서 문화적 독립에 대한 소잉카의 자세는 더욱 분명해졌다. 그는 식민주의의 유산이 얼마나 교묘한지, 나이지리아처럼 인위적 체제가 국가로서 제대로 기능하는 것이 얼마나 어렵고 불가능에 가까운지 깨달았다. 역설적이게도 이러한 정치적·언어적 현실 때문에 소잉카는 식민지가 남긴 유산일지라도 계속 영어로 글을 썼다. 그래야 다른 언어 집단과 소통할 수 있었기 때문이다. (그는 스와힐리어를 범아프리카 공용어로 사용하자고 주장한 적도 있다.) 소잉카는 옛 식민 지배자들이 자의적으로 그은 국경을 지금까지 개탄하면서도 아프리카인들이 식민주의로부터 물려받은 국경을 뛰어넘는 정치 조직을 다시 꿈꿀 수 있다는 희망을 드러내왔다. 동시에 그는 나이지리아 지식인 비오둔 제이포Biodun Jeyifo와 마르크스주의에 대해 논쟁을 벌이는 등 사람들이 주목하는 논쟁에 계속 참여했다.

소잉카는 나이지리아에서 가장 중요한 작가이자 반체제 인사가 된 후 라디포가 멋진 연극의 소재로 썼던 오요 왕과 그의 기병, 기병의 아들 이야기를 기억해 냈다. 그는 이 소재를 자신만의 방식대로 각색하기로 마음먹었다. 그렇게 해서 탄생한《죽음과 왕의 기병》(1974년)은 소잉카가 식민주의, 요루바 문화, 연극과 맺는 관계를 새로운 방식으로 탐구한다. 이것은 결국 그의 활동을 정의하는 작품이 되었고, 소잉카는 아프리카 작가로서는 처음으로 노벨 문학상을 받았다.

이야기의 기본 뼈대는 똑같다. 왕이 죽고, 지방 사무관이 개입하여 기병의 자살을 막기 위해 그를 체포하고, 기병의 아들이 대신 자살한다. 소잉카는 관객이 이 연극을 오만한 식민지 개척자와 식민지 희생자의 단순 대결로 축소시키지 않도록 이 기본 구성에 여러 가지 층위를 엮어 넣는다.

소잉카는 먼저 사무관의 아내를 바꾸었다. 그녀는 라디포가 그린 것과 달리 사람을 조종하는 무지한 악당이 아니라 더없이 동정심 많은 영국인으로 그려진다. 그녀는 적어도 무슨 일이 일어나고 있는지 이해하려고 노력한다. 결정적 장면에서 그녀는 기병의 아들과 자살 의식의 윤리성에 대해 토론한다. 기병의 아들은 영국도 전쟁 중에 자신을 희생하는 영웅적인 행동을 기념하지 않느냐고 지적한다. 그녀는 요루바 전통을 온전히 이해하지는 못하지만 (잠시 침묵 후) "어쩌면 이제 당신을 이해할 수 있을 것 같아요"라고 말한다.[14]

아내가 이렇게 변하면서 간섭의 주체는 지방 사무관이 되는데, 소잉카는 또 다른 반전을 통해 그 역시 일말의 동정심을 가지고 묘사한다. 그가 기병의 아들을 후원했던 것이다. 사무관은 기병의 아들이 영국에서 의학을 공부할 수 있도록 주선해 주었다. 라디포의 희곡에서는 기병의 아들이 가나의 술집에서 왕이 죽었다는 소식을 듣지만 소잉카의 희곡에서는 영국에서 고향으로 달려온다. 아들은 소잉카와 마찬가지로 두 세계를 모두 알고 있으며 둘 사이를 중재해야 하는 인물이다. 그러므로 아들은 현대화를 가져오는 인물, 두 문화 사이에서 아마도 두 경험이 어우러지는 미래를 꿈꾸는 인물이다. 그러나 사무관이 자살 의식을 중단시키자 기병의 아들은 그 미래를 빼앗기고, 그동안 거리를 두었던 전통을 구해야만 하는 처지가 된다.

영국의 간섭이 사건을 촉발하는 것은 똑같지만 소잉카는 기병이라는 인물도 다듬었다. 소잉카의 희곡에서 의무적 자살이 포함된 장례 의식을 훼손하는 것은 외부의 간섭만이 아니다. 왕의 기병은 의심하고, 망설이고, 어린 신부를 달라며 의식을 미룬다. 외부의 간섭이 없어도 뭔가 잘못 되어가고 있다. 이제 사람들이 낡은 방식을 의심 없이 받아들이지 않는 것이다. 왕의 기병은 마치 지방 사무관에게 자살당하지 않도록 체포해 달라고 부탁하는 것처럼 보인다. 결국 아버지를 대신하는 아들은 사무관과 그의 아내뿐 아니라 자기 아버지가 훼손한 것을 바로잡는 셈이다.

소잉카는 이 사건의 역사적 배경에 딱히 관심이 없었지만(예를 들면 연도를 잘못 쓴다) 사건의 더욱 큰 의미를 포착했다. 즉 20세기 전반이 되자 자살 의식의 필요성에 대한 의문이 제기되었고, 아마 이 사건이 없었어도 변했을 것이다. 영국의 개입으로 인해 기병의 아들은 어쩔 수 없이 의식을 완성해야 했을 뿐 아니라 이 의식이 점진적 변화를 거쳐 현대화될 기회도 사라졌다.

소잉카가 바꾼 부분들 때문에 이 작품은 더욱 복잡하게 얽힌 비극이 된다. 그러나 그러한 각색만으로는《죽음과 왕의 기병》이 지금과 같은 걸작, 20세기 가장 위대한 희곡 중 하나가 되지 못했을 것이다. 소잉카는 왕의 기병 이야기를 각색하면서 연극과 전통에 대한 모든 지식을 동원해 이 작품을 의식儀式, 즉 인간의 가장 오래된 의미 만들기 형식에 대한 심층 탐구로 바꾸었다.

소잉카의 핵심적 통찰은 여기에서 행해지는 의식이 기병의 자살만은 아니라는 사실이다. 만약 그렇게 생각한다면 요루바족, 더 넓게는 아프리카인들은 의식을 치르는 이들이고 식민지 영국인은 의식을 방해하는 이들이라고 인식한다는 뜻이다. 이것이 바로 소잉카가 뒤흔들고자 하는 식민주의적 사고방식이었다. 소잉카는 단순히 의식을 방해하는 행위가 나쁘다고 말함으로써 식민주의적 사고방식을 뒤흔들지 않았다. 그는 의식이 영국을 포함한 모든 사회를 얼마나 심오하게 구성하는지 이해하지 못하는 사람들의 무지를 보여주었다.

≡

소잉카는 이 갈등의 의식儀式적 차원을 분석하면서 모든 문화가 상징적 행동에 기반을 두고 있다는 인류학적 관점을 활용했다. 19세기에 인류학이 태동한 이후 이러한 통찰이 생기기까지 어느 정도 시간이 걸렸다. (주로 서구의) 고고학자, 수집가, 사서, 통역사는 (주로) 비서구 세계의 유적, 조각상, 사본을 복구하기 바빴지만 또 다른 학자들은 비물질적 관습과 신앙 체계를 연구 대상으로 삼았다. 비서구인들이 무엇을 믿고 어떻게 사는지 이해하려는 시도는 인류학이라는 새로운 학문이 되었다.

제일 먼저 대두된 생각은 비서구 지역의 일부 집단이 발달 초기 단계의 인류처럼 생활하고 있으므로 인류학자가 그들을 연구하면 현대 이전 역사적 단계의 모든 인간이 어떻게 살았는지 이해할 수 있을지도 모른다는 것이었다. 이를 연구하려면 외딴 부족들과 함께 살면서 그들이 세상을 어떻게 보는지 배우는 방법밖에 없었다. 그들은 사회를 어떤 식으로 조직할까? 신념 체계는 무엇일까? 그들의 '원시

적' 사고방식은 무엇일까? 인류학자는 연구 대상인 사회에 자신의
학설과 가치관을 투사하지 않도록 행동 규칙을 만들었다. 그들은 그
러한 사회가 석기 시대의 귀중한 잔재라고 생각했고 연구를 통해 기
계 시대의 인류학자가 자신의 과거를 엿볼 수 있다고 생각했다.[15]

살아 있는 유물을 연구함으로써 과거를 연구하는 것은 '선진 문명'
또는 '고급문화'라는 개념에 바탕을 두고 있으며, 이러한 개념은 선
진 문명의 정점인 뛰어난 예술가들의 놀라운 업적으로 이해할 수 있
었다. 가장 훌륭한 사원과 교회, 조각과 회화의 걸작, 가장 웅장한 교
향곡, 가장 중요한 문학 작품이 여기에 포함된다. 그런데 누구의 기
준으로 보았을 때 가장 훌륭하다는 것인가? 서구 문화가 그 순위를
정하는 경우가 많았고, 현대 유럽의 문화적 기원으로 여겨졌던 그리스
나 이집트 등 일부 과거 문화가 순위에 올랐다. 호메로스가 묘사하는
청동기 시대 그리스가 아랍 중세 시대보다 현대 유럽과 더 멀다는 사
실은 중요하지 않았다. 그리스는 후대에 유럽의 기원으로 채택되었
을 뿐이었다. 당시에는 유럽이라는 개념이 존재하지도 않았다는 사
실 역시 문제가 되지 않았다.

이렇게 만들어진 유럽 개념과 그 문화적 기원을 맞추어서 문화적
걸작이라는 개념을 만들어냈지만 원칙적으로 따지면 걸작이라는 개
념을 다른 문화로 확장할 수 있었다. 따라서 고고학자와 사서는 네페
르티티의 흉상, 아즈텍의 사본, 불교 사원, 요루바 조각상처럼 묻히
거나 잊힌 걸작을 찾아다녔다.

이 같은 '문화의 정점' 접근 방식의 문제는 개념을 확장했을지라도
유럽에서 발전한 문화와 비슷한 형태의 문화가 존재하지 않는 사회

에는 적용하기 어려웠다는 점이다. 예를 들어 문자가 없는 유목민이나 반유목민은 문화의 이전 단계, 이를테면 현대의 런던이나 파리는 고사하고 고대 이집트나 당나라 시대 중국, 15세기 멕시코의 정점 수준에도 도달하지 못한 단계에 머물고 있다고 여겼다.

그러나 20세기에 문화 탈식민화 운동이 등장하면서 인류학도 변화했다. 고립된 인간 집단을 연구하면 머나먼 과거에 접근할 수 있다는 생각은 점점 더 의심스러워졌다. 이 생각은 먼 과거의 '원시적' 유물과 '선진' 서구 세계를 대립시키는 식민지적 사고방식에 기반을 두고 있었다. 그래서 새로운 세대의 인류학자들은 '고급문화'라는 개념을 버리고 신념 체계, 특히 친족 체계에 초점을 맞췄다. 어느 사회에나 친족 체계가 존재했으므로 그것을 연구한다는 것이 선진국과 아직 따라잡지 못한 나라라는 낡은 식민주의적 사고방식을 받아들이지 않는다는 의미였다.[16]

이제 문화는 선별된 문화권의 선별된 개인이 달성하는 창작의 정점에 관한 문제가 아니었다. 이제 모든 인간이 문화를 갖게 되었다. 문화는 먹는 음식과 먹지 않는 음식에서, 거주 방식에서, 구술이나 문자로 전해지는 이야기에서, 모든 신념 체계에서, 춤과 음악과 의식에서 드러났다.[17]

인류학의 새로운 접근 방식이 너무나 강력했기 때문에 사회학 등 다른 학문도 이 접근 방식을 차용했다. 그러자 예상치 못한 일이 일어났다. 인류학자들이 자신의 사회에 관심을 돌리기 시작한 것이다. 외국에서 잊힌 걸작을 발굴하려 애쓰는 것이 더는 이치에 맞지 않는다면 국내에서도 걸작에만 집중하는 것이 이치에 어긋나지 않을까?

모든 인간 집단이 문화를 만들어낸다는 것은 문화가 미술관과 연주회장, 도서관에서만 일어나는 일이 아니라는 뜻이었다. 문화는 어디에서든 일어났다.

인류학자와 사회학자는 유럽 민속 예술에 관심을 가졌던 19세기 학자들을 때때로 참고하면서 식민지 문화 연구를 위해 개발한 도구를 이용해서 영국과 유럽 국가를 연구하기 시작했고 식습관, 취향, 가치 체계, 신념, 의식을 분석했다. 지금까지 문화 영역에서 배제되었던 노동 계급도 분석 대상이었다.[18] 이렇게 안으로 시선을 돌리는 것은 때때로 모든 문화가 평등하다고 믿는 문화 상대주의라며 비웃음을 샀다. 그러나 이 말은 부분적으로만 옳았다. 이 접근 방식은 '정점'이라는 기존 모델을 통해서 볼 때만 상대주의적이었다.

사실 두 문화 개념은 하나로 합칠 수 있었다. 모든 뛰어난 작품은 문화의 낡은 위계를 적용하지 않아도 여전히 뛰어나다고 평가할 수 있었다. 《순자타 서사시》 같은 구전 서사시를 말리 문화 최고의 정수로 평가할 수도 있고, 요루바 전통에 깊이 뿌리를 둔 의식에 사용하는 정교한 에군군 가면을 중국 도자기나 이집트의 데스마스크만큼 '훌륭한지' 걱정할 필요 없이 평가할 수도 있었다. "다른 것만큼 훌륭한가"라는 질문은 이제 말이 되지 않았다. 작품은 서로 다른 이유로 주목받을 가치가 있었다. 그 작품이 만들어진 문화 내에서 특히 가치가 높다거나, (인도에 간 현장처럼) 외국인 방문객을 매료시킨다거나, 호쿠사이의 〈거대한 파도〉처럼 전형적이거나 '가장 뛰어난' 작품은 아니지만 그 문화권 안팎으로 널리 퍼졌다거나, 주목할 이유는 다양했다. 소잉카가 최근 작품에서 말했듯이 문화 상대주의는 문화 탐구

의 시작일 뿐 끝이 될 수 없다.[19] 《컬처》역시 이러한 가정을 바탕으로
한다.

≡

소잉카 역시 《죽음과 왕의 기병》에서 영국을 인류학적 시선으로
바라보았다. 극 중에서 식민지 영국인들은 왕자의 방문을 기념하여
공관에서 공들여 준비한 가면무도회를 연다. 영국인들은 다양한 드
레스와 의상을 차려입고 모여서 이 중요하고 상징적인 행사를 기념
하기 위해 특정한 동작으로 춤을 춘다. 밴드가 〈지배하라, 브리타니
아여〉를 엉망으로 연주한다. 참가자들은 각각 의례에 따라 왕자에게
인사를 하며 소잉카가 '소개 의식'이라고 부르는 의식을 치른다. 사
무관과 아내는 요루바족이 세상을 떠난 조상을 기리는 축제 때 쓰는
머리 장식을 착용하고 있다. 그들은 요루바족의 의식에 대해 아무것
도 모르지만 왕자와 사람들을 즐겁게 해주려고 대충 비슷한 동작을
흉내 낸다. 이 기묘한 의식은 왕의 장례 문제 때문에 중단된다. 그 순
간 각자의 의식으로 단합된 두 사회가 서로 부딪쳐서 파괴적 결과를
낳는다.

문화충돌은 불가피하지 않다. 그것은 무지(인류학자들과 소잉카 같
은 예술가들이 반대하는 무지)에 의해 발생한다. 영국인들은 자신들의
의식은 인식하지 못한 채 모든 의식이 시대에 뒤떨어지고 야만적이
라는 잘못된 믿음으로 요루바족의 관습에 경솔하게 끼어든다. 곧 기
병의 아들이 돌아와 극 중의 영국인들 그리고 관객들에게 상황에 맞

지도 않는 요루바 의상을 입는 것은 모독 행위라고 설교한다. 소잉카는 의식으로 단합된 세계를 우리에게 보여준다. 우리에게 필요한 것은 의식을 이해하는 방법을 알려줄 지도이다. 매개자인 기병의 아들이 그 지도를 제공하려고 최선을 다하지만 아무도 그의 말을 진지하게 받아들이지 않는다. 역시 중간자인 소잉카는 분명 기병의 아들이 더 나은 운명을 맞이하기 바랐을 것이다.

이러한 충돌 속에서 사무관이 아내 제인에게 "언제 사회인류학자가 됐지?"라고 쏘아붙인다.[20] 이는 적절한 질문이자 키워드다. 사무관의 아내는 아닐지도 모르지만 소잉카는 사회인류학자가 되었기 때문이다. 아니, 사회인류학에 착안해서 영국을 포함한 모든 사회를 의례와 의식이라는 관점에서 바라보았다고 말하는 편이 옳을 것이다.

소잉카의 문화 개념이 확장되면서 그는 다양한 관심 분야 가운데 흥미로운 대응을 발견했다. 그는 특히 고대 그리스의 의식儀式 세계와 고대 요루바 세계의 대응에 초점을 맞추었다. 소잉카는 창의성과 관련된 요루바의 신 오군Ogun에 주로 관심이 있었다. 소잉카가 봤을 때 오군은 조상들이 사는 세계로의 이동과 같이 그가 '전이'라고 부르는 것과 관련이 있기 때문에 가장 중요했다.[21] 소잉카는 또한 오군에게서 그리스 연극의 신 디오니소스를 연상했다.[22] 어떤 면에서 소잉카는 로마인들이 그랬던 것처럼 머나먼 그리스 신을 자신의 목적에 맞게 바꾸었다.

소잉카는 오군과 디오니소스에 대한 관심 덕분에 문화의 인류학적 이해와 관련된 중요한 질문을 던질 수 있었다. 의식과 연극의 관계는 무엇인가? 그는 에우리피데스의 《박코스 여신도들》을 각색한 작품에서 이 문제를 가장 분명하게 언급한다.

그리스 3대 비극 작가 중 막내였던 에우리피데스는 연극의 기원과 의식의 관계를 탐구하기 위해《박코스 여신도들》을 썼기 때문에 (그리스 비극은 디오니소스 축제의 일부였다) 이 작품은 소잉카의 질문에 특히 잘 맞았다. 그리스 판테온에서 디오니소스는 후발 주자이며 동쪽에서 온 외국 신이었다. 에우리피데스의 희곡은 디오니소스 신과 그의 의식에 대한 저항에서 빚어진 폭력을 탐구한다. 테베의 왕이 디오니소스를 쫓아내려 했던 것이다. 줄거리는《죽음과 왕의 기병》과 크게 다르지 않다. 대중이 옳다고 생각하여 요구하는 의식을 무지한 정치인이 끼어들어 방해한다. (주로 하층민이 디오니소스를 숭배했는데, 소잉카는 각색한 작품에서 이 사실을 이용해 노예 합창단을 등장시켰다.)

합창단원들이 채찍질을 당하는 첫 장면부터 연극이 끝날 때까지 의식이라는 주제 그리고 의식과 연극의 연관성에 대한 이야기가 펼쳐진다. 우리는 실제로 피를 흘려야 하는 의식을 보고 있다고 생각한다. 그러나 곧 채찍질의 강도가 불분명해지고 우리는 이것이 의식이 아니라 다른 규칙, 즉 연극의 규칙에 지배받는다는 사실을 알게 된다. 그렇기 때문에 배우들은 진짜 고통을 참으라는 말을 듣고 격분한다.

소잉카는 이 장면과 몇몇 장면들에서 연극이 본래 의식에서 시작되었을지 모르지만 이제는 배우와 관객의 기대가 달라졌음을 보여준다. 다시 말해 연극은 의식과 달리 종교 행사가 아니다. 연극은 온갖 문화적·시민 사회적 기능을 수행하고 관객과 지역 사회를 하나로 만드는 중요한 역할을 한다. 연극은 의미를 만드는 활동 또는 적어도 의미를 탐구하는 활동이지만 그 기원인 의식과는 거리가 멀어졌다.

에우리피데스의 희곡에서 바로 이러한 역학이 작동했다. 《박코스 여신도들》은 디오니소스 숭배의 기원과 그리스 비극의 기원을 돌아본다. 소잉카가 각색한 작품 역시 요루바의 의식이 오늘날 무엇을 어떻게 의미할 수 있는지 질문을 던진다.

소잉카의 작품에서 연극은 의식과 문화에 대해 이 중요한 질문을 던지기 위한 완벽한 수단이다. 그는 이 연극을 통해 요루바 의식과 그리스 의식을 흡수할 뿐 아니라 연구할 수 있었다. 또 요루바 전통을 원시적이라고 비난하지 않으면서도 몇몇 부분을 비판할 수 있었으며 에우리피데스에서 셰익스피어에 이르기까지 다양한 연극 전통을 통합할 수 있었다. 소잉카는 문화의 낡은 위계를 벗어남으로써 매우 희귀한 것을, 걸작을 만들어냈다.

소잉카는 지금도 현대 나이지리아 문화를 만들어가고 있다. 나이지리아 문화는 막대한 예술적 자원을 이용해서 끔찍한 노예 무역과 식민지 시대에도 살아남았다. 소잉카는 나이지리아 사람들의 미래, 더욱 넓게는 아프리카 문화의 미래를 부흥으로, 르네상스로 상상했다. 이제 이 용어는 이탈리아 르네상스에만 국한되지 않고 어디서든 인간 문화가 만들어지는 주요 메커니즘으로 이해될 수 있다. 소잉카는 무엇보다도 요루바 문화 전통을 새로운 방식으로 재사용하고 다른 전통과 자유롭게 결합함으로써 보존할 수 있음을 보여주었다. 그리스 및 유럽 연극은 폭력의 역사를 통해 나이지리아에 들어왔지만 소잉카는 그것을 끊어내기보다는 요루바의 옛 전통이나 새로운 전통과 다시 섞음으로써 자기 것으로 만들었다. 그의 작품은 유럽 식민주의가 가한 극단적 형태의 폭력이나 요루바 문화를 폄하하고 지우려 했던 시도를 부정하거나 없애지 않는다. 소잉카는 그 대신 자신이 활용할 수 있는 모든 문화적 자원을 이용해 그 역사를 증언한다.[23]

≡

소잉카와 뒤로 라디포는 아프리카 르네상스에서 다시금 예상치 못한 역할을 맡았다. 그들은 날리우드Nollywood라고 알려진 나이지리아 영화의 놀라운 발전에 토대를 마련했다. 날리우드의 시작을 알린 영화 열 편 가운데 하나는 소잉카가 자신이 1965년에 쓴 극본을 각색한 〈콩기의 수확〉(1970년)이다. 소잉카는 가상 아프리카 국가의 독재자 콩기 역을 맡았다. 콩기는 국가를 현대화하겠다는 막연한 목표를 위해 기존 왕을 폐위시키고 독재자가 되어 나라를 점점 더 이상하게 통치한다. 그는 반대자를 모두 제거하고 가장 중요한 얌 축제를 포함한 전통 의식을 바꾸어 권력을 강화하려 한다.

소잉카가 영어로 영화를 만드는 동안 라디포는 부패한 정치인과 싸우는 젊은 사냥꾼 이야기 〈아자니 오군Ajani Ogun〉(1976년) 등 요루바어 영화에 집중했다. (라디포는 이 영화에 출연했고 음악에도 참여했다.) 〈아자니 오군〉은 〈콩기의 수확〉과 함께 나이지리아 영화의 황금기를 열었다.

나이지리아 영화의 황금기는 본래 형태대로 오래 지속되지 못했다. 1980년대가 되자 시장에서 구할 수 있는 비디오카세트가 영화관 역할을 대체했다. 그러나 새로운 형식은 더 많은 콘텐츠에 대한 수요를 창출했기에 저예산 작품이 쏟아져 나왔다. 바로바로 출시되는 영화가 겨냥하는 대상은 문화 엘리트가 아니라 시골에서 도시에 올라와 서비스업에 종사하는 사람들이었다. 거대한 시장이었고 영화가 대중적 성공을 거두자 곧 VHS 테이프에서 DVD와 TV까지 대규모 산업이 탄생했다. 오늘날 날리우드는 할리우드와 발리우드보다 더 많은 영화를 제작한다. 날리우드의 베테랑 페미 오두그베미는 최근에 이렇게 말했다. "이제 날리우드를 접할 수 있는 수단이 수없이 많이 생겼다. 오늘날 날리우드는 시장에서도 판매되지만 영화관에도, 케이블 TV에도, 넷플릭스에도 있다. 당신이 어디에 있든 손만 뻗으면 모든 미디어를 통해 날리우드에 닿을 수 있다."[24]

날리우드의 엄청난 규모 덕분에 수많은 스타가 탄생했고 새로운 스타들은 새로운 형태의 연극 공연을 만들어내고 있다. 내가 가장 좋아하는 작품은 이페오마 파푼와가 각본과 감독을 맡은 연극 〈말을 들어라!: 나이자 여자들, 진실을 이야기하다Hear Word!: Naija Women Talk True〉(2014년)이다. 파푼와는 타이오 아자이-리세트, 조크 실파, 빔보 아킨톨라, 오모노르, 엘비나 이브루, 우푸오마 맥더못, 자라 우도피아-에조, 랄라 아킨도주, 리타 에드워드, 데보라 오히리, 오데니케 등 날리우드 스타들을 불러 모았다. 이 여성들은 오늘날 나이지리아의 삶, 특히 그것이 여성에게 미치는 영향을 중심으로 이야기를 들려준다. 이 작품은 아프리카계 미국인 작가 엔토자케 샹게가 쓴 20개짜리 독백으로 구성된 연극 〈무지개가 떴을 때/자살을 생각한 흑인 소녀들을 위하여〉(1976년)와 섹슈얼리티, 관계, 여성에 대한 폭력에 관한 이브 엔슬러의 연극이자 'V의 날'이라고 이름을 바꾼 2월 14일에 많은 배우들이 공연했던 〈버자이너 모놀로그〉(1996년)의 영향을 받

았다.[25]

〈말을 들어라!〉('듣고 따르라!'의 나이지리아식 표현)는 요루바 노래를 배경으로 하는 영어 독백을 바탕으로 한다. 다양한 연극과 공연 전통을 결합한 이 작품의 오리지널 캐스트는 날리우드에서 명성을 얻자 나이지리아 여성이 직면한 가정 폭력과 여타 문제에 관심을 촉구했다. 파푼와는 '분노와 불안이 가득한' 유럽 작품의 대안으로 이 작품을 떠올렸기에 음악과 춤, 유머를 강조했다. 그녀의 작품은 생각지도 못한 반향을 일으켰다. 파푼와는 첫 공연이 끝나고 나서 "공연이 끝난 뒤 로비에 여성들이 모여 이야기를 나누기 시작했다"고 말했다. "갑자기 말해도 된다는 허락을 받은 것이다."[26] 〈말을 들어라!〉는 배우와 청중이 참여하는 공개 토론 기회를 제공했는데 파푼와가 말했듯 심리 치료를 비난하는 경향이 있는 문화에서 이는 특히 소중한 것이었다.

〈말을 들어라!〉는 나이지리아 초연 후 해외로 진출했다. 날리우드에 관심을 가지던 나이지리아 망명자들뿐 아니라 날리우드 산업과 스타를 잘 모르는 사람들도 이 연극을 보았다. 〈말을 들어라!〉는 에든버러 연극 페스티벌에서 상연되었고 미국에서는 뉴욕의 공공 극장과 하버드대학 등지에서 상연되었다.[27] 오리지널 캐스트의 스타 가운데 한 사람인 타이오 아자이-리세트는 관객에게 사회적 변화의 수단으로서 연극에 더 관심을 가져달라고 촉구하면서 〈말을 들어라!〉의 성공에 대해 이렇게 말했다. "여기에서 지적 서사가 만들어집니다…. 우리는 지적으로 나이지리아를 변화시키기 시작했고, 그들도 우리와 합류해야 합니다."[28] 아자이-리세트의 경력은 날리우

드의 역사 그리고 날리우드와 연극의 관계를 보여준다. 그녀는 연속
극에서 액션 스릴러까지 다양한 역할을 맡았고 TV 진행자로도 일
하지만 날리우드와 마찬가지로 그녀의 뿌리는 연극이다. 월레 소잉
카의 〈사자와 보석〉에서 시골 소녀 역을 맡아 처음으로 무대에 섰던
그녀는 날리우드의 동료 베테랑들과 함께 연극의 힘을 재발견하고
있었다.

소잉카와 〈말을 들어라!〉, 이 둘은 문화가 순수할 때보다 혼합되었
을 때, 혼자 갇혀 있기보다 문화적 형태를 차용할 때 번성한다는 사
실을 일깨워준다. 위대한 극작가와 공연자는 그들의 시대와 장소에
대해 이야기하는 작품의 재료를 어디서든 찾아낼 것이다. 연극은 특
정 위치에서 특정 관객을 대상으로 진행되는 무척 지역적인 예술이
다. 그렇기에 의미를 만드는 특별한 곳에 모이고자 하는 인간의 기본
욕구에 대응한다. 아자이-리세트가 말했듯이 진정한 서사는 바로 그
런 곳에서 만들어진다.

에필로그

2114년에도 도서관이 존재할까?

2015년에 소설가 마거릿 애트우드는 오슬로 주변을 질주하는 무소음 전기 전차를 타고 도시가 내려다보이는 산에 올랐다. 역에서 내린 그녀는 잘 보존된 숲길을 따라 흰색 화살표를 따라 곧장 숲속에 들어갔다. 애트우드는 몇십 명의 사람들과 함께 있었는데, 비가 계속 내리는 바람에 다들 모자를 쓰거나 비옷을 입고 우산을 든 채였다. 다채로운 무리가 숲으로 들어가자 도로는 산길로 바뀌었지만 군데군데 널빤지로 보강되어 목적지의 숲속 원형 공터까지 안전하게 갈 수 있었다. 최근에 나무들을 벴으나 키 15~20센티미터 정도 되는 묘목을 새로 심어 해충 피해를 받지 않게끔 하얗게 코팅해 두었다. 마거릿 애트우드와 동료들은 묘목 사이에서 모닥불에 주철 냄비를 올려 끓인 뜨거운 커피와 초콜릿을 받았다. 사람들은 무리 지어 서 있거나 바닥에 앉아서 사진을 찍고 이야기를 나누며 행사가 시작되기를 기다렸다.

제일 먼저 이야기를 시작한 사람은 이 행사를 기획한 케이티 패터슨이었다. 스코틀랜드에서 온 그녀는 크고 작은 과정, 인간이 인식하기에는 지나치게 작거나 지나치게 큰 과정을 인식 가능한 영역으로 가져오려고 노력하는 예술가로서 명성을 얻었다. 그녀는 그들이 여기 오슬로의 숲에 모인 이유를 짧게 설명했다. 그런 다음 애트우드가 몇 마디 했고, 이제 의식의 핵심 부분이 시작되었다.

디스토피아 소설에서 가부장적 통제에 대한 여성의 공포, 기업 과두제의 위험성, 유전공학의 잠재적 결과에 대해 다룬 작가 애트우드는 보라색 리본으로 묶은 상자를 가져왔다. 그녀는 상자 안에 '엉터리 작가의 달Scribbler Moon'이라는 제목의 원고가 들어 있다고 설명했다. 패터슨이 정한 규칙 때문에 그 이상은 말할 수 없었지만 그런 제목을 붙인 이유 정도는 말할 수 있었다. 그녀는 글쓰기에 대한 생각과 시간에 대한 생각을 접목하려 했다고 말했다. 그런 다음 패터슨이 애트우드에게 다가가더니 재빨리 뺨에 입맞춤을 하고는 상자를 받아 오슬로 공공 도서관 관장에게 건넸다. "상자 조심하세요." 그녀가 반농담처럼 이렇게 말했는데 어쩌면 정말로 걱정이 되었을지도 모른다. 이러한 몸짓과 행동은 미리 연습한 종교 의식처럼 진지하지도 않았고 단순한 연극도 아니었다. (소잉카의 독자라면 알겠지만) 그 중간의 무언가였다. 그런 다음 도서관 관장이 짤막한 연설에서 '엉터리 작가의 달' 원고가 담긴 상자를 가져갔다가 때가 되면 다음 수호자에게 넘기겠다고 약속했다. 행사가 끝난 후 진행된 간단한 인터뷰에서 애트우드는 사람들에게 바다를 죽이지 말라고 호소했다. 그런 다음 모두 천천히 집에 돌아갔다.[1]

패터슨은 장기적 문화 저장고에 관한 아이디어와 환경 지속 가능성을 결합한 예술 프로젝트를 기획했고, 애트우드를 이 프로젝트의 첫 번째 작가로 초대했다. 나사로 나무에 고정한 목조 표지판에는 오슬로의 숲속 공터가 이 프로젝트의 일부라고 적혀 있다. 빨간색으로 적힌 노르웨이어 '프람티즈비블리우테켓Framtidsbiblioteket'과 영어 '퓨처 라이브러리Future Library'는 지나가는 사람들에게 이곳이 미래 도서관의 일부임을 알려준다. 세 단어 옆에 나무의 나이테처럼 생긴 동심원이 있다.

패터슨의 아이디어는 앞으로 99년 동안 매년 작가 한 명이 작품을 쓴 다음 제목을 제외한 모든 것을 비밀에 부치기로 약속하고 양도식에 참석하는 것이었다. 원고를 담은 상자는 오슬로 공공 도서관 특별실로 옮기는데 방문객들은 제목을 볼 순 있어도 내용을 읽거나 확인할 수는 없다. 모든 글은 자물쇠와 열쇠로 잠가 2114년까지 보관한다. 2114년이 되면 2014년에 심었던 나무로 종이를 만들어 원고를 인쇄한다. 미래 도서관이라는 프로젝트 제목에서 알 수 있듯이 이것은 애트우드의 소설 대다수처럼 미래와 관련된 프로젝트다.

애트우드는 이 행사에 대한 짧은 글에 이렇게 썼다.

누구든 인간이 그곳에서 그 원고를 받으려고 기다릴까? '노르웨이'가 존재할까? '숲'이 존재할까? '도서관'이 존재할까? 100년 뒤에 갑자기 깨어날, 그때쯤이면 오랫동안 침묵했을 내 목소리를 생각하면 정말 이상하다. 아직 생기지도 않은 손이 상자에서 원고를 꺼내 첫 페이지를 펼쳤을 때 그 목소리는 제일 먼저 뭐라고 할까?[2]

양도식이 끝난 뒤 인터뷰에서 애트우드가 덧붙였듯이, 말이 시간을 견디게 해주는 기술이 바로 문자라는 점에서 미래를 위해 쓰는 것은 누구나 해왔던 일이다. 이 프로젝트에서 다른 점은 미래 도서관이 고의적 방해물을 설정해 애트우드 작품의 경우 99년 동안 차단시킨다는 것이다. 원고를 보관하는 기간은 매년 1년씩 줄어들기 때문에 마지막 참가 작가의 책은 일반적인 출판 과정이 그렇듯 거의 즉시 발표된다.

이처럼 인위적 단절은 지금까지 이 책에서 무척 중요했던 문화사의 특징을 재현한다. 단절되었던 문화재가 복원되면 어떤 일이 발생할까? 일반적으로 단절은 의도적으로 만드는 것이 아니라 쇼베동굴 입구를 막은 산사태나 전쟁, 환경 변화, 보존 가치의 문화적 변화처럼 우연히 발생하는 일이다. 그런데 미래 도서관은 처음부터 단절을 기획했다.

이 실험은 무엇을 밝혀줄까? 미래 도서관은 양도식과 엄숙한 침묵 서약, 도서관의 감독을 통해서 문화재를 보관하고 미래에 전달하는 제도에 관심을 불러일으킨다. "'도서관'이 존재할까?" 인터뷰에서 애트우드는 한 단어에 조심스럽게 따옴표를 붙이면서 어쩌면 도서관이라는 개념 자체가 변화를 겪는 중이거나 아예 존재하지 않을지도 모른다고 걱정스레 물었다. 노르웨이 당국이나 오슬로시가 쓸데없는 지출이라고 판단해 도서관을 매각할지도 모른다. 애트우드가 보기에 도서관의 운명은 더 큰 운명과 연결되어 있다. 즉 노르웨이는 어떻게 될까? 노르웨이라는 나라가 존재하지 않으면 도서관은 다른 관리 주체의 손에 들어가거나 도서관의 주인 자체가 사라질 수도 있다.

"'숲'이 존재할까?"라는 애트우드의 질문은 논의의 초점을 국가와 기관에서 환경으로 옮긴다. 이 프로젝트의 세 구성 요소 가운데 숲은 가장 특이한 부분이며, 우리의 환경 위기 인식과 지속 가능한 실천의 필요성을 말해 준다. 또한 가장 취약한 부분이기도 하다. 기후 변화란 2014년에 심은 묘목이 새로운 해충, 극심한 폭풍, 산불, 필사적인 지구공학 프로젝트 실패의 역효과로 인해 생존하지 못한다는 의미일 수도 있다. 그러나 노르웨이는 숲이 광대하고 기후 변화의 위협을 덜 받는 국가에 속한다. 이런 의미에서 패터슨의 선택은 적절하다. 아마도 그녀는 노르웨이가 환경 운동에 특히 적극적으로 참여하며 여러 가지 성과를 거두고 있을 뿐 아니라 가장 높은 전기 자동차 비율을 자랑한다는 사실에서 영감을 받았을지도 모른다.

 노르웨이의 막대한 석유 매장량이 적어도 간접적으로 이러한 성과를 뒷받침한다는 점을 기억하면 상황은 조금 더 복잡해진다. 석유 매장량은 노르웨이의 막대한 국부 펀드에 (이렇게 표현해도 괜찮다면) 연료를 제공한다. 기후 변화 문제에 대해서라면 국부 펀드는 노르웨이의 유리한 지리적 위치와 함께 아마도 노르웨이의 존재와 미래 도서관의 존재를 보장하는 최고의 증거일 것이다. 그러므로 어떤 의미에서 노르웨이의 숲은 사라질지언정 노르웨이는 2114년까지 남아 있도록 보장해 주는 것은 바로 기후 변화에 기여하는 노르웨이의 오일 머니다.

 물론 미래의 사서들이 나무로 만든 종이에 원고를 인쇄한다는 프로젝트 규정을 폐기하고 인터넷 게시를 결정할 가능성도 있다. 환경을 생각하면 (지속 가능한 방식으로 전력을 제공한다는 전제하에) 그편이 더 바람직할지도 모른다. 클라우드 저장의 생존 가능성이 가장 높을지도 모른다. 하지만 포맷이 너무 빨리 변해서 읽을 수 없게 되는 경우가 많다는 점을 들며 전자 저장의 수명을 우려하는 이들도 있다. 이 책에서 다루는 긴 문화사는 모든 장기 보존 프로젝트에 경고를 보낸다. 압도적으로 많은 문헌이 유실되었고, 희귀한 문헌의 일부가 발굴되어도 복원된 시점에는 언어나 문자 체계가 잊히거나 문자가 적힌 물리적 표면이 손상되는 바람에 읽을 수 없는 경우도 있었다.

아소카 왕과 마찬가지로 미래 도서관은 문자로 기록한 글을 신뢰한다. 문자는 5000년 전 처음 등장한 이래 긴 수명 덕분에 위신을 지켰지만 덧없는 말은 순간적이고 수명이 짧다며 평가절하당했다. (이 규칙에도 예외가 있었으니 비밀 지식 전통은 너무나 귀중해서 글에 맡길 수 없다고 여겨졌다). 사실 구술 전통은 놀라울 만큼 탄력적이다. 쉽게 파괴할 수 있는 외부 저장 장치와 상징적 기록 체계가 아니라 헌신적 인간들에게 분산 저장할 수 있기 때문이다. 구술 전통은 문자 전통보다 유연하여 새로운 환경에 적응할 수 있지만 문자는 특정 기록 체계와 기호에 따라 달라진다. 그러나 우리는 그동안 문자를 읽는 방법을 너무나 자주 잊어버렸음에도 불구하고 시간을 초월하는 문자 메시지를 계속 보낸다.

지금까지 미래 도서관 프로젝트에 참가한 작가는 캐나다인 마거릿 애트우드, 영국인 데이비드 미첼, 아이슬란드 시인 시귀르욘 비르기르 시귀르드손, 노르웨이인 칼 오베 크나우스고르 등 대부분 북반구 출신이다. 런던을 오가며 지내는 터키 소설가 엘리프 샤팍, 주로 미국에서 자랐으며 매사추세츠 서부에 사는 베트남 태생 시인 겸 소설가 오션 브엉 등 주로 북반구에 기반을 둔 작가들이 여기에 합류했다. 한국의 시인이자 소설가인 한강은 영어권 밖에 살고 있지만 2016년에 소설《채식주의자》로 영국의 부커 국제상을 수상한 이후 영어권에서 큰 호평을 받았다. 여덟 번째이자 가장 최근에 작품을 양도한 짐바브웨의 소설가 겸 극작가, 영화 제작자 치치 당가렘가는 유일한 남반구 출신이며 지금도 남반구에서 살고 있다. 그녀는 1988년에 영어 소설《불안한 상황》으로 역시 국제적인 영연방 작가상을 받으며 세계적 명성을 얻었다.

이상 여덟 명의 작가들을 종합하면 세계문학이 북반구와 영어권에 치우쳐져 있음이 드러난다(미래 도서관 웹사이트에는 책 제목이 원제와 상관없이 영어로만 적혀 있다). 그러므로 미래 도서관은 북유럽과 북미에 기반을 둔 세계문학과 거대 출판사, 문학상 시스템을 반영한다고 볼 수 있다. 결국 노벨 문학상은 스웨덴에서 만들어졌고 스웨덴 한림원과 회원들이 주관한다. 분명 노벨위원회는 1913년 라빈드라나트 타고르를 시작으로 1986년 월레 소잉카, 2021년 압둘라자크 구르나에 이르기까지 남반부 작가들에게 존경을 표하려고 노력해 왔다. 노벨위원회의 표현에 따르면 구르나는 "각 문화와 대륙 사이의 심연에 빠진 난민의 운명과 식민주의의 영향에 대한 열정적이고 타협하지 않는 통찰"로 상을 받았다. 미래 도서관이, 더욱 일반적으로는 출판 시장 자체가 2114년까지 앞으로 90년 동안 어떻게 발전하는지 지켜보면 흥미로울 것이다. 더 많은 남반구 작가들이 진입할까? 영어의 중요성은 약해질까, 강해질까? 기후 변화의 영향 때문에 불균형으로 고통받을 가능성이 높은 지역이기도 한 남반구에서 새로운 기관과 문학상이 등장할까?

미래 도서관은 타임캡슐이 그러하듯 미래를 위해 문화를 보존하고자 하며, 문화재를 봉인해서 미래에 무사히 전달하려 한다. 타임캡슐은 절망과 파멸의 시기에 등장하는 듯하다. 20세기 초에는 2차 세계대전 발발 전인 1939년 세계박람회에서 뉴욕 퀸스에 봉인한 상자를 묻은 바 있다. 상자 속에는 일상적 물건뿐 아니라 마이크로필름으로 찍은 문학 작품과 그림, 마이크로필름 판독기, 사전, 여러 언어로 번역한 텍스트, 토마스 만(영어), 알베르트 아인슈타인(독일어), 물리학자 로버트 밀리컨(영어)의 인사말도 들어 있었다. 인쇄된 책은 성경과 캡슐 내용물 목록을 적은 소책자뿐이었다. 이 〈북 오브 레코드Book of Record〉 사본은 타임캡슐의 존재와 위치뿐 아니라 그 내용물이 무엇인지 보존하기 위해 도서관에 배포되었다. (여기서 〈북 오브 레코드〉는 또 다른 보존 방법, 즉 봉인한 상자가 아니라 다수의 사본을 널리 퍼뜨리는 방법에 대한 믿음을 보여준다. 나는 〈북 오브 레코드〉를 인터넷에서 읽었다.[3])

1939년 세계박람회 타임캡슐은 5000년 동안 사람 손길이 닿지 않게 보관할 예정이었다. 그러나 불행히도 플러싱 메도스 코로나 파크는 해발 약 2.1미터에 불과하고 이는 6939년이 되기 한참 전에 타임캡슐이 대서양 바닥에 가라앉을 가능성이 높다는 뜻이다. 사람들은 지구에 그러한 재앙이 닥칠 것을 예상하고 최초의 성간 우주선 파이어니어 10호와 11호를 시작으로 타임캡슐 몇 개를 우주에 보냈다. 성간 탐사선 보이저 1호와 2호에 실린 골드 레코드가 그 정점이었다.[4] 골드 레코드는 홍수와 전쟁으로부터 안전하지만 회수는 어려울 것이다. 인간의 간섭에서도 안전하다. 하지만 골드 디스크는 과연 누구를 위한 것일까? 지성을 가진 외계인이나 은하계를 여행할 수 있게 된 미래의 인간일 텐데, 둘 다 가능성은 별로 높지 않다.

또 다른 해결책으로 1969년 아폴로 11호가 전 세계의 친선 메시지를 담은 디스크를 우주로 가져가서 성조기와 함께 달에 두고 왔다.[5] (버즈 올드린은 디스크를 두고 오는 것을 잊을 뻔했으나 지구로 돌아가는 달 착륙선에 탑승하려 할 때 닐 암스트롱이 달 표면에 디스크를 던지라고 말해 주었다.[6]) 어떤 타임캡슐이든 문화적 표현, 즉 구두 인사말과 문자 기호는 두서 없이 선택되었고 타임캡슐과 기록 장치를 만든 후에야 뒤늦게 생각해 냈다. 이것은 우리 시대의 공학과 인문학의 차이를 보여주는 또 다른 예이다.

이러한 타임캡슐들의 운명은 몇천 년 뒤가 아니더라도 향후의 위협과 파괴를 예측하는 것이 얼마나 어려운 일인지 보여준다. 미래 도서관은 불과 개관 6년 만인 2020년에 코로나바이러스 때문에 중단되었다. 그때까지만 해도 새로 지은 도서관 건물의 새로 만든 방, 숲에서 멋지게 자라는 묘목, 매년 방문객을 끌어들이는 양도식, 촬영과 편집을 거쳐 단순하지만 우아한 웹사이트에 게시되는 멋진 영상들을 뽐내던 이 사업은 효율적인 홍보 기관의 도움을 받으며 매끄러운 진행을 뽐냈다. 하지만 이 모든 것이 딱 멈추었다.

크나우스고르 때부터 문제가 시작되었다. 그는 영국에 살았지만 코로나바이러스로 인한 여행 규제 때문에 양도식에 참석하러 노르웨이에 갈 수가 없었다. 브엉은 원고 요청을 수락했지만 코로나바이러스 전염병으로 인한 혼란 때문에 글쓰기에 어려움을 겪었다.[7] 이에 따라 미래 도서관 프로젝트는 예상보다 훨씬 빨리, 적어도 일시적으로는 보류되었다.

장기 지속을 전제했던 프로그램의 갑작스러운 중단은 문화 보존에 필요한 인프라의 취약성을 강조한다. 100년이라는 시간은 3만 7000년이나 된 쇼베동굴 벽화나 5000년이나 된 문자(와 퀸스 타임캡슐)와 비교하면 비교적 짧게 느껴지지만 바이러스는 문화 제도가 얼마나 실패하기 쉬운지 보여주었다. 우리는 국부 펀드가 뒷받침하는 가장 안정적 민주주의 국가의 지원을 받아 멋진 도서관을 새로 지을 수 있다. 하지만 환경 변화의 산물인 아주 작은 바이러스가 여행을 비롯해 (인터넷은 포함되지 않았지만) 많은 것들을 중단시킬 수 있다.

미래는 예측 불가능하고 문화란 기껏해야 세대가 바뀔 때마다 계속해서 수선해야 하는 끊어진 사슬이라는 점을 우리에게 상기시킨다. 결국 미래 도서관이 그 누구의 예상보다도 빨리 중단된 후에도 그것을 계속 이어가는 동력은 나무나 도서관, 노르웨이의 수명이 아니다. 바로 사람들, 즉 케이티 패터슨, 참여 작가들, 언론, 대중이 미래 도서관 프로젝트에 여전히 신경을 쓰느냐이다.

그들이 신경을 쓸까? 지금 우리가 알고 있는 자연을 이용할 수 없는 미래의 인류는 종이를 만들려고 나무를 베는 것을 중대한 윤리적 결함으로 생각할지 모른다. 따라서 과거의 저자가 지금의 법적·사회적·도덕적 규범을 어겼다고 비판받듯이 우리도 모든 면에서 가혹하게 비판받을지도 모른다(참가자들 가운데 한강 작가만이 나무를 베는 것에 슬픔을 표했다).[8] 미래의 인류는 나무를 심는 것으로는 이 프로젝트 전체의 무거운 환경 발자국을 상쇄할 수 없고 여행과 건축에 상당한

탄소 비용이 든다며 미래 도서관이 지구를 파괴한 세대의 전형적 산물이라고 비난할지도 모른다.

그렇다면 미래 도서관은 미래의 독자들이 이러한 가치관의 차이를 받아들이고 분명 한심할 만큼 부족해 보일 과거의 인간과 기꺼이 교류하기만을 바라야 할 것이다. 미래 도서관에 필요한 가장 큰 믿음은 우리가 가혹한 비난을 받을 이유가 있어도 미래가 우리를 덜 가혹하게 판단하리라는 믿음, 또는 적어도 미래의 기준에는 미치지 못하더라도 우리의 문화 창작물을 감상하고 보존해 주리라는 믿음이다.

이러한 신뢰는 기반이 불안정하다. 문화사는 산사태, 화산 폭발 같은 환경 재해뿐 아니라 무지하고 악의적인 외세 침략자와 식민지 개척자들에 의한 파괴의 역사다. 그러나 새로운 가치와 신념을 가진 후대가 문화를 파괴하기도 했다. 네페르티티의 이름을 지운 연대기 작가들은 아마도 아톤 숭배를 진심으로 우려했을 것이다. 마찬가지로 중국 유생들은 불교 승려들이 국가에 대한 의무를 회피한다고 진심으로 생각했을 것이다. 또 중세 기독교도들로서는 이교도인 그리스인과 로마인을 기독교인과 나란히 두는 것을 상상도 하지 못했을 것이다. 이처럼 다양한 문화의 만남에서 발생하는 폭력은 그 성격과 정도는 상당히 다를지라도 그 결과 수많은 인명 피해가 발생하고 고의적으로 문화재가 파괴되었다는 공통점이 있다.

물론 우리는 문화를 관통하는 파괴의 역사에서 몇 가지 교훈을 얻었다. 노골적인 절도를 단속하는 새로운 법률을 제정했고 점점 더 많은 박물관들이 식민 통치 당시 가져오거나, 의심스러운 상황에서 취득하거나, 도난당한 것이 확실한 유물을 반환하고 있다.[9] 우리는 유네스코 문화유산과 풀뿌리 주도 발의를 통해 문화 보존에 더욱 정교해졌다. 또한 스승에게서 제자에게, 한 사람에게서 다른 사람에게로 구전되는 지식이나 무용과 공연 전통 같은 비물질적 문화 관습에 더욱 주의를 기울이게 되었다. 이는 문화를 다루는 방식의 중요한 성과로 더욱 광범위하게 장려하고 실행해야 한다.

그러나 문화의 생존에 대한 더욱 큰 교훈들은 더욱 배우기 어렵다. 과거가 가장 소중한 의견과 가치에 계속해서 도전하기 때문이다. 이 책이 언급하는 모든 문헌이나 물건은 자연재해뿐 아니라 고의적 사보타주에 의해 파괴될 크나큰 확률을 이겨내고 살아남았다. 그것이 발견된 사회의 가치에 어긋났음에도 불구하고 보존된 것이다. 중국에 남아 있던 불교 문헌과 조각상은 지배 사상인 유교와 도교의 관습에 어긋났음에도 불구하고 살아남았고, 그리스 철학자들은 선지자 무함마드의 제자가 아니지만 바그다드에서 살아남았다. 마찬가지로 부흥 운동 당시 일부 유럽 기독교인들은 이교도가 쓴 저작임에도 불구하고 고대의 고전을 기꺼이 다시 연구했고, 아즈텍인들은 차이를 무릅쓰고 이전 문화의 문화재를 자기네 의식에 통합했다. 또 생도맹그 반란군은 자신들을 노예로 삼은 국가에서 시작된 계몽주의 사상을 이용했고, 옛 유럽 식민지 주민들은 소잉카가 독립이라는 목표를 위해 그리스 비극을 이용했듯 유럽 문화의 요소를 다른 용도로 이용했다.

이 모든 사례에서 문화재와 관습은 그것을 보존하는 사람들에 대한 위협으로 여겨질 수도 있었지만 살아남았다. 이 문화재들은 분명 문화적 순수성이라는 개념에 도전했다. 문화사는 순수주의자와 청교도야말로, 티 한 점 없는 미덕이라는 사상에 몰입한 사람이야말로 문화 파괴 행위에 가담할 가능성이 가장 높다는 사실을 계속 반복해서 보여준다.

또한 순수주의자는 과거와 다른 사회의 의미 생산 전략을 차단하여 자신의 문화로부터 귀중한 자원을 빼앗는다. 문화는 다양한 표현 형식과 의미 생산에 쉽게 접근할 수 있을 때 가능성과 실험을 통해서 번영한다. 문화 접촉으로 선택지가 증가하면 문화 생산과 발전은 자극을 받는다. 반대로 순수성을 중요시하는 사람들은 대안을 차단하고 가능성을 제한하며 문화 융합 실험을 감시하는 경향이 있다. 그들은 편협한 기준에 부합하지 않는 과거를 무시하고 파괴를 용인하거나 장려함으로써 스스로 가난해진다.

그러한 순수주의자의 반대편에 바로 이 책의 영웅들이, 문화 전통을 지키고 전파하는 데 목숨을 건 사람들이 서 있다. 트로이 전쟁처럼 긴 이야기를 열심히 기억한 이들, 기둥을 세우고 모자이크화와 프레스코화를 그리는 문화 기술과 이집트 상형 문자와 아즈텍 그림 문자 같은 문자 체계에 숙달한 이들이다. 바그다드 지혜의 창고, 힐데가르트 폰 빙엔의 수도원, 조지 엘리엇이 장려한 과거를 다루는 새로운 과학에 영감을 받은 박물관 등 문화를 보존하고 전파하는 기관을 세운 사람들과 월레 소잉카처럼 공연 전통을 이어가는 일에 헌신하는 예술가들도 똑같은 영웅이다. 또한 인도를 여행한 현장, 중국을 여행한 엔닌, 일본에서 중국 문화의 유산과 씨름한 세이 쇼나곤처럼 (평화적인) 문화의 만남을 촉진한 사람들도 똑같다. 이들은 자신이 방문한 (또는 들어본) 국가에 대해 불완전한 생각이나 때로 잘못된 생각을 갖기도 했으나 자기 머릿속의 가정과 믿음에 도전하기 위해 다른 문화와 만나고자 했다.

나는 이 책의 독자들도 똑같이 했으리라고 상상하는 것이 좋다. 이 책에서 논의하는 고대 작품이나 창작자들 모두가 흠이 없는 것은 아니다. 그들을 형성한 문화는 우리와는 다른 가치관과 관행을 가지고 있었다. 그들은 우리가 살고 싶지 않았을 사회의 산물이었다. 그리고 이 책에서 다루는 작품들은 그것을 만들어낸 사회와 마찬가지로 그 시대의 가치와 부당함을 담고 있다. 보존할 가치가 있다고 판단하여 우리의 공동 문화유산으로 받아들인다고 해서 그 시대의 가치에 동의하거나 도덕적 모범으로 받아들여 지금 여기에서 따라야 하는 것은 아니다. 이 책이 언급하는 것들 가운데 우리가 동의하고 받아들일 대상은 하나도 없다. 네페르티티의 착취적인 이집트도, 노동자를 노예처럼 부려서 건설한 이집트의 유명한 기념물들도, 대학살을 뉘우치지만 그로 인해 손에 넣은 영토를 포기하지 않았던 잔인한 아소카왕도, 오만한 그리스인이나 군단을 거느린 로마인들도 전부 똑같다. 꿈속에서 아리스토텔레스와 대화하기 앞서 권력을 손에 넣기 위해 형제를 죽인 알 마문도 물론 마찬가지다. 계약의 궤를 약탈한 이들은 (실제로 발생한 일이라면) 그 절도 행위 때문에 존경할 수 없고 남반구 인구와 문화의 상당 부분을 말살한 유럽 식민지 개척자들은 말할 것도 없다. 페놀로사처럼 과거를 보존하려던 19세기 고고학자와 역사주의자들은 종종 부주의하게 과거를 파괴했고 대대적인 절도를 저질렀다. 문화를 창조하는 모든 사람은 문화사의 일부인 폭력과 착취에 맞서 싸우고, 가치관의 차이를 받아들이고, 미래가 자신에게 비슷한 관용을 베풀 것이라고 믿어야 한다.

문화 차용과 소유에 대한 오늘날의 불안감은 인간 문화를 관통하는 폭력의 역사뿐 아니라 문화의 유통을 원활하게 만드는 소셜 미디어에 대한 불안으로 인해서 생겨나기도 한다. 최근에 이를 잘 보여주는 거센 파도가 있었다. 호쿠사이의 〈가나가와의 거대한 파도〉가 아니라 1990년대 후반 인터넷과 함께 등장한 '한류Korean Wave'가 바로 그것이다. 한류는 2012년 한국의 가수이자 래퍼, 프로듀서인 싸이의 〈강남스타일〉 뮤직비디오가 공개되면서 정점에 이르렀다. 서울에서 가장 비싼 지역의 이름을 딴 〈강남스타일〉에는 경주마 마구간과 모터보트가 등장하지만 이 호사스러운 장면들이 낡은 고속도로, 디스코 볼들로 아무렇게나 치장한 평범한 버스, 싸이가 변기에 앉아 있는 장면들과 교차된다. 이 뮤직비디오는 천연덕스러움, 유쾌하게 활용한 저속함, 엉뚱한 장소에서 커피를 마시는 광경이나 엘리베이터에서 몸을 흔드는 남성의 다리 사이에 엎드린 싸이의 모습 등 재미있는 세트 장면들 덕분에 유튜브 최초로 10억 뷰를 돌파했다.

한류가 이토록 많은 청중에 다가갈 수 있었던 것은 처음부터 록, 재즈, 레게, 아프로비트 등이 뒤섞인 스타일을 기반으로 했기 때문이다. 음악적 특징은 주로 묵직한 비트, 듣기 좋은 브리지 부분, '부드러운' 랩이 중간에 들어간 R&B 댄스 트랙이며, (〈강남스타일〉처럼) 대부분 한국어로 부르고 가끔 영어가 들어간다. 뮤직비디오에 딱딱 맞는 군무를 종종 끼워 넣는데 이는 발리우드 같은 문화권에서는 잘 알려져 있지만 미국 대중문화에서는 그다지 흔하지 않다. 또한 미국과 영국의 팝과 랩 문화에서 흔히 볼 수 있는 폭력과 외설이 없다는 점도 주목할 만하다. ('깨끗한 재미'라는 케이팝의 이미지 때문에 케이팝 가수들은 도덕성에 대한 팬들의 높은 기대가 무너졌을 때 격렬한 반응을 감수해야 한다.)[10]

케이팝이 부상하자 반한反韓 감정뿐 아니라 이것이 전혀 한국적이지 않다는 주장도 뒤따랐다.[11] 케이팝이 전통적이거나 전형적인 한국 예술을 대표하지 않는 것은 사실이지만(〈가나가와의 거대한 파도〉가 전통적이거나 전형적인 일본 예술을 대표하지 않았던 것과 마찬가지다), 케이팝이 1950년대에 미군 기지에서 공연했던 그룹을 비롯한 한국 걸그룹에 깊은 뿌리를 두고 있다는 것도 사실이다. 원기 왕성한 걸그룹들은 1960년대와 1970년대에 발전했는데 군사독재 기간 동안 검열을 회피할 수 있었다는 것도 그 부분적 이유였다. 그러나 1970년대 후반부터 1980년대 초반 즈음에는 이러한 문화 형식이 쇠퇴하는 것처럼 보였다.[12]

케이팝은 사실 1987년에 문민 정권이 다시 들어서고 정부가 문화 산업을 지원하면서 되살아나기 시작했다. 가장 먼저 큰 성공을 거둔 그룹은 서태지와 아이들이었고, 몇몇 보이그룹과 걸그룹이 뒤를 따랐다. 1997년 금융 위기 이후 케이팝은 이름과 제목에 영어를 더 많이 쓰면서 새롭게 거듭났고, 이 새로운 현상을 나타내는 용어가 한류에서 '케이팝'으로 대체된 것도 그때였다. 그리고 곧 일본, 호주, 라틴 아메리카, 아프리카 일부, 북미 및 유럽에서 상당한 10대 청중을 확보했다. (내가 오슬로에 사는 노르웨이 친구 집에 방문해서 아침 식탁에 앉았을 때 그 집 막내가 한국어 교본을 열심히 읽던 모습이 기억난다. 열두 살짜리 아이가 자신의 우상을 더 깊이 이해하기 위해 아침 식사 전에 혼자 한국어를 공부하고 있었다.)

케이팝은 이미 한참 전부터 TV 시리즈와 비디오게임에서도 흘러 나오게 되었는데, 오늘날 우리를 진정한 〈강남스타일〉의 세계에서 살게 해준 틱톡이 등장하기 전부터 케이팝 열풍이 시작되었다는 점을 지적할 필요가 있다. 이는 〈강남스타일〉 뮤직비디오의 패러디 영상이 수없이 만들어졌다는 사실만 봐도 알 수 있다. 그중 조회수가 높은 영상으로는 〈어노잉오렌지〉(정말로 짜증난다)가 다른 과일, 채소를 이끌고 등장하는 애니메이션과 총을 쏘는 카우보이가 등장하는, 나오지 않을 수 없었던 '건맨 스타일'이 있다. 텍사스주 휴스턴 나사NASA의 존슨 우주정거장을 홍보하는 패러디 영상 '존슨 스타일'도 있지만 인기로 따지면 뮤직비디오 장면을 마인크래프트로 일일이 만든 영상이 훨씬 높다. 이러한 패러디 영상은 케이팝 해외 팬들의 창의적 에너지를 잘 보여주며, 말레이시아에서만 해도 40편 이상 만들어졌다.[13] 최근 들어서는 케이팝 가수들이 시각 예술까지 진출했고 보이밴드 BTS의 V(김태형)는 동아시아 연극과 공연 전통에 깊은 역사를 가지고 있는 가면을 활용했다.

문화적 '공유'가 도를 넘은 것일까? 나는 그렇게 생각하지 않는다. 그 부분적 이유는 '좋은' 공유와 '나쁜' 공유 사이에 선을 긋는 것이 불가능하기 때문이다. 결국 우리는 고립과 순환, 순수와 혼합, 문화의 소유와 공유 중에서 선택해야 한다. 대중 예술은 많은 기능을 가지고 있으며 당대의 문화가 이동하는 방식을 알려주는 지표 역할도 한다. 〈강남스타일〉은 소비문화 및 세계화와 함께 성장한 청중을 대상으로 그러한 현상의 핵심을 포착해 주었고 따라서 그들은 뮤직비디오 속 이미지들을 이해했다. 모든 형태의 문화 이동, 모든 부흥 활동, 모든 인터넷 현상에 중요한 의미를 부여할 필요는 없지만 케이팝은 문화사가 순환과 혼합을 향하고 있음을 일깨워주는 좋은 사례다.

문화 발명을 지원하고 유지하려면 이용 가능한 수단을 모두 동원해야 한다. 인간에게 내재된 생물학적 진화와 달리 문화는 결코 당연한 것으로 여길 수 없다. 문화는 고고학자, 박물관 큐레이터, 사서, 예술가, 교사 등 어느 세대에서나 문화의 보존과 부활을 자진해서 떠맡는 사람들에게 달려 있고, 특히 (마인크래프트를 즐겨 하고 한국어를 공부하는 전 세계 케이팝 팬들을 포함하여) 미래 세대에게 얼마나 영감을 줄 수 있느냐에 달려 있다.

오늘날 이러한 교사와 매개자들의 역할이 그 어느 때보다 중요하다. 문화 보존을 담당하는 기관 중 하나인 대학이 근래에는 기술과 STEM(과학, 기술, 공학, 수학) 과목에 초점을 맞추는 경향이 있기 때문이다. 그러나 미국과 일부 국가에서 일어나는 인문학 쇠퇴 현상을 남의 탓으로만 돌려서는 안 된다. 일정 부분은 우리 스스로가 만든 문제이기 때문이다. 우리 인문학자들이 다양한 문화사를 장려하는 역할에 항상 충실하지는 않았다. 그래서 우리는 대부분의 일반 대중을, 즉 우리의 주요 청중이 되어야 할 독자, 부모, 학생을 잃었다(내가 재직 중인 대학에서는 2021년 신입생 중 8퍼센트만이 예술과 인문학에 제일 관심이 많다고 말했다). 나는 예술과 인문학이 번창하려면 우리가 더욱 폭넓은 대중을 되찾고, 문화적 다양성의 중요성과 즐거움을 다음 세대에 전하고, 조상들이 만들어준 귀중한 문화를 잘 간직해야 한다고 생각한다.

예술과 인문학은 많은 기여를 할 수 있다. 우리 시대는 기술 혁신에, 저 모퉁이만 돌면 가장 시급한 문제의 획기적인 해결책이 있다는 약속에 마음을 빼앗겼다. 그러나 우리는 정체성 충돌, 이해관계 충돌, 상반된 신념을 둘러싼 케케묵은 문제들에서 비롯되어 오늘날 가장 해결하기 힘든 갈등에서 벗어날 방법을 찾지 못하고 있다. 이 갈등을 해결하려면 이것이 과거 문화에 깊이 뿌리내린 것으로 이해해야 하는데, 이를 위해서는 인문학이 제공하는 도구를 이용해야만 한다.

과거의 문화는 새로운 문화가 자라나는 터전이다. '문화culture'라는 말이 농업agriculture에서 비롯된 데에는 이유가 있다. 현재를 살아가는 인간과 먼 조상을 연결하고 우리 서로를 연결함으로써 문화를 가꾸어야 한다. 그래야만 의미를 만드는 작업이 계속 이어질 수 있다. 우리는 미래 도서관이 대비하는 기후 변화뿐만 아니라 이주나 전쟁으로 인한 대규모 파괴 등 불확실한 미래와 직면할 순간을 위해 찾을 수 있는 모든 문화 자원을 모아야 한다.

미래 도서관 참여 작가 중 몇몇은 이 프로젝트를 진행하면서 오랜 문화사에 대해서 생각할 기회를 가졌다. 애트우드는 머나먼 기원까지 거슬러 올라가 이 책에 딱 맞는 결론을 내려주었다.

나는 이 만남, 나의 글과 아직 존재하지 않는 독자의 만남이 내가 300년 넘게 입구가 막혀 있던 멕시코의 동굴 벽에서 본 붉은 손자국과 약간 비슷하리라 상상한다. 지금 누가 그 손자국의 정확한 의미를 해독할 수 있을까? 그러나 손자국의 대략적인 의미는 보편적이었으므로 인간이라면 누구나 읽어낼 수 있었다. "안녕하세요. 내가 이곳에 있었습니다."[14]

감사의 말

이 책은 나의 파트너 어맨다 클레이보와 친구 앨리슨 시먼스, 루크 메넌드와 함께 저녁 식사를 하며 나눈 대화에서 시작되었다. 우리는 요즘 누구나 그렇듯 인문학의 쇠퇴 현상을 한탄하고 있었다. 문득 나는 인문학이 무엇인지 전혀 모르겠다는 생각이 들었다. 그러므로 인문학이 쇠퇴하고 있는지 발전하고 있는지, 아니면 평소처럼 그냥 허우적거리고 있는지 판단할 근거가 부족했다. 이 불안한 깨달음 이후 나는 귀를 기울여주는 사람이라면 누구에게든 '인문학'이 무엇이라고 생각하는지 묻는 습관이 생겼다. 대답을 듣자 더욱 혼란스러웠다. 분명 현재 북미 대학에서 인문학으로 분류하는 학문 분야들의 조합은 매우 우발적이며, 지식을 조직하는 대단한 방식에 따라 나누었다기보다는 우연과 합의의 결과물이다. 또한 '인문학'이라는 용어는 다른 언어와 문화로 쉽게 번역하기 힘들다. 그러나 당나라 시대 중국과 아랍어 문자의 황금기부터 유럽 대륙의 인문과학sciences humaines과 정신과학Geisteswissenschaften에 이르기까지 역사적으로 각기 다른 시대에서 대략 비슷한 것을 찾을 수는 있다. 어느 순간 질문이 틀렸다는 생각이 들기 시작했다. 내가 정말 원했던 것은 사실을 바탕으로 인문학의 특정 갈래를 정당화하는 것이 아니며, 이 모든 전통의 기초가 되는 것을 찾고 싶었다. 즉 나는 현재를 재정의하기 위해 인간이 만든 과거의 관습과 문화재를 살피고 싶었다. 이 책의 바탕이 되는 인문학의 정의가 있다면 그것은 인간 문화의 역사와 지속적 활력에 대한 관심, 우리가 하나의 종種으로서 왜 문화를 창조했는지, 그것이 어떻게 계속해서 우리를 형성하는지, 우리가 그것으로 무엇을 해야 하느냐에 대한 관심이다.

　친애하는 에이전트 질 니어림을 비롯해 많은 사람들의 중대한 도움 덕분에 이 책이 지금과 같은 모습이 되었다. 슬프게도 질은 이 책이 출판되는 것을 보지 못하고 세상을 떠났지만 언제나 그랬던 것과 똑같은 예리함으로 내가 이 책을 완성하도록 이끌어주었다. 그녀의 영혼이 이 책의 모든 페이지에 담겨 있으며 이 책을 비롯해 앞으로 내가 쓸 모든 책이 그녀에게 빚지고 있다. 나는 또 무엇이 통하고 무엇이 통하지 않을지 확실한 본능을 가진 W. W. 노튼의 편집자 앨레인 메이슨에게 감사를 표하고 싶다. 앨레인은 처음부터 이 기획의 파트너였고, 원고를 여러 번 고쳐 쓰는 동안 지치지도 않고 함께해 주면서 매번 아낌없는 통찰을 제공해 주었다. 또한 이 책의 자료를 활용하는 '예술 및 인문학 입문Introduction to the Arts and Humanities'을 함께 작업 중인 노튼 편집자 사라 투보그도 특별히 언급하고 싶다. 우리가 나눈 대화를 통해서 나는 교육의 중요성과 각 세대에 맞는 문화를 만드는 일의 중요성을 깨달았다. 그리고 계속해서 노튼과 함께하면서 《노튼 세계문학 선집Norton Anthology of World Literature》을 함께 편집했던 친구와 동료들, 특히 에밀리 윌슨, 뷥케 데네케, 수잔 악바리, 바버라 푹스, 캐럴라인 러바인, 페리클스 루이스, 피트 사이먼(각자의 전문 분야 연대순이며 그것이 내가 그들을 생각하는 방식이다)에게 감사한다. 이 팀과 함께 일하면서 나는 인문학 분야에서 큰 그림을 그리는 작업의 즐거움을 처음으로 알게 되었는데 그 경험이 없었다면 이 책은 존재하지 않았을 것이다. 마지막으로 제작 과정 전반에 걸쳐 도움을 준 알레그라 휴스턴과 모 크리스트에게도 깊이 감사한다. 휴스턴의 뛰어난 원고 정리 덕분에 (안타깝게도 꽤 많았던) 오류만 수정된 것이 아니라 이 책 전체가 훨씬 나아졌다.

이런 책은 수많은 전문가들의 작업을 바탕으로 하기 마련이다. 미주를 읽을 때마다 종종 저평가당하면서도 지칠 줄 모르는 연구로 이 책을 가능하게 만들어준 여러 세대의 학자들에게 감사한 마음이 가슴 깊은 곳에서부터 솟구쳐올랐다. 그중에서도 몇몇은 관대하게도 귀중한 피드백을 해주었다. 웬디 벨처, 조사이어 블랙모어, 데이비드 댐로시, 뷥케 데네케, 마야 재서노프, 비오둔 제이포, 미셸 켄패크, 나얀조트 라히리, 존 맥기니스, 루크 메넌드, 에레즈 나아만, 패리멀 패틸, 앨리슨 시먼스, 엘리나 시오더러코풀로스, 카밀라 타운센드, 니콜라스 왓슨에게 감사드린다. 펠리프 페르난데스아르메스토는 원고 전체를 읽고 모든 장에 대해 매우 귀중하고 광범위한 피드백을 제공해 주었다.

내가 인문학에 대해 질문을 던진 친구와 동료들은 크리스토퍼 밤, 렌스 보드, 데이비드 댐로시, 마이클 에스킨, 블레이크 고프닉, 로비

해링턴, 노아 헤링맨, 파울로 호르타, 마야 재서노프, 이윤선, 고유진, 새러빈 레비-브라이트먼, 루크 메넌드, 버나뎃 메일러, 모니카 밀러, 클라우스 믈라데크, 클로디아 올크, 패리멀 패틸, 하이크 폴, 존 플로츠, 토르 렘, 브루스 로빈스, 앨리슨 시먼스, 매슈 스미스, 도리스 좀머, 찰리 스탱, 캐트린 스텐젤, 칼 웨너린드, 얀 하이핑, 레베카 월코위츠 등이었다. 나는 니콜라우스 밀러-셸과 라모나 모세의 초청으로 프랑크푸르트 괴테대학 휠덜린 강연에서 이 프로젝트의 초기 버전을 발표했고 뷥케 데네케가 주관한 MIT 비교 글로벌 인문학 컨퍼런스에서도 발표했다. 데네케의 문화 번역 연구는 이 책의 여러 장에 영감을 주었다.

바라트 아난드, 로히트 데시판드, 타룬 칸나, 레베카 만닉스, 도리스 좀머, 수잔 스미스 등 인문학과 전문학교의 연결을 구축하는 하버드의 동료들에게도 인사를 전한다.

나는 코로나19 팬데믹 기간 동안 이 책을 썼는데 이 일 덕분에 반쯤 제정신을 유지할 수 있었다. 그러므로 내가 어려운 시기를 헤쳐나갈 수 있도록 도움을 준 것에 대해 앞서 언급한 모든 이들과 나의 형제 슈테판과 엘리아스 그리고 어머니 앤-로어에게 감사의 말을 전하고 싶다.

무엇보다도 항상 제일 첫 대화 상대이자 가장 예민한 독자가 되어 준 어맨다 클레이보에게 감사의 마음을 전하고 싶다. 지난 2년간 그리고 그전 25년 동안 그녀는 내가 무슨 일을 하든 지원과 사랑으로 뒷받침해 주었다. 이 책을 그녀에게 바친다.

주

들어가며: 기원전 3만 5000년경 쇼베동굴에서

1 Jean Clottes, *Chauvet Cave: The Art of Earliest Times*, trans. Paul G. Bahn(Salt Lake City: University of Utah Press, 2003), p. 41.

2 Jean-Marie Chauvet, Eliette Brunel Deschamps and Christian Hillaire, *Dawn of Art: The Chauvet Cave. The Oldest Known Paintings in the World*, trans. Paul G. Bahn(New York: Harry N. Abrams, 1996), p. 99. 동굴을 발견한 팀이 쓴 책이다.

3 Chauvet et al., *Dawn of Art*, p. 96.

4 장 클로트는 심지어 동물이 남긴 자국과 후대에 인간이 그린 그림이 "전자가 후자를 이끌어 낸 것처럼" 서로 연결되어 있다고 본다. Clottes, *Chauvet Cave*, p. 62.

5 때로 인간은 동물이 남긴 자국 위에 새기기도 했다. Chauvet et al., *Dawn of Art*, p. 99.

6 Clottes, *Chauvet Cave*, p. 72.

7 Anita Quiles et al., "A high-precision chronological model for the decorated Upper Paleolithic cave of Chauvet-Pont d'Arc, Ardèche, France", *Proceedings of the National Academy of Sciences of the United States of America* 113, no. 17(2016. 4. 26): 4674; www.pnas.org/cgi/doi/10.1073/pnas.1523158113.

8 동굴에서 행한 의식에 대해서는 다음 참조. Jean Clottes and David Lewis-Williams, *The Shamans of Prehistory: Trance and Magic in the Painted Caves*, trans. Sophie Hawkes(New York: Harry N. Abrams, 1998). 다음 역시 참조. Gregory Curtis, *The Cave Painters: Probing the Mysteries of the World's First Artists*(New York: Knopf, 2006), 217ff.

9 선사 시대 동굴에서의 음악에 대해서 다음 다큐멘터리 영화를 추천한다. *Swinging Steinzeit*, dir. Pascal Goblot(France: ARTE F, 2020).

10 중국과 유럽에서 발전한 인문주의의 유사성을 이해하려면 다음 참조. *The Norton Anthology of World Literature*, 5th edition, voume C, cluster on Humanism, eds. Wiebke Denecke and Barbara Fuchs(New York: Norton, 근간).

11 다음 역시 참조. Rens Bod, *A New History of the Humanities: The Search for Principles and Patterns from Antiquity to the Present*(Oxford: Oxford University Press, 2013), 5ff.

1 이집트의 네페르티티 왕비와 얼굴 없는 신

1 발굴에서 에스-세누시가 중추적 역할을 했다고 인정하는 사람은 많지 않다. 한 가지 예외는

다음과 같다. Evelyn Wells, *Nefertiti: A Biography of the World's Most Mysterious Queen*(New York: Doubleday, 1964), p. 8.

2 에스-세누시의 발견에 대한 설명은 발굴 일지를 바탕으로 한다. Ludwig Borchardt, *Tagebuch*, Friedericke Seyfried, "Die Büste der Nofretete: Dokumentation des Fundes und der Fundteilung 1912‑1913", in *Jahrbuch Preußischer Kulturbesitz* 46(2010): 133~202.

3 발굴에 대해서는 다음 참조. Cyril Aldred, *Akhenaten: King of Egypt*(London: Thames and Hudson, 1988), 15ff. Erik Hornung, "The Rediscovery of Akhenaten and His Place in Religion", *Journal of the American Research Center in Egypt* 29(1992): 43~49.

4 예술사적 관점에서 네페르티티에 관한 가장 좋은 책은 다음과 같다. Joyce Tyldesley, *Nefertiti's Face: The Creation of an Icon*(Cambridge, MA: Harvard University Press, 2018), p. 31.

5 Klaus Dieter Hartel and Philipp Vandenberg, *Nefertiti: An Archaeological Biography* (Philadelphia: Lippincott, 1978), p. 68.

6 Tyldesley, *Nefertiti's Face*, p. 15; Aldred, *Akhenaten*, 148ff 참조.

7 Hartel and Vandenberg, *Nefertiti*, 114ff.

8 Aldred, *Akhenaten*, pp. 220~222 참조.

9 아몬의 역할에 대한 설명은 다음 참조. Aldred, *Akhenaten*, 134ff.

10 Tyldesley, *Nefertiti's Face*, 12ff.

11 사람이 전혀 살지 않는 곳에 도시를 건설했다는 아케나톤의 주장에 반박하는 증거는 아직까지 발견되지 않았다. Aldred, *Akhenaten*, p. 60.

12 Tyldesley, *Nefertiti's Face*, pp. 12~13.

13 Hartel and Vandenberg, *Nefertiti*, pp. 99~113.

14 Wells, *Nefertiti*, p. 68.

15 Aldred, *Akhenaten*, p. 21.

16 Hornung, "The Rediscovery of Akhenaten", p. 43.

17 이러한 묘사의 자연주의적 해석에 대한 가장 설득력 있는 반론은 다음 참조. Dorothea Arnold, *Royal Women of Amarna*(New York: Abrams, 1997), 19ff.

18 Tyldesley, *Nefertiti's Face*, p. 109.

19 Tyldesley, *Nefertiti's Face*, p. 41.

20 Tyldesley, *Nefertiti's Face*, p. 100.

21 Arnold, *Royal Women of Amarna*, p. 47.

22 Arnold, *Royal Women of Amarna*, p. 67.

23 Aldred, *Akhenaten*, p. 32.

24 "The Great Hymn to the Aten", in Miriam Lichtheim, *Ancient Egyptian Literature*, vol. 2, *The New Kingdom*(Berkeley: University of California Press, 2001).

25 Arnold, *Royal Women of Amarna*, 10ff.

26 Carl Niebuhr, *The Tell El Amarna Period: The Relations of Egypt and Western Asia in the Fifteenth Century B.C. According to the Tell El Amarna Tablets*, trans. J. Hutchinson(London:

David Nutt, 1903).

27 G. R. Dabbs and J. C. Rose, "The Presence of Malaria Among the Non-Royal of the North Tombs Cemetery", *Horizon* 16, no. 7(2015); G. R. Dabbs and M. Zabecki, "Abandoned Memories: A Cemetery of Forgotten Souls?", in B. Porter and A. Boutin eds., *Remembering the Dead in the Ancient Near East*(Boulder: University Press of Colorado, 2014), pp. 236~238.

28 Tyldesley, *Nefertiti's Face*, p. 43.

29 다음 역시 참조. James C. Scott, *Against the Grain: A Deep History of the Earliest States*(New Haven: Yale University Press, 2017).

30 모세오경이라고도 하는 토라에 실린 이야기다.

31 이 문제를 연구한 현대 학자 중 가장 눈에 띄는 사람은 얀 아스만으로 무척 높이 평가받지만 때로 논란을 일으키는 책을 썼다. Jan Assmann, *The Price of Monotheism*(trans. Robert Savage, Stanford: Stanford University Press, 2009) and *Of God and Gods: Egypt, Israel, and the Rise of Monotheism*(Madison: University of Wisconsin Press, 2008).

32 Thomas Mann, *Joseph and His Brothers*, trans. John E. Woods(New York: Everyman's Library, 2005).

33 Sigmund Freud, *Moses and Monotheism*(New York: Alfred A. Knopf, 1939).

34 아케나톤은 오시리스 등 다른 신과 관련된 일부 의식을 금지한 것으로 보인다. Aldred, *Akhenaten*, 244ff 참조.

35 Martin Puchner, *The Written World: The Power of Stories to Shape People, History, and Civilization*(New York: Random House, 2017), 46ff 참조.

36 Assmann, *The Price of Monotheism*, p. 46.

37 Tyldesley, *Nefertiti's Face*, pp. 15~20.

2 플라톤, 비극을 불태우고 역사를 발명하다

1 Plato, *Timaeus*, 22b.

2 내가 이 책 전체에서 크게 신세를 지고 있는 문화 후발 주자의 지위에 대한 예리한 관찰은 다음 참조. Wiebke Denecke, *Classical World Literature: Sino-Japanese and Greco-Roman Comparisons*(Oxford: Oxford University Press, 2014). 데네케는 일본 문화와 중국의 관계를 로마와 그리스의 관계에 비교한다. 그녀의 책은 솔론과 이집트 사제에 대한 플라톤의 이야기로 시작된다.

3 Diogenes Laertius, "Plato", *Lives of Eminent Philosophers*, trans. R. D. Hicks(Cambridge, MA: Harvard University Press, 1972), vol. 1, 3:6.

4 적어도 1776년 이후 여성이 실제로 그리스 연극 공연에 참가했는가에 대한 논쟁이 있었다. 일부 출전에는 그 부분이 빠져 있지만 플라톤의 대화 *Laws*, 817c를 포함한 일부 출전은 여성이 연극에 참석했음을 암시한다. 다음 참조. Marilyn A. Katz, "Did the Women of Ancient Athens Attend the Theater in the Eighteenth Century", *Classical Philology* 93, no.

2(1998. 4): 105~124; Jeffrey Henderson, "Women at the Athenian Dramatic Festivals", *Transactions of the American Philological Association* 121(1991): 133~147.

5 Laertius, "Plato".

6 Thomas G. Rosenmeyer, *The Art of Aeschylus*(Berkeley: University of California Press, 1982); David Wiles, *Tragedy in Athens: Performance Space and Theatrical Meaning*(Cambridge: Cambridge University Press, 1997) 참조.

7 비극에서 여성이 하는 역할에 대해서는 다음 참조. Froma Zeitlin, *Playing the Other: Gender and Society in Classical Greek Literature*(Chicago: University of Chicago Press, 1996).

8 소크라테스에 대한 자세한 설명은 Emily Wilson, *The Death of Socrates*(Cambridge, MA: Harvard University Press, 2007) 참조.

9 Laertius, "Plato".

10 Martin Puchner, *Drama of Ideas: Platonic Provocations in Theater and Philosophy*(Princeton: Princeton University Press, 2006) 참조.

11 S. Sara Monoson, *Plato's Democratic Entanglements: Athenian Politics and the Practice of Philosophy*(Princeton: Princeton University Press, 2000).

12 Andrea Wilson Nightingale, *Genres in Dialogue: Plato and the Construction of Philosophy* (Cambridge: Cambridge University Press, 1995). 플라톤이 설명하는 소크라테스의 죽음은 소크라테스를 다루는 연극 전통에 자주 등장한다. 다음 참조. Puchner, *The Drama of Ideas*, pp. 37~71. 다음 역시 참조. Wilson, *The Death of Socrates*.

13 소크라테스의 대화의 역사에 대한 가장 좋은 설명은 다음 참조. Charles H. Kahn, *Plato and the Socratic Dialogue*(Cambridge, MA: Harvard University Press, 1972).

14 Jonas Barish, *The Anti-Theatrical Prejudice*(Berkeley: University of California Press, 1981) 참조.

15 Eric A. Havelock, *Preface to Plato*(Cambridge, MA: Harvard University Press, 1963); Walter J. Ong, *The Technologizing of the World*(London: Methuen, 1982).

3 아소카 왕, 미래에 메시지를 보내다

1 피루즈 샤의 통치에 대한 동시대 역사가의 설명을 바탕으로 삼았다. Shams-i Siraj 'Afif, *Tarikh-I-Firoz Shahi*. 영어 번역서는 *Medieval India in Transition: Tarikh-i-Firoz Shahi*, ed. R. C. Jauhri(New Delhi: Sundeep Prakashan, 2001), 180ff.

2 Siraj 'Afif, *Tarikh-I-Firoz Shahi*, p. 113.

3 Siraj 'Afif, *Tarikh-I-Firoz Shahi*, 177ff.

4 William Jeffrey McKibben, "The Monumental Pillars of Firuz Shah Tughluq", *Ars Orientalis* 24(1994): 105~118, 특히 111.

5 피루즈 샤가 이 석주를 없애려고 시도한 첫 번째 통치자는 아니었다. 그전에 여러 통치자들이 시도했지만실패했다. McKibben, "The Monumental Pillars", p. 111.

6 Jauhri, *Medieval India in Transition*, p. 176. 다음 역시 참조. John S. Strong, *The Legend* *of King Asoka: A Study and Translation of the Asokavadana*(Delhi: Motilal Banarsidass Publications, 1989), p. 10.

7 Xuanzang, *Record of the Western Regions*, trans. Samuel Beal as *Si-Yu-Ki: Buddhist Records of the Western World*, 2 vols.(London: Trübner, 1884), 2:85 and 91. Hwui Li, *The Life of Huien-Tsiang*, trans. Samuel Beal(London: Kegan Paul Trench, Trübner, 1914), p. 82, 93, 102. 현장법사는 여러 개의 석주를 발견했고 그 일부에는 명문이 새겨져 있었지만 그중에 토프라 석주는 없었다. 다음 역시 참조. Erik Zürcher, *The Buddhist Conquest of China: The Spread and Adaptation of Buddhism in Early Medieval China*(Leiden: Brill, 2007).

8 Strong, *The Legend of King Asoka*, p. 7.

9 Marlene Njammasch, "Krieg und Frieden unter den Mauryas", in *Altorientalische Forschungen* 14, no. 2(1987. 1. 1): 322~333, 특히 324.

10 Xuanzang, *Record of the Western Regions*, p. 9.

11 Strong, *The Legend of King Asoka*, 210ff.

12 *The Legend of King Asoka*, 199ff. 다음 역시 참조. Strong, "The Legend and Its Background", *The Legend of King Asoka*, p. 17.

13 《아소카 전설(Asokavadana)》은 무척 널리 읽혔고 스투파와 아소카의 연관성을 암시했다. Strong, "Aśoka and the Buddha", in *The Legend of King Asoka*, p. 109.

14 저자가 무척 좋아하는 H. G. 웰스는 지구의 역사를 다룬 중대한 책에서 아소카 왕이 인류 역사의 정점 중 하나라고 주장했다. H. G. Wells, *A Short History of the World*(New York: Macmillan, 1922), 163ff. 아소카 왕에 대한 학술적 책 중에서 가장 뛰어난 것은 다음과 같다. Nayanjot Lahiri, *Ashoka in Ancient India*(Cambridge, MA: Harvard University Press, 2015).

15 다르마 및 기타 고대 인도의 정치적 범주와 정치적 폭력의 관계에 대한 상세한 비평은 다음 참조. Upinder Singh, *Political Violence in Ancient India*(Cambridge, MA: Harvard University Press, 2017).

16 Peter Harvey, *An Introduction to Buddhism: Teachings, History, and Practices*, 2nd edition (Cambridge, MA: Cambridge University Press, 2013). Richard F. Gombrich, *How Buddhism Began: The Conditioned Genesis of the Early Teachings*, 2nd edition(London: Routledge, 1996). 자이나교에서도 비슷한 생각을 찾을 수 있는데 전설에 따르면 아소카 왕의 조부는 사망 당시 자이나교도였다. 이는 이 사상이 단순히 불교 사상이 아니라 더 큰 전통의 일부임을 의미한다.

17 Strong, *The Legend of King Asoka*, p. 211.

18 The Edicts of Asoka, ed, and trans. N. A. Nikam and Richard McKeon(Chicago: University of Chicago Press, 1959), p. 56.

19 Romila Thapar, *Asoka and the Decline of the Mauryas*(Oxford: Clarendon Press, 1961), p. 74.

20 크리스토퍼 백위드는 모든 법칙을 아소카 왕이 만들었는지 의문을 제기하는 소수의 학자들 중 하나다. Christopher I. Beckwith, *Greek Buddha: Pyrrho's Encounter with Early Buddhism*

in Central Asia(Princeton: Princeton University Press, 2015), p. 234.

21 Thapar, *Asoka*, p. 137.

22 John Irwin, "Aśokan Pillars: A Reassessment of the Evidence", *Burlington Magazine* 115, no. 848(1972. 11): 706~720, 특히 717ff.

23 다음 역시 비교. Lahiri, *Ashoka in Ancient India*, 275ff.

24 Nikam and McKeon, *Edicts of Ashoka*, 27(Rock Edict XIII).

25 Strong, *The Legend of King Asoka*, p. 14. 그러나 이 문헌은 아소카 왕보다 후대의 것일 가능성이 있다.

26 Irwin, "Aśokan Pillars", p. 717.

27 Lahiri, *Ashoka in Ancient India*, 120ff. 인도 초기 문자의 역할은 뜨겁게 논의되는 주제이다. 리처드 곰브리치는 부처 이전에는 문자 기록이 없었다고 주장한다. Richard Gombrich, in "How the Mahayana Began", *Buddhist Forum* 1(1990): 27. 다음 역시 참조했다. Harry Falk, *Schrift im alten Indien*(Tübingen: Gunter Narr, 1993), p. 337. 피터 스킬링은 문자가 일부 존재했지만 행정 목적으로만 이용되었다고 추측한다. Peter Skilling, "Redaction, Recitation, and Writing: Transmission of the Buddha's teaching in India in the early period", in Stephen C. Berkwitz, Juliane Schober, and Claudia Brown eds., *Buddhist Manuscript Cultures*(Basingstoke, UK: Routledge, 2009): 63. 상당히 더 오래된 인더스 골짜기 문자의 수수께끼도 존재하는데 언어학적 문자일 수도 있고 아닐 수도 있으며 아직 해독되지 않았다. 다음 참조. Peter T. Daniels and William Bright eds., *The World's Writing Systems*(Oxford: Oxford University Press, 1996), 165ff.

28 인도 남부 코두마날(Kodumanal)과 포룬탈(Porunthal)에서 아소카 왕 시대 이전에 사용한 브라만 문자가 발견되었다.

29 이 놀라운 인물을 언급한 소수의 인문학사가 중 하나는 렌스 보드이다. Rens Bod, *A New History of the Humanities: The Search for Principles and Patterns from Antiquity to the Present*(Oxford: Oxford University Press, 2014), 14 ff.

30 Thapar, *Asoka*, p. 9, 162ff. 다음 역시 참조. Falk, *Schrift im alten Indien*, pp. 104~105.

31 알렉산더 대왕이 동양에 끼친 영향에 대한 설명은 다음 참조. Amélie Kuhrt and Susan Sherwin-White eds., *Hellenism in the East: The Interaction of Greek and Non-Greek Civilizations from Syria to Central Asia after Alexander*(Berkeley: University of California Press, 1988). 다음 역시 참조했다. Daniels and Bright, *The World's Writing Systems*, and Falk, *Schrift im alten Indien*.

32 Plutarch, *Lives*, trans. Bernadotte Perrin, Loeb Classical Library 99(Cambridge, MA: Harvard University Press, 1919), VIII, pp. 2~3.

33 Lahiri, *Ashoka in Ancient India*, 166ff. 고고학적 증거는 없지만 인도 남부와 스리랑카와 마찬가지로 북부에서도 아소카 시대 이전에 브라만 문자를 사용했을 가능성이 높다.

34 Thapar, *Asoka*, p. 367. 가능성이 높진 않지만 아소카 자신이 그리스 혈통을 물려받았을 수도 있다. Thapar, *Asoka*, p. 25 참조.

35 Lahiri, *Ashoka in Ancient India*, 120ff.

36 J. R. McNeill and William H. McNeill, *The Human Web: A Bird's-Eye View of World History*(New York: Norton, 2003), 41ff.

37 Jared Diamond, *Guns, Germs, and Steel: The Fates of Human Societies*(New York: Norton, 1997).

38 Thapar, *Asoka*, 147ff.

39 McNeill and McNeill, *The Human Web*, 36ff.

40 여러 출전 중 다음 참조. Diamond, *Guns, Germs, and Steel*.

41 Thapar, *Asoka*, p. 159.

42 다음과 비교. Karl Jaspers, *The Origin and Goal of History*(Basingstoke, UK: Routledge, 2011).

43 Ven. S. Dhammika, *The Edicts of King Ashoka*(Kandy, Sri Lanka: Buddhist Publication Society, 1993), p. 27. Nikam and McKeon, *The Edicts of Asoka*의 다음 문장 역시 참조. "그는 자신의 왕국 국경 너머에 살고 있는 사람들 사이에서 또한 이곳에서 도덕적 정복을 반복해서 성취했다. 국경 너머 600요자나(yojanas: 고대 인도 등지에서 거리를 측정하는 단위 – 옮긴이) 떨어진 요나 왕 안티요카(Antiyoka)가 다스리는 곳까지 그리고 그 너머 투라마야(Turamaya), 안티키니(Antikini), 마카(Maka), 알리카수다라(Alikasudara)라는 네 왕의 왕국들과 남쪽으로는 촐라(Cholas), 판디아(Pandyas), 멀리 실론까지 갔다."(29)

44 다음과 비교. Peter Frankopan, *The Silk Roads: A New History of the World*(London: Bloomsbury, 2015).

45 Nikam and McKeon, *The Edicts of Ashoka*, p. 38.

46 Dhammika, *The Edicts of Ashoka*, p. 34; Nikam and McKeon eds., *The Edicts of Ashoka*, p. 36.

47 Thapar, *Asoka*, preface. 다음 역시 참조. William Dalrymple, *The Anarchy: The East India Company, Corporate Violence, and the Pillage of an Empire*(London: Bloomsbury, 2019).

48 제임스 프린셉에 대한 설명은 다음 참조. Charles Allen, *Ashoka: The Search for India's Lost Emperor*(New York: Little, Brown, 2012), 120ff.

4 폼페이의 남아시아 여신

1 Mirella Levi D'Ancona, "An Indian Statuette from Pompeii", *Artibus Asiae* 13, no. 3(1950): 166~180, 특히 168ff.

2 다음 참조. Elizabeth Ann Pollard, "Indian Spices and Roman 'Magic' in Imperial and Late Antique Indomediterranea", *Journal of World History* 24, no. 1(2013. 3): 1~23, 특히 7.

3 Grant Parker, "Ex Oriente Luxuria: Indian Commodities and Roman Experience", *Journal of the Economic and Social History of the Orient* 45, no. 1(2002): 40~95, 특히 73. 장거리 무역에 대한 더욱 자세한 설명은 다음 참조. Kasper Grønlund Evers, *Worlds Apart Trading Together: The Organization of Long-Distance Trade between Rome and India in Antiquity*(Oxford:

Archaeopress, 2017), 22ff. 카스퍼 그륀룬드 엘버스는 이 조각상이 일반적인 락슈미에 대한 묘사와 크게 다르기 때문에 의문을 제기한다.

4 Parker, "Ex Oriente Luxuria", p. 44, 48.

5 Parker, "Ex Oriente Luxuria", 68ff. 다음 역시 참조. Pollard, "Indian Spices and Roman 'Magic'", p. 8.

6 Pollard, "Indian Spices and Roman 'Magic'", p. 2. 폼페이의 빌라와 사치품에 대해서는 다음 참조. *Martha Zarmakoupi, Designing for Luxury and the Bay of Naples: Villas and Landscapes(c. 100 BCE~79 CE)*(Oxford: Oxford University Press, 2014).

7 폼페이의 술집과 식당에 대한 새로운 증거들이 계속 나오고 있다. 2020년에는 '스낵 바'의 흔적이 발굴되었다. Elisabetta Povoledo, "Snail, Fish and Sheep Soup, Anyone? Savory New Finds at Pompeii", *New York Times*, 2020. 12. 26, https://www.nytimes.com/2020/12/26/world/europe/pompeii-snack-bar-thermopolium.html?searchResultPosition=2.

8 플리니우스에게 특히 주목하며 화산 분출을 살펴보는 최신 연구는 다음과 같다. Daisy Dunn, *The Shadow of Vesuvius: A Life of Pliny*(New York: Liveright, 2019).

9 18세기에 로마에서 이집트 신의 신전을 발견한 것은 당시로서는 너무 놀라운 일이었기에 다시금 이집트에 대한 관심이 커졌다. 이 발견에서 영감을 받은 볼프강 아마데우스 모차르트는 오페라 〈마적〉에서 이시스와 그녀의 남편 오시리스 그리고 이집트와 관련된 주제를 이용한다. Mary Beard, *The Fires of Vesuvius: Pompeii Lost and Found*(Cambridge, MA: Belknap Press, 2008), p. 303. 아마도 모차르트에게 더 큰 영향을 끼친 것은 나폴레옹의 원정이었을 것이다. Jan Assmann, *Moses the Egyptian: The Memory of Egypt in Western Monotheism*(Cambridge, MA: Harvard University Press, 1997), p. 16.

10 Dexter Hoyos, *Rome Victorious: The Irresistible Rise of the Roman Empire*(London: I. B. Tauris, 2019), p. 29.

11 Beard, *The Fires of Vesuvius*, p. 254.

12 로마인들이 검투사 시합을 즐기게 된 이후 코끼리처럼 크고 이국적인 동물 수입은 대규모 사업이 되었다. Pollard, "Indian Spices and Roman 'Magic'", p. 7.

13 Beard, *The Fires of Vesuvius*, p. 143.

14 D'Ancona, "Indian Statuette from Pompeii", *Artibus Asiae* 13, p. 180.

15 에트루리아가 로마에 끼친 영향은 다음 참조. Mary Beard, *SPQR: A History of Ancient Rome*(New York: Liveright: 2015), 108ff. 로마 시대 이전과 로마 시대 이탈리아의 에트루리아 문화에 대한 구체적인 사례 연구는 다음 참조. Sinclair Bell and Helen Nagy, *New Perspectives on Etruria and Early Rome, in honor of Richard Daniel De Puma*(Madison: University of Wisconsin Press, 2009).

16 Horace, Epistle 2, 156~157: *Graecia capta ferum victorem cepit et artis intulit agresti Latio*, trans. Elena Theodorakopoulos. 미출간. 더 넓은 맥락에서 로마인들의 그리스 이용은 다음 참조. Wiebke Denecke, *Classical World Literature*, 36ff.

17 Denis Feeney, *Beyond Greek: The Beginnings of Latin Literature*(Cambridge, MA: Harvard

University Press, 2016), p. 58.

18 로마 희곡에 대한 일반 개론은 다음 참조. Gesine Manuwald, *Roman Drama: A Reader* (London: Duckworth, 2010).

19 George Fredric Franko and Dorota Dutsch, *A Companion to Plautus*(Hoboken, NJ: John Wiley & Sons, 2020), p. 11.

20 Sebastiana Nervegna, "Plautus and Greek Drama", in Franko and Dutsch, *Companion to Plautus*, p. 33. 다음 역시 참조. Elaine Fantham, "Roman Experience of Menander in the Late Republic and Early Empire", *Transactions of the American Philological Association* 114(1984): 299~309.

21 Franko and Dutsch, *Companion to Plautus*, p. 19; Timothy J. Moore, "The State of Roman Theater c. 200 BCE" in Franko and Dutsch, *Companion to Plautus*, p. 24.

22 David Damrosch, *What Is World Literature?*(Princeton: Princeton University Press, 2003).

23 Feeney, *Beyond Greek*, p. 43.

24 또 다른 예외는 일본이며 다음에 예리하게 설명되어 있다. Denecke, *Classical World Literatures*.

25 이 현상에 대한 또 다른 설명은 다음 참조. Michael von Albrecht, *A History of Roman Literature*(Leiden: Brill, 1997). 그는 로마 문학을 "최초의 '파생' 문학"이라고 부른다(12).

26 Denecke, *Classical World Literatures*, p. 21.

27 Denecke, *Classical World Literatures*, p. 157.

28 베르길리우스는 트로이인들이 시칠리아에 상륙했다는 등의 지역 전설을 이용한다. 또한 에트루리아의 아이네이아스와 관련된 전설도 있다. 이러한 출처에 대한 논의는 다음 참조. Karl Galinsky, *Aeneas, Sicily, and Rome*(Princeton: Princeton University Press, 2015).

29 Helene Foley, *Reimagining Greek Tragedy on the American Stage*(Berkeley: University of California Press, 2012).

5 고대의 흔적을 찾는 불교 순례자

1 이어지는 이야기는 현장 본인의 여행기 *Si-Yu-Ki: Buddhist Records of the Western World*, translated from the Chinese of Huien Tsiang by Samuel Beal 2 vols.(London: Trübner, 1884)와 현장의 제자가 썼을 가능성이 높은 *The Life of Huien-Tsiang*, by the Shaman Hwui Li, trans. Samuel Beal(London: Kegan Paul Trench, Trübner, 1914), p. 191을 바탕으로 한 다. 동아시아에 대한 일반 개론은 다음 참조. Charles Holcombe, *A History of East Asia: From the Origins of Civilization to the Twenty-First Century*, 2nd edition(Cambridge: Cambridge University Press, 2017). 나는 또한 뵙케 데네케에게 큰 신세를 졌는데, 우리가 공동 편집자 로 참여한 *Norton Anthology of World Literature* 두주에서 동아시아에 대해 많은 것을 배웠다.

2 Li, *The Life of Huien-Tsiang*, pp. 10~13.

3 Li, *The Life of Huien-Tsiang*, pp. 13~17.

4 Michael Nylan, *The Five "Confucian" Classics*(New Haven: Yale University Press, 2001).

5 Wiebke Denecke, *Dynamics of Masters Literature: Early Chinese Thought from Confucius to*

Han Feizi(Cambridge, MA: Harvard University Press, 2011).

6 Li, *The Life of Huien-Tsiang*, p. 2.

7 Li, *The Life of Huien-Tsiang*, p. 3.

8 다음과 비교. Peter Frankopan, *The Silk Roads: A New History of the World*(London: Bloomsbury, 2015).

9 Li, *The Life of Huien-Tsiang*, pp. 4~7.

10 Peter Harvey, *An Introduction to Buddhism: Teachings, History, and Practices*, 2nd edition (Cambridge, MA: Cambridge University Press, 2013); Richard F. Gombrich, *How Buddhism Began: The Conditioned Genesis of the Early Teachings*, 2nd edition(London: Routledge, 1996).

11 Li, *The Life of Huien-Tsiang*, p. 44.

12 Xuanzang, *Record of the Western Regions*, trans. Samuel Beal in *Si-Yu-Ki: Buddhist Records of the Western World*, 2 vols(London: Trübner, 1884), vol. 1, p. 32.

13 Xuanzang, *Record of the Western Regions*, p. 51.

14 아소카의 전설과 사상이 현장을 비롯한 중국인 여행자들의 인식을 어떻게 형성했는지에 대해서는 다음 참조. John Kieschnick and Meir Shahar, *India in the Chinese Imagination* (Philadelphia: University of Pennsylvania Press, 2013), 5ff.

15 Xuanzang, *Record of the Western Regions*, 2:91.

16 Shashibala ed., *Kumarajiva: Philosopher and Seer*(New Delhi: Indira Gandhi National Centre for the Arts, 2015).

17 Li, *The Life of Huien-Tsiang*, p. 10.

18 Xuanzang, *Record of the Western Regions*, 2:135.

19 Li, *The Life of Huien-Tsiang*, 167ff.

20 Li, *The Life of Huien-Tsiang*, p. 168.

21 Xuanzang, *Record of the Western Regions*, 2:15.

22 Li, *The Life of Huien-Tsiang*, p. 191.

23 Li, *The Life of Huien-Tsiang*, 209ff.

24 둔황석굴에서 귀중한 옛 문헌도 많이 발견되었는데, 세계에서 가장 오래된 인쇄 두루마리인 《금강경》의 사본도 그중 하나였다. 다음 참조. Martin Puchner, *The Written World: The Power of Stories to Shape People, History, and Civilization*(New York: Random House, 2017), 90ff.

25 Li, *The Life of Huien-Tsiang*, p. 215.

26 Wiebke Denecke, *Classical World Literatures: Sino-Japanese and Greco-Roman Comparisons* (Oxford: Oxford University Press, 2014); Denis Feeney, *Beyond Greek: The Beginnings of Latin Literature*(Cambridge, MA: Harvard University Press, 2016).

6 《베갯머리 서책》과 문화 외교의 위험

1 이 이야기의 바탕은 다음과 같다. Sei Shōnagon, *The Pillow Book*, trans. Meredith McKinney

(London: Penguin, 2006), pp. 198~199. 이 장에서 나는 뷔케 데네케와 우리가 함께 작업한 *Norton Anthology of World Literature*에 큰 신세를 졌다.

2   Sei Shōnagon, *The Pillow Book*(trans. McKinney), p. 3, 46.

3   Sei Shōnagon, *The Pillow Book*(trans. McKinney), p. 55, 87.

4   Helen Craig McCullough, *Okagami, The Great Mirror: Fujiwara Michinaga(966-1027) and His Times*(Princeton: Princeton University Press, 1980).

5   Sei Shōnagon, *The Pillow Book*(trans. McKinney), p. 101.

6   Sei Shōnagon, *The Pillow Book of Sei Shōnagon*, trans. and ed. Ivan Morris(New York: Columbia University Press, 1991), p. 175; Sei Shōnagon, *The Pillow Book*(trans. McKinney), p. 246.

7   Sei Shōnagon, *The Pillow Book*(trans. McKinney), p. 39.

8   다음 참조. Edwin Reischauer, *Ennin's Travel in T'an China*(New York: Ronald Press, 1955).

9   *Ennin's Diary: The Record of a Pilgrimage to China in Search of the Law*, translated from the Chinese by Edwin O. Reischauer(New York: Ronald Press, 1955), p. 50.

10 다음과 비교. Charles Holcombe, *The Genesis of East Asia, 221 B.C.-A.D. 907* (Honolulu: University of Hawaii'i Press, 2001).

11 다음 참조. Wiebke Denecke, *Classical World Literatures: Sino-Japanese and Greco-Roman Comparisons*(Oxford: Oxford University Press, 2014). 로마와 그리스의 관계와는 또 다른 차이점이 있었는데 로마는 그리스어 작품을 번역해야 했지만 일본 독자는 중국 작품의 번역이 필요하지 않았다.

12 '필담'에 대한 설명은 다음 책의 두주 참조. Wiebke Denecke, "Japan's Classical Age", in *Norton Anthology of World Literature*, 4th edition, vol. B(New York: Norton: 2012), pp. 1161~1169.

13 *Ennin's Diary*, p. 45.

14 *Ennin's Diary*, 86ff.

15 *Ennin's Diary*, 102ff.

16 *Ennin's Diary*, p. 230과 에드윈 라이샤워의 평, p. 198.

17 Dietrich Seckel, *Buddhist Art of East Asia*, trans. Ulrich Mammitzsch(Bellingham, WA: Western Washington University, 1989), p. 10.

18 Seckel, *Buddhist Art*, p. 24.

19 Seckel, *Buddhist Art*, 25ff.

20 Seckel, *Buddhist Art*, p. 27.

21 *Ennin's Diary*, p. 332.

22 *Ennin's Diary*, p. 341

23 *Ennin's Diary*, p. 382.

24 *Ennin's Diary*, pp. 370~371.

25 Ivan Morris, *The World of the Shining Prince: Court Life in Ancient Japan*(New York: Knopf,

1964).

26 Haruo Shirane, *The Bridge of Dreams: A Poetics of "The Tale of Genji"*(Stanford: Stanford University Press, 1978).

27 Noriko T. Reider, *Seven Demon Stories from Medieval Japan*(Boulder: University of Colorado Press, 2016), 89ff.

28 Kibi no Makibi scroll, in Noriko T. Reider, *Seven Demon Stories from Medieval Japan* (Boulder: University Press of Colorado, 2016).

29 Sei Shōnagon, *The Pillow Book*(trans. McKinney), pp. 255~256.

7 바그다드, 지혜의 창고가 되다

1 이 꿈은 두 군데의 출전에서 언급되는데 내용은 살짝 다르다. Abdallah ibn Tahir and by Yahya ibn 'Adi. 다음 잭은 두 버선을 모두 인용하며 논의한다. Dimitri Gutas, *Greek Thought, Arabic Culture: The Graeco-Arabic Translation Movement in Baghdad and Early 'Abbasid Society(2nd-4th/8th-10th centuries)*(London: Routledge, 1998), pp. 97~98.

2 Gutas, *Greek Thought, Arabic Culture*, p. 52.

3 이것은 문자를 채택하는 유목민 정복자들의 패턴이었다. 예를 들어 다음 참조. Robert Tignor et al., *Worlds Together, Worlds Apart: A History of the World*, 2nd edition(New York: Norton, 2008), p. 99, 105, 252.

4 J. R. McNeill and William H. McNeill, *The Human Web: A Bird's-Eye View of World History*(New York: Norton, 2003). 다음 역시 참조. James C. Scott, *Against the Grain: A Deep History of Earliest States*(New Haven: Yale University Press, 2017).

5 제임스 스콧의 *Against the Grain*에 대한 논의는 나의 리뷰 에세이 참조. Martin Puchner, "Down With the Scribes?", *Public Books*, 2018. 4. 16, https://www.publicbooks.org/down-with-the-scribes/. 리뷰를 쓴 이후 그의 책을 처음 읽었을 때보다 스콧의 요점에 훨씬 더 동의하게 되었음을 덧붙인다.

6 David M. Carr, *Writing on the Tablet of the Heart: Origins of Scripture and Literature*(Oxford: Oxford University Press, 2005), pp. 47~56. 다음 역시 참조. David Damrosch, *The Buried Book: The Loss and Rediscovery of the Great Epic of Gilgamesh*(New York: Henry Holt, 2006).

7 Gutas, *Greek Thought*, 54ff.《천일야화》에 대한 일반적 개관은 다음 참조. Robert Irwin, *The Arabian Nights: A Companion*(London: Palgrave Macmillan, 2004).

8 Jonathan M. Bloom, *Paper Before Print: The History and Impact of Paper in the Islamic World*(New Haven: Yale University Press, 2001), pp. 48~51. 다음 역시 참조. Nicholas Basbane, *On Paper: The Everything of its Two-Thousand-Year History*(New York: Vintage, 2013), pp. 48~49.

9 De Lacy Evans O'Leary, *How Greek Science Passed to the Arabs*(London: Routledge, 1948).

10 Gutas, *Greek Thought*, p. 52.

11 Gutas, *Greek Thought*, 61ff. 그리스 문헌의 아랍어 번역을 설명하는 글은 다음 참조. A. I.

Sabra, "The Appropriation and Subsequent Naturalization of Greek Science in Medieval Islam: A Preliminary Statement", *History of Science* 25(1987. 9): 223~243.

12 Amélie Kuhrt and Susan Sherwin-White eds., *Hellenism in the East: The Interaction of Greek and Non-Greek Civilizations from Syria to Central Asia after Alexander*(Berkeley: University of California Press, 1988); Peter Green, *Alexander the Great and the Hellenistic Age: A Short History*(London: Weidenfeld & Nicolson, 2007), p. 63. 다음 책도 참조했다. M. Rostovtzeff, *The Social and Economic History of the Hellenistic World*, vol. 1(Oxford: Clarendon Press, 1941), 446ff.

13 Roy MacLeod ed., *The Library of Alexandria: Centre of Learning in the Ancient World*(London: Tauris, 2000); F. E. Peters, *The Harvest of Hellenism: A History of the Near East from Alexander the Great to the Triumph of Christianity*(New York: Simon and Schuster, 1970).

14 아랍 제국에서 그리스 학문의 또 다른 출처는 동방 교회였다. 아랍 정복의 첫 단계에서는 타 종교에 대한 무력 탄압이 거의 없었다. 따라서 아랍 제국에는 조로아스터교도(대부분 페르시아)와 마니교도부터 중동과 메소포타미아 지역에 살고 있는 기독교도들까지 다양한 종교 공동체가 있었고 바그다드 남쪽이라는 편리한 위치에 기독교 수도원도 있었다. 신약이 그리스어로 쓰여 있었기 때문에 이 기독교도들은 그리스어를 쓰거나 적어도 그리스어로 대화가 가능했고, 새로운 아랍 통치자들을 위해서 그리스어를 번역할 수 있었다. 어느 문헌은 알렉산드리아 대주교가 직접 번역하기도 했다.

15 Dimitri Gutas, "Origins in Baghdad", in Robert Pasnau ed., *The Cambridge History of Medieval Philosophy*(Cambridge: Cambridge University Press, 2011), pp. 9~25, 특히 12ff.

16 Paul Speck, "Byzantium: Cultural Suicide?" in Leslie Brubaker ed., *Byzantium in the Ninth Century: Dead or Alive?*, Thirteen Spring Symposium of Byzantine Studies, Birmingham, 1996. 3(London: Routledge, 2016), pp. 73~84, 특히 p. 76.

17 Trans. Franz Rosenthal in *Knowledge Triumphant, The Concept of Knowledge in Medieval Islam*(Leiden: Brill, 2006), p. 182.

18 Warren Treadgold, "The Macedonian Renaissance", in Warren Treadgold ed., *Renaissances Before the Renaissance: Cultural Revivals of Late Antiquity and the Middle Ages*(Stanford: Stanford University Press, 1984), p. 81. 디미트리 구타스는 아랍 제국 전역의 수요 때문에 비잔티움 필경사들에게 고전 문헌을 필사하려는 금전적 동기가 생겼을 것이라고 추측한다. *Greek Thought*, p. 185.

19 이슬람 세계에서 그리스 철학의 역할에 대한 뛰어난 설명은 다음 참조. Joel L. Kraemer, *Humanism in the Renaissance of Islam: The Cultural Revival during the Buyid Age*(Leiden: Brill, 1986) and its companion volume, Philosophy in the Renaissance of Islam: Abū Sulaymān Al-Sijistaānī and his Circle(Leiden: Brill, 1986).

20 L. E. Goodman, *Avicenna*(London: Routledge, 1992). 아비센나에 대한 개관은 다음 참조. Jon McGinnis, *Avicenna*(Oxford: Oxford University Press, 2010).

21 Gutas, *Greek Thought*, p. 162; 다음 역시 참조. Rosenthal, *Knowledge Triumphant*, 50ff.

22 전기적 정보 일부는 이븐 시나의 자서전을 바탕으로 한다. Dimitri Gutas ed., *Avicenna and the Aristotelian Tradition*, vol. 89 of *Islamic Philosophy, Theology and Science: Texts and Studies*, eds. Hans Daiber, Anna Akasoy, and Emilie Savage-Smith(Leiden: Brill, 2014), pp. 11~19.

23 Goodman, *Avicenna*, 48ff.

24 Ibn Sina, "Autobiography", in Gutas, *Avicenna and the Aristotelian Tradition*, p. 19.

25 Ibn Sina, "Autobiography", in Gutas, *Avicenna and the Aristotelian Tradition*, 150ff.

26 학자 에레즈 나아만은 뛰어난 글에서 '전유와 자연화'라는 용어로 이븐 시나 등이 아리스토 텔레스의 아비투스(habitus) 개념 등 그리스 철학을 이용하고 자신의 것으로 삼은 과정을 설명한다. "Nurture over Nature: Habitus from al-Fārābī through Ibn Khaldūn to 'Abduh", *Journal of the American Oriental Society* 137, no. 1(2017), 10ff.

27 Rosenthal, *Knowledge Triumphant*, p. 195.

28 Goodman, *Avicenna*, p. 80.

29 Ibn Sina, "Autobiography", in Gutas, *Avicenna and the Aristotelian Tradition*, p. 111.

30 다른 아리스토텔레스 신봉자들과도 경쟁해야 했다. 한 논문에서 이븐 시나는 이슬람 세계 동쪽에서 발전했기 때문에 '동부 철학(Eastern Philosophy)'이라고 이름 붙인 자신의 접근법 을 바그다드에서 발전한 '서부 철학(Western Philosopy)'과 대조했다. (두 철학이 아리스토 텔레스와 그의 유산을 다르게 이해했기 때문에 생겨난 차이점이었다.) 아리스토텔레스 시 대 이후 고전 시대 아테네부터 알렉산드로스 대왕 시대에 이르기까지 여러 주해가 축적되 어서 후대에는 이 오래된 텍스트가 유용한 도구가 되었다(Gutas, *Greek Thought*, p. 153). 바 그다드에서 시작한 아랍 번역 프로젝트에서도 같은 일이 일어나서 여러 가지 접근법과 학 파가 생겼고 이븐 시나의 작업에서 절정에 다다랐다.

31 Ahmed H. al-Rahim, "Avicenna's Immediate Disciples: Their Lives and Works", in Y. Tzvi Langermann ed., *Avicenna and His Legacy: A Golden Age of Science and Philosophy*(Turnhout, Belgium: Brepols, 2010): 1~25.

32 Al-Rahim, "Avicenna's Immediate Disciples".

33 이 텍스트의 뛰어난 발췌본은 다음 참조. Jon McGinnis, *Avicenna: The Physics of The Healing: A Parallel English-Arabic Text*(Provo, UT: Brigham Young University Press, 2009).

8 에티오피아 여왕, 계약의 궤 약탈자를 환영하다

1 "Aksum", *Encyclopedia Britannica*, 2019. 3. 28, https://www.britannica.com/place/Aksum-Ethiopia.

2 다음 역시 참조. Stuart Munro-Hay, *The Quest for the Ark of the Covenant: The True History of the Tablets of Moses*(London: I. B. Tauris, 2005), 27ff.

3 David Allan Hubbard, *The Literary Sources of the Kebra Nagast*, PhD thesis, University of St. Andrews, 1956, p. 330.

4 Munro-Hay, *Quest*, p. 28.

5 〈출애굽기〉 19:1~34:28.

6 〈에즈라서〉; 〈느헤미야서〉. 다음 역시 참조. Lisbeth S. Fried, *Ezra and the Law in History and Tradition*(Columbia: University of South Carolina Press, 2014) 그리고 Juha Pakkala, *Ezra the Scribe: The Development of Ezra 7-10 and Nehemiah 8*(Berlin: Walter de Gruyter, 2004).

7 〈열왕기상〉 10:1~13 〈역대하〉 9:1~12(KJV). 텍스트상으로는 그 나라가 어디에 있는지 불분명하다. 많은 학자들은 예멘에 있다고 추정한다.《케브라 나가스트》는 바브엘만데브 해협 바로 건너편 고대 에티오피아를 언급하는 것이라고 재해석한다.

8 Carl Bezold, *Kebra Nagast, Die Herrlichkeit der Könige, nach den Handschriften in Berlin, London, Oxford und Paris, zum ersten Mal im äthiopischen Urtext hrsg. und mit deutscher Übersetzung versehen*(Munich: G. Franz, 1905). 진행 중인《케브라 나가스트》작업에 대해서는 다음 참조. Wendy Laura Belcher, "The Black Queen of Sheba: A Global History of an African Idea", https://wendybelcher.com/african-literature/black-queen-of-sheba/, 2021년 11월 22일 접속. 시바 여왕에 대한 훌륭한 기사는 다음 참조. Wendy Laura Belcher, "African Rewritings of the Jewish and Islamic Solomonic Tradition: The Triumph of the Queen of Sheba in the Ethiopian Fourteenth-Century Text *Kəbrä Nägäst*", in Roberta Sabbath ed., *Sacred Tropes: Tanakh, New Testament, and Qur'an as Literary Works*(Boston/Leiden: Brill, 2009), pp. 441~459.

9 Harold G. Marcus, *History of Ethiopia*(Berkeley: University of California Press, 1994), 19ff.

10 〈누가복음〉 4:16ff; 21:22; 22:37; 〈마태복음〉 5:17. 역사상 실재한 예수의 교육, 특히 히브리어 지식에 대해서는 다음 참조. John P. Meier, *A Marginal Jew: Rethinking the Historical Jesus*, vol. 1, *The Roots of the Problem and the Person*(New York: Doubleday, 1991), 264ff. 존 메이어는 예수가 율법을 '완성'하러 왔다는 유명한 말이 나중에 창작된 것이라고 생각한다. *A Marginal Jew*, vol. 4, *Law and Love*(New Haven: Yale University Press, 2009), p. 41. 다음 역시 참조. Geza Vermes, *Christian Beginnings: From Nazareth to Nicaea(AD 30-325)*(London: Allen Lane, 2012).

11 〈사도행전〉 9:4~18.

12 한 가지 예외가 있을지도 모른다. 예수가 손가락으로 땅바닥에 무언가를 쓰는 장면이다. 하지만 우리는 그가 무엇을 썼는지 모르고 글은 바람에 날려서 바로 사라진다. 〈요한복음〉 8:6.

13 William M. Schniedewind, *How the Bible Became a Book: The Textualization of Ancient Israel*(Cambridge: Cambridge University Press, 2004). 다음 역시 참조. David M. Carr, *Writing on the Tablet of the Heart: Origins of Scripture and Literature*(Oxford: Oxford University Press, 2005).

14 Taddesse Tamrat, *Church and State in Ethiopia 1270-1527*(Oxford: Clarendon Press, 1972), 23ff.

15 다음 역시 참조. *The Literary Sources of the Kebra Nagast*, 123ff.

16 Edward Ullendorf, *Ethiopia and the Bible*, Schweich Lectures on Biblical Archaeology, 1967(Oxford: Oxford University Press, 1968), p. 12.

17 다음과 비교. Ullendorf, *Ethiopia and the Bible*, 20ff.

18 Stuart Munro-Hay, "A Sixth-Century Kebra Nagaśt?", in Alessandro Bausi ed., *Languages and Cultures of Eastern Christianity*(London: Routledge, 2012), pp. 313~328.

19 Donald Levine, *Greater Ethiopia: The Evolution of a Multiethnic Society*(Chicago: University of Chicago Press, 1974), 96ff.

20 Serge A. Frantsouzoff, "On the Dating of the Ethiopian Dynastic Treatise Kabrä nägäśt: New Evidence", *Scrinium* 12(2016): 20~24. 다음 역시 참조. Gizachew Tiruneh, "The Kebra Nagast: Can Its Secrets Be Revealed?", *International Journal of Ethiopian Studies* 8, no. 1 & 2(2014): 51~72, 특히 53.

21 Levine, *Greater Ethiopia*, 70ff.

22 Ullendorf, *Ethiopia and the Bible*, p. 21.

23 Hubbard, *The Literary Sources of the Kebra Nagast*, p. 133.

24 Marcus, *History of Ethiopia*, p. 13.

25 Qur'an, Sura 27:15~45.

26 Levine, *Greater Ethiopia*, 70ff.

27 Tamrat, *Church and State*, p. 231.

28 Marcus, *History of Ethiopia*, p. 31.

29 Munro, *Quest*, p. 104. 동아프리카에 기독교가 있다는 이야기에 흥미를 느낀 포르투갈의 왕 주앙 2세는 1490년경 프레스터 존과 접촉하기 위해 페루 다 코빌량을 육로로 보냈고, 몇 년 뒤 해로로 다시 보냈다.

30 Marcus, *History of Ethiopia*, p. 34.

31 Munro, *Quest*, p. 190.

32 Gizachew Tiruneh, "The Kebra Nagast: Can Its Secrets Be Revealed?", in *International Journal of Ethiopian Studies* 8, no. 1 & 2(2014): p. 52.

33 다음에서 인용. E. A. Wallis Budge, "Introduction", *The Kebra Nagast*(New York: Cosimo Classics, 2004): xxvii. Tiruneh, "The Kebra Nagast", *International Journal of Ethiopian Studies* 8, p. 52.

34 Homer, *Odyssey*, 1.23. 다음 역시 참조. Frank M. Snowden, Jr., *Blacks in Antiquity: Ethiopians in the Greco-Roman Experience*(Cambridge, MA: Belknap Press, 1970).

35 Rupert Lewis, *Marcus Garvey*(Kingston, Jamaica: University of the West Indies Press, 2018), p. 19, 35.

36 가비의 역할에 대해서는 다음 참조. Barry Chevannes, *Rastafari: Roots and Ideology*(Utopianism and Communitarianism)(Syracuse: Syracuse University Press, 1994), 87ff.

37 Ennis B. Edmonds, *Rastafari: A Very Short Introduction*(Oxford: Oxford University Press, 2012), p. 7.

38 예를 들면 다음 참조. G. G. Maragh a.k.a. The Rt. Hon. Leonard Percival Howell, *The Promised Key*(London: Hogarth Blake, 2008). 이 책은 본래 1935년경 자메이카에서 출판되었다. 퍼시벌 호웰은 이 운동의 창시자 가운데 하나다.

39 Lewis, *Marcus Garvey*, p. 83; Chevannes, *Rastafari*, p. 42.

40 Edmonds, *Rastafari*, p. 43. 또 다른 사람들은 이 머리 모양이 갈라, 소말리, 마사이, 마우마 우 전사 같은 특정 아프리카 부족의 것이라고 말한다. 배리 슈반에 따르면 일부 라스타파리 안은 드레드락을 셀라시에 왕의 왕관에 대한 오마주로 여겼다(*Rastafari*, p. 145).

41 Chevannes, *Rastafari*, p. 21.

42 Marizia Anna Coltri, *Beyond Rastafari: A Historical and Theological Introduction*, Religions and Discourse 56(Bern: Peter Lang, 1015), p. 202. 예를 들면 다음 참조. Gerald Hausman, *The Kebra Nagast: The Lost Bible of Rastafarian Wisdom and Faith*(New York: St. Martin's Press, 2020), with a foreword by Ziggy Marley, "which explores the importance of the Kebra Nagast as a powerful and sacred text both in Rastafarian tradition and in a broader sense".

9 어느 기독교 신비론자와 세 번의 유럽 부흥

1 476년 이후 로마에는 로마 황제가 없었지만 동로마 비잔티움에는 황제가 계속 존재했다. Wilfried Hartmann, *Karl der Große*(Stuttgart: W. Kohlhammer, 2010), 206ff.

2 Luc-Normand Tellier, *Urban World History: An Economic and Geographical Perspective* (Québec: Presses de l'Université du Quéébec, 2009), p. 158.

3 Johannes Fried, *Charlemagne*(Cambridge, MA: Harvard University Press, 2016), p. 339.

4 다음에서 인용. Charlemagne, "Epistola Generalis", Fried, *Charlemagne*, p. 23.

5 Hartmann, *Karl der Große*, p. 179.

6 Douglas Bullough, *The Age of Charlemagne*(New York: Exeter, 1980), p. 41.

7 Hartmann, *Karl der Große*, p. 177. 또한 샤를마뉴가 젊은 시절에도 낭독을 즐겼다고 상상 하는 다음 참조. Fried, *Charlemagne*, p. 25.

8 Fried, *Charlemagne*, p. 238.

9 Fried, *Charlemagne*, p. 268, 275.

10 Bullough, *The Age of Charlemagne*, 100ff.

11 Sarah L. Higley, *Hildegard of Bingen's Unknown Language: An Edition, Translation and Discussion*(New York: Palgrave Macmillan, 2007), p. 151.

12 알 안달루스에서 지식을 가져온 인물 중 하나는 스페인 사람 고스 테오둘프(Goth Theodulf) 이다. 다음 참조. Bullough, *The Age of Charlemagne*, p. 102.

13 Fried, *Charlemagne*, p. 246.

14 힐데가르트의 전기에 따르는 출처에 대한 상세한 논의는 다음 참조. Michael Embach, "The Life of Hildegard of Bingen(1098-1179)", in Jennifer Bain ed., *The Cambridge Companion to Hildegard of Bingen*(Cambridge: Cambridge University Press, 2021), pp. 11~36, 특히 p. 14.

15 부모님의 돈이 떨어졌을 것이라는 추측도 있다. Honey Meconi, *Hildegard of Bingen* (Champaign: University of Illinois Press, 2018), p. 4.

16 다음 참조. Saint Benedict, *The Holy Rule of St. Benedict*, trans. Rev. Boniface Verheyen (Grand Rapids, MI: Christian Classics Ethereal Library, 1949), p. 67.

17 Gottfried und Theodorich, "Hildegards Leben", in *Schriften der Heiligen Hildegard von Bingen*, ed. and trans. Johannes Bühler(Leipzig: Insel Verlag, 1922), p. 18. 다음 역시 참조. Embach, "The Life of Hildegard of Bingen", p. 17.

18 수녀원의 일상생활에 대한 설명은 다음 참조. Alison I. Beach, "Living and Working in a Twelfth-Century Women's Monastic Community", in Bain, *The Cambridge Companion to Hildegard of Bingen*, pp. 37~51.

19 Richard R. Gombrich, *How Buddhism Began: The Conditioned Genesis of the Early Teachings*, 2nd edition.(London: Routledge, 1996).

20 Peter Harvey, *An Introduction to Buddhism: Teachings, History and Practices*, 2nd edition (Cambridge: Cambridge University Press, 2013).

21 Embach, "The Life of Hildegard of Bingen", p. 20.

22 Alfred Haverkamp ed., *Hildegard von Bingen in ihrem historischen Umfeld: Internationaler wissenschaftlicher Kongreß zum 900 jährigen Jubiläum, 13-19 September 1998, Bingen am Rhein*(Mainz: Philipp von Zabern, 2000), p. 164.

23 Embach, "The Life of Hildegard of Bingen", p. 24.

24 Victoria Sweet, "Hildegard of Bingen and the Greening of Medieval Medicine", *Bulletin of the History of Medicine* 73, no. 3(1999년 가을): 381~403.

25 Peter Dronke, *Women Writers of the Middle Ages: A Critical Study of Texts from Perpetua to Marguerite Porete*(Cambridge: Cambridge University Press, 1984), p. 171. 다음 역시 참조. Faith Wallis, "Hildegard of Bingen: Illness and Healing", in Bain, *The Cambridge Companion to Hildegard of Bingen*, pp. 144~169.

26 Fiona Bowie ed., *Hildegard of Bingen: Mystical Writings*(Pearl River, NY: Crossroad Classics, 1990), p. 68.

27 Bowie, *Hildegard*, p. 73.

28 Haverkamp, *Hildegard von Bingen*, 334ff.

29 Embach, "The Life of Hildegard of Bingen", pp. 21~22.

30 Haverkamp ed., *Hildegard von Bingen*, p. 69, 289. 다음 역시 참조. Lori Kruckenberg, "Literacy and Learning in the Lives of Women Religious in Medieval Germany", in Bain, *The Cambridge Companion to Hildegard of Bingen*, pp. 52~84, 특히 54ff.

31 *Illuminations of Hildegard of Bingen* with commentary by Matthew Fox(Rochester, VT: Bear, 1985). 다음 역시 참조. Nathaniel M. Campbell, "Picturing Hildegard of Bingen's Sight: Illuminating her Visions", in Bain, *The Cambridge Companion to Hildegard of Bingen*, pp. 257~279, 특히 263ff. 힐데가르트의 필사실 이용에 대한 설명은 다음 참조. Margot Fassler, "Hildegard of Bingen and Her Scribes", in Bain, *The Cambridge Companion to Hildegard of Bingen*, pp. 280~305.

32 Kent Kraft, "Hildegard of Bingen: The German Visionary", in Katharine M. Wilson, *Medieval Woman Writers*(Athens, GA: University of Georgia Press, 1984), pp. 109~130. 다

음 역시 참조. Jennifer Bain, "Music, Liturgy, and Intertextuality in Hildegard of Bingen's Chant Repertory", in Bain, *The Cambridge Companion to Hildegard of Bingen*, pp. 209~233 그리고 Alison Altstatt, "The Ordo virtutum and Benedictine Monasticism", in Bain, *The Cambridge Companion to Hildegard of Bingen*, pp. 235~256.

33 Marianne Pfau and Stefan Johannes Morent, *Hildegard von Bingen: Der Klang des Himmels*(Köln: Böhlau, 2005), p. 45.

34 Higley, *Hildegard of Bingen's Unknown Language.*

35 Gerald MacLean and William Dalrymple, *Re-Orienting the Renaissance: Cultural Exchanges with the East*(New York: Palgrave Macmillan, 2005), p. 6. 유럽 선교사에 의한 르네상스 수출과 비유럽 사례 및 영향을 강조하며 르네상스에 대한 세계적 관점을 제시하는 뛰어난 연구는 다음 참조. Peter Burke, Luke Clossey and Felipe Fernández-Armesto, "The Global Renaissance", *Journal of World History* 28, no. 1(2017. 3): 1~30.

36 George Makdisi, *The Rise of Colleges: Institutions of Learning in Islam and the West*(Edinburgh: Edinburgh University Press, 1981).

37 Marcello Simonetta, *The Montefeltro Conspiracy: A Renaissance Mystery Decoded*(New York: Doubleday, 2008).

38 Leah R. Clark, "Collecting, Exchange, and Sociability in the Renaissance Studiolo", *Journal of the History of Collections* 25, no. 2(2013): 171~184.

39 Marcello Simonetta and J. J. G. Alexander eds., *Federico da Montefeltro and his Library*(Milan: Vatican City, 2007), p. 33.

40 Jan Lauts and Irmlind Luise Herzner, *Federico da Montefeltro, Herzog von Urbino*(Munich: Deutscher Kunstverlag, 2001).

41 James Turner, *Philology: The Forgotten Origins of the Modern Humanities*(Princeton: Princeton University Press, 2014).

42 Rens Bod, *A New History of the Humanities: The Search for Principles and Patterns from Antiquity to the Present*(Oxford: Oxford University Press, 2013), 146ff.

43 서던(R. W. Southern)을 비롯한 학자들은 12세기 성당 부속 학교와 대학 부흥에서 고전 텍스트를 사용한 것을 '학자적 인문주의(scholastic humanism)'라는 용어로 설명한다. R. W. Southern, *Scholastic Humanism and the Unification of Europe*, vol. 1, *Foundations*(Oxford: Blackwell, 1995).

44 Robert Kirkbridge, *Architecture and Memory: The Renaissance Studioli of Federico de Montefeltro*(New York: Columbia University Press, 2008).

45 Frances Yates, *The Art of Memory*(London: Routledge, 1966).

10 아즈텍의 수도, 찬사와 함께 파괴되다

1 Inga Clendinnen, *Aztecs: An Interpretation*(Cambridge: Cambridge University Press, 1991), p. 32. 내가 이 장을 쓰면서 참고한 아즈텍 문화에 대한 뛰어난 책은 다음과 같다. Camilla

Townsend, *Fifth Sun: A New History of the Aztecs*(Oxford: Oxford University Press, 2019). 다음 역시 참조. David Carrasco, *The Aztecs: A Very Short Introduction*(Oxford: Oxford University Press, 2011).

2 처음에는 최대 20만 명으로 추정했지만 하향 조정되었다. Susan Toby Evans, *Ancient Mexico and Central America: Archaeology and Cultural History*(London: Thames & Hudson, 2008), p. 549.

3 José Luis de Rojas, *Tenochtitlan: Capital of the Aztec Empire*(Gainesville: University of Florida Press, 2012), p. 49.

4 Anna McCarthy, *An Empire of Water and Stone: The Acuecuexco Aqueduct Relief*, masters thesis, University of Texas at Austin, 2019.

5 Barbara E. Mundy, *The Death of Aztec Tenochtitlan, the Life of Mexico City*(Austin: University of Texas Press, 2015), 46ff.

6 Rojas, *Tenochtitlan*, 5ff.

7 Clendinnen, *Aztecs*, p. 257. 다음 역시 참조. David Carrasco, *City of Sacrifice: The Aztec Empire and the Role of Violence in Civilization*(Boston: Beacon Press, 2000).

8 Linda Manzanilla, "Teotihuacan", in *The Aztec Empire*, curated by Felipe Solis(New York: Guggenheim Publications, 2004), pp. 114~117.

9 Elizabeth Boone, *Cycles of Time and Meaning in the Mexican Books of Fate*(Austin: University of Texas Press, 2007), p. 178.

10 Jane S. Day, *Aztec: The World of Moctezuma*(New York: Robert Rinehart, 1992), p. 100.

11 Rojas, *Tenochtitlan*, p. 13; Clendinnen, *Aztecs*, p. 38.

12 Boone, *Cycles*.

13 Rojas, *Tenochtitlan*, 3ff, 73ff.

14 Bernardino de Sahagún, *General History of the Things of New Spain: Florentine Codex*, paleography, translation, introduction and notes by Arthur J. O. Anderson and Charles E. Dibble(Santa Fe: School of American Research, 1905~1982), vol. 12, ch. 3.

15 Peter Hess, "Marvelous Encounters: Albrecht Dürer and Early Sixteenth-Century German Perceptions of Aztec Culture", *Daphnis* 33, no. 1~2(2004): 161ff.

16 Martin Puchner, *The Written World: The Power of Stories to Shape People, History, and Civilization*(New York: Random House, 2017), p. 159.

17 Martin Brecht, *Martin Luther: Sein Weg zur Reformation , 1483-1521*(Stuttgart: Calwer, 1981), p. 199.

18 Elizabeth L. Eisenstein, *The Printing Press as an Agent of Change: Communications and Cultural Transformations in Early-Modern Europe*, 2 vols.(Cambridge: Cambridge University Press, 1979).

19 *Albrecht Dürer's Tagebuch der Reise in die Niederlande*, ed. Dr. Friedrich Leitschuh(Leipzig: Brockhaus, 1884).

20 Ernst Rebel, *Albrecht Dürer: Maler und Humanist*(Gütersloh: Orbis Verlag, 1999), pp. 86~87.

21 Caroline Campbell, Dagmar Korbacher, Neville Rowley and Sarah Vowles eds., *Mantegna and Bellini*(London: National Gallery, 2018).

22 예술가로서 형성되던 이 시기의 자화상 묘사에 대해서는 다음 참조. Joseph Leo Koerner, *The Moment of Self-Portraiture in German Renaissance Art*(Chicago: University of Chicago Press, 1993).

23 Rudolf Hirsch, *Printing, Selling and Reading, 1450-1550*(Wiesbaden: Harrassowitz, 1974), pp. 67~78.

24 최근 연구에 따르면 일기 중 루터를 옹호하는 부분은 나중에 루터 지지자가 끼워 넣었을 가능성이 있다. 그러나 뒤러가 루터를 지지하거나 적어도 동조했다는 사실은 다른 출전을 통해 확인된다.

25 *Albrecht Dürer's Tagebuch*, p. 58.

26 Hernán Cortés, *Letters from Mexico*, translated, edited, and with a new introduction by Anthony Pagden(New Haven: Yale University Press, 2001), p. 45.

27 Barbara Stollberg-Rilinger, *The Holy Roman Empire: A Short History*, trans. Yair Mintzker (Princeton: Princeton University Press, 2018), p. 12.

28 다음 역시 참조. Hess, "Marvelous Encounters", *Daphnis* 33, p. 170.

29 Matthew Restall, *When Moctezuma Met Cortés: The True Story of the Meeting that Changed History*(New York: Ecco, 2018), 118ff.

30 Rebel, *Albrecht Dürer*.

31 Rebel, *Albrecht Dürer*, p. 318.

32 Rojas, *Tenochtitlan*, 36ff.

33 Louise M. Burkhart, "Meeting the Enemy: Moteuczoma and Cortés, Herod and the Magi," in Rebecca P. Brienen and Margaret A. Jackson eds., *Invasion and Transformation: Interdisciplinary Perspectives on the Conquest of Mexico*(Boulder: University Press of Colorado, 2008), p. 14. 다음은 모크테수마가 비굴한 태도를 보였다는 코르테스의 설명에 중대한 의문을 제기한다. Restall, *When Montezuma Met Cortés*. 그러나 레스탈은 코르테스가 모크테수마를 포용하려 했다는 설명은 믿는다.

34 Cortés, *Letters from Mexico*, p. 113.

35 Rojas, *Tenochtitlan*, 38ff.

36 전염병에 대한 이야기는 약 100년 후에 나온다. 언제 시작되었는지 정확히 확인하기는 힘들지만 이 내전에서 어떤 역할을 했을 가능성이 있다.

37 Rojas, *Tenochtitlan*, 38ff.

38 Viviana Diaz Balsera, "The Hero as Rhetor: Hernán Cortés's Second and Third Letter to Charles V", in Brienen and Jackson, *Invasion and Transformation*, pp. 57~74.

39 *The Memoirs of the Conquistador Bernal Diaz del Castillo, Written By Himself, Containing A*

True and Full Account of the Discovery and Conquest of Mexico and New Spain, trans. John Ingram Lockhart(London: J. Hatchard and Son, 1844). 다음 참조. David Carrasco's edition of this work, David Carrasco, ed., The History of the Conquest of New Spain by Bernal Díaz del Castillo(Albuquerque: University of New Mexico Press, 2008).

40 Fray Bernardino de Sahagún, Historia general de las cosas de Nueva España, ed. Francisco del Paso y Troncoso, 4 vols.(Madrid: Fototipia de Hauser y Menet, 1905). 아즈텍의 일상생활에 대한 가장 좋은 설명은 다음 참조. David Carrasco and Scott Sessions, Daily Life of the Aztecs: People of the Sun and Earth(New York: Hackett, 2008).

41 Thomas Patrick Hajovsky, On the Lips of Others: Moteuczoma's Fame in Aztec Monuments and Rituals(Austin: University of Texas Press, 2015), 6ff.

42 Susan D. Gillespie, "Blaming Moteuczoma: Anthropomorphizing the Aztec Conquest", in Brienen and Jackson, Invasion and Transformation, pp. 25~55.

43 파브레가는 〈바티카누스 B〉, 〈바티카누스 A〉, 〈코덱스 코스피〉, 〈코덱스 보르지아〉를 볼 수 있었고, 〈코덱스 보르지아〉에 대해서 가장 처음으로 중요한 평을 한다. José Lino Fábrega, "Interpretación de Códice Borgiano", in Anales del Museo Nacional de México, vol. 5(Mexico City: Museo Nacional de México, 1900). 다음 역시 참조. Boone, in Cycles, p. 6.

44 현재 이러한 사본 해석에 가장 뛰어난 사람은 엘리자베스 본느(Elizabeth Bonne)이다. in Cycles.

45 나우아족이 역사를 보존한 방법에 대한 설명은 다음 참조. Camilla Townsend, Annals of Native America: How the Nahuas of Colonial Mexico Kept their History Alive(Oxford: Oxford University Press, 2016).

11 포르투갈 선원, 올림포스의 신을 만나다

1 Henry H. Hart, Luís de Camoëns and the Epic of the Lusiads(Norman: University of Oklahoma Press, 1962), 143ff. 카몽이스의 작품에서 난파라는 주제에 대해서는 다음 참조. Josiah Blackmore, "The Shipwrecked Swimmer: Camões's Maritime Subject", Modern Philology 109, no. 3(2012): 312~325.

2 Hart, Luís de Camoëns, p. 124. 일부 세부 사항은 그의 작품에 바탕을 두고 있다.

3 Hart, Luís de Camoëns, p. 138. Clive Willis, Camões, Prince of Poets(Bristol, HiPLAM, 2010).

4 지중해 세계의 역사에 대해서는 다음 참조. Fernand Braudel, The Mediterranean and the Mediterranean World in the Age of Philip II, vol. 1, translated from the French by Siân Reynolds(Berkeley: University of California Press, 1996).

5 Hart, Luís de Camoëns, 55ff.

6 Álvaro Velho, Journal of Vasco da Gama's Trip of 1497(Porto: Diogo Kopke, 1838).

7 다음 역시 참조. Landeg White, introduction to Luís de Camões, The Lusiads, trans. Landeg White (Oxford: Oxford University Press, 2001).

8 Roger Crowley, *Conquerors: How Portugal Forged the First Global Empire*(New York: Random House, 2015), p. 97.

9 Crowley, *Conquerors*, p. 10. 다음 역시 참조. Katharina N. Piechocki, *Cartographic Humanism: The Making of Modern Europe*(Chicago: University of Chicago Press, 2019), p. 30.

10 Joyce Chaplin, *Round About the Earth: Circumnavigation from Magellan to Orbit*(New York: Simon and Schuster, 2012), p. 43; Crowley, *Conquerors*, p. 132.

11 White, introduction to Camões, *Lusiads*, p. 2.

12 Hart, *Luís de Camoëns*, p. 144.

13 Hart, *Luís de Camoëns*, p. 54. 다음 역시 참조. Willis, p. 182.

14 Amadeu Ferraz de Carvalho, "Camões em Coimbra", *Instituto Revista Scientifica e Literária* 71, no. 6(1924. 6): 241~261.

15 Piechocki, *Cartographic Humanism*, p. 15.

16 Camões, *Lusiads*, canto 3, verse 97.

17 Camões, *Lusiads*, canto 1, verse 1.

18 Camões, *Lusiads*, canto 5, verse 23.

19 Camões, *Lusiads*, canto 5, verses 81~82.

20 Camões, *Lusiads*, canto 5, verse 17.

21 Camões, *Lusiads*, canto 5, verse 25.

22 Bernhard Klein, "Camões and the Sea: Maritime Modernity in *The Lusiads*", *Modern Philology* 111, no. 2(2013. 11): 158~180, 특히 163ff. 아프리카에 대한 포르투갈의 글에 대해서는 다음 참조. Josiah Blackmore, *Moorings: Portuguese Expansion and the Writing of Africa*(Minneapolis: University of Minnesota Press, 2008).

23 Klein, "Camões and the Sea", p. 176.

24 아시아의 관점에서 이 시에 대한 더 완전한 비평은 다음 참조. Balachandra Rajan, "The Lusiads and the Asian Reader", *English Studies in Canada* 23, no. 1(1997. 3): 1~19.

25 Camões, *Lusiads*, canto 8, verse 68.

26 Hart, *Luís de Camoëns and the Epic of the Lusiads*, p. 193.

12 생도맹그와 파리 살롱의 계몽주의

1 Christine Levecq, *Black Cosmopolitans: Race, Religion, and Republicanism in the Age of Revolution*(Charlottesville: University of Virginia Press, 2019), p. 76.

2 Madison Smartt Bell, *Toussaint Louverture: A Biography*(New York: Pantheon, 2007), p. 76.

3 Robin Blackburn, *The Overthrow of Colonial Slavery 1776-1848*(London: Verso, 1988), p. 218.

4 1492년 크리스토퍼 콜롬버스가 섬에 상륙했을 때 타이노족 50만 명이 살고 있었던 것으로 추정된다. Philippe Girard, *Haiti: The Tumultuous History—from Pearl of the Caribbean to Broken Nation*(New York: Palgrave Macmillan, 2005), p. 19.

5 Girard, *Haiti*, p. 20.

6 Laurent Dubois and John D. Garrigus, *Slave Revolution in the Caribbean, 1789-1804: A Brief History with Documents*(Boston: Bedford/St. Martin's, 2006), p. 6.

7 David P. Geggus, "Toussaint Louverture and the Slaves of the Bréda Plantation", *Journal of Caribbean History* 20, no. 1(1985), p. 35.

8 카리브해 노예 사회에 만연한 죽음에 대해서는 다음 책을 참조. Vincent Brown, *The Reaper's Garden: Death and Power in the World of Atlantic Slavery*(Cambridge, MA: Cambridge University Press, 2008). 미국으로 끌려간 아프리카인 노예보다 생도맹그로 끌려간 노예가 더 많았다.; Girard, *Haiti*, p. 26.

9 Martin Puchner, *Poetry of the Revolution: Marx, Manifestos and the Avant-Gardes*(Princeton: Princeton University Press, 2006). 명예 혁명(1688)부터 프랑스 혁명(1789)까지 100년 이상 걸렸나.

10 Dubois and Garrigus, *Slave Revolution*, 25ff.

11 Dubois and Garrigus, *Slave Revolution*, 19ff.

12 C. L. R. James, *The Black Jacobins: Toussaint L'Ouverture and the San Domingo Revolution*(New York: Vintage, 1989), 145ff.

13 아이티 혁명, 특히 그 이후 도망 노예의 중요성에 대한 설명은 다음 참조. Johnhenry Gonzalez, *Maroon Nation: A History of Revolutionary Haiti*(Cambridge: Cambridge University Press, 2019).

14 Blackburn, *The Overthrow of Colonial Slavery*, 170ff.

15 Blackburn, *The Overthrow of Colonial Slavery*, p. 218.

16 Dubois and Garrigus, *Slave Revolution*, pp. 122~125, 특히 p. 122.

17 Jean-Louis Donnadieu, "Derrière le portrait, l'homme: Jean-Baptiste Belley, dit 'Timbaze', dit 'Mars'(1746-1805)", *Bulletin de la Société d'Histoire de la Guadeloupe* 170(2015. 1~4): 29~54.

18 Donnadieu, "Derrière le portrait", 40ff.

19 Dubois and Garrigus, *Slave Revolution*, p. 24.

20 Blackburn, *The Overthrow of Colonial Slavery*, pp. 224~225.

21 Dubois and Garrigus, *Slave Revolution*, p. 124.

22 Janet Aldis, *Madame Geoffrin: Her Salon and Her Times, 1750-1777*(London: Methuen, 1905), p. 59.

23 G. P. Gooch, "Four French Salons", *Contemporary Review*, 1951. 1. 1: 345~353.

24 A. Tornezy, *Un Bureau d'Esprit au XVIIIe Siècle: Le Salon de Madame Geoffrin*(Paris: Lecène, 1895).

25 Maurice Hamon, "Madame Geoffrin: Femme d'affaires au temps des Lumières", *Revue Française d'Histoire Économique* 2, no. 6(2016): 12~25.

26 Tornezy, *Un Bureau d'Esprit au XVIIIe Siècle*, p. 46.

27 Aldis, *Madame Geoffrin*, p. 137.

28 Maurice Hamon, "Marie-Thérèse Geoffrin, une inconnue célébre?", in Jacques Charles-Gaffiot, Michel David-Weill, and Małgorzata Biłozór-Salwa eds., *Madame Geoffrin, une femme d'affaires de d'esprit*(Paris: Silvana Editoriale, 2011), pp. 17~29.

29 Aldis, *Madame Geoffrin*, p. 87.

30 Aldis, *Madame Geoffrin*, p. 90.

31 샤를 팔리소 드 몽트누아(Charles Palissot de Montenoy)의 연극 〈철학자들(Les philosophes)〉은 시달리즈(Cydalise) 역할에 그녀를 캐스팅했다. Aldis, *Madame Geoffrin*, p. 307.

32 Raynal, *A Philosophical and Political History of the Settlements and Trade of the Europeans in the East and West Indies*, trans. J. O. Justamond, 10 vols.(London: A. Strahan, T. Cadell, jun. and Wl Davies, 1798), 1:201.

33 Raynal, *A Philosophical and Political History*, 2:403.

34 레이날은 또한 아메리카 대륙 인간의 생물학적 퇴화(그는 프랑스 백인 정착민도 여기에 포함시켰다) 등 오늘날 이상하게 보이고 시대에 뒤떨어지며 인종차별적이라고 여겨질 만한 견해를 지지했다. 또한 그는 자신의 저서 뒷부분이 미국 독립 운동에 도움을 주었다고 생각했다. 다음 참조. A. Owen Aldridge, "Raynal, Guillaume-Thomas-François", American National Biography(1999), https://doi.org/10.1093/anb/9780198606697.article.1602192.

35 Raynal, *A Philosophical and Political History*, 8:225.

36 Raynal, *A Philosophical and Political History*, 2:341.

37 투생이 레이날을 읽었다고 주장했기 때문에 일부 학자들은 정말 읽었는지 의심의 눈초리를 보낸다. 또 다른 설명이 있는데 이 역시 똑같이 유익하다. 이 설명에 따르면 투생이 프랑스에 돌아온 직후 나폴레옹과 대치 상태일 때 지지자가 써준 글을 읽었는데 거기에 레이날을 읽었다는 부분이 강조되어 있었다. 이 설명이 사실이라면 투생이 레이날을 이용해 프랑스가 이해할 수 있는 용어로, 즉 계몽주의와 '상업' 철학 용어로 자신의 반란을 설명했다는 뜻이다. Philippe R. Girard and Jean-Louis Donnadieu, "Toussaint before Louverture: New Archival Findings on the Early Life of Toussaint Louverture", *William and Mary Quarterly* 70, no. 1(2013. 1): 41~78, 특히 76.

38 나폴레옹의 노예 제도 복원에 대해서는 다음 참조. Lawrence C. Jennings, *French Anti-Slavery: The Movement for the Abolition of Slavery in France, 1802-1848*(Cambridge: Cambridge University Press, 2000), 5ff.

39 Dubois and Garrigus, *Slave Revolution*, 27ff.

40 Dubois and Garrigus, *Slave Revolution*, 다음 역시 참조. David Armitage, *The Declaration of Independence: A Global History*(Cambridge, MA: Harvard University Press, 2008).

41 William Wells Brown, *The Black Man: His Antecedents, His Genius, and His Achievements* (Boston: Robert F. Wallcut, 1865).

42 James, *Black Jacobins*, p. 377.

13 새로운 과학에서 역사 소설이 탄생하다

1 George Eliot, *Middlemarch*, with an introduction and notes by Rosemary Ashton(London: Penguin Classics, 1994), pp. 192~194.

2 Eliot, *Middlemarch*, p. 63.

3 Eliot, *Middlemarch*, p. 837.

4 Rosemary Ashton, *George Eliot: A Life*(London: Penguin, 1997), 164ff.

5 James Turner, *Philology: The Forgotten Origins of the Modern Humanities*(Princeton: Princeton University Press, 2014).

6 Rens Bod, *A New History of the Humanities: The Search for Principles and Patterns from Antiquity to the Present*(Oxford: Oxford University Press, 2013), 146ff.

7 David A. Traill, *Schliemann of Troy: Treasure and Deceit*(New York: St. Martin's Press, 1996).

8 William Dalrymple, *The Anarchy: The East India Company, Corporate Violence, and the Pillage of an Empire*(London: Bloomsbury, 2019).

9 John E. Simmons, *Museums: A History*(London: Rowman & Littlefield), p. 150.

10 '박물관'이라는 용어는 예전에도 있었지만 이때가 되어서야 현대적 의미를 얻었다. 1755년 새뮤얼 존슨은 박물관을 여전히 "학문과 관련된 진기한 물건 저장소"라고 정의했고, 1889년 스미소니언 재단 부간사 조지 브라운 구드(George Brown Goode)는 농담 섞인 말로 박물관을 "교육적 내용이 적힌 표지판 컬렉션을 잘 선별된 표본으로 설명하는 곳"이라고 표현하며 그 교육적 특성을 강조했다. 다음 참조. Simmons, *Museums*, p. 4.

11 19세기 역사가들이 이용한 이야기에 대한 설명은 다음 참조. Hayden White, *Metahistory: The Historical Imagination in Nineteenth-Century Europe*(Baltimore: Johns Hopkins University Press, 1973).

12 Robert E. Sullivan, *Macaulay: The Tragedy of Power*(Cambridge, MA: Harvard University Press, 2009), 149ff.

13 Sullivan, *Macaulay*, 251ff.

14 Gauri Viswanathan, *Masks of Conquest: Literary Study and British Rule in India*(New York: Columbia University Press, 1989). 매콜리는 영국 제국의 노예 제도 폐지를 옹호했다. Sullivan, *Macaulay*, 51ff.

15 Maya Jasanoff, *Edge of Empire: Lives, Culture, and Conquest in the East, 1750-1850*(New York: Knopf, 2005).

16 전기적 정보의 출처는 Ashton, *George Eliot*, 33ff.

17 David Friedrich Strauss, *The Life of Jesus, Critically Examined*, trans. Marian Evans(London: Edward Chapman and William Hall, 1846).

18 Leopold von Ranke, *Die Geschichten der Romanischen und Germanischen Völker*(Berlin: Reimer, 1824), vi.

19 Ludwig Feuerbach, *Vorlesungen über das Wesen der Religion*, twentieth lecture, in *Ludwig Feuerbach's Sämmtliche Werke*, vol. 8(Leipzig: Otto Wigand, 1851), p. 241.

20 이 사라진 희곡의 역사와 현대적 각색에 대해서는 다음 참조. Stephen Greenblatt, *Cultural Mobility: A Manifesto*(Cambridge: Cambridge University Press, 2010).

21 Eric Hobsbawm and Terence Ranger, *The Invention of Tradition*(Cambridge: Cambridge University Press, 2012).

22 George Eliot, "Silly Novels by Lady Novelists", in *The Essays of George Eliot*(New York: Funk and Wagnalls, 1883), pp. 178~204.

23 Bruce Robbins, *The Servant's Hand: English Fiction from Below*(New York: Columbia University Press, 1986).

24 그러한 이들 중 하나가 빌헬름 하인리히 릴이었다. George Eliot, "The Natural History of German Life", in *The Essays of George Eliot*, pp. 141~177.

25 Eliot, "Natural History", p. 144.

26 Kelly E. Battles, "George Eliot's Romola: A Historical Novel 'Rather Different in Character'", *Philological Quarterly* 88, no. 3(2008년 여름): 215~237.

27 George Eliot, *Romola*(London: Smith, Elder, 1863).

28 Andrew Thompson, "George Eliot as 'Worthy Scholar': Note Taking and the composition of Romola", in Jean Arnold and Lila Marz Harper eds., *George Eliot: Interdisciplinary Essays*(London: Palgrave, 2019), pp. 63~95.

29 Thompson, "George Eliot", p. 65.

14 일본 예술을 향한 침략과 사랑

1 Julie Nelson Davis, *Partners in Print*(Honolulu: University of Hawai'i Press, 2015).

2 David Bell, *Ukiyo-e Explained*(Folkestone, UK: Global Oriental, 2004).

3 카노 야스노부(1613~1685)의 말로 추정. 다음 참조. Davis, *Partners in Print*, p. 27.

4 Davis, *Partners in Print*, 88ff.

5 Sarah E. Thompson: *Hokusai*, with an essay by Joan Wright and Philip Meredith(Boston: MFA Publications, 2015), p. 16.

6 Matthi Forrer, *Hokusai*(New York: Prestel, 2010).

7 Davis, *Partners in Print*, p. 30.

8 Thompson, *Hokusai*, p. 73.

9 Thompson, *Hokusai*, p. 21, 73.

10 Timothy Clark, "Late Hokusai, Backwards", in Timothy Clark ed., *Hokusai: Beyond the Great Wave*(London: Thames & Hudson, 2017), pp. 12~27, 특히 p. 21.

11 Kenneth G. Henshall, *A History of Japan: From Stone Age to Superpower*(New York: Palgrave Macmillan, 2004), p. 43.

12 Henshall, *A History of Japan*, 58ff. 다음 역시 참조. David J. Lu, *Japan: A Documentary History*, vol. 1(New York: Routledge, 2015), 220ff.

13 이 시기에 교역한 문화 상품의 종류에 대한 설명은 다음 참조. Marius B. Jansen, *The Cambridge*

History of Japan, vol. 5, *The Nineteenth Century*(Cambridge: Cambridge University Press, 2008), 436ff.

14 Davis, *Partners in Print*, p. 63.

15 Ernest F. Fenollosa, *Chinese Written Character as a Medium for Poetry*(New York: Fordham, 2008), p. 149.

16 Henshall, *A History of Japan*, 79ff.

17 Van Wyck Brooks, *Fenollosa and his Circle: With Other Essays in Biography*(New York: Dutton, 1962), p. 7. 다음 역시 참조. Henshall, *A History of Japan*, 81ff.

18 Brooks, *Fenollosa and his Circle*, p. 58.

19 Brooks, *Fenollosa and his Circle*, p. 34.

20 Ernest F. Fenollosa, *Epochs of Chinese and Japanese Art: An Outline History of East Asiatic Design*(London: Heinemann, 1912), xiiiv ff.

21 Fenollosa, *Epochs*, p. 50.

22 Fenollosa, *Epochs*, p. 50.

23 Fenollosa, *Epochs*, p. 53.

24 Fenollosa, *Epochs*, p. xviii.

25 Fenollosa, *Chinese Written Character*, p. 2.

26 다음에서 인용. Achilles Fang, "Fenollosa and Pound", *Harvard Journal of Asiatic Studies* 20, no. 1~2(1957. 6): 123~238, 특히 216.

27 다음에서 인용. Hugh Kenner, *The Pound Era*(Berkeley: University of California Press, 1971), p. 192.

28 Martin Puchner, *Poetry of the Revolution: Marx, Manifestos, and the Avant-Gardes*(Princeton: Princeton University Press, 2006).

29 Martin Puchner, *Stage Fright: Modernism, Anti-Theatricality and Drama*(Baltimore: Johns Hopkins University Press, 2002), 119ff; Carrie J. Preston, *Learning to Kneel: Noh, Modernism, and Journeys in Teaching*(New York: Columbia University Press, 2017).

30 Puchner, *Stage Fright*, p. 145.

31 Puchner, *Poetry of the Revolution*, p. 205.

15 나이지리아 독립과 셰익스피어

1 James Gibbs, *Wole Soyinka*(New York: Macmillan, 1969), pp. 117~118.

2 다음 참조. Henry Louis Gates, Jr., "Being, the Will and the Semantics of Death", in Wole Soyinka, *Death and the King's Horseman*. ed. Simon Gikandi(New York: Norton, 2003), pp. 155~163, 특히 p. 155.

3 Simon Gikandi, introduction to Soyinka, *Death and the King's Horseman*, p. xi.

4 Gauri Viswanathan, *Masks of Conquest: Literary Study and British Rule in India*(New York: Columbia University Press, 1989).

5 소잉카의 연극 분야 활동에 대한 자세한 설명은 다음 참조. James Gibbs, "From Broke-Time Bar via the Radio-Station Hold-Up to Oyedipo at Kholoni and Thus Spake Orunmila—An Attempt to Establish a More Comprehensive Awareness of Soyinka's Dramatic Work", in Duro Oni and Bisi Adigun eds., *The Soyinka Impulse: Essays on Wole Soyinka*(Ibadan, Nigeria: Bookcraft, 2019): 23~79.

6 Henry John Drewal, John Pemberton III, and Rowland Abiodun, "The Yoruba World", in Allen Wardwell ed., *Yoruba: Nine Centuries of African Art and Thought*(New York: Abrams, 1989), p. 13.

7 Drewal et al., "The Yoruba World", p. 21.

8 나이지리아 지식인 비오둔 제이포가 단호하게 주장했듯이 영어를 아프리카 언어로 간주해야 했다. Biodun Jeyifo, "English is an African Language—Ka Dupe!: For and against Ngũgĩ", *Journal of African Cultural Studies* 30, no. 2(2018): 133~147, ihttps://doi.org/10.1080/13696815.2016.1264295.

9 이러한 태도 때문에 소잉카는 라디포뿐 아니라 1930년대에 파리에서 네그리튀드(négritude) 운동을 시작한 아프리카와 카리브 지역 지식인들과도 대립하게 되었다(Louis Menand, *The Free World: Art and Thought in the Cold War*[New York: Farrar, Straus, and Giroux, 2021], p. 398). 소잉카는 그들과 많은 면에서 같은 의도를 가지고 있었지만 궁극적으로 네그리튀드는 유럽과 아프리카라는 두 개체의 단순한 대립 관계에서 아프리카 예술가들을 순전히 '방어적 역할'에 가둔다고 생각했다. Wole Soyinka, "Myth, Literature, and the African World", Soyinka, *I Am Because We Are*, eds. Fred Lee Hord and Jonathan Scott Lee(Amherst: University of Massachusetts Press, 2016), pp. 104~113, 특히 p. 106. 소잉카는 네그리튀드 운동의 중요성을 존중하지만 다른 방향으로 가고 싶어 했다. (그는 또한 네그리튀드의 비전에 대한 정론을 대부분 백인 유럽 지식인이 만들었다고 비판했다.) Soyinka, "Myth, Literature, and the African World", p. 109.

10 Toyin Falola and Matthew M. Heaton, *The History of Nigeria*(Cambridge: Cambridge University Press, 2008), 158ff.

11 Falola and Heaton, *History of Nigeria*, p. 180. 이 전쟁의 끔찍함은 치마만다 은고지 아디치에의 소설 *Half of a Yellow Sun*(London: Fourth Estate, 2006)에 잘 드러나 있다.

12 Wole Soyinka, *The Man Died: His Classic Prison Writings*(London: Rex Collings, 1997). 이 시기에 대한 추가 설명은 다음 참조. Lucy K. Hayden, "'The Man Died': Prison Notes of Wole Soyinka: A Recorder and Visionary", *CLA Journal*, 18, no. 4(1975. 6): 542~552.

13 소잉카의 정치적 활동을 가장 잘 설명한 책은 다음과 같다. Biodun Jeyifo, *Wole Soyinka: Politics, Poetics and Postcolonialism*(New York: Cambridge University Press, 2004).

14 Soyinka, *Death and the King's Horseman*, p. 44.

15 19세기에는 이러한 접근법을 문화 진화론(cultural evolutionism)이라고 불렀다.

16 이 새로운 접근법을 가장 먼저 만든 사람은 독일 태생 미국 인류학자 프란츠 보아스였으며 앨프리드 루이스 크로버가 이를 발전시켰다.

17 미국 인류학자 마거릿 미드도 이러한 운동의 선구자 중 하나였다. 프랑스 구조주의자 클로드 레비스트로스는 사회인류학이라는 또 다른 형태를 발전시켰다.

18 Raymond Williams, *Culture and Society: 1780-1950*(London: Chatto and Windus, 1958).

19 Wole Soyinka, *Of Africa*(New Haven: Yale University Press, 2012), p. 177.

20 Soyinka, *Death and the King's Horseman*, p. 23.

21 다음 역시 참조. Kathleen Morrison, "'To Date Transition': Ogun as Touchstone in Wole Soyinka's 'The Interpreters'", *Research in African Literature* 20, no. 1(1989년 봄): 60~71.

22 혹은 오군은 금속 가공의 신이기도 했으므로 디오니소스와 프로메테우스를 합친 것과 같았다. Soyinka, "Myth, Literature, and the African World", p. 141.

23 최신 소잉카 연구는 다음 참조. Bola Dauda and Toyin Falola, *Wole Soyinka: Literature, Activism, and African Transformations*(New York: Bloomsbury, 2022).

24 Femi Odugbemi, "Prologue", in Emily Witt, *Nollywood: The Making of a Film Empire* (Columbia Global Reports, 2007), p. 19, https://www.jstor.org/stable/j.ctv1fx4h6t.3.

25 Holly Williams, "Playwright Ifeoma Fafunwa: 'It was permission, all of a sudden, to speak'", *Guardian*, 2019. 8. 10; https://www.theguardian.com/stage/2019/aug/10/ifeoma-fafunwa–interview-hear-word-edinburgh-festival-nigerian-architect-playwright.

26 Williams, "Playwright Ifeoma Fafunwa".

27 나는 하버드 연극, 댄스, 미디어 프로그램의 책임자로서 아메리칸 레퍼토리 시어터 (American Repertory Theater) 총괄 프로듀서 다이앤 보거(Diane Borger)와 하버드 연극, 댄스, 미디어 프로그램 학부 연구 책임자 데보라 포스터(Deborah Foster) 덕분에 감사하게도 〈말을 들어라!(Hear Word!)〉를 볼 수 있었다.

28 Chux Ohai, "Cast of Hear Word! Call for Social Change", *Punch*, 2018. 3. 16. https://punchng.com/cast-of-hear-word-call-for –social-change/.

에필로그: 2114년에도 도서관이 존재할까?

1 미래 도서관 홈페이지에 따른 설명, https://www.futurelibrary.no, 2022년 1월 30일 접속 그리고 2015년 마거릿 애트우드 양도식 동영상, https://vimeo.com/135817557, 2022년 1월 30일 접속.

2 Margaret Atwood, "Future Library", https://assets.ctf asset.snet/9sa97ciu3 rb2/2hdAyLQY mESc0eYemIEcm2/09772ac1c62defc7ccf50fe6ea207a83/ Margaret_Atwood.pdf, 2022년 1월 30일 접속. (현재는 접속이 되지 않는다 – 옮긴이)

3 *The Book of Record of the Time Capsule of Cupaloy deemed capable of resisting the effects of time for five thousand years. Preserving an Account of Universal Achievements. Embedded in the Grounds of the New York World's Fair 1939*(New York: Westinghouse Electric and Manufacturing Company, 1938). https://en.wikisource.org/wiki/Book_of_Record_of_the_Time_Capsule_ of_Cupaloy.

4 Carl Sagan, F. D. Drake, Ann Druyan, Timothy Ferris, Jon Lomberg, and Linda Salzman

Sagan, *Murmurs of Earth: The Voyager Interstellar Record*(New York: Ballantine, 1978).

5 "Apollo 11 Goodwill Messages", NASA News Release No 69-83F, 1969. 7. 13.

6 Eric M. Jones, "Corrected Transcript and Commentary"(Washington, DC: NASA, 1995): 111:36:55, https://history.nasa.gov/alsj/a11/a11.clsout.html.

7 Sian Cain, "'You'll Have to Die to Get These Texts': Ocean Vuong's Next Manuscript to Be Unveiled in 2114", *Guardian*, 2020, 8. 19, https://www.theguardian.com/books/2020/aug/19/ocean-vuong-2114-book-future –library-norway.

8 Katie Paterson, "An Interview with Han Kang: The fifth author for Future Library", https://vimeo.com/336320261, 9:00ff.

9 Barnaby Phillips, "Western Museums are Starting to Return Colonial-Era Treasures", *Economist*, 2021. 11. 8.

10 Haerin Shin, "The dynamics of K-pop spectatorship: The Tablo witch-hunt and its double-edged sword of enjoyment", in JungBong Choi and Roald Maliangkay eds., *K-pop—the International Rise of the Korean Music Industry*(Abingdon, UK: Routledge, 2015), 133ff.

11 Eun-Young Jung, "Hallyu and the K-pop Boom in Japan: Patterns of consumption and reactionary responses", in Choi and Maliangkay, *K-pop*, 116ff. 해외 팬들도 팬덤에서 배척당하는 경우가 많다고 한다; "Introduction", p. 6.

12 Roald Maliangkay, "Same Look Though Different Eyes: Korea's history of uniform pop music acts", in Choi and Maliangkay, *K-pop*, p. 24. 다음 역시 참조. Gooyong Kim, *From Factory Girls to K-pop Idol Girls: Cultural Politics of Developmentalism, Patriarchy and Neoliberalism in South Korea's Popular Music Industry*(Lanham, MD: Lexington, 2019).

13 Gaik Cheng Khoo, "We Keep It Local—Malaysianizing 'Gangnam Style': A question of place and identity", in Choi and Maliangkay, *K-pop*, p. 146.

14 Atwood, "Future Library".

찾아보기

Culture

컬처, 문화로 쓴 세계사

초판 1쇄 발행 2024년 2월 13일
초판 6쇄 발행 2024년 9월 27일

지은이 마틴 푸크너
옮긴이 허진
발행인 김형보
편집 최윤경, 강태영, 임재희, 홍민기, 강민영, 송현주, 박지연
마케팅 이연실, 이다영, 송신아 **디자인** 송은비 **경영지원** 최윤영

발행처 어크로스출판그룹(주)
출판신고 2018년 12월 20일 제 2018-000339호
주소 서울시 마포구 동교로 109-6
전화 070-5038-3533(편집) 070-8724-5877(영업) **팩스** 02-6085-7676
이메일 across@acrossbook.com **홈페이지** www.acrossbook.com

한국어판 출판권 ⓒ 어크로스출판그룹(주) 2024

ISBN 979-11-6774-137-0 03900

만든 사람들
편집 홍민기 **교정** 박선미 **표지디자인** 오필민 **조판** 박은진